張愛玲的假髮

THE WIGS OF EILEEN CHANG

張小虹

人文·學術·思想

目次

第七章

誰怕弱理論？

前言
張愛玲時空膠囊

說來和張愛玲最早的因緣，竟與一款消除眼部細紋的保養品有關。一九九五年九月張愛玲的死訊傳來，我和許多其他人一樣，在惋惜一代才女殞世之餘，心中油然而起卻又怯於啟口的驚訝，乃是發現原來在此之前她都還一直活著。想想也是，張愛玲的傳奇與橫空出世的天才，從自我形象到文字風格都是最現代也最古典、最老成也最稚氣、最新穎也最復古，總帶著「時空錯亂」的痕跡，總是在多重的時間與異質的空間中穿越交錯，翩若驚鴻。就算我們苦心孤詣做出了詳盡的編年表，按線性時間的先後順序，從一九二〇至一九九五年，細細排列出上海、天津、香港、美國等地生命傳記與文學文本的移動軌跡，也終究無法改變「時空錯亂」作為張愛玲傳奇中最大的傳奇。那張愛玲辭世所引發死亡與存活相互貼擠的弔詭，便也不足為奇了。

但真正讓我感到震動的，卻是張愛玲辭世五個月後《華麗與蒼涼：張愛玲紀念文集》的出版。書中收集了多篇追憶悼亡的文章，最動人且最信實的當屬張愛玲遺囑執行人林式同所撰寫的〈有緣得識張愛玲〉。林先生是唯一一位見證過張愛玲死亡現場的人，文中他娓娓道來與張愛玲相識的經過與張愛玲晚年在美國洛杉磯的生活起居，也包括親自為張愛玲整理遺物的詳盡過程。但對我而言，真正時空錯亂的剎那，不出現在林式同的文章，而出現在林式同昔日學生朱謎的文章，她被邀來一起收拾房間、整理遺物。朱謎在〈張愛玲故居瑣記〉中如實詳述張愛玲房間裡的所有擺設與品項，從冰箱裡的橙汁、營養罐奶、香草冰淇淋，到中英文書籍與報章雜誌的名稱，鉅細靡遺。但當她描寫到張愛玲生前所使用的保養品時，卻讓我頓時歡喜了起來：

> 愛美乃人之天性，張愛玲也不例外。廚房的櫃子裏發現許多空的圓形玻璃盒，仔細一看，原來是 Elizabeth Arden 牌防止眼睛周圍皺紋的膠囊油劑，英文是 Ceramide Eyes Time Complex Capsules。至於潤膚，她用的是 Nutraderm。（朱謎，頁九六）

Nutraderm 是美國藥房超市隨處可見、十分平價的潤膚乳霜，絲毫不足為奇，頂多讓我們再次感受到張愛玲皮膚乾燥的狀況，沒使用較油的凡士林或較稀的乳液，而是選擇僅含少量水分的厚稠乳霜來保養全身皮膚。真正讓我感到驚訝的，是那幾個空了的圓形玻璃盒。伊麗莎白·雅頓乃是一九一〇年創立於美國紐約的知名化妝保養品牌，中等價位，全球各大百貨公司均有專櫃，那遺留在張愛玲櫥櫃裡的幾個雅頓空盒子，難道有何稀奇可言？

八〇年代中赴美留學，天寒地凍窩居在五大湖區的密西根安娜堡。課餘之暇，也愛逛百貨公司，雅頓的「眼部時空膠囊」乃是彼時最新推出的眼部保養品，其透明塑膠盒的飛碟造型，立即吸引了我的目光與好奇心，一時心動便買來嚐鮮。在一段不長不短的留學時間裡，每天旋開那透明塑膠盒，取出顆粒狀膠囊，早一粒晚一粒，塗抹在眼睛四周，彷彿記得也曾在房裡留下過好幾個透明塑膠空盒。張愛玲故居中堆放的，也是這款「眼部時空膠囊」的空盒，讓我突然間產生了「天涯共此時」的恍惚之感，不是海上的明月，而是桌上的保養品，第一次如此強烈感覺到九天玄女曾在凡間逗留，也逛美國的百貨公司專櫃，也買新上市的保養品，也無聊地留下一堆毫無用處的空盒。原來張愛玲和我們竟是同一個時代的人，存活在同樣的時空之中，用著同樣的眼部保養品。沒有這款眼部膠囊的提點，我怎能想像與張愛玲同為「當代」之人的可能性。張愛玲曾感慨地說，「而我向來相信凡是偶像都有『黏土脚』，否則就站不住，不可信」（〈憶胡適之〉，頁一五〇）。對我而言，張愛玲的「黏土脚」難不成就是雅頓的「眼部時空膠囊」？

雖然這樣的感同身受，說穿了也不過只是附庸張愛玲八卦軼聞的小事又一樁，但《張愛玲的假髮》一書卻正是從這樣許許多多、貌似瑣碎的細微末節處，展開敘事、啟動思考、尋覓文學感性革命的逃逸路徑。明擺在檯面上的，乃是不入傳統文學研究大雅之堂的眼部保養品，但如何從眼部保養品來理論概念化當代張愛玲研究的新可能，可是跟細心呵護好眼部的日常保養工作，同等重要。若保養品不擦不行，而理論也非做不可，那就開開心心擦好了保養品，再摩拳擦掌做理論吧，這或許正是《張愛玲的假髮》成書的重要動力之一。但我們究竟可以如何從張愛玲生前愛用的雅頓「眼部時空膠囊」來發想理論呢？首先，Ceramide Eyes Time Complex Capsules 是這款保養品的正式英文名稱，「眼部時空膠囊」乃其正式中文翻譯。Ceramide 神經醯胺（又名分子釘或賽洛美），乃是角質層細胞間脂質的主要成分，按英文字面的翻譯當是「賽洛美眼部時間複合膠囊」。「時間」非常容易理解，當代保養品無不以淡化或消除歲月痕跡為職志、以凍齡甚至逆齡為號召。但「空間」何在？為何在中文翻譯裡「時間」添加了「空間」的面向並縮寫成為「時空」呢？想來是英文字組的 time capsules 召喚出了 space capsules，更具體而微顯現在該包裝塑膠盒的圓盤狀太空飛行體造型，既可是幽浮，也可是太空艙，充滿航太高科技的想像，此其一也。

但 time capsules 本身也同時帶有穿越時空的超能力想像。例如古羅馬龐貝城之為「時間膠囊」，乃是被維蘇威火山爆發時的火山灰瞬間掩埋，或是一九三六年首例以非自然方式刻意埋藏在美國喬治亞州奧格索普大學（Oglethorpe University）並計畫在八一一三年開啟的「文明的墓窖」（Crypt of Civilization）等。「時間膠囊」的概念與實驗，乃是以「封存」

特定時空的方式，穿越時間，有待千百年後再重新出土、重被解讀。就保養品的當代行銷修辭而言，「時間膠囊」無疑是「凍齡」的最佳代名詞，要消費者癡心妄想能將青春美貌「封存」於「時間膠囊」或至少抵住歲月的無情。但若就哲學思考而言，「時間膠囊」的原封不動、就地掩埋，既是一種將「現在」封存而期待「未來」開啟的狂想，更是一種時間的雙重與斷裂，一邊是過去—現在—未來的線性計時，一邊則是時間不再有變化的終止與死亡，所有當下被封存的物件都同時成為考古的遺跡，此其二也。

但我們更想要進行的理論發想，乃是 Ceramide Eyes Time Complex Capsules 另一組可能的英文字詞組合：time complex。英文 time complex 在原本的「眼部時空膠囊」的正式翻譯中並未直接出現，乃是複合、合成、群之義，而 complex capsules 亦即「複合膠囊」、「合成膠囊」。但若是將英文字 complex 與前一個而非後一個英文字相配置，則成為 time complex 的精采組合。此組合有何精采之處？首先 complex 可做「情結」或「情意結」解，如伊底帕斯情結（Oedipus Complex），而 time complex 之為「時間情結」的可能翻譯，不正畫龍點睛出所有保養品使用者的基本心態，不願接受或至少幻想能消弭抑或暫緩歲月留下的痕跡；沒有「時間情結」者，想必也不需要在瓶瓶罐罐的保養品中晨昏定省，此其三也。但 complex 之為複合、複雜或情結，皆來自其字根 com- 與 plex 的組成，com- 乃指 with、together（相與、一起），而 plex 就是 to weave, to plait（編織、打摺），循此而推

time complex 便成了「時間織合」或「時間摺合」。或許「時間摺合」的翻譯更佳，更能與 time complex 之為「時間情結」產生巨大的內在張力：「時間情結」讓「眼部時空膠囊」成為可能，而「時間摺合」則讓「眼部時空膠囊」成為不可能，不僅只是時間編織著歲月，不斷在臉上眼角打著褶子，更是「摺合」作為一種持續發生的動態變化進行式，徹底破滅了所有想要封「動」為「凍」的絕望努力，此其四也。

如果來回穿梭於中英文的跨語際「迻譯」本身能夠以「動」制「凍」、化「凍」為「動」，且讓「時間摺合」成為「當代」（con-temporary）的新解，那雅頓「眼部時空膠囊」作為本書最初也是最後的一個展演案例（「前言」總已是最後才寫的「後語」），其真正的重要性便不僅在於跨語際「迻譯」所帶出的各種可能（一曰太空膠囊、二曰時間膠囊、三曰時間情結、四曰時間摺合），更在於「迻譯」作為思考操作的動態進行式，「迻譯」本身的不斷「迻譯」。「迻譯」也做「移譯」，都是「翻譯」之義，將原本的文字譯成另一種文字。但「迻」與「移」不僅皆為「形聲字」，「迻」與「移」更有「同音假借」的文字學演變史。《說文解字》：「迻，遷徙也。从辵多聲」（卷二下，頁四〇），本義為轉易、變遷。而「移，禾相倚移也。从禾多聲」（卷七上，頁一四四），本義為禾苗隨風搖曳貌。爾後「移」失其本義，以「同音假借」的方式通「迻」，此亦即段玉裁在《說文解字注》中所言「（迻）遷徙也。今人假禾相倚移之移爲遷迻字」（頁七二）。於是「遷迻」便成了「遷移」，「迻譯」也就是「移譯」，禾字部的固著生長但可隨風搖曳，重新被賦予了辵字部行走跑跳的動量。

而「迻」「移」相通的同音假借，還可以繼續往下推出另一個更具理論潛力的同音假借字：「遺」。《廣韻》：「移：遷也，遺也，延也，徙也，易也」（頁一九〇），再證以前所引《說文》「迻，遷徙也」，那「遺—移—迻」作為一組同音假借的配置，既可以指向「遺—移—迻」相同的「遷徙、延易、變遷」之「表義」，也可以指向「遺—移—迻」彼此之間的「遷徙、延易、變遷」，「迻」即「移」，「移」也是「遺」，同音相推，同義相延。而更重要的乃是「遺」字本身還可開展出更形複雜的「引申」之義，另一種向內發展（或分裂）的「遷徙、延易、變遷」。《說文》：「遺，亾也。从辵貴聲」（卷二下，頁四一），「亾」古同「亡」，故「遺」之本義為亡失，但《廣韻》為其添加了「贈留」與「附加」的兩個引申義，亦即段玉裁在《說文解字注》中所言「《廣韻》：『失也、贈也、加也。』按皆遺亡引申之義也」（頁七四）。故「遺」作為亡失之本義外，尚有饋贈、給予之義，但其本義與引申義之間似乎有所相互牴觸：亡失則無物可饋遺。王德威在《後遺民寫作》中講得最精采：「而『遺』是遺『失』——失去或棄絕；遺也是『殘』遺——缺憾和匱乏；遺同時又是遺『傳』——傳衍與留駐」（頁六）。此時「遺」既是「附加」（add on to），亦是「匱乏」（lack），既是「失」（遺失），亦是「留」（遺留）的基進不確定性，不正也可與當代解構主義的「補遺」（supplement）概念相互貼合。

《張愛玲的假髮》一書正是以「遺—移—迻」這組同音假借的配置，來開展有關張愛玲的各種「遺事」，看其如何「遷也，遺也，延也，徙也，易也」。全書七個主要章節，將分別處理張愛玲的「遺囑」、「遺物」、「遺照」、「遺患」、「家族遺風」、「家族遺產」與「身體遺憶」。第一章〈張愛玲的遺囑〉以莎士比亞遺囑開場，帶到當前華文世界最具故事性、想像力與後續創作潛力的張愛玲遺囑，企圖展開「死亡之為事件」、「遺囑之為書寫」的哲學思考。張愛玲的遺囑採制式表格，以英文填寫，僅有三項簡單的交代（交代遺產、遺體處理與指定遺囑執行人），短短不足百字，言簡意賅卻「遺」患無窮。而此章正是將其當成另類文學文本來進行「細讀」，看語言文字本身的「遺—移—迻」譯，如何讓白紙黑字的公證遺囑出現了難解的「疑義」。首先將啟動法律文件與文學書寫之間的差異思考，凸顯為何前者最制式、最嚴謹的「字義規則」與「專屬邏輯」，會被後者之民主與自由（字遊）所鬆動顛覆。接著再聚焦遺囑內容第一項的遺產處理，探究為何一個英文單字 possessions 的不確定性，可以造成生前最講究隱私的女作家，在身後留下十四大箱遺物飄洋過海，從手稿到床單，從假髮到假牙。而遺囑內容第二項的單字 desolate 與假設語句 if on land 所帶來的不確定性亦不遑多讓，也造成一心傾慕並謹遵張愛玲遺願的朋友與學者，為了其火化的骨灰究竟該土葬還是海葬而吵成一團。此章的最後則拉回「遺囑即書寫」、「書寫即遺囑」的基進解構思考，凸顯「我的死亡」之可能與不可能，凸顯遺囑作為書寫文字的符號，如何得以脫離立遺囑人的主觀意識與意圖，而在其身後展現「可重複的閱讀性」（repeatable readability），恆常在專屬與無專屬、規範與去規範、畛域化與去畛域化之間擺盪。

第二章〈張愛玲的假髮〉主要針對二〇一六年臺北國際書展「張愛玲特展：愛玲進行式」所引發的「假髮事件」進行探索，嘗試以「假髮」之為 supplement 與當代解構主義的理論概念「補遺」之為 supplement 相互連結，以此思考張愛玲作為臺灣「超戀物」（「超經典」、「超符號」）的可能與不可能。全章分為四個主要部分進行。第一部分處理張愛玲文學敘事中的假髮，分別爬梳〈紅玫瑰與白玫瑰〉、〈華麗緣〉、〈小艾〉、《怨女》、《小團圓》、〈同學少年都不賤〉裡的假髮再現，如何成功串聯起敘事、意象與角色刻劃。第二部分則將焦點從「文本中的假髮」（wigs in the text）移轉到「假髮中的文本」（the text in wigs），先回顧作家遺物作為文學文物的歷史脈絡，尤其凸顯真髮遺物與假髮遺物不同的展示與接收模式，再進入二〇一六年臺北國際書展的「假髮事件」，思考為何展出的四頂張愛玲假髮會引起各路人馬的交相議論。第三部分則從文學閱讀與文化批判的角度，轉向並質疑精神分析的「戀物邏輯」與「拒認機制」，思考張愛玲假髮的「眼不見為淨─靜─敬」，為何可以是一種「愛之深，拒之切」、反戀物的戀物邏輯。第四部分則是帶入解構主義的「補遺邏輯」，重新翻轉真髮／假髮的順序位階，並由此帶出張愛玲假髮作為時尚配件的可能思考，如何得以兼具時尚價值與使用價值，以便能夠鬆動「戀物邏輯」對假髮—蟲患的固置想像與拒認機制，開放出張愛玲假髮既是「裝飾」也是「掩飾」的逃逸路徑。

第三章〈「卷首遺照」及其他〉則繼續循此解構思考的脈絡往下推衍。一如本書第一章聚焦張愛玲的「遺囑」，乃是嘗試從遺囑文字本身的不確定性，推展到「所有書寫皆遺囑」的思考可能，第二章聚焦張愛玲的「遺物」，以展開「所有物件皆遺物」的敘事可能，而第三章則是聚焦張愛玲的「玉照」即「遺照」，以便帶出「所有照片皆遺照」的基進宣稱。此章就理論架構而言，明顯企圖跳脫當代以羅蘭．巴特（Roland Barthes）為首的張愛玲攝影影像研究，嘗試帶入德希達（Jacques Derrida）以「補遺」、「延異」、「書寫」、「檔案（化）」來重新改寫巴特有關「刺點」、「此曾在」及「靈光」的攝影論述，以凸顯「玉照」為何從一開始便是被未來所纏祟的「遺照」，充滿了「複數性」（multiplicity）、「複述性」（iterability）與「複塑性」（plasticity）的重複與差異、存有與隱無、在場與缺席。而此理論架構將具體落實在張愛玲《傳奇》與《流言》的「卷首玉照」、香港蘭心玉照、上海童年玉照與美國洛杉磯的最後玉照之分析，以析剔出其中跨歷史、跨文化的各種「遺—移—迻譯」：「卷首玉照」作為西方「卷首插圖」機制的重複引述，蘭心玉照作為近現代中國「自題小照」機制的重複引述，童年玉照作為十九世紀「手繪著色」機制的重複引述，最後玉照作為「醫美整容」與「光學整容」機制的重複引述。這些嘗試皆是企圖在攝影照片的歷史發展與性別政治之中，思考「遺—移—迻譯」的虛擬未來性，而得以讓攝影影像「死裡逃生」，成為從「死亡」談「來—生」的逃逸路徑。

第四章〈房間裡有跳蚤〉則是一項「不—可能的任務」，企圖「蝨」新思考當代張學研究中最為棘手也最「遺」患無窮的難題：如果我們不滿足以「妄想性蝨爬」、「妄想性寄生蝨病」的精神醫學診斷來拍板定案，那我們究竟還可以如何閱讀張愛玲的「蝨患」呢？故此章不朝向「診斷」的最終判定，而朝向「徵候」可能的流動變易與創造連結，嘗試將焦點從「文字再現的徵候」，移轉到「語言無意識本身作為徵候」，亦即不僅要看到張愛玲如何在「語言再現」層面書寫她所遭逢的「蝨患」，也要看張愛玲如何在「語言徵候」層面被她遭逢的「蝨患」所書寫。而此「蝨患書寫」的雙重與分裂，更將繼續發展成為「過敏寓言」與「流變—蝨」的兩大分析概念。「過敏寓言」作為文學譬喻的操作可能，將幫助我們重新回到張愛玲的文學文本，看「轉喻毗鄰」如何在身體書寫上展現其基進性，如何模糊「醫學病徵」與「文學譬喻」所可能形成的任何楚河漢界。「流變—蝨」則是透過德勒茲（Gilles Deleuze）的理論，嘗試凸顯「文學之為文化臨床」之基進思考，不再視文學家為等待被詮釋與被診斷的病人，而是生命的「大生者」，一個用身體、用書寫來回應生命的穿越行經。只有在張愛玲的「蝨患」中讀出「過敏寓言」、讀出「流變—蝨」，張愛玲的「蟲患」才不會被鎖在「女作家」的房間裡或「精神病」的櫃子裡，而得以最終出走在人類經驗的邊疆地帶，與現代主義文學大家——卡夫卡（Franz Kafka）、芥川龍之介、貝克特（Samuel Beckett）、吳爾芙（Virginia Woolf）、勞倫斯（D. H. Lawrence）——相忘於江湖。

第五章〈祖母的時間〉以張愛玲的祖母李經璹開場，但不是回到傳統的家族世系與其所預設的線性同質時間觀，而是從一句張愛玲用來詮釋祖母的話語——「朦朧的女權主義」開始，帶入義大利政治思想家阿岡本（Gorgio Agamben）的「當代」思考，由此創造中文字詞「朦朧」與英文 obscure, obscurity 之間的理論化連結，讓「朦朧」不僅只是性別意識的可能弔詭與不徹底，或女性世代經驗的傳承與回顧，更是一種有關「當代」的光線政治與時間感性，一種非線性異質時間的重疊與摺曲。對阿岡本而言，得以在最新最現代之中，感知到古代的指標與簽署者，乃「當代之人」，而張愛玲文本中「陰暗而明亮」的光線感知，乃是讓「周圍的現實」有了「荒唐的，古代的世界」之疊影，而顯得奇異不合諧、騷動未有名目，但也同時得以「當下辨識」出異質時間幽靈與宗法父權幽靈之纏繞。故此章所帶出、亦是本書所思所論的張愛玲「當代性」，乃是一種「視見朦朧」的感知能力，讓所有回到歷史、回到古老記憶之努力，都是重新啟動「現在」的陰影，都是回應當下變局與危機的思考行動。而接下來的兩章，亦皆是以此「當代性」來進行女性主義閱讀的思考行動，來串聯張愛玲與「女子繼承權」由清末至二十一世紀臺灣的變與不變，或來建立張愛玲與 #MeToo 全球運動連線的可能與不可能，既是要辨識出宗法父權作為「陰暗而明亮」的未來幽靈（既是過去的幽靈，也是在未來「重複變易」的幽靈），更是要同時辨識出當代「姓／性別政治」黑中有光、光中有黑的革命契機。

第六章〈姑姑的官司〉便是循此「當代」的光線政治與時間感性，企圖從一九三〇年代初張愛玲姑姑張茂淵在上海的遺產分割官司，一路談到二〇二二年臺灣第一位女總統蔡英文家族的遺產訴訟，既是要凸顯古代的「宗祧繼承」如何陰魂不散於現代的「遺產繼承」（「陰暗而明亮」的未來幽靈），更是要凸顯臺灣當下「去中國化」卻不「去宗國化」的內在弔詭與危機，並視其為女性主義批判行動迫須積極介入的論述戰場。全章以張愛玲姑姑張茂淵的遺產訴訟官司為開場，鋪陳傳統宗法家規系男不系女的「宗祧繼承」，如何過渡到以標榜男女平等的「遺產繼承」，不僅視此官司為民國女性反抗「父系宗法」壓迫的具體行動實踐，更是要由此帶出「宗」法父權從律法到親族、從姓氏到性事盤根錯節的掌控。接著則進入法律文獻的回顧，由清末至一九三〇年代所先後出現的四部法律文本——《大清現行刑律》、《大清民律草案》、《民國民律草案》、《民法》，分析探討其中法律變革所涉及的性別權力角力，並以盛家「姑姑的官司」（清末洋務大臣、民初知名實業家盛宣懷的七女兒盛愛頤在一九二八年轟動全國的遺產官司）再次為例說明。而此章的重頭戲，則放在張愛玲小說〈金鎖記〉與《怨女》所呈現「分家析產」的慘烈場景，並嘗試由此析剔出深具華文文化殊異性的「房事情結」與「姓壓抑」。全章以臺灣二十一世紀蔡（英文）家「姑姑的官司」做結，以凸顯即便自一九三〇年代法律早已保障女性的平等繼承權、即便部分人士常以「去中國化」來強化臺灣的主體性，我們今日面對的依舊是臺海兩岸「一邊一國，都是『宗』國」的弔詭困境。

第七章〈誰怕弱理論〉亦持續展開張愛玲與「當代」的美學政治連結。此章在方法論上，乃是把三種文本相互配置，一是當代如火如荼展開的 #MeToo 運動文本，二是從九一一事件與當代腦神經科學所發展出的「受弱」理論文本，三是張愛玲完稿於一九七六年的《小團圓》文學文本。此「運動—理論—文學」的文本配置，重點並不在於我們如何以二十一世紀當下的社會運動或理論概念，回過頭去重新閱讀張愛玲的《小團圓》，重點乃在於此文本配置所可能開啟的「異質時間摺合」，亦即「遺—移—迻譯」所可能給出的虛擬創造性，如何有可能重新改寫我們對 #MeToo 運動中作為受格的 me 之理論潛力，如何有可能積極創造出「受弱理論」在身體髮膚邊界上危顫顫的「情動開放」，也如何有可能同時揭露張愛玲《小團圓》從性騷擾到性愛場景的新美學政治可能。因而此章所開展的「弱理論」，並不先於此文本配置而存在，也無法脫離此文本配置而獨立，凸顯的正是理論思考本身的「受弱」，無有先驗、超驗或普世化的強制力。而中文「受弱」作為英文

vulnerability的「遺—移—迻譯」，更展開了中文方塊字在象形、會意、指事上的靈活轉化，帶入「受」與「授」主動與被動之「間」的無分、有別與轉換，帶入「彊」與「弱」在直與曲、剛與柔、受力與不受力之間的微妙區分，讓「受弱」不是「受害」也不是「受虐」，而成為一種對規範正制「曲而不屈」的反抗，成為一種向世界、向關係開放的能力，一種透過觸、動、體、觀、嗅或聽之能力，將自身置於自身之外的強度，或可成為當代女性主義與張學研究「複數化」、「複述化」與「複塑化」性別身體的關鍵轉向。

在張愛玲百年冥誕的二〇二〇年之際，同時出版《文本張愛玲》與《張愛玲的假髮》兩本學術專書，究竟是雙聲對語，還是雙手互搏，尚未可知。較為偏向文學研究的《文本張愛玲》，以「無主文本」的理論概念，針對宗法父權進行批判思考；較為偏向文化研究的《張愛玲的假髮》，以「遺」的虛擬創造性，談論向來不入傳統文學殿堂的遺囑、遺物、遺照、遺患、遺風、遺產與遺憾，卻也總是希望在前者略顯嚴肅的父權批判中不忘幽默，在後者較為活潑自由的發想中不忘女性主義的美學政治關懷。那時時放在心中的自我警惕：女性主義文學與文化研究，若不能在「批判」（critique）與「創造」（creativity）的「雙C」中不斷迴旋起舞，終究還是會招式用老、新意難求。既然要重新再讀張愛玲，就必須給出一個既是又不是的張愛玲，一個不再「是其所是」的張愛玲，一個總已被文本化、美學化、政治化的張愛玲。這樣的女性主義閱讀，要的終究不會是政治正確，而是「不當」

（improper）的美學政治所可能開啟的逃逸路徑，「把我包括在外」的不斷「遺—移—迻譯」。

《張愛玲的假髮》一書的完成，再次感謝科技部對「張愛玲與宗法父權的裂變」三年期特約研究計畫的支持，感謝時報文化胡金倫總編輯的鼎力襄助，感謝學術編輯委員會與書稿匿名審查人的肯定。全書七個主要章節中，有兩個章節最初曾以論文形式在學術期刊發表，此次出書在論文題目與內容上，皆做了調整與修訂，尤其是原先為了配合學術期刊論文篇幅長度限制而大量刪去的部分，皆得在書中以更完整的樣貌出現，而來自期刊論文審查委員的意見，更讓我在修訂的過程中受益良多。第一章初稿以〈張愛玲的遺囑：無專屬與文本迻譯〉發表於《中外文學》四九卷二期（二〇二〇年六月）：頁一四一—一七三。第六章初稿以〈姑姑的官司：分家析產與姓／性別政治〉發表於《女學學誌》四六期（二〇二〇年六月）：頁一—三九。該文初稿最早宣讀於二〇一八年四月十二日第一屆「陽明人文社會講座」，由衷感謝楊儒賓教授的贊助與傅大為教授、劉瑞琪教授的邀請。第七章初稿〈誰怕弱理論？〉今年初通過審查，原擬刊登於《文化研究》三一期，但因與專書出版日期太過接近而最後決定撤稿，在此要特別向《文化研究》編委會致上感謝與歉意。此外尚要感謝老同學皇冠文化平雲社長不厭其煩地幫我解答與查證許多研究過程中的疑點與好奇，也要謝謝張錯教授慷慨的照片授權，讓我得以將張愛玲母親黃逸梵的四張「玉照」，放入第三章的攝影影像分析之中，更要滿心感謝好友雅棠的封面與內頁設計，讓書衣成為最有美麗的衣裳，可以表裡翻飛、參差對照。也要再次謝謝我的研究助理陳曉雯、王榆晴，「閱讀張愛玲」課程教學助理陳定甫、陳柏瑞，以及幫我再次精細校對的陳定甫與李育憬。寫作千古寂寞事，謝謝妳／你們出現在我身邊，幫我分勞解憂。

眼部保養品多少年來物換星移，現在用的是外甥女代理的法國 Vie Arôme 精油護眼精華，反倒是張愛玲成為過去四年唯一晨昏定省、不可或缺的「時空膠囊」，癡心妄想著能再有一段書寫因緣的生滅，在時間無窮盡的摺合裡偶然相遇。

注釋

1 此處所謂的「當代」，乃是最一般意義上的同一時代，而本書第五章〈祖母的時間〉將針對「當代」作為非線性異質時間的重疊與摺曲，做出更複雜且具革命思考潛力的探討。

第一章
張愛玲的遺囑

全世界最有名的文學家遺囑，恐非莎士比亞的遺囑莫屬。莎士比亞的遺囑為何如此有名？端看過去數百年來學者為其遺囑內容爭論不休的熱鬧勁，便可知一二。其中最膾炙人口的例子，當是莎士比亞在遺囑中清楚交代，要將「次好的床」（the second-best bed）留給妻子，而引發了後人對其婚姻關係、性關係甚至性傾向的各種揣測與質疑。照理說莎士比亞的遺囑本該爭議不大，其乃是在律師的協同與公證人的見證下，正式簽署於一六一六年三月二十五日，遺囑中鉅細靡遺地交代了所有「財產」（大至房產，小至銀盤銀杯）的分配與安排。然一旦學者開始好奇地想從其間穿鑿附會出莎士比亞從個人生活、宗教信仰，到健康狀況、道德價值、人際關係（朋友與劇場同仁）等各種線索時，那「次好的床」所直接或間接帶出的婚姻與家庭關係，便顯得如此引人疑竇。大家開始七嘴八舌、議論紛紛，那莎士比亞「最好的床」在哪裡？留給誰？夫妻關係和睦或反目、親密或疏離？婚床與喪床的差別又何在？遺囑中的「次好」乃是文藝復興政教時代的特殊修辭嗎？各種推論與佐證紛紛出爐，足足吵了幾百年。誠如學者嘉柏（Marjorie B. Garber）在《文化的徵候》（*Symptoms of Culture*）中所言，莎士比亞的遺囑乃是一個「充滿誘惑的歷史難題」（頁一九九），重點不在歷史的真相為何，而在於「次好的床」如何成為情慾、歷史、物質的複雜交織，如何成為「批評好奇心的多重決定場域」（頁二〇七）。嘉柏指出即便我們可以回顧過去數百年來的各種詮釋與揣測，依舊不可能被其中任何一個言之鑿鑿的答案所滿足，莎士比亞遺囑中「次好的床」所召喚的乃是故事性、想像力與後續創作的潛力。

那正式簽署於一九九二年二月十四日的張愛玲遺囑，恐怕也可算是華文世界中最具故事性、想像力與後續創作潛力的遺囑之一。莎士比亞的遺囑鉅細靡遺，張愛玲的遺囑言簡意賅，僅有三項簡短交代——第一項交代遺產饋贈，第二項交代遺體處理，第三項指定友人林式同為遺囑執行人——但其成為「充滿誘惑的歷史難題」之潛在創造力，恐怕一點也不輸莎士比亞的遺囑。當時人在美國加州洛杉磯的張愛玲，親自在住家附近的文具店，購買了加州遺囑的簡易制式表格填寫，正式簽署並找人公證，之後又等了三天，才一前一後寄出兩封隨信附上遺囑的信件。第一封一九九二年二月十七日寄給林式同的信件中，附上了遺囑副本，當是想要先行詢問其擔任遺囑執行人的意願。林式同因覺「這件事有點子虛烏有」（頁四八）而未回覆，張愛玲等了一週也就視其已默許。接著張愛玲便寄出第二封寫於一九九二年二月二十五日給香港宋淇、鄺文美夫婦的信，委婉解說立下遺囑的原由與心意，並隨信附上了另一份遺囑副本。[1]

但這份張愛玲生前所立、言簡意賅的遺囑究竟有何啟人疑竇之處？就其法律效力而言，張愛玲的身後事已完全依照遺囑內容，確切執行了遺產與遺體的處理，此份遺囑也在張愛玲身後相關的著作權跨海官司中，扮演了關鍵的舉證作用，其法律認定自是毋庸置疑。[2] 然而就語言文化效力而言，此份遺囑至今卻似乎依舊「遺患無窮」，不僅是一個有如莎士比亞遺囑般「充滿誘惑的歷史難題」，更是一個精采生動、滿溢不確定性的「文學」文本。張愛玲的以身示現，彷彿是要告訴我們「文學家的遺囑也是文學」，這個既順理成章又弔詭無比的命題。此處所要強調的並非任何遣詞用字上的雕琢或鑽研，而是遺囑作為法律文件其嚴格遵循的乃「字義規則」（the literal rule），然「字義的」（literal）與「文學的」（literary）皆來自拉丁字根 *littera*（*litera*），皆指向「字母」與「書寫」，故不論是法律文件、日常書信、文字紀錄或文學創作，皆涉及「字母」的組合運用、「書寫」的斟字酌句，即便「字義」所欲強調的乃是語言文字在字面上的精準確定，而「文學」所給出的卻是語言文字的流動、多義、創造與想像，前者是猶疑不確定性的極小化（甚至歸零），後者則往往朝向猶疑不確定性的極大化（甚至跳躍、反轉、摺曲、變形）。故在張愛玲遺囑法律合法性早已確立無疑的當下，我們或可就其遺囑的「文學性」展開閱讀。

有了這樣的初步理解，就讓我們回頭看看張愛玲遺囑從「字義」到「文學」出現的四個可能疏失。前三個疏失或可避免，但最為關鍵的第四個疏失卻無由迴避，不只發生在張愛玲的遺囑，也發生在所有的遺囑之中，更或者說不只發生在所有的遺囑之中，更發生在所有的文字書寫之中。首先，張愛玲的遺囑為了省錢，沒有請律師。正如她在寫給宋淇、鄺文美夫婦的信中提到：「為了托KD大陸版權的事，我到文具店買授權書表格，就順便買了張遺囑表格，能notarize就省得找律師了」（張愛玲、宋淇、宋鄺文美，頁二八八）。此處的KD指的是張愛玲的姑丈李開弟（姑姑張茂淵的先生），張愛玲乃是委婉向摯友說明為何「順便」買了遺囑表格的原由。雖然就法律層面而言，是否敦請律師完全不影響此份已正式經「公證」程序的遺囑之法律效力，然若有律師的協助與建議，或能對遺囑內容做出更為詳盡的表列與說明，而不致日後爭端迭起。其次，張愛玲在文具店購買的遺囑表格，乃是美國加州的英文表格，張愛玲也全部用英文填寫，並未添寫任何中文譯文，就連同時購買寄給KD的版權授權書表格，也沒有添加任何中文譯文。張愛玲曾間接解釋道「KD本來叫我在授權書上添寫中文譯文，我告訴他notary public不讓加中文，如果法律上有問題，就請擱置，我不想為這些事去麻煩柯靈」（張愛玲、宋淇、宋鄺文美，頁二八八）。看來就張愛玲的經驗而言，英文版權授權書與英文遺囑表格一樣，都不可能也不可以加上中文譯文。第三，則是收到遺囑副本的友人（宋淇、鄺文美、林式同）

礙於忌諱或心有顧慮，從一九九二年二月分別收到遺囑副本後，到張愛玲一九九五年九月過世的三年多時間中，似乎都未曾對此言簡意賅的遺囑，向張愛玲做更進一步的詢問或討論。就如遺囑執行人林式同的事後懊惱，「回想起來，如果我當時知道後來在執行遺囑上有如此多的麻煩，至少會打個電話和她討論一下」（頁四八—四九）。

但即便這三個可能的疏失都有可能在張愛玲生前得以補正或加強，卻依舊無法改變遺囑乃是由「字母」、由文字所組成的「書寫」，而只要是「書寫」就無能迴避語言文字本身的「基進不確定」，即便有律師協助、即便有中文譯文，或即便有鉅細靡遺的電話討論與反覆確認，恐也無能完全迴避「遺囑」之為「書寫」的命運。而本章所欲探究的，並非「（特定人物的）遺囑是否可以是文學」，或將遺囑（尤其是文學家與哲學家的遺囑）當成文學來閱讀，雖然此皆為當前「遺囑文學」研究的大前提，但都還是在「遺囑歸遺囑」、「文學歸文學」的預設下進行兩者之間的串聯與比附。而本章之所以嘗試以「書寫」的角度重新審視張愛玲的遺囑，乃是要讓遺囑不再是（傳統界定下的）遺囑，文學不再是（傳統界定下的）文學，而是同時回到 literal 與 literary 皆指向的字母與書寫，同時帶出「遺囑盡皆書寫」與「書寫盡皆遺囑」的雙重與雙向思考。本章乃是希冀從「遺囑」作為最制式、最嚴謹、最強調「字義」精準的法律文件中，讀出「文學」之民主與自由（字遊），亦即讀出「遺囑」的「專屬」如何被「文學」的「無專屬」所鬆動游移、所顛覆裂變，以便能以最弔詭的方式給出「遺囑」作為「無囑文本」與「無主文本」的基進思考：張愛玲「的」遺囑永遠不可能是「張愛玲的」。

一・遺囑的「專屬」與「無專屬」

讓我們先來看看遺囑作為法律文件所奠基的「專屬邏輯」（the logic of the proper）為何。英文 proper 的拉丁字源為 *proprius*，指的是「自己的」、「專屬的」，而與 proper 相通的一系列表達，也皆與「歸屬」、「歸位」之是否正確得當息息相關。Property 指的是「屬性」、「性能」或「財產」、「所有物」、「所有權」；propriety 指的是「合宜」、「正當」、「端正」、「得體」；proprietary 指的是「專有的」、「專賣的」、「所有人的」；而作為動詞的 appropriate 指的是「挪用」、「占為己有」；作為形容詞的 appropriate 指的是「合理（禮）的」、「適當的」等等。而作為法律文件的遺囑，其「專屬邏輯」乃是具體而微地落實在「專有名稱」（proper noun）與「專屬財產」（property）認定上的確實無誤。遺囑的「專有名稱」指的是立遺囑人經國家與法律所唯一認可的姓名；遺囑的「專屬財產」指的是歸屬於立遺囑人名下的動產、不動產與其他物件，其所有權與處分權皆歸屬於立遺囑人。故張愛玲遺囑成立的最基本條件，便在於其姓名作為「專有名稱」、其財產作為「專屬財產」的確實無誤。而張愛玲遺囑之所以「遺患無窮」，不在於其「專有名稱」與「專屬財產」在法律認定上存有任何「疑義」（本章已一再強調張愛玲遺囑的「法律」合法性已無任何「疑義」，而本章的重點也不在質疑張愛玲遺囑的「法律」合法性），而在於用以表達「專有名稱」與「專屬財產」的語言文字本身所可能產生的「迻譯」，如何讓法律的「專屬」游移離散為文學的「無專屬」，而得以讓遺囑作為「書寫」之解構閱讀成為可能。

首先，讓我們看看張愛玲遺囑與「專有名稱」之間的關係。張愛玲在給宋淇夫婦那封附有遺囑副本的信中解釋到，為何她遲遲不能立下遺囑以及為何必須立下遺囑的原由：「以前一直因為沒證件不能立遺囑，有錢剩下就要充公」（張愛玲、宋淇、宋鄺文美，頁二八八）。張愛玲與賴雅（Ferdinand Maximilian Reyher）在一九五六年結婚，婚後冠夫姓，英文本名（美國國家與法律所唯一認可的姓名）成為 Eileen Chang Reyher，但在「蟲患」嚴重而四處遷徙的八〇年代，張愛玲遺失了相關的身分證件。[3] 一九九一年五月十五日張愛玲填寫表格，正式向美國移民局重新申請入籍，以 Eileen Chang Reyher 補辦她所丟失的身分證件。而在順利取得身分證件後，張愛玲便於一九九二年二月十四日正式立下遺囑。故在張愛玲的遺囑中，Eileen Chang Reyher 乃是以「專有名稱」的方式先後總計出現四次。遺囑第一行在主詞主格 I 之後的同位格處，張愛玲親筆填上 EILEEN CHANG REYHER 的姓名，每個字母都大寫，正如同此份遺囑表格中所有張愛玲填寫的英文，不分一般名詞或專有名詞，採字母皆大寫的形式，以示鄭重，也確保辨識上的正確無誤。而遺囑上半部由立遺囑人填寫的最後一行，乃是 Eileen Chang Reyher 的親筆簽名，以示立遺囑人本人的親臨在場。而遺囑下半部分由公證人填寫的部分，Eileen Chang Reyher 則先後出現兩次，一次用以說明遺囑乃受其委託公證，一次用以證明其簽署遺囑時的心智正常與自主意志。故張愛玲的遺囑乃是建立在「專有名稱」的法律認可與重複確認之上：沒有確定的「姓名」，就無法得到國家與法律的認可（重複認可）；沒有確定的「簽名」（重複簽名），就無法確保遺囑的法律效力。此處「專有名稱」的運作，乃是建立在「名稱」與「指涉對象」（referent）間單一穩固的對應關係，Eileen Chang Reyher 就是立遺囑人，立遺囑人就是 Eileen Chang Reyher，而「簽名」更是以「正身」（驗明正身）與「肉身」親自在場的筆跡形式，最終強化姓名作為「專有名稱」的正確無誤。

接著，讓我們來看張愛玲與「專屬財產」之間的關係。張愛玲的美國劇作家丈夫賴雅在一九六七年過世，但早在一九五八年八月就寫好了遺囑，將所有東西留給張愛玲，「這些他稱為『無用之物』的東西，包括他自己的文稿和一些名作家的書信」（周芬伶，《孔雀藍調》，頁一〇九）。而正如前文所引，張愛玲在辦妥新的身分證件後之所以要立下遺囑，對她而言乃是「有錢剩下就要充公」。張愛玲在美孑然一身，深恐自己死後「所有的」（既指包括一切，也指為己所有）財產將收歸國有，故擬以遺囑形式先行處理交代之。就張愛玲過世後「有錢剩下」的部分而言，正如同宋以朗在《宋淇傳奇》中的詳盡陳述，「張愛玲在美國有六個戶口，花旗銀行、美國銀行等，林式同總共找到有二萬八千一百零七點七一美金」（頁二五一），扣除喪葬與相關支出後，剩餘約為一萬六千多美元左右。[4]而除了銀行存款外，張愛玲在美並無任何不動產或其他投資。但在張愛玲「專屬財產」中最重要的，當是她的著作所有權與版稅。張愛玲在表面上極為客套，說是要將剩下的錢留給宋淇、鄺文美夫婦「買些東西留念」，然則她乃是要將自己所有剩下的「專屬財產」，饋贈給一生比親人還親的摯友。

有了對遺囑「專有名稱」與「專屬財產」的理解後，我們便可以回頭來看張愛玲遺囑中「主格」與「所有格」的大量出現。遺囑表格開頭第一個字便是作為主詞與主格的 I，緊接其後的便是 Eileen Chang Reyher 作為張愛玲英文本名的同位格。而張愛玲遺囑核心的三項交代，主要子句皆是以 I 開頭的主動語句，第一項的 I bequeath，第二項的 I wish，第三項的 I appoint，皆是以主詞、主格、主動語句的 I 來確立自主的意願與決定。而與 I 緊密呼應的，便是所有格 my 與受格 me 的重複出現——第三行的 my last Will，第四行的 my death 與 my possessions，或第三行的 made by me 與第十三行的 signed by me，皆是一再確認所有權的歸屬。而由「專有名稱」與「專屬財產」所確立的「專屬邏輯」，也出現在遺囑表格本身的「專屬」。此處遺囑表格的「專屬」，並不只是單純說明此表格乃「專屬」

於遺囑，不可用來處理版稅或報稅，當然也更不可能指向此表格乃專為張愛玲量身打造，畢竟此購於文具店的加州遺囑表格，乃是千篇一律的統一制式規格。此處遺囑表格的「專屬」所要凸顯的，乃是如何透過對形式和語言的限制規範，來確保其得以成功串聯 proper-property-propriety 所凸顯的正當合宜與所有權歸屬。

故即使是在一般文具店購得的簡易表格，我們依舊可以立即注意到此制式表格所使用的「法律語言」（the language of the Law），例如印在表格上由公證人填寫部分的用語 instrument（法律文件）之為法律慣用語，所強調的乃是常用辭彙的不常用涵意，或 foregoing（以上所述）作為現已甚少使用的古英文與中世紀英文辭彙，而這些皆是「法律語言」的「屬性」與「特色」，古雅文字中帶著時間感的違和。其次，制式表格由立遺囑人填寫的上半部與由公證人填寫的下半部之間，明顯出現「人稱」與「時態」的「預設」變化：上半部分到下半部分的斷裂，乃是由第一人稱立即轉換到第三人稱，從現在式立即轉換到過去式。此「預設」的人稱變化與時態變化，確保的正是上半部以立遺囑人為主體、下半部以公證人為主體的「表格」設計，上半部以立遺囑人的親筆簽名為結，下半部以公證人的親筆簽名（共三位）為結，一分為二，一清二楚。更有甚之，表格在性別欄的填寫上亦「預設」清晰、不容自我發揮或產生曖昧之處：_he（she or he）以及 h__（his or her）。換言之，所有的「空格」與「間隔」既是同時開放出填寫的可能，也是同時封閉住可能的填寫。由此觀之，遺囑表格的設定與用語，乃是重複強化「歸屬」與「歸位」的必須，絕對不容許一絲一毫的混淆或不確定。主詞I之後的同位空格，必須填上被國家與法律唯一認可的姓名，姓名後面的同位空格，必須填上加州的詳細住址，而由立遺囑人填上的姓名與住址，又皆需要再由公證人在同一份表格上重新填寫一次，以示確認。從法律語言、親筆簽名到一連串的反覆確定，遺囑格式所要強化與確保的，正是立遺囑人身分認同的獨一無二，遺囑法律語言的精準確定，不得絲毫有誤。

然而就當代理論而言，如果法律的語言乃是從國家體制、資本主義到性別政治等層層疊疊的掌控中，去界定個人的身分屬性認同與財產所有權，那真正需要去解構與裂變的，就不僅僅只是「法律的語言」，更是「語言的律法」（the Law of the Language），故proper-property-propriety所凸顯的「專屬邏輯」，乃是讓語言文字同時成為可能與不可能的運作方式。對德希達而言，「本名」（the proper name）乃語言文字「理體中心主義」（logocentrism）最具體而微的展現，其效應乃在於凸顯獨特、唯一、僅此無他、且無法任由其他意符（signifier）所改變、也無法翻譯成為其他意符的意旨（signified）。然此「本名效應」所圈定的「僅此」、「即是」，同時卻也無法不被差異與書寫所穿透。以「簽名」（signature，親筆簽下本名）為例，既是驗明正身與肉身在場的「存有」與「現下」（presence），獨一無二，然「簽名」保證的也是「不在場」甚或肉身死亡的情況之下、依舊得以運作的有效性。換言之，「簽名」的專屬弔詭地帶出非專屬，必須在可重複的前提之下、在主體不在場或死亡的前提之下，都可運作、都具有效力。「簽名」在凸顯其「專屬」、「僅此」、「即是」的獨一無二之同時，也凸顯了其「重複變易」（iterability）的必然。[5] 因而對法國當代理論家西蘇（Hélène Cixous）而言，「專屬邏輯」所凸顯的乃是「占為己有」、「挪為己用」的獨斷壟斷慾望，一種由「閹割焦慮」（castration anxiety）所投射出的占有慾，一種確保主體純淨、強化主體邊界的陽性邏輯，而非陰性邏輯的「禮物」（Cixous and Clément 151, 158）。故「專屬邏輯」中的「本名」，不僅只是「本我同一」（the Selfsame）的展現，更是「父之法」的貫徹與傳承；不僅只是「理體中心主義」，更是「陽物理體中心主義」（phallogocentrism）。[6]「本名」不是語言的特例，「本名」就是語言的徵候，既要圈限、固置、專屬化「意旨」，又無法封閉「意符」的溢出、流竄、離散、逃逸，讓所有意義的「歸屬」都無法封閉、無法斷定、無法穩固掌控、無法斬釘截鐵。

那在最終確定了「專有名稱」、想確保「專屬財產」、並以「本名」進行了「簽名」的張愛玲遺囑，怕是在強化「專屬邏輯」的同時，也無意識地顛覆了「專屬邏輯」，而其中最大的關鍵，便在於法律「字義」規則之中陰魂不散的「文學」。此「文學」指的不是張愛玲的「文學家」身分或「文學」修辭用語，此處的「文學」乃是洪席耶（Jacques Rancière）所謂的「書寫的民主之疾」（the democratic malady of writing）。「文學」對洪席耶而言，乃是「在書寫的民主之疾與超書寫的烏托邦之間，永無休止的翻來覆去」（*The Flesh of Words* 111）。由此觀之，作為法律文件的遺囑，乃是妄想以「字義規則」來逃避「書寫的民主之疾」（此乃雙重反諷西方哲學從柏拉圖以降，對民主、對書寫的貶抑輕蔑），以「專屬邏輯」來確保「超書寫的烏托邦」理想，但依舊無法逃脫「文學」、「書寫」、「民主」、「自由（字遊）」的顛覆與裂變。而本章接下來的第二節與第三節，便將分別針對張愛玲遺囑的第一項與第二項簡短交代進行「細讀」，看為何生前最強調隱私的作家，卻在身後留下了讓人足以窺視其私生活的大量文字與物件，看為何一心傾慕並尊崇她的朋友、學者與讀者，會為了其火化的骨灰究竟該土葬還是海葬而吵成一團。這裡沒有任何人的惡意或疏失，也沒有最終的孰是孰非，這裡只有語言文字不斷的自我解構、自我衍異，恆常在專屬與無專屬、規範與去規範、畛域化與去畛域化之間翻來覆去的動態過程（亦即所謂的書寫民主，亦即柏拉圖所恐懼的民主之疾），讓遺囑從主詞主格主動語態所形構出專屬邏輯之「有囑」，得以不斷滑動到自由與字遊的「無主」。[7]

二・遺產的「迻譯」

張愛玲遺囑的第一項交代，簡單到只有一個句子，而這個句子從句型到用字皆無任何獨特之處。但為何這樣簡單清楚明瞭、只占三行的句子，卻有可能造成張愛玲身後的「遺患無窮」呢？且讓我們先來看這個交代身後饋贈事宜的英文句子。

FIRST: IN THE EVENT OF MY DEATH I BEQUEATH ALL MY POSSESSIONS TO STEPHEN C. & MAE SOONG (MR. & MRS. STEPHEN C. SOONG).

如同張愛玲遺囑中的其他句子，此句乃是以每個字母都大寫的方式填寫。若要雞蛋裡挑骨頭，或許我們可以想像在 IN THE EVENT OF MY DEATH 後加上逗點，以讓主詞與主要子句更為明確，或是可以考慮省略括弧裡再次重申的遺贈對象姓名，括弧中的內容只是加上「先生」與「夫人」來更清楚表達兩人之間的夫妻關係，但或也因此造成女性被遺贈者名字本身的消失，只剩夫姓。然整個句子中最關鍵難解、卻也最舉足輕重的，卻是 possessions 一字。

就法律用語而言，possessions 本就最多歧義。誠如美國最高法院所言，沒有任何字比 possession 在意義上更曖昧模稜的。[8] 若就法論法，作為財產法中最重要概念之一的 possessions，其之所以如此曖昧模稜，主要來自法律定義下「占有」（possession）、「占有權」（right of possession）、「所有權」（ownership）之間的複雜差異與界定，「占有」不一定有「占有權」，有「占有權」也不一定有「所有權」，故最易在確定歸屬或移轉過程中產生爭端。而若就英美財產法的歷史發展而言，possession 乃是與「私有財產」和「所有權」的概念一樣古老，可上溯至古羅馬的律法。但張愛玲遺囑中所使用的 possessions，關鍵不僅在於其可能引發的「所有權」詮釋爭議，也在於其所可能啟動的政治哲學與語言詮釋的基進思考。就政治哲學而言，其凸顯的乃是「公民身分—財產所有權」的構連，沒有身分證件的張愛玲，就算有財產也無法立下遺囑、處理財產遺贈，「公民身分」乃是確保了「財產權」與「政治主體」、「法律主體」的存在。但真正最大的問題，還是落在「字義」與「文學」之間的語言詮釋，在沒有表列、沒有說明的情況之下，張愛玲遺囑中的 possessions 究竟所指為何？

那就讓我們先來看看兩種對 possessions 的「迻譯」方式。此處所採用的「迻譯」一詞乃是在諧音「疑義」的同時（「疑義」來自「迻譯」，「迻譯」必多「疑義」），也希冀凸顯「迻」字面上的部首「走」與「多」，既與遺囑的「遺」同音，又生動表現出繁多遊走的不確定性；而「譯—異—易—溢—佚」的同音滑動，又與「義」所欲達成的穩固確切背道而馳。而以下將分析的「迻譯」二例，既是跨語際的「翻譯」，由英文翻譯成中文，也是「翻譯」一詞本身所包含的「背叛」，並非背叛了「原意」，而是「原意」本身的無所定、不可求，「原意」總已在符號表意過程中遊走滑動，不斷地「補遺」（supplement）

與「後遺」（*après-coup*）。首先，讓我們來看看身為張愛玲治喪小組成員、對張愛玲後事竭盡心力的張錯之翻譯：「第一、一旦棄世，所有財產（possessions）將遺贈給宋淇先生及夫人」（〈張愛玲與荒涼〉，頁一一六）。張錯將英文遺囑中的 possessions 翻譯為「財產」，並將英文 possessions 放入括弧，緊接在「財產」的中文翻譯之後，以清楚表明原本遺囑在此所使用的特定英文單字。接著再讓我們來看看在宋淇、鄺文美夫婦相繼過世後，擔任張愛玲遺產繼承人與執行人的宋以朗之翻譯：「第一，我去世後，我將我擁有的所有一切都留給宋淇夫婦」（《宋淇傳奇》，頁二四〇）。張錯與宋以朗皆是英文造詣極佳之人，這裡沒有翻譯能力上的絲毫質疑。但若將二人在同句其他文字翻譯上的出入暫置一旁，我們當可直接察覺到一者將 all my possessions 翻譯為「所有財產」，而另一者則將其翻譯為「我擁有的所有一切」，兩者或大抵相同，但卻又可有細緻的差異。前者的翻譯讓 possessions 等同於 property，若就一般認知而言，主要指向現款、房屋、土地等，而張愛玲身為作家，便也包括手稿（動產）與著作權（無體財產權）等；而後者的翻譯則顯然可以將 possessions 的界定範圍極度擴大，從銀行存款到鍋碗瓢盆的無所不包，凡是歸屬於張愛玲生前「擁有」，就將全部遺贈給宋淇、鄺文美夫婦。

　　那張愛玲遺囑中的 possessions 究竟該往狹義或廣義上去推想呢？若是我們回到張愛玲在一九九二年二月二十五日寄給香港宋淇、鄺文美夫婦、並隨信附上遺囑副本的信件內容去揣度，張愛玲顯然完全忽略也無法預知遺囑中 possessions 一字在其身後可能帶來的各種「迻譯」與「疑義」。就信函的上下文而言，張愛玲嘗試交代的，主要還是如何處理（美國與香港）銀行帳戶裡剩下來的錢：

還有錢剩下的話，我想

（一）用在我的作品上，例如請高手譯，沒出版的出版，如關於林彪的一篇英文的，雖然早已明日黃花。（《小團圓》小說要銷毀。）這些我沒細想，過天再說了。

（二）給你們倆買點東西留念。

即使有較多的錢剩下，也不想立基金會作紀念。（張愛玲、宋淇、宋鄺文美，頁二八八）

原本張愛玲立下遺囑的重點就是為了避免「有錢剩下就要充公」，而張愛玲託付摯友的重點，也是有錢剩下的處理方式。第一是將錢用在她的作品上，例如請高手翻譯其英文作品，但「沒出版的出版」是否指所有未出版或包括未完成的都要出版，還是只包括沒有出版的英文作品、請高手翻譯成中文之後出版，就上下文而言似乎偏向後者，但仍無法完全確定。

至於哪些需要翻譯或出版的作品清單，信中尚在思考，皆未拍板定案，此亦即信中所言「這些我沒細想，過天再說了」。雖然張愛玲在過世前都未及交代清楚，甚至連「關於林彪的一篇英文」至今也未見行蹤，然信中第一點交代中至今最受爭議的，卻是放在括弧裡的「（《小團圓》小說要銷毀）」。宋以朗的詮釋乃是將此括弧中的表達與緊接在後的「這些我沒細想，過天再說了」連在一起解釋，表示張愛玲在表達「（《小團圓》小說要銷毀）」的同時，又猶豫不決，想留到日後再細想、再決定。這樣的詮釋顯然是嚴重忽略了括弧在此的功用，「（《小團圓》小說要銷毀）」之所以放入括弧，似乎表示通信雙方已有默契，早對此事做出決定，只是放入括弧、再次提醒。正如我們在張愛玲與宋淇、鄺文美夫婦九〇年代初的通信中所得知，張愛玲已將《小團圓》小說「部分」改寫為《小團圓》散文，後又改以《對照記：看老照相簿》的書名出版。寫信彼時張愛玲亦已開始將《小團圓》小說的「另一部分」改寫為《小團圓》長文，後亦更名為〈愛憎表〉，於過世前仍未能完稿（張愛玲生前與皇冠文化編輯陳皪華信中所言「《小團圓》一定要盡早寫完，不會再對讀者食言」，指的乃是此長文，而非一九七六年的小說《小團圓》）。[9]

第二點則更為含蓄，表示若有錢剩下，希望能夠給宋淇、鄺文美夫婦「買點東西留念」，看來重點還是放在張愛玲在美國與香港的銀行存款之上。顯然遺囑與交代遺囑的信件中，都未處理到 possessions 在銀行帳戶、錢款之外的另外兩個重要面向。一個面向當然是張愛玲的著作所有權與版權收益，另一個面向則是張愛玲的「遺物」，包括手稿與日常家居的用品衣物。第一個面向張愛玲雖未明言約定，但依法律慣例，possessions 可包括著作權（無體財產權），也在張愛玲身後得以順利轉移。[10] 然第二個面向中的「遺物」卻可大可小、可繁可簡。張愛玲或許願意將手稿留給好友，但怎麼最後「謹遵所囑」的結果，竟是連拖鞋和床單都要留給宋家！這其中到底出了什麼問題，讓最遺世獨立、最強調隱私的張愛玲，讓絲毫沒有要在身後成立紀念館或基金會的張愛玲，卻留下了最龐雜的十四大箱「遺物」飄洋過海，輾轉來到了香港宋家與後來部分轉放寄存的臺北皇冠文化出版社？或許讓遺囑中所謂的 possessions 從銀行帳戶存款擴大到家居隨身用品的無所不包之關鍵，正來自張愛玲過世後所引發的媒體騷動，各方爭取張愛玲遺物的積極動作，徹底改變了張愛玲故友對 possessions 一詞的可能詮釋方式。遺囑執行人林式同戰戰兢兢、誠惶誠恐，在沒有列舉、沒有討論的情況下，究竟該如何處理張愛玲公寓裡的「遺物」呢？以本章開場所舉的莎士比亞遺囑為例，遺囑中清楚交代所有的盤碟都要遺贈予孫女霍爾（Elizabeth Hall），但「寬口鍍銀的碗」（broad silver gilt bole）除外，因為莎士比亞清楚寫下這個「寬口鍍銀的碗」乃是要遺贈給二女兒，而非大女兒的女兒。然讓我們不禁莞爾的是，就算有了這樣鉅細靡遺的交代，「次好的床」依舊成謎，不是交代項目與遺贈對象不清不楚，而是項目「次好」等級所牽帶出的聯想與考據沒完沒了。同理，張愛玲從未交代過的「遺物」，哪些該留、哪些該丟，便成了遺囑執行人林式同最艱難的抉擇與判斷。

在整理「遺物」的過程中，因為顧慮到此乃「女士的寢室」，遺囑執行人林式同便邀請他在臺灣教過的女學生、時任職圖書館的朱謎一同前來收拾房間，並找了朱謎的父親來照相存檔（林式同，頁六六—六七）。「雖然僅一間『開門見山』的寓所，卻花了三個人近乎兩天的時間才清理完畢」（朱謎，頁九八）。其中的緊張與膠著，乃在於如何判斷、如何決定個別物件的去留。朱謎在文中甚至寫到第一天特別慌亂之時，「有六個葡萄柚在進門處，我問：『是否要丟？』結果大家決定丟」（頁九八）。我們當然無法想像在那十四大箱飄洋過海的「遺物」中，若出現六個已然腐敗的葡萄柚之情景，但若是連張愛玲生前在附近超市所購買的六粒葡萄柚，都還要經過三人商議之後才決定丟棄，那整理張愛玲「遺物」工程之浩大可見一斑。

林式同在小心謹慎將「遺物」打包的同時，也進行了初步的分類：甲類為張愛玲在韓國城所租小倉庫內的物品（以英文著作、打字手稿為主），乙類為張愛玲所租公寓內的物件，又再細分為九項。一九九五年九月二十六日林式同正式去信宋家，希望宋家能就此遺物清單逐項告知處理辦法：

甲，倉貯物品，依你們意見全部原封不動裝箱由貨運公司寄上，麻煩你們派人到香港海關去取。

乙，公寓內之物件，經分類為：

1.銀行財物及稅務部分，依法必須由律師處理。其結果將專函報告。

2.傢具：T.V., Light Stand, Table, etc.

3.衣服，包括化裝品等。

4.來往信件：又分為 a.宋淇夫婦

b.親戚

c.其他

5.作品手稿

6.身份証件：Marriage Licence, Citizenship, etc.

7.隨身用品：Eye Glass, Denture, etc.

8.照相

9.書籍」

爾後宋家回信告知，「某些普通東西不需要，如桌子、梯子、電冰箱、電視機。最後林式同以海運方式寄了十四箱東西過來，包括書籍、照片、衣物、鞋子、手提包、假髮、毯子以及兩箱手稿」（宋以朗，《宋淇傳奇》，頁二五〇—二五一），後來其中的十一大箱又再寄存於臺北皇冠文化。

顯然在這來來回回的謹慎處理中，遺囑中的 possessions 從原本「有錢剩下」的可能預設，迅速擴大解釋到張愛玲租用小倉庫與承租公寓內的各種手稿、照片、衣物、鞋子。在此我們可以再次看到「專屬邏輯」所產生「公／私」相剋相生的弔詭：張愛玲為了避免有錢剩下而「充公」，便立下經過「公證」的「私人」遺囑，交代「私有」財產。然作為法律文件的遺囑，又必須以語言文字填寫，必然招致的乃是語言文字作為書寫所無能迴避的「公」領域，無法「私有」，無法限定字詞的表達與詮釋的範圍。對張愛玲遺囑而言，all my possessions 最弔詭之處或許正在於 possessions 永遠無法成為 my，即便有法律認可的財產權，也沒有語言表意過程的壟斷權、專屬權、私有權，possessions 一詞乃是同時指向法律「所有權」（「財產」、「擁有的一切」）之伸張，也指向語言「所有權」之空無。Possessions 一字的「迻譯」，讓張愛玲在身後留下龐大的「遺物」，從口紅到拖鞋，從假髮到假牙，無所不包。此刻不再需要透過荒謬絕倫的「垃圾事件」去偷窺張愛玲的日常生活，一份遺囑上的一個英文單字就能乾坤大挪移，將張愛玲「最私密」的日常家居用品，翻轉為「最公眾」的作家文物四處展出，而箇中的關鍵密碼恐怕就落在遺囑中那個比任何法律字眼都還要曖昧模稜的 possessions 吧。

三・遺體的「迻譯」

張愛玲遺囑的第二項交代也僅有短短一句，以主詞、主格I開頭的主動語句，主要針對死後遺體的處理：

SECOND: I WISH TO BE CREMATED INSTANTLY—NO FUNERAL PARLOR—THE ASHES SCATTERED IN ANY DESOLATE SPOT, OVER A FAIRLY WIDE AREA IF ON LAND.

在此張愛玲做了關於死後遺體的簡短交代，而遺囑執行人林式同與其他治喪小組成員（包括張錯、張信生、莊信正等）也恭謹誠意遵其所囑。一九九五年九月八日張愛玲被發現在洛杉磯租借的公寓中自然死亡，九月十九日遺體便在洛杉磯惠澤市玫瑰崗墓園進行火化；九月三十日（張之七十五歲陽曆冥誕），骨灰由林式同、張錯、張信生、高全之、張紹遷、許媛翔等人攜帶出聖必渚（San Pedro）外海，進行海葬儀式，將骨灰撒於太平洋。[12]而此遺囑第二項的執行過程中唯一需要特別解釋的，乃是「遺囑吩咐骨灰撒在空曠的地方，按加州法律只能撒到離岸三浬外的海裡」（林式同，頁六一），但這個特別加以說明的解釋卻在兩年之後引爆了張愛玲身後的「海葬」爭議。

首先發難的是著名張愛玲研究學者林幸謙。一九九七年十二月他在香港《明報月刊》發表〈重歸「荒涼」：張愛玲海葬與遺囑閱讀的隱喻〉一文，強烈質疑生前「對海毫無好感」、甚至憎惡大海的張愛玲，其骨灰最後卻「陰錯陽差」地被拋撒於大海，顯然違反了張愛玲堅持把「荒野」列為最終安身之所的意願，該文後來也以附錄方式收錄於林幸謙出版的《張愛玲論述》一書。那林幸謙究竟是如何跳出來為張愛玲抱不平呢？首先他引用了張愛玲一九五五年《老人與海》譯序的開場，「我對於海毫無好感，在航海的時候我常常覺得這世界上的水實在太多。我贊成荷蘭人的填海」，以此證明張愛玲對海毫無好感（頁八六）。接著便舉例說明張愛玲死前三個半月都還有遷居賭城拉斯維加斯的想法，以此驗證曾經抗拒「荒野」的張愛玲在晚年「深層潛意識的心理活動」，乃是一種「返回荒野／文本的衝動」、「一種對荒野／荒涼意象的追溯與幻想」（頁八六）。[13]林幸謙更進一步將張愛玲回歸「荒涼」、想要安葬於「荒野之地」的意願，解讀為一種回歸大地／地母的潛意識願望，故聲稱海葬儀式乃違反逝者想要將骨灰撒在陸地的遺願，乃是一種父權體制的操弄。他甚至在文末忍不住感嘆道，「不僅張愛玲早年所書寫的文本一再受到男性論述的邊緣化，甚至於她晚年最後的一個願望，都仍然（可能）遭受到父權意識／男性觀點的誤讀」（頁八七—八八）。[14]

這樣相當嚴厲的指控當然引發了張愛玲治喪小組成員的必要回應。先是治喪小組對外新聞發言人張錯，先後撰寫了〈張愛玲與荒涼〉、〈如水一般華麗自然〉等文，詳細陳述治喪小組對海葬的決定經過與執行過程，並以此回應（回擊）林幸謙的質疑與論點。張錯的文章再次強調彼時加州法律的相關限制，尤其是第七一一七條文的規定，「除了埋葬於合法墓園，骨灰只能置放家中或海葬，其他一切處置均觸犯法例（misdemeanor）」（〈如水一般華麗自然〉，頁一一九）。而張錯對林幸謙文章最關鍵的回擊，乃是回到遺囑第二項英文句子本身的句法結構與文法，凸顯其中作為「假設語句」的「如在陸地」（IF ON LAND）：

> 「如在陸地」這句條件性（conditional）虛擬語法非常重要，因為它並不等於荒野之「地」。愛玲女士的英文原文似乎是說——立即火葬後的骨灰，「假如」在陸地的話，則可「撒向任何廣漠無人之處」。所謂 desolate spot，並不一定就是荒野之地，應是指無人之所。（〈張愛玲與荒涼〉，頁一一七）

對張錯而言，林幸謙的指控乃是建立在兩個錯誤之上：一是將英文的假設語句讀成了直述句，二是強制將 desolate spot 翻譯為荒野之「地」，才會質疑甚至控訴治喪小組的「海葬」儀式乃是違背張愛玲的遺願。張錯更直言不諱，「希望那些喜談文本（text）的學者們，不要牽強附會，斷章取義，認為張愛玲女士的海葬，是治喪委員會對她遺願的『誤讀』」（〈張愛玲與荒涼〉，頁一一六）。顯然張錯此處所做的，乃是對指控的反指控：林幸謙責難治喪委員會對張愛玲遺囑的可能「誤讀」，張錯則是指出林幸謙將張愛玲遺囑當「文本」閱讀時斷章取義。

而全程參與海葬儀式的另一位當代張學研究重要學者高全之，則以〈同物無慮：張愛玲海葬的質疑與辯正〉一文，嘗試總結有關張愛玲海葬的爭議。他在文中再次重申加州法律的相關規定，並補充說明直至一九九八年九月加州法律才修訂成「骨灰可以撒在海邊五百碼範圍內，或任何私人土地上，但必須獲得有關業主之同意」（〈同物無慮〉，頁四五四）。然則在無法預見新法、無法等候經年的情況下，一九九五年九月三十日張愛玲的骨灰，按加州法律就只能撒在離岸三浬外的海裡，此乃合情、合法、合理的最佳處置方式。而作為全程目睹海葬儀式的高全之，也在文中清楚見證了整個過程的「莊嚴、悲戚、簡單、肅穆」（頁四六一）。與此同時，該文並針對林幸謙所謂「張愛玲對海毫無好感」的說法，提出了強而有力的辯駁。高全之一方面回到《老人與海》的譯序全貌，主張從上下文的脈絡去探究，而非以孤立的句子去斷章取義，以此呼應張錯所言：引起張愛玲反感的是航海旅行，而非海洋本身。另一方面他則旁徵博引張愛玲的〈私語〉、〈雙聲〉、〈浮花浪蕊〉等文本為例證，闡釋張愛玲文獻並無任何憎恨海洋之處。而高全之對張愛玲文本的熟稔，更成功展現在他文章所鋪陳「對張愛玲遺體的處理」與「張愛玲對遺體的處理」的雙重排比之中。他在張愛玲的小說與散文中，找出豐富的文本證據，說明張愛玲「向來不重視屍首安頓」（頁四五二），實在不必對其骨灰究竟該陸葬還是海葬爭論不休。正如其文章的篇名所示──取自陶淵明對《山海經》「精衛銜微木，將以填滄海」的評語「同物既無慮，化去不復悔」，高全之最終回歸的，乃是陸葬海葬皆是骨灰與自然的合而歸一，無有高下優劣之別。

若是我們回到張愛玲一九九二年立下遺囑前後正在進行改寫的未完稿〈愛憎表〉，或許更可貼近張愛玲彼時的想法。她在〈愛憎表〉中提及中學畢業時曾填表寫下「最怕死」，然而人生的一番經歷卻讓此時的她不再對死感到恐懼：

> 對於老與死，我母親過早的啟發等於給我們打了防疫針。因為在「未知生，焉知死」的幼年曾經久久為它煩惱過，終於搞疲了。說是麻木也好，反正習慣了，能接受。等到到了時候，縱有憬然的一剎那，也感動不深，震撼不大，所以我對於生老病死倒是比較看得淡。（〈愛憎表〉，頁五六）

但就算張愛玲看淡生死，就算張愛玲的小說「向來不重視屍首安頓」，就算我們可以由此推論出張愛玲對骨灰是撒在陸地或是海洋的不在乎，我們還是無法迴避在這一系列「誤讀」的相互指控中所顯示「閱讀」的「不確定」，一個「確定」遺囑內容的「不確定」詮釋。

正如同張錯在〈張愛玲與荒涼〉中提及，他看到張愛玲遺囑電傳後的第一個念頭，不是如何辦理後事，而是「如何閱讀及遵從她的遺囑意願」。但一旦涉及「閱讀」所可能展開的差異，我們又將如何「遵從」由「閱讀」遺囑、「閱讀」語言文字所帶出的「意願」呢？就以句中的 desolate spot 為例，林式同將其翻譯為「空曠的地方」（〈有緣得識張愛玲〉，頁六一），林幸謙將其翻譯為「荒野之地」（〈重歸「荒涼」〉，頁八四），張錯將其翻譯為「任何廣漠無人之處」（〈張愛玲與荒涼〉，頁一一六），宋以朗將其翻譯為「荒蕪的地方」（《宋淇傳奇》，頁二四〇）。這些翻譯都沒有錯，但也同中有異、異中有同。「同中有異」之處，在於「荒野之地」更強調陸地，「空曠的地方」、「荒蕪的地方」似乎較偏向陸地但也不排除海洋，而「廣漠無人之處」則海陸皆可。但真正的關鍵卻在眾多「迻譯」的「異中有同」，持相反閱讀的專家學者，卻有志一同地「立即」將英文單字 desolate 與張學關鍵字「蒼涼」、「荒涼」做跨語際連結。就「蒼涼」、「荒涼」的英文翻譯而言，最常被張學專家學者採用的，本就是 desolate，例如李歐梵論張愛玲的專著《蒼涼與世故》，英文書名即是 *Desolation and Sophistication*。[15] 故張愛玲遺囑中 desolate 一字的出現，讓所有喜談或不喜談文本的專家，不約而同將其翻譯為「荒野」、「廣漠」、「荒蕪」，並找出眾多的文本證據，來闡釋張愛玲對「荒涼」、「蒼涼」之喟嘆，再由此引申張愛玲對回歸大地／地母的潛意識慾望，或是「向來不重視屍首安頓」的淡然。但會不會正是因為 desolate 的「過度決定」，而讓我們對遺囑第二項的交代反而「見樹不見林」呢？

若我們可以將討論的焦點從陸葬或海葬拉開，若我們也可以仿張錯謙遜而誠懇的表達「愛玲女士的英文原文似乎是說——」（〈張愛玲與荒涼〉，頁一一七），那細看遺囑第二項的英文句子：「立即火化」沒有問題，「不要殯殮儀式」沒有問題，「撒向任何廣漠無人之處」（張錯翻譯）也沒有問題，唯一有問題的恐怕不是 desolate 之「迻譯」，而是結尾的假設語句「OVER A FAIRLY WIDE AREA IF ON LAND」。換言之，此假設語句所表達的，不是希望將骨灰撒在陸地上，而是「假設」骨灰要撒在陸地上，那就必須「在廣闊範圍內分撒」（宋以朗翻譯，《宋淇傳奇》，頁二四〇）。為何「如在陸上」，就必須「在廣闊範圍內分撒」，為何不須假設、不須交代「如在海上」呢？高全之已敏銳指出張愛玲「遺囑希望骨灰撒在空曠處所，已跳脫了『入土為安』的觀念」（〈同物無慮〉，頁四五七），我們在此想要提出的另一種「閱讀」／「誤讀」，不僅僅只是跳脫「入土為安」而已，而是一種更為基進、更為決絕的「死無葬身之地」。張愛玲遺囑第二項的「英文原文似乎是說——」，遺體立即火化後的骨灰要遍撒四方，不要留下一個特定可供憑弔追悼的地點，亦即要選 desolate spot 不要選墓園、公園或其他人群聚留之處。故「如在陸上」

就要「在廣闊範圍內分撒」，否則還是會留下一個可供憑弔之處，而「如在海上」就完全不須特別交代，海風洋流自會將骨灰流散四面八方，決不會留下任何一個固定的「葬身之地」可供追悼。證之當前廣為流傳的「上海張愛玲地圖」、「加州張愛玲地圖」、「張愛玲故居」等之按圖索驥，張愛玲遺囑的第二項交代，或當是以一種最為清堅決絕「死無葬身之地」的方式，徹底消滅任何張愛玲墓地朝聖的文化觀光活動。

四．書寫即遺囑

張愛玲遺囑第一項涉及高難度的法律用語 possessions，更因過世後各方對爭取張愛玲「遺物」的積極動作，也相對改變了好友們對 possessions 的詮釋與後續處理。張愛玲遺囑第二項的一個 desolate 單字、一個 if on land 的假設語句，讓火化後的骨灰究竟該撒向陸地或海洋爭議迭起，成為各種「閱讀」／「誤讀」的焦點。而本章「細讀」張愛玲遺囑的企圖，並非嘗試論斷孰是孰非，亦非評比誰的翻譯、誰的閱讀最到位，而是在張愛玲遺囑作為強調「字義規則」與「專屬邏輯」的法律文件之外（域外），凸顯張愛玲遺囑如何從「有囑」（囑咐）與「有主」（立遺囑人專有名稱之下的專屬財產），滑動到「無囑」（無法確定所囑為何）與「無主」（立遺囑人的雙重「作者已死」，既是自然死亡，亦是書寫所造成對語言文字喪失主體權威掌控的死亡）。而本章的最後一節，則將再次從「張愛玲的遺囑」往復回到「遺囑」本身的格式、表達與內容，進行字義與文學、遺囑與書寫、簽名與重複之間更具解構強度的思考。

首先進入我們眼簾的，乃是遺囑表格最上方置中的四個粗黑大寫字母 LAST WILL AND TESTAMENT，清楚表明此制式表格的主旨，但英文 will, last will, testament 都是遺囑，LAST WILL AND TESTAMENT 作為慣常的正式表達，已然是強調中的強調，重複中的重複。[16]然此強調與重複卻在遺囑表格的第三行出現了時間的弔詭：declare this to be my last Will and revoke all other Wills previously made by me。此表達乃印在表格之上的格式設定，並非張愛玲所填寫。然此格式設定本身的弔詭，乃是一方面強調 my last Will 的獨一無二、一錘定音，而另一方面又以 Wills 的複數形式來說明遺囑可以一立再立，而法律最終認定的乃是「最後」的「最後遺囑」。所有新立的 last Will，都可以撤銷先前所立的 last Will。換言之，即便我們可以透過簽名、透過公證人或律師確認「最後遺囑」的真實性與有效性，但「最後遺囑」的「最後」卻無法被確認。此法律格式制式文字所弔詭帶出的，乃是「最後」本身的開放不確定性，我們永遠無法知道「最後遺囑」是否真的是「最後」，「最後遺囑」的「最後」本身永遠無法由立遺囑人的自由意志、公證人或律師的見證來進行確保。

由此我們自然可以接著往下思考到遺囑表格中由張愛玲自己所填寫第一項交代的開

頭：IN THE EVENT OF MY DEATH。死亡作為事件的突如其來，一方面可以「向前」解釋前一句結尾所帶出「最後」的開放不確定性，另一方面也可以「向後」解釋為何該句的主要子句乃是表達遺贈意願與遺贈的具體對象。然死亡作為事件的突如其來，其所開啟的乃是已死／將死、已臨／將臨之間的可疑地帶，一個「活死人」（活著想像死去）的書寫空間。時間在此斷裂為遺囑上「已完成」的書寫日期一九九二年二月十四日與「未完成」（或永遠無法親睹完成）的死亡之為事件，張愛玲乃是在此時間斷裂中，以IN THE EVENT OF MY DEATH作為開場，嘗試在死亡幻影（假設、假想自己的死亡）下進行遺囑書寫，乃是要在死亡事件之突如其來、不可預期的基進「不確定」中，嘗試以I作為主詞—主格—主要子句—主動語態之起首，來「確定」身後「財產」或「擁有的一切」之處置安排。

然就遺囑書寫的角度觀之，此以「死亡作為事件」的開場中最弔詭的，無非是my death「我的死亡」之可能與不可能：「死亡」如何有可能成為「我的」？如何有可能將「死亡」據為己有？「我」如何感知、如何經驗「我的」死亡？更有甚者，德希達曾對放入引號的「我的死亡」提出過精采的思辨：放入引號的「我的死亡」不一定是我的，「乃是一個任何人都可據為己有的表達，能從此例流通到彼例」（*Aporias* 22）。換言之，張愛玲可以說「我的死亡」，德希達也可以說「我的死亡」，「我的死亡」作為語言文字表達的

「套式」，人人皆可據為己有，也就無人能真正據為己有。語言所有格「我的」所希冀強化的「專屬邏輯」，將不斷被語言的「無專屬」所裂變。然此處我們透過張愛玲 IN THE EVENT OF MY DEATH 所進行的哲學詰難，不僅關乎語言所有格的「專屬」與「無專屬」，更關乎「遺囑即書寫」、「書寫即遺囑」的基進解構思考。遺囑書寫所啟動的，乃是「遺囑的書寫形式」與「書寫的遺囑形式」之雙重揭露，而其中最具代表性的名句，又恐非德希達的「在書寫中我親歷我的死亡」（"I live my death in writing."）莫屬。此句典出德希達生前接受法國《世界報》（*Le Monde*）的「最後訪談」（訪談時間為二〇〇四年八月，而德希達於該年十月過世），訪談中德希達乃是以「最後遺囑」的口吻，述說「書寫的遺囑形式」：

> 對我而言，我留下的痕跡意味著我的死亡——將臨或已臨，同時也是在我身後得以倖存的希望。我留下一紙書寫，我離去，我死亡：無法逃避此結構，此乃我生命的不變形式。每次我撒手，每次一些痕跡離我而去，離我繼續前行，無法再被占為己有。在書寫中我親歷我的死亡。（*Learning to Live Finally* 32-33）

此處「我的死亡」不僅指向德希達在訪談後所遭逢的生理死亡，更指向每一次書寫都是死亡，都是倖存。換言之，此處的死亡乃是內在於書寫的結構，我寫—我離去—我死亡，所有專屬的、本己的「我」與「我的」都在書寫所留下的痕跡之中消失，「我」不再同一，「我的」不再專屬。

但正如前文已述，張愛玲遺囑的三項交代皆以「我」作為主詞—主格—主要子句—主動語態之首，然在第一項 I BEQUEATH（我遺贈），第二項 I WISH（我希望），第三項 I APPOINT（我指定）中，尤屬第二項的 I WISH 最饒富深意。此以 I WISH 起首的句子，主要用來交代遺體的處理——立即火化，不要殯殮儀式，骨灰撒於任何荒漠無人之處，如在陸上，撒於相當廣闊的地區——箇中所涉及的爭議與「誤讀」已在本章第三節中詳述。然就語言文字的細膩敏感度而言，I WISH 與第一項的 I BEQUEATH 與第三項的 I APPOINT 之所以幽微有別，當是其所蘊含的「受弱感」（vulnerability），雖為主詞主格所形構的主動語態，卻又似時不我予、無法作主，必須讓渡主權、託付他者。張愛玲這句對身後遺體處理的 I WISH，凸顯的乃是「我」之自給自足的不可能，「我」作為語言主體與法律主權的最初與最終空無。I WISH 既是生前祈願，也是身後託付，懸宕在「死亡作為事件」的已臨／將臨之間。而遺囑之「無主」，乃是弔詭地帶出「我決定我的無法決定」，我讓渡、我託付最後處理我最後遺體的主權。

而接在 I WISH 之後的另一個時間關鍵字 INSTANTLY，則又可開啟另一輪對「死亡作為事件」的哲學思考。就遺體處理細節上的「立即」，乃是「立即」火化。I WISH TO BE CREMATED INSTANTLY，主動式的「我希望」帶出了被動式的「被火化」，而「立即」更給出了一種即時果決的時間迫切感。就遺囑的執行層面而言，張愛玲遺囑執行人林式同完全不負所託，「殯儀館在收到張愛玲的遺體後，立即向洛杉磯縣政府有關部門申請火化許可，在得到許可後遺體立即於九月十九日按遺志火化，前後除手續必須外沒有任何耽擱」（頁六一）。林式同的短短說明中，兩次用到「立即」，可見其對張愛玲遺囑第二項中 INSTANTLY 一字的敏感關注與使命必達。而若就「死亡之為事件」的哲學思考而言，張愛玲遺囑第二項的交代，或許可從其中同時讀出兩個「立即」，一個是「立即」火化，一個是火化本身所蘊含的「立即」。正如德希達在《野獸與主權：卷二》（*The Beast and the Sovereign II*）所言，西方（希臘—猶太基督歐洲）現代性的關鍵特色之一，正在於出現了「土葬」（burial）與「火化」（cremation）的抉擇。對德希達而言，二元選項的出現，讓死亡必須被加以想像，才能在生前做出抉擇，而此必須對死亡做出的想像，正是經由「死亡幻象」（the phantasm of death）而進入到活死人的不可區辨狀態。而「土葬」與「火化」也同時帶出了不同的時間性與空間性，前者凸顯時間的可能延續與空間的相對穩定（只是埋入土中慢慢毀廢），而後者則讓時間在火焰中「立即」成灰，徹底不再占有「自己的空間」（*The Beast and the Sovereign II* 167, 169）。換言之，張愛玲遺囑第二項中顯而易見的「立即」，乃是遺體的「立即」火化，隱而不顯的「立即」，則是「火化」所帶來瞬間剎那的灰飛煙滅，前者相對的是繁複耗時的殯殮儀式，而後者相對的則是漫長的屍體腐化過程。

本章的最後就讓我們回到遺囑作為有效法律文件的核心關鍵：簽名。當張愛玲於一九九二年二月十四日在其所購得、所填寫的加州遺囑制式表格上親自簽下 Eileen Chang Reyher 時，究竟意味著什麼？就法律層面而言，立遺囑人的親筆簽名乃是遺囑「真實性」的保證，也是讓此文件具有法律效力的保證。但就「死亡之為事件」、「遺囑之為書寫」的哲學層面而言，我們究竟可以如何看待張愛玲遺囑的「簽名」呢？難道「簽名」也總已是一種「書寫的遺囑形式」嗎？此處我們對「簽名」的聚焦，不在真偽、不在字跡的判定，而在「簽名」作為現下在場與隱無缺席、作為獨一無二與重複變易的弔詭。正如本章第一節已觸及到「簽名」之裂解，既是驗明正身與肉身在場的「存有」與「現下」，獨一無二，又是「不在場」甚或肉身死亡的情況之下，依舊得以運作的有效性。換言之，「簽名」之能動性必須在可重複的前提之下運作，在簽名主體不在場或簽名主體已然死亡的情況之下運作。不在場的簽名，確保了在場的簽名，簽名只有在簽名的重複中，才得以弔詭地維持其獨一無二。而更關鍵的，乃是「簽名」與死亡的連結與驅動，「簽名」如同書寫，乃是對「自我」的去除任命、去除專屬，一個將臨的死亡，在「簽名」的當下此刻就已裂解為過去與未來，亦即「存有論」（ontology）翻轉為「幽靈學」（hauntology）的反覆出現。

此結構性的死亡，並不隨簽名主體的真實存活或死亡而有所改變。換言之，在遺囑之上簽下姓名的張愛玲，既面對著將臨、也面對著已臨的死亡（作為簽名主體），人死留名的活死人與活死亡。於是張愛玲在 Eileen Chang Reyher 的姓名與簽名的「源頭」處就已分裂為雙重，既是張愛玲與 Eileen Chang Reyher 的分裂與雙重，也是 Eileen Chang Reyher 作為姓名與 Eileen Chang Reyher 作為簽名的分裂與雙重，更是 Eileen Chang Reyher 簽名作為一系列 Eileen Chang Reyher 簽名之分裂與雙重。[17] 所有同一的印記（姓名與簽名）都需要異時異地的重複來不斷重塑其合法性與權威性。姓名與簽名所強化的，乃是「本名」、「專屬邏輯」所發展出來 proper-property-propriety 的認同與對應、歸屬與範界，而姓名與簽名所同時啟動的，亦是延異、感染、替換、錯置、轉喻、補遺與重複變易的各種可能，模糊了所有自我同一的真確無誤。

本章以英國文豪莎士比亞的遺囑開場，企圖凸顯遺囑作為詮釋的紛迭；而本章以法國哲學家德希達做結，亦是希冀將遺囑拉到一個「死亡之為事件」、「書寫的遺囑形式」、「簽名的遺囑形式」的哲學思考高度。而張愛玲簽名於一九九二年二月十四日的遺囑，便在這一頭一尾之間輾轉延異，讓我們得以讀出為何張愛玲「的」遺囑永遠不可能是「張愛玲的」，甚至「張愛玲」的簽名也永遠不可能是「張愛玲的」。遺囑作為張愛玲繁多的文本書寫之一，其所帶出的乃是「遺囑即書寫」、「書寫即遺囑」的雙重解構，不再有「字義」與「文學」的楚河漢界，不再有主詞—主格—主權—主宰的權威，遺囑最終所導向的乃是遺囑的「無主」，沒有自我同一、自我涵攝、穩固、完整、可透明溝通、絕對現存的意義可供拍板定案，也沒有作者—作者意圖—作者權威可供回歸。遺囑作為書寫文字的符號，脫離了立遺囑人的主觀意識與主體意志，並得以在其身後展現「可重複的閱讀性」（repeatable readability），一如各種跨語際的「迻譯」與「誤讀」。也只有在這個「譯異」之上，我們才得以欣然發現張愛玲的遺囑，一如莎士比亞的遺囑，可以如此這般充滿了故事性、想像力與後續創作的潛力。

注釋

1 張愛玲遺囑副本可見《華麗與蒼涼》收錄的林式同長文（蔡鳳儀，頁五三）；亦可見宋以朗，《宋淇傳奇》，頁二四三。根據宋以朗合理的說法，張愛玲寄給宋淇夫婦的乃是「經法院核實的遺囑副本」，而「張愛玲的遺囑正本會永久存放在洛杉磯法院」（《宋淇傳奇》，頁三二九）。

2 二〇〇三年起臺灣皇冠文化出版社開始打隔海侵權官司，控告中國大陸多家出版社擅自印製發行張愛玲作品，並自二〇〇五年起相繼獲得北京人民法院的勝訴判決。在法庭爭辯中，中國大陸出版社或主張張愛玲沒有繼承人，其所有作品都應屬公共所有，或質疑張愛玲立於一九九二年的英文遺囑第二項「所有財產將贈予宋淇夫婦」，並不包含著作權。法院的相繼勝訴判決乃是再次確立張愛玲遺囑的合法性，其財產與無體著作權皆歸屬宋淇夫婦所擁有（宋淇夫妻相繼於一九九六年與二〇〇七年過世後，則移轉到其女宋元琳與其子宋以朗），而臺灣皇冠文化出版社在其正式委任下，享有張愛玲作品專屬授權的全球出版發行權利。詳情可參見宋以朗，《宋淇傳奇》，頁三二五—三三三；章忠信，〈張愛玲作品的著作權爭議〉。

3 在一九八四年十一月二十八日張愛玲寫給莊信正的信中，就已提及「I.D. 證件在旅館被墨西哥女傭偷了去——現在這是個熱門生意——要等有了固定住址，去補領了才能到別家開 checking acc't 戶頭」（莊信正，頁一六三）。

4 有關銀行存款部分，張愛玲遺產繼承人宋以朗曾表示在母親鄺文美的遺物中找到一個一九九六年十二月十八日的紙條，「上面寫著張愛玲的英文名字 E. Chang，計算『綠簿子』（銀行外幣存款）剩餘三十二萬多美金」（《宋淇傳奇》，頁二五四）。

5 誠如德希達在〈簽名 事件 脈絡〉（"Signature Event Context"）中所言，iterability 的拉丁字源 *iter* 乃「再次」，也受梵文字根 *itara* 即「他者」、「他人」、「其他」之影響，故在此的中文翻譯為「重複變易」，強調其不僅一再重複，更在重複之中產生變易的可能，不是重複的重複，而是重複作為差異化的過程（頁七）。此處所談的「重複變易」，並不指向任何個人「簽名」方式的改變，而是「簽名」必須以重複的方式獲得重複的確認；「簽名」的運作不在「簽名」本身，而在其可重複性，在不同時空與脈絡下的可重複性。

6 《文本張愛玲》的第一章〈本名張愛玲〉，正是以張愛玲的「本名」進行「父之法」的貫徹與拆解。

7 有關「無主」進一步的理論概念化，可參考《文本張愛玲》的緒論〈無主文本與宗法父權的裂變〉。

8 原文為"there is no word more ambiguous in its meaning than possession"，可參見 National Safe Deposit Co. v. Stead, 232 U.S. 58(1914)，轉引自 Anderson and Bogart 67。

9 一九九三年十月七日張愛玲致陳皪華信，見宋以朗，〈《小團圓》前言〉，頁一六。此長文未完稿經香港學者馮睎乾的整理與重構，發表於《印刻文學生活誌》雜誌（一二卷一一期〔二〇一六年七月〕），後收錄於二〇一八年出版、林幸謙主編的《千迴萬轉：張愛玲學重探》，頁五一—九二。

10 目前有關張愛玲著作所有權（無體財產權）的主要爭議，除了前已說明的中國大陸盜版官司外，便是其完成與未完成手稿在身後的相繼出版，包括《同學少年都不賤》（二〇〇四）；*The Sing-song Girl of Shanghai*（韓邦慶《海上花》之英文翻譯，二〇〇五）；〈重訪邊城〉（二〇〇八）；《小團圓》（二〇〇九）；〈異鄉記〉（二〇一〇）；*The Fall of the Pagoda*（二〇一〇）；*The Book of Change*（二〇一〇）；《雷峯塔》（*The Fall of the Pagoda* 之中譯本，二〇一〇）；《易經》（*The Book of Change* 之中譯本，二〇一〇）；《少帥》（英文未完稿與中譯合為一冊，二〇一四）等。而其中引發最多關注的，自是二〇〇九年《小團圓》的出版。此完稿於一九七六年的長篇小說，在好友宋淇的勸阻與改寫建議下擱置出版。如前文所述，張愛玲一九九二年附上遺囑的信中也交代《小團圓》小說要銷毀，主要考量或在彼時《小團圓》小說已部分改寫為《對照記》與〈愛憎表〉。但根據部分法界人士的意見，作家手稿乃包含了「物權」、「著作財產權」與「著作人格權」三種權利，而此三種權力的行使或有不同，「物權」與「著作財產權」可以讓與及繼承，「著作人格權」則專屬於著作人本身，不得讓與或繼承。如此張愛玲遺囑中的 possessions 自可引發一連串的法律思考：贈與宋淇夫婦的「財產」（物權）是否包含「著作財產權」，而「著作財產權」又是否包含「著作人格權」（公開發表權、姓名表示權及同一性保持權）？誠如部分法界人士對臺灣著作權法相關規定的闡釋：「著作人格權具有專屬性，屬於著作人，不得讓與或繼承，就算是著作權讓與他人，作者仍然保有著作人格權，而且著作人格權不像著作財產權有期間的限制，著作人格權不因著作人死亡而消滅，任何人不得侵害」（吳尚昆）；「張愛玲並沒有將生前著作之著作財產權讓給宋淇夫婦，更沒有授意宋淇夫婦可以發表他的著作」（章忠信，〈誰幫張愛玲說一些公道話？〉）。然就二〇〇六年六月十五日北京市高級人民法院的判決書所述，「宋淇、宋鄺文美依據張愛玲的遺囑，取得了張愛玲作品著作權中的財產權」（宋以朗，《宋淇傳奇》，頁三二八），乃是以法院判決的正式形式，具體承認宋家乃擁有張愛玲生前著作之著作財產權。但此「著作財產權」的繼承是否可自動延伸到「著作人格權」的讓與（如公開發表張愛玲生前未公開發表的手稿），或仍有商榷空間。有關張愛玲遺作的出版與抉擇考量的細密心路過程，可參見宋以朗，《宋淇傳奇》，頁三三四—三四一。

11 原信件影印本可見宋以朗，《宋淇傳奇》，頁二五二。

12 有關張愛玲生日的認定曾出現爭議，以文中所舉張愛玲在重新申請美國身分證的表格上，生日欄填寫的是一九二〇年九月三十日，但在香港大學學生紀錄上，生日欄填寫的卻是一九二〇年九月十九日。作家蘇偉貞（彼時任職《聯合報．聯合副刊》）曾去信詢問張愛玲的生日，也僅得回答如下：「我其實從小出名的記性壞，一問什麼都『忘了！』陽歷（信上用字）生日只供填表用，陰歷（同前）也早已不去查是哪一天了」（蘇偉貞，〈自誇與自鄙〉，頁二〇）。目前較為確定的說法，乃是一九二〇年的陰曆八月十九日，陽曆的九月三十日，而張愛玲乃是以過陰曆生日為主，可參見周芬伶《孔雀藍調：張愛玲評傳》中對張愛玲美國丈夫賴雅日記的轉述：「九月二十三日是張的生日，賴雅外出買了一件綠襯衫準備送給她」（頁一一二）。若就此推算，一九九五年張愛玲的生日（冥誕）應為該年陰曆八月十九日所對應的陽曆九月十三日，而非陽曆的九月三十日，但顯然治喪小組乃循西式，亦即以張愛玲的陽曆生日九月三十日為準稱之。

13 當然我們也可將張愛玲生前寫給宋淇夫婦的最後一封信列入考量。在這封寫於一九九五年七月二十五日的信中，張愛玲清楚表示為了躲避跳蚤，已徹底打消搬到鳳凰城或拉斯維加斯的念頭，「Las Vegas 擴建住宅區，著眼在『家庭』與退休老人，全是大 apt. 與住宅，可以養貓狗——有 fleas」（張愛玲、宋淇、宋鄺文美，頁三二七）。

14 顯然林幸謙在此處並未考慮「大海—母親」作為另一種文學慣見的連結方式，尤其是法文中「海洋」（*la mer*）與「母親」（*la mère*）的同音，而只凸顯「大地—母親」作為唯一的連結可能：「作家長久漂泊異鄉之後，想要回歸內宇的想像空間；又或者視之為一個自小喪失母愛的女性作家，渴望回返大地／地母的潛意識願望」（林幸謙，〈重歸「荒涼」〉，頁八八）。

15 李歐梵在書中亦將遺囑中的 desolate spot 與張愛玲〈《傳奇》再版自序〉裡的「荒涼」與「惘惘的威脅」相聯繫（頁一五五）。

16 當然也另有一說強調 will 與 testament 之歷史差異，前者主要處理「不動產」，而後者主要處理「動產」，兩者並列以期完全涵蓋，並無累贅重複之處。

17 正如卡穆芙（Peggy Kamuf）在悼亡德希達的著作中表示，我們不是在人死去之後才悼亡，而是人被命名之時悼亡便已開始，命名即悼亡（頁三）。

第二章

張愛玲的假髮

究竟是「真的假髮」比較驚悚恐怖，還是「假的真髮」比較駭人聽聞呢？

張愛玲一九九五年九月八日被發現在承租的公寓過世後，治喪委員小組成員美國南加州大學教授張錯便連續接到旅美作家戴文采的電話。九月十一日張錯在〈水般亮麗自然：張愛玲海葬始末〉中記載到「她說有一絡張愛玲頭髮，可作為紀念品」，九月十二日又記載到「戴文采來電云願將頭髮捐出」。那誰是戴文采？為何她號稱手上有一絡張愛玲的頭髮呢？熟悉張學「八卦」之人當可立即心領神會，戴文采許是比其他所有人都更有可能「擁有」張愛玲的頭髮，因其乃著名「垃圾事件」的始作俑者。

一九八八年住在美國的作家戴文采因訪問張愛玲受拒不得其門，遂異想天開租了房子，悄悄搬到張愛玲洛杉磯公寓的隔鄰，並透過撿拾張愛玲丟棄的「垃圾」，來一窺其日常生活細節。之後並寫就〈華麗緣：我的鄰居張愛玲〉長文一篇，效颦張式與胡式（胡蘭成）文體，由「垃圾」清單細細翻掘，異想鉤沉張愛玲的行住坐臥。但因涉及侵犯作家隱私，而先後遭到《聯合報》與《中國時報》拒絕刊載。」「臥底」期間，戴文采僅能天天臨牆貼身偷聽張愛玲住屋的動靜，終於一日午後得見本尊出來倒垃圾而欣喜若狂。在她筆下的張愛玲，化身為一位「新燙了髮的女學生」清麗亮相：「午後的陽光鄧肯式在雪洞般牆上裸舞，但她正巧站在暗處，看不出襯衫白底上是不是印有小花，只覺得她膚色很白，頭髮剪短了燙出大卷髮花，髮花沒有用流行的挑子挑鬆，一絲不苟的開出一朵一朵像黑顏色的繡球花。」

戴文采在文中亦提及張愛玲偶爾讀三份報紙——《洛杉磯時報》（*Los Angeles Times*）、《聯合報》及《中國時報》，而那日在「垃圾」堆中的一張報紙裡，赫然出現了張愛玲剪下的「頭髮」：「我在一張報紙裏發現一小撮她剪下來的髮，總有三、四十根，小指長，髮質極細，不是截然藍與黑的黑，比較近杏與淺黑，也有一根淺白，接近透明的白。」我們無法從現有的資料中推測，此三、四十根小指長的頭髮究竟為何被剪下，但顯然戴文采對張愛玲的髮質與髮色深感興趣，描繪細膩，就連在張愛玲過世後的追憶文章中，她亦不忘提及昔日在報紙堆中撿到的張愛玲頭髮：

> 在她的報紙堆裡還撿著她剪下來的一絡短髮，雖有許多白髮，但大部分仍是黑髮，那時候她側身站在幾步外的距離，腰那樣挺直，穿著白襯衫藍裙子，像個女學生，完

全不似這些人對她的描述，七年裡竟如此迅速的蒼老？（〈玫瑰園裡的獅子〉，頁五七）[2]

七年前指的是她在張愛玲公寓隔鄰窺伺的日子，而七年後的此刻戴文采念念不忘的，依舊是她在垃圾堆中撿拾到的張愛玲頭髮，雖然原本文章中的「一根淺白」變成了後來文章中的「許多白髮」，但仍舊不忘一提再提，也在張愛玲過世消息一傳出後，便不斷打電話給張錯表明想要捐出「張愛玲的頭髮」之意願。

但顯然這份意願與當年她所撰寫的文章一樣，都被敬謝不敏、拒之門外，因兩者都涉及對作家隱私權的侵犯。我們此處用「假的真髮」名之，不僅在於凸顯其真假莫辨，畢竟我們還是可以提出一連串的質疑：真有撿拾到頭髮而非謊稱或作為創作之效？該頭髮真的是張愛玲的？出門倒垃圾的張愛玲，頭上那「一絲不苟的開出一朵一朵像黑顏色的繡球花」究竟是真髮還是假髮？報紙堆中的頭髮究竟來自張愛玲，還是來自張愛玲的假髮？若是假髮，那是用真髮絲做的假髮，還是用假髮絲做的假髮？[3]但更為關鍵的乃在於此為「非法之髮」，以不合法手段取得的頭髮。[4]張愛玲在一九八八年九月二十一日寫給好友莊信正的信中，曾憤慨提到「記者掏垃圾的事使我毛髮皆豎。……這篇掏垃圾記雖然沒刊出，恐怕遲早會出現」（莊信正，頁一七九）。但張愛玲恐怕完全沒想到讓她「毛髮皆豎」

的掏垃圾之人，居然聲稱在垃圾堆中找出並留存了她的頭髮，也居然在她剛過世之際，便聯絡相關人等表明要捐出她的頭髮，此「非法之髮」自是不可能獲得張愛玲生前或死後的任何認可。5

然而本章真正想要深入探究的重點，不在「假的真髮」，而在「真的假髮」，即便此二者皆涉及「假如我是真的」、「以假亂真」之弔詭。何謂「真的假髮」？此處的假髮（單數或複數）乃是貨真價實的「假髮」，不論是用真髮絲或人造髮絲或兩者混合製成，皆可於頭頂處安置或取下；而此處的「真」，指的是此「假髮」所歸屬的身分認同確認無誤，真的乃是張愛玲所擁有、所使用、所遺留下的「假髮」，如假包換。換言之，「真的假髮」乃弔詭地指向「合法之髮」的「非髮之髮」（非張愛玲真髮之假髮）。那就讓我們來看看張愛玲「真的假髮」之來龍去脈，先從「有物為證」講起。如本書第一章〈張愛玲的遺囑〉已述，張愛玲過世後，其所指定的遺囑執行人林式同，勤懇認真、小心翼翼地打包了張愛玲公寓與小倉庫裡所遺留下的稿件物什，最後以海運方式寄了十四箱東西到香港宋家，「包括書籍、照片、衣物、鞋子、手提包、假髮、毯子以及兩箱手稿」（宋以朗，《宋淇傳奇》，頁二五〇—二五一），而箱子中的假髮共有四頂，亦陸續在相關的張愛玲文物展中亮相。

當然我們也可從「有文為證」來再行確認。林式同在〈有緣得識張愛玲〉的追憶文章中言道，一九八五年夏第一次與張愛玲會面時，「十點正從旅館的走廊上快步走來了一位瘦瘦高高、瀟瀟灑灑的女士，頭上包著一幅灰色的方巾，身上罩著一件近乎灰色的寬大的燈籠衣，就這樣無聲無息地飄了過來」（頁一九）。[6] 此時的張愛玲恐已在「蟲患」的威脅之下剪去了頭髮，但此次會面乃是以「灰頭巾」包覆頭部，並未戴上假髮。[7] 爾後張愛玲結束了多年流離顛沛、逃避「蟲患」的汽車旅館生活後，於一九八八年底搬進林式同蓋的公寓，林也只是偶爾在公寓的轉角瞥見張愛玲的背影，「這次我注意到她在戴假髮」（頁二九）。一九九一年七月張愛玲又決定搬到另一處的公寓（一直居住到過世），林式同為了協助她與伊朗房東簽約，才又第二次與張愛玲正式晤面，「那天張愛玲仍舊戴假髮，黑裡帶白的」（頁三七）。而一直要到張愛玲過世、林式同帶著昔日學生朱謎一起整理張愛玲遺物時，才以更為直白的方式，交代了張愛玲戴假髮的歷史，「因為怕蚤子鑽到頭髮裡，她把頭髮剪了，以後一直戴假髮，最早的假髮是全黑的，可能她覺得和年齡不合，後來用的都是黑中帶白的了」（頁八四）。而朱謎的〈張愛玲故居瑣記〉也仔細描繪了原本張愛玲大衣櫥中擺放假髮的方式：「牆壁四周設有一層架子。最顯眼的是兩個假人頭和三個沒有瓶蓋而中間插著一捲報紙的玻璃瓶。兩個假人頭顧名思義用來戴她的假髮。另外三個玻璃瓶也有異曲同工之妙」（頁九七—九八）。

除了「有物為證」、「有文為證」之外，張愛玲的假髮尚「有圖為證」。其中最顯目、最著名的，莫過於一九九四年張愛玲獲頒《中國時報》第十七屆時報文學獎特別成就獎所拍攝的個人照，又被稱為幽默扮演「死神」（手執「主席金日成昨猝死」為頭版頭條的報紙）的「生前遺照」。[8] 照片中張愛玲的臉部有明顯的化妝修飾，與頸部的膚色產生落差，身著墨綠底、白色雪花圖案的粗織毛衣，但最引人注目的，乃是那頂戴在頭上、低壓前額、黑帶灰白的假髮。照片中那頂看來非常假的假髮，如同照片中那件墨綠色的毛衣，目前皆屬張愛玲「遺物」中的品項，也皆轉給皇冠文化出版社細心收藏。然本章之所以大費周章去搬弄「真的假髮」與「假的真髮」的弔詭為開場，乃是希冀由此展開對作家「遺物」的思考，何者得以成為「戀物」（fetish），何者只能淪為拒之唯恐不及的「拒物」。全章將分成四個主要部分進行。第一部分將鋪展張愛玲文學敘事中的假髮，看張愛玲在〈紅玫瑰與白玫瑰〉、〈小艾〉、《怨女》、《小團圓》、〈同學少年都不賤〉裡如何編排「假髮」的敘事、意象或角色刻劃功能。第二部分則嘗試翻轉「敘事中的假髮」為「假髮中的敘事」（亦即翻轉「文本中的假髮」為「假髮中的文本」），將先回到作家遺物作為文學文物的歷史脈絡，端倪其中真髮遺物與假髮遺物的展示模式，再聚焦二〇一六年臺北國際書展的張愛玲「假髮事件」，看各路人馬如何「吹毛求疵」（hair-splitting）於張愛玲假髮展示之妥當與否。第三部分則思考「拒認機制」（the mechanism of disavowal）如何貫穿遺物—戀物—拒物，而最終得以指向張愛玲作為臺灣「超戀物」（hyper-fetish）的可能與不可能。

結尾的第四部分則將再次回到「假髮」所可能啟動的不確定性，端看「遺物—戀物—拒物邏輯」如何被「補遺邏輯」（the logic of supplement）所持續顛擾，如何讓張愛玲的假髮永遠不會是「張愛玲的」。

一・敘事中的假髮

在張愛玲的文學文本中「假髮」時有所見，但從未成為張愛玲研究中的分析焦點。以下將先針對張愛玲文學文本中幾個有趣的「假髮」描繪片段，嘗試帶出其在意象經營與敘事結構上的巧思妙用。第一種出現的方式乃是直接扣連文本中戲曲舞臺上的行頭再現。以最早發表於一九四七年的〈華麗緣〉為例，紹興戲舞臺上熱鬧搬演著小生小旦的談情說愛，扭捏一番正欲同入羅帳之際，「她背後脖子根上有一塊肉肥敦敦的；一綹子細長的假髮沿著背脊垂下來，描出一條微駝的黑色曲線」（頁一〇八）。此處煞風景的假髮乃傳統戲曲的頭套髮飾，被生動描繪成沿著背脊而下的黑色線條，順著小旦脖子根上的肉駝而彎曲。此種突兀的描寫給出了一種後設的幽默，既要看官看小生小旦初試雲雨，也要看官看小旦演員身材上的缺陷，透過這可笑的一剎那，讓假髮成了角色與演員、藝術與現實之間的黑色裂隙。而此裂隙可以是假髮，也可以是髯口——「老生是個闊臉的女孩子所扮，雖然也掛著烏黑的一部大鬍鬚，依舊濃粧豔抹，塗出一張紅粉大面」（頁一〇一）——都是用來對比年齡、性別與戲裡戲外的反諷差異。與此同時，假髮或髯口作為戲曲服裝道具的「頭面」，也成功呼應〈華麗緣〉首刊版緊跟在標題後且放入括弧的第一行字：「（這題目譯成白話是『一個行頭考究的愛情故事』）」（後來的版本此行已刪去），只是此考究的「頭面」卻又可以是舞臺演出中驚鴻一瞥的露餡鏡頭。

第二種出現方式則更為普遍，乃是老年掉髮而不得不以假髮作為遮掩。此處我們可以用《怨女》中的老夏媽為例。「她在姚家許多年，這房派到那房，沒人要，因為愛吃大蒜，後來又幾乎完全禿了，腦後墜著個洋錢大的假髮，也只有一塊洋錢厚薄。亮晶晶的頭頂上抹上些烟煤，也是寫意畫，不是寫實」（頁三三）。老夏媽作為姚家老人，這回被派在新過門的二奶奶銀娣房裡使喚，凸顯的乃是銀娣在姚家的弱勢邊緣，連傭人也是由老弱殘兵來湊數。老夏媽的問題除了口氣重外，更在於禿了頭，而其假髮的式樣（後腦勺上洋錢大的假髮，以及頭頂上塗抹的黑色烟煤），雖假得十分拙劣，但也是因髮制宜，寒磣中有著勞動階級的權宜與實用，敘事者也僅以「寫意畫」來小小揶揄一番。小說中第四章的開場，精采寫到老夏媽與大奶奶房裡俏麗的丫鬟臘梅在廚房裡搶熱水，臘梅一邊嘲笑老夏媽一大清早天沒亮就來裝假頭髮，摸得水壺上都是烟煤，一邊又嘲笑二奶奶家賣麻油，最後當然還是讓臘梅插隊成功，搶去了滾燙的熱水。禿頭戴假髮的老夏媽，與「辮子睡得毛毛的」（頁三四）的臘梅相比，自有年齡與容貌上的強烈對比，一場搶熱水的戲碼日日搬演，每回皆是老夏媽敗下陣來，彷彿光是禿頭戴假髮、還得用烟煤抹頭這一項，老夏媽就已然失去任何倚老賣老的可能。而老夏媽僅僅「一塊洋錢厚薄」的假髮，帶出的同時也是她老年的孤寂寒涼，「她把手臂縮到大棉襖裏當胸抱著，這是她冬天取暖的一個辦法」（頁三三）。

但張愛玲筆下當然還有比老夏媽假髮更誇張、更生動的描繪，只是這回不是傭人，而是姨太太，亦即張愛玲中篇小說〈小艾〉裡的三姨太憶妃。憶妃原本是個恃寵而嬌，仗勢欺人的狠角色，硬是逼著續弦過門的五太太在她面前做小伏低，又把被五老爺強暴而懷孕的婢女小艾打到流產。但世事峰迴路轉，五老爺席景藩在上海結了新歡，憶妃頓時失寵，「她大概是什麼潛伏著的毛病突然發作起來，在短短的幾個月內把頭髮全掉光了」（頁一四九），禿了頭的憶妃立即被五老爺一腳踢開丟在南京。後來憶妃趕來上海替席老太太奔喪，縞素現身，卻頂著個超級恐怖的黑色假髮：

> 第二年老太太去世了，憶妃便到上海來奔喪，借着這名目來找五老爺。她來到老公館裏，剛巧景藩那天沒有來，後來景藩聽見說她來了，索性連做七開弔都不到場了。憶妃便到裏面去見五太太，五太太倒是不念舊惡，仍舊很客氣的接待她。憶妃渾身縞

素，依舊打扮得十分俏麗，只是她那波浪紋的燙髮顯然是假髮，像一頂帽子似的罩在頭上，眉毛一根也沒有了，光光溜溜的皮膚上用鉛筆畫出來亮瑩瑩的兩道眉毛，看上去也有點異樣。（〈小艾〉，頁一五〇）

若老夏媽的假髮可笑又可憐，那憶妃的假髮則是可怖又可悲。可怖的是假髮與鉛筆眉毛之間的對比與加成，假髮假得像整頂罩在頭上的帽子，鉛筆眉毛又亮得異樣不真實，兩者都企圖遮掩底下的「光光溜溜」，卻又都無法不欲蓋而彌彰。而可怖之外更可悲的，乃是掉到沒有一根頭髮一根眉毛的憶妃依舊愛漂亮，依舊妄想以俏麗的打扮挽回一點五老爺的情意，連選頂假髮都是時髦的波浪紋款式，奈何五老爺避而不見、毫不留情，憶妃再無翻身之日。因而憶妃的假髮有著怪病的印記，有著彷彿輪迴報應的痕跡，當然更有著情感算計中最殘酷的打擊與棄離。

此外也有一種介於老年掉髮與生病禿頭之間的假髮佩戴，只是這次從女人頭上，轉到了男人頭上。眾人皆知《小團圓》中的文人湯孤鶩，乃是以上海鴛蝴派雜誌《紫羅蘭》的主編周瘦鵑為原型，而張愛玲最早的兩篇小說〈沈香屑第一爐香〉與〈沈香屑第二爐香〉，正是分別初載於一九四三年五至七月第二、三、四期與一九四三年八至九月第五、六期的《紫羅蘭》雜誌。在《小團圓》極為簡短的描寫文字中，湯孤鶩的出場乃是以假髮作為視覺標點：「湯孤鶩大概還像他當年，瘦長，穿長袍，清瘦的臉，不過頭禿了，戴著個薄黑殼子假髮」（頁一五四）。描寫一位年近五十的男性文人戴假髮，難道有何不妥之處嗎？有評者藉此指摘張愛玲寫作不夠厚道，不喜歡的人物角色就在容貌上進行挖苦，「當著禿子不說光，這起碼的人情，張愛玲亦不領」（謝其章，《都門讀書記往》，頁一七六）。然小說中此段描寫的重點或許不在「寫實」與否（湯孤鶩的原型周瘦鵑確實是戴假髮之人），不在以假髮來臧否人物、表達好惡，而反倒是在處理假髮所可能帶出的時間感性。短短的段落先是鋪陳小說女主角九莉的母親蕊秋年輕時想逃婚、曾給這位哀情才子寫信請益而未果，九莉的姑姑楚娣也稱讚湯孤鶩年輕時的照片很清秀，更主動慫恿九莉邀他來家中吃茶。故當湯孤鶩正式出場時，在九莉眼中母親與姑姑曾經崇拜、仰慕或好奇的二〇年代才子已然老去，他頭上的「薄黑殼子假髮」正具體而微地帶出時代與期待的落差。

而更精采的安排，則是接下來「薄黑殼子假髮」與「前劉海」之間的今非昔比。九莉與這位她覺得「並不激賞她的文字」（頁一五四）之訪客話不投機，便用下頦指了指牆上母親蕊秋的照片，解釋道母親不在上海、無法親自待客：

> 橢圓彫花金邊鏡框裏，蕊秋頭髮已經燙了，但還是民初的前劉海，蓬蓬鬆鬆直罩到眉毛上。湯孤鶩注視了一下，顯然印象很深。那是他的時代。

「哦，這是老太太，」他說。（《小團圓》，頁一五四）

湯孤鶩對照片的辨認，不在蕊秋與九莉的母女關係，而在他與九莉母親的「同時代」，而辨認的視覺關鍵乃是「民初的前劉海」，即便照片中的蕊秋已經時髦地燙了頭髮。此處的感傷與幽默，乃是蕊秋的「前劉海」讓最怕老的她成了昔日偶像口中的「老太太」，此稱呼乃同時貼擠著老派語言的敬語尊稱（對方母親）與新派語言的年齡判別（年長婦人），就如同「薄黑殼子假髮」讓走紅二〇年代的哀情才子也成了九莉眼中視覺辨認上的「老先生」，「老」乃是同時帶出年代與世代之差異，如何具體而「微」在老式的假髮與老式的前劉海之上出現。

但與此同時我們也不要忘記，若是回到周瘦鵑的傳記資料，他乃是從年輕時代就已配假髮，戴墨晶眼鏡。陳定山的《春申舊聞》寫道：「周瘦鵑少時，美丰儀，與畫家丁悚、汪亞塵，同有璧人之目。瘦鵑幼攖奇疾，迨癒，而鬚眉盡脫，深以為恨。時尚無生毛劑，乃剪烏金紙貼兩眉，終年不去冠」（頁二四）。但不論是張愛玲知曉或不知曉周瘦鵑年少就因病而配假髮、戴墨鏡或終年不去冠的細節，《小團圓》對湯孤鶩假髮的處理，顯然乃是將重點放在年輕／年老、二〇年代／四〇年代的對比之上，而非刻意訕笑鄙視。張愛玲曾一再強調文學創作與文字實驗的重要性，重點不在真人實事，重點在小說創作，如同她在〈談看書〉中的反覆叮嚀：「在西方近人有這句話：『一切好的文藝都是傳記性的。』當然實事不過是原料，我是對創作苛求，而對原料非常愛好」（頁一八九）。但《小團圓》自出版後，當代張學研究「對號入座」的考據工夫更是甚囂塵上、蔚為主流，一時間彷彿只要能「對照」出小說人物的「本尊」、「原型」就已然大功告成，自此拍板定案。殊不知對張愛玲而言，這些傳記性的實事只不過是原料，重點在這些原料如何重新被創作成小說。而《小團圓》中的假髮或許可以再次成為一個極具提醒力道的小例子：周瘦鵑的假髮是「原料」，湯孤鶩的假髮是「創作」，而如何在「創作」中看到文學敘事的設計與安排，或許才稍可不負張愛玲之用心良苦。

而此節最後我們可再舉兩個假髮的例子，來延伸張愛玲苦心孤詣的「創作」用心。一個例子是嫁到中國的英國「老太太」，另一個例子則是人在美國的高官夫人，兩者皆無老年掉髮或生病脫髮之虞，但是透過她們頭上十分像假髮的頭髮，卻成功「戴」出敘事轉折與人物情感的糾葛。英國「老太太」指的是〈紅玫瑰與白玫瑰〉裡的艾許太太，一個嫁了雜種人（一半中國血統）的英國婦女。小說裡形容到她的出場：

她是高高的，駝駝的，穿的也是相當考究的花洋紗，却剪裁得拖一片掛一片，有點像個老叫花子。小雞蛋殼藏青呢帽上插着飛燕翅，珠頭帽針，帽子底下鑲着一圈灰色的

鬈髮，非常的像假髮，眼珠也像是淡藍磁的假眼珠。（頁七六）

就衣服裝扮而言，考究的面料因剪裁的低劣而讓艾許太太顯得寒磣，而原本該時髦端莊的呢帽之下，卻有著一圈難辨真假的灰色鬈髮。此處的曖昧乃是「非常的像假髮」之真假難辨，既可以是鑲嵌在呢帽底邊的灰色假髮，也可以是被呢帽壓擠在帽緣的灰色真髮，當然更可以是一種雙重的嘲諷，被壓擠在呢帽邊緣的灰色真髮，看起來卻像是原本鑲嵌在呢帽底邊的灰色假髮，亦即拙劣的帽飾設計讓真髮看起來像假髮，就如艾許太太的真眼珠也看起來像是「淡藍瓷的假眼珠」。

而這一圈「非常的像假髮」的灰色鬈髮，卻又可同時帶出小說中艾許太太「英國得格外地道」的身分矯飾（一個非常像假英國人的英國人），即便嫁了雜種人的先生與生了雜種人的女兒，即便在英國已沒有任何親人，即便有著階級的劣勢與經濟的窘迫，也要端出高貴純正英國血統的模樣，開口閉口要「回家去一趟」（回英國）。而小說中艾許太太的出現，顯然更有著推動敘事發展的功用：在街頭邂逅艾許太太與艾許小姐的當天夜裡，小說男主角振保便想起愛丁堡苦讀的過往，想起含辛茹苦的母親和自己的努力向上，終於決計將睡在身旁的嬌蕊當成「身外物」了。而這樣殘忍無情的決定，不僅只是黃昏相遇的艾許太太讓他想起了昔日留學的情景與志向，更是整個黃昏相遇場景的虛假矯飾，讓他幡然醒悟他與嬌蕊的沒有未來。艾許太太的出現，以及她在一旁不斷窺視的女兒，乃是振保與嬌蕊第一次在公眾場域暴露彼此曖昧的關係，第一次在外人的眼光裡看到彼此的私情。這邊的振保態度僵硬，擺出一副「他不過是她家庭的朋友」（頁七七），卻又一會狎熟一會冷漠，進退失據、過猶不及；而那邊的嬌蕊則像是「從了良」，失去了平日伶牙俐齒、呼風喚雨的本領，擺出一副端凝富泰的太太模樣，只會在旁矜持微笑，「如同有一種的電影明星，一動也不動像一顆藍寶石，只讓變換的燈光在寶石深處引起波動的光與影」（頁七七）。而這樣的虛假不真實，更直接轉換為環境氛圍：「天還沒黑，霓虹燈都已經亮了，在天光裏看著非常假，像戲子戴的珠寶」（頁七八）。於是非常假的灰色鬈髮，帶出非常假的霓虹燈，帶出非常假的珠寶（不論是電影明星所戴或戲子所戴），一個拙劣帽飾設計所造成的真假髮難辨，乃是從人物角色的身分認同，貫穿小說場景的日夜交替，於是在這個真髮如假髮、真情如假意的「對」的世界裡的振保，終於決定棄嬌蕊而去。區區一個帽飾設計的拙劣，卻啟動了精采的場景調度，頓時讓灰色鬈髮成為真／假、內／外閾界之上的模糊不確定，讓表面看似髮飾裝扮上無關痛癢的小細節，卻也可以有著推動情節、刻畫人物心理，甚至烘托場景氛圍的一氣呵成。

而〈同學少年都不賤〉中的高官夫人作為本節的最後一例，其巧妙幽微處亦不遑多讓。小說一開場女主角趙玨便在《時代週刊》（*Time*）上一篇官員入閣的特寫中，辨識出昔日中學同窗好友恩娟的猶太丈夫。幾經輾轉，兩位老同學在美國重聚，話當年不甚噓唏。[9]中學時期她們各有所愛，恩娟痴心芷琪，趙玨迷戀赫素容，而中年再次重逢，恩娟因夫而貴，趙玨則落魄失意，彼此中學時期的女女戀愛記憶，轉而成為另一種隱而不顯的暗自較勁。對趙玨而言，赫素容早已成為淡漠的過去式，「與男子戀愛過了才沖洗得乾乾淨淨，一點痕跡都不留」（頁五九），但她卻在恩娟提及芷琪時語氣中的心疼不捨，幡然醒悟到「難道恩娟一輩子沒戀愛過？」（頁五九）。這發現不僅只是對好友的惋惜，更是替自己的自卑與可能的忌妒找到了平衡點。有了這層幽微的心理轉折，我們或許更能了悟小說結尾處突然出現的假髮：

> 但是後來有一次，她在時代週刊上看見恩娟在總統的遊艇赤杉號上的照片，剛上船，微呵著腰跟鏡頭外的什麼人招呼，依舊是小臉大酒渦，不過面頰瘦長了些，東方色彩的髮型，一邊一個大辮子盤成放大的丫髻——當然辮子是假髮——那雲泥之感還是當頭一棒，夠她受的。（頁六〇）

週刊上的照片將恩娟夫婿的飛黃騰達逼到眼前，而此處最精采最關鍵的二字即「還是」所牽帶出的兩個轉折。趙玨認為恩娟「一輩子沒戀愛過」的推測，原本「已讓」高高在上的恩娟有了令人遺憾與同情之處，而此處恩娟在總統遊艇上的照片，則是轉折中的轉折，「又讓」恩娟再度高高在上的同時，出現了髮型上的瑕疵與不足，但無奈雲泥貴賤之感「還是」重擊而來。那辮子假髮究竟會帶出何種髮型上的瑕疵與不妥呢？恩娟顯然沒有掉髮或髮量過稀之慮，此處的假髮乃是為了造型，但此造型不僅有訴諸「東方色彩」、迎合西方人對東方刻板形象的瑕疵，更有年齡與階級上的不妥：華裔中年貴婦人做丫鬟少女的髮型打扮。上下文的幽微轉折，正在於即便恩娟「東方色彩」的髮型打扮，恐有迎合西方人對東方的刻板形象或貽笑大方之虞，也「還是」高高在上、富貴逼人，「還是」讓趙玨被當頭棒喝。而此辮子假髮的出現，也在本節前面五個假髮分析案例之外，提供了一個新的可能：假髮作為純粹時尚造型的可能。此假髮（東方）時尚學的角度，乃是在假髮作為「掩飾」（disguise）（掩蓋因老因病而出現的禿頭或頭髮稀疏）之外，給出了假髮作為「裝飾」（ornament）的積極性，只是此假髮作為「時尚配件」的面向，並不常見於張愛玲的文學文本，更在本章接下來回顧張愛玲遺物展示與生命傳記的相關論述中，過早被排除或摒棄在可能的分析面向之外，但本章結尾處卻將嘗試重新帶回此「時尚配件」的思考，為張愛玲的假髮找出可能的逃逸路徑。

二．假髮中的敘事

本章第一節細數了張愛玲小說中的六個假髮案例，從假髮老年學、假髮病理學，搬弄到可能的假髮敘事學、假髮時尚學，彷彿不經意出現的假髮，都可以有貫穿敘事邏輯、故事情節、角色心理的魔力，牽一「髮」而動全身。小小的假髮之為細節經營，都可以讓我們再次見識到張愛玲在創作布局上的苦心孤詣。但張愛玲小說中的假髮，卻遠遠比不上張愛玲遺物中的假髮來得聳動與轟動。本章接下來的重點乃是要將作家筆下的假髮（文字假髮），轉換到作家身後的假髮（實物假髮），讓「敘事中的假髮」翻轉為「假髮中的敘事」，亦即從第一節「文本中的假髮」轉向「假髮中的文本」，端倪張愛玲過世後遺留下的假髮，究竟啟動了何種閱讀敘事、何種觀看邏輯，或何種潛意識的焦慮與投射。

首先讓我們總體回顧一下近現代作家遺物中真髮與假髮的收藏與展示，有了初步的理解與掌握後，再進入到張愛玲至為獨特的「假髮事件」。目前談論作家遺物學最有趣的專書，當屬瓦森（Nicola Watson）在二〇二〇年出版的《作家效應：論寫作者之家博物館》（*The Author's Effects: On Writer's House Museums*），書中盡數各種陳列在博物館之中的作家遺物，從莎士比亞的椅子、柏恩斯（Robert Burns）的頭骨、勃朗特（Charlotte Brontë）的婚帽、狄更生（Emily Dickinson）的白色連衣裙、易卜生（Henrik Johan Ibsen）的大禮帽到吳爾芙的眼鏡、佛洛依德（Sigmund Freud）的鏡子，真真假假，琳琅滿目。而其中自然也包括英國浪漫主義詩人濟慈（John Keats）最為著名的「髮束」（locks of hair）。此「真髮遺物」在義大利羅馬「濟慈—雪萊紀念館」（Keats-Shelley Memorial House）（一八二一年二月二十三日年僅二十五歲的濟慈在羅馬辭世）與英國倫敦「濟慈之家」等處皆有常設展示。[10]誠如魯茲（Deborah Lutz）在《維多利亞文學與文化的死亡遺物》（*Relics of Death in Victorian Literature and Culture*）中所言，歐洲天主教的聖髑（relics）傳統在十八世紀末發展成一種非常世俗、非常個人化的奉死如生，以對死者的愛戀或尊崇，讓死者的遺物得以起死回生，交纏在生與死的邊界，其中尤以衣服、頭髮、牙齒等「觸身遺物」（contact relics）最受關注，扮演著「身體的索引提示」（indexical reminders of the body）（Lutz 7），一種由貼身物質實體所具現的「隱無缺席」（absence），一種透過身體「轉喻毗鄰」（metonymic proximity）而達成的戀物之效。[11]而此世俗化的「遺物之愛」更在十九世紀維多利亞時代大為風行，直到第一次世界大戰後才因各種記憶科技（攝影、錄音、錄像等）的新發展而式微（Lutz 6）。此歷史脈絡當可讓我們更能理解為何英國詩人濟慈的「髮束」會出現在作家博物館中展示：此「頭髮戀物」指向的乃是十九世紀對死亡的執念與迷戀，死者的頭髮或鑲入珠寶飾品之中，或以紙張包覆，以此為記「死者的顯現與真確」，而濟慈的「髮束」正是作家「（不）朽之軀」（the [im]mortal body）的最佳物質載體（Watson

39, 43）。[12]

相對而言，以作家假髮作為遺物展示者甚為少見，即便歷史上不乏出現以假亂真的「假髮」事件。其中最為赫赫有名的案例，當屬莎士比亞的「假髮」：十九世紀早期曾出現兩束號稱莎士比亞的「頭髮」，英國詩人羅傑斯（Samuel Rogers）於一八一九年購得並傳世，後被發現實為彼時莎士比亞出生地監管人所謊稱虛構（Watson 40-41）。但此「假髮」所指乃是以他人的真髮來冒充謊稱為大文豪莎士比亞的真髮，亦即「假的真髮」。而本章此節真正要問的，乃是為何在作家遺物的收藏與展示中，甚為少見「真的假髮」（真確屬於作家所擁有、所使用、所遺留的假髮）呢？一方面或許是因為原本在十七世紀作為貴族奢華與身分地位標示、在十八世紀跨階級廣泛流行的「假髮」時尚，在「頭髮遺物」盛行的十九世紀早已成為歷史（甚至成為墮落陳腐的王室貴族象徵），而博物館中的「假髮」僅多出現在歷史服飾與配件的相關部門，以見證其在時尚史曾有的風華與迷魅。另一方面則或許是十九世紀後假髮從時尚迷魅轉向實用功能、從「裝飾」到「掩飾」的過程中，被賦予過多虛假不真實的負面聯想，而與原本作家遺物所要強調的「作者——作者身分——真實性」（author-authorship-authenticity）或有違背（即便是千真萬確屬於作家本人的假髮），乃至於甚少出現在個別作家或創作者的遺物展示之中。其中的例外當屬美國普普藝術家沃荷（Andy Warhol），他自一九五〇年起開始戴上各種顏色的假髮出席公開場合，其中尤以銀灰色的假髮最具代表性，也成其形象風格最主要的視覺標誌，更一再出現於其自畫像與自拍照之中。一九八七年沃荷過世時遺留下一百多頂假髮，其中一頂在二〇〇六年的拍賣金額就已超過一萬美金，而當前美國匹茲堡安迪・沃荷博物館中亦有四十多頂假髮收藏作為定期展出（Green）。如果我們因為時代與時代感性之違和，覺得十九世紀作家的「頭髮遺物」甚為「詭異」（uncanny），那沃荷的「假髮遺物」恐怕更是詭異中的詭異，不僅以視覺造型見證沃荷驚世駭俗的一生，更成功地將前衛藝術與大眾文化、名人效應與商品拜物相互結合，讓他身後遺留下的假髮並不比他更為不真實。若濟慈的真髮指向浪漫主義詩人與詩作的「真實」，那沃荷的假髮卻反倒是指向當代藝術家與藝術品的「超真實」，以極其詭異的方式，滑動在影像／實體的過度曝光與藝術／商品的曖昧不明之間。

那我們又該如何看待張愛玲的「假髮」呢？張愛玲的假髮不像濟慈的真髮，沒有任何文學機構或學術體制（作家博物館、文學館、大學圖書館）加以收藏、驗證或背書，也沒有任何正式的捐贈儀式加以欽定；張愛玲的假髮更不像沃荷的假髮，可以如此大張旗鼓、大言不慚地炫耀其藝術──商品的交換價值。[13]張愛玲的假髮不上不下，少了作家遺物的神聖性（被各種儀式與場所所神聖化），也不可能淪為毫無身段的文化商品，此真實又不夠真實（畢竟是假髮）、超真實又不夠超真實（畢竟是遺物），一旦在不確定的場合中公開展示，其所可能引發的焦慮與曖昧不安可想而知。而二〇一六年臺北國際書展「張愛玲特展：愛玲進行式」的「假髮事件」，或正可被視為此文化徵候的一次大爆發。此展在該年二月十六日至二十一日於臺北信義計畫區的世貿一館展出，乃是張愛玲過世後所籌畫的最大型展覽，號稱「全方位囊括了日常實物、環境模擬、讀者互動、戲劇展演、講座活動等形態的大展」（鄭周明）。此次展覽的幾大亮點，包括根據老照片在現場打造張愛玲一九四〇年代上海公寓的客廳與書房、開幕典禮由臺灣「一心歌仔戲團」演出改編自張愛玲〈霸王別姬〉的歌仔戲《霸王別虞姬》，也包括張愛玲《小團圓》手稿的首次亮相。但最受矚目的當然還是現場實地展出張愛玲近二十件服飾，如大衣、洋裝、毛衣、墨鏡、蛙鏡、手錶等，「宛如張愛玲時裝秀」（陳宛茜）。然展出現場的四頂假髮遺物，卻為此特展帶來了始料未及的爭議。

張愛玲的遺物中為何會有四頂假髮？張愛玲的假髮為何要公開展示？而公開展示的假髮究竟有何不妥？本書第一章已詳盡交代張愛玲遺囑的白紙黑字，為何會讓超級注重隱私權的張愛玲，在身後留下飄洋過海的十四大箱遺物。而本章開頭也從「有物為證」、「有文為證」、「有圖為證」三方面，重複驗證張愛玲的假髮乃「真的假髮」，亦即確切屬於張愛玲生前所擁有、所使用，而與其相對的則是「假的真髮」，以非法管道所竊得張愛玲生前的可能真髮。但有趣的是，在二〇一六年張愛玲特展引發爭議的四頂假髮，在此之前的相關展覽中，其實早已亮過相登過臺，相關的假髮照片也早已隨書籍流傳。早在一九九七年三月，張愛玲的假髮就在皇冠藝廊所舉辦的「華麗與蒼涼：張愛玲紀念展」中展出，除了假髮外，尚有張愛玲的各式衣服、鞋子、草稿、記事簿、藏書、筆、腰帶、口紅、唇筆、乳液、粉盒、蜜粉等。作家周芬伶（亦是傑出的張愛玲研究者）曾將展場現場的自攝照片，收錄在她二〇〇五年出版的《孔雀藍調：張愛玲評傳》之卷前。[14]

故二〇一六年臺北國際書展「張愛玲特展：愛玲進行式」所引爆的「假髮事件」，實為原本一心只想盛大慶祝的主辦單位所始料未及。從策展人臺灣知名女作家張曼娟的角度看來，假髮雖然印證了張愛玲晚年因「蟲患」剃掉頭髮而需要戴假髮出門的事實，但更重要的乃是透過假髮，一如透過張愛玲多樣的衣飾，看到其對外型打扮的講究心思。誠如張曼娟在訪問中表示，「這四頂假髮髮型款式差不多，但髮色略有不同，由全黑、棕黑、黃褐到灰黑色，張愛玲隨年紀的增長，在不同的時間點會拿來做搭配」（黃麗蓉、陳仁萱）。在張曼娟細膩的觀察與體貼的心意中，不同假髮的髮色變化「戴」出的正是張愛玲對「時間的敏感」（中新社），以及對服飾搭配可能的細膩考量。但顯然此「假髮時尚學」的切入角度，並未受到眾人的肯定，即便有敏感的文化評論家從假髮時尚史的演變切入，精采帶出各種假髮、髮髻、高髻、「造景髻」（pouf）的歷史掌故，但還是不得不承認今非昔比，「現時的假髮當然予人一種不體面的感覺，因為總覺是拿來遮醜的，比如禿頭、地中海」（方太初，頁一二七）。

然做不成時尚配件的假髮，卻做成了侵犯作家隱私權的證物。首先發難的乃是香港作家廖偉棠，他在〈張愛玲生前最害怕的事，又發生了〉一文中強烈質疑公開展出張愛玲假髮之舉，有如「垃圾桶事件」的再版（亦即本章開頭所提一九八八年戴文采撿拾張愛玲垃圾來窺探其生活細節的事件），乃是嚴重侵犯了作家的隱私。凡是熟悉張愛玲書寫者都知道，張愛玲曾自比「嘉寶的信徒」：

我是名演員嘉寶的信徒，幾十年來她利用化裝和演技在紐約隱居，很少為人識破，因為一生信奉「我要單獨生活」的原則。記得一幅漫畫以青草地來譬喻嘉寶，上面寫明「私家重地，請勿踐踏。」作者借用書刊和讀者間接溝通，演員却非直接面對觀眾不可，為什麼作家同樣享受不到隱私權？（〈《續集》自序〉，頁六—七）

故在廖偉棠的眼中，公開展示的張愛玲假髮，乃如「貼身褻衣一樣的私隱之物，安能置於萬眾目光中？」[15]

廖偉棠極度憤怒的指控，自然引來港臺文化界的立即回應。臺灣作家與出版人顏擇雅表示，美國總統華盛頓的假牙、英國維多利亞女王的內褲都曾公開展出，展出張愛玲的假髮並無不妥之處，並質疑作家隱私權的適用範圍，「公眾人物活著不願被騷擾，跟死後物品能否公開是兩件事」（何定照、曾桂香）。而臺灣作家、出版人傅月庵也表示，世界各地許多文學館都展示作家的私人物品（如假牙），魯迅博物館也展出以魯迅遺容做成的石膏像，故主張作家遺物的死後權利在遺囑執行人手上，他人毋庸置喙（何定照、曾桂香）。[16]但最風趣幽默的回應，則來自另一位香港作家邁克：

為「愛玲進行式」尖叫的四方義士，著眼點普遍是那四副人工頭毛，認為已故作家隱私慘遭不尊重，網絡街市「血淋淋的謀殺」此起彼落，一呼百諾義憤填膺，大有揭假髮而起之勢。請恕從來沒有考慮過戴上這件小道具招搖過市的我不敏，作用同樣是裝飾頭殼頂，為什麼展覽帽子大家若無其事，對它就另眼相看？論貼身，它沒有胸圍腰封絲襪那麼無可避免引起綺念，直筆將老太太推向不屬於她的性感小貓寶座，論核突，又不及假牙義肢赤裸無情，暴露了身體結構在應用上的殘缺和不足，論狗仔隊色彩，更遠遠沒有義臀義乳的濃烈，那才是和張派垃圾婆戴文采看齊的德性，活該被拳打腳踢。（〈假髮又如何〉）

邁克生動幽默的文字，一方面畫龍點睛「張愛玲假髮事件」所激起的情感反應，一方面則四兩撥千斤認為假髮作為「四副人工頭毛」的「小道具」，其公開展示實在不值得大驚小怪。[17]

但顯然張愛玲假髮真正最大的問題，不在於是否猥褻或褻瀆，而在於假髮不只是假髮。若前節「敘事中的假髮」讓我們看見了張愛玲小說中「假髮老年學」、「假髮病理學」、「假髮敘事學」與「假髮（東方）時尚學」的各種可能，那本節「假髮中的敘事」，則讓我們看到那在張愛玲假髮之中蠢蠢欲動的「文本」。可怕的不是「文本中的假髮」，不論是老夏媽「腦後墜着個洋錢大的假髮」、憶妃波浪捲燙的假髮或湯孤鶩的「薄黑殼子假髮」，都被情節敘事與角色刻劃所嚴密框架；可怕的是「假髮中的文本」，遺囑的白紙黑字之中爬出假髮，而假髮之中又爬出各式各樣的蟲豸蝨蚤，交織著身體與精神的各種徵候。張愛玲的假髮導向的乃是「病理學」與「倫理學」的難題，正如詩人印卡在〈櫥窗中的張愛玲〉中所明確指出，在此商展型式的文學展與欠缺專業策展語言的先天不足下，「四頂假髮的現身，將作家作為病理的解析使得資深粉絲認為對作家不敬，但對於一般觀眾倒是滿足了對文學家昔日時光的窺奇慾望。」而作家朱宥勳則講得更為直接：「展出服裝或許對於理解張愛玲有其意義，畢竟這是她文學寫作中的重要焦點之一。但假髮源自於張愛玲晚年的『蟲患』，是精神疾病重創她生活的『遺跡』……在這個洩漏病歷即是洩露重大隱私的時代，還如此堂而皇之的展出，居心簡直惡質到極點。」換言之，假髮暴露的不是「貼身褻衣」，而是「蟲患文本」，看到假髮就看到病患張愛玲（從皮膚病到精神病的各種交疊），甚至剃去頭髮的張愛玲。到頭來「病理學」考量的背後，最終還是「倫理學」的不得「洩漏病歷」。

假髮不是病歷，但假髮就是病歷；對某些觀者而言，看不到假髮，只看到被強迫曝光的病歷。此間最富饒深意的，乃是假髮所啟動的「拒認機制」，讓張愛玲的假髮成為多重的「拒物」：拒認剃去頭髮的一代才女張愛玲，拒認因「蟲患」而流離失所的張愛玲，拒認被「病理化」、「精神病化」的張愛玲，甚至根本拒認「蟲患」的存在。[18]而典出精神分析理論的用語「拒認」（英文 disavowal，或佛洛依德用的德文 *Verleugnung*，拉岡〔Jacques Lacan〕用的法文 *démenti*），不是「否認」（denial）或「否定」（negation）。「拒認」與「否認」的微妙差異關鍵處，正在於前者的明知而故犯，或者說，就是因為知道而更要拒絕承認，不是「我不知道我知道」、或「我不知道我不知道」，而是「我知道但我寧願我不知道」，故「拒物」乃是同時承認與否認，而不是承認／否認的二選一。在臺北國際書展「張愛玲特展：愛玲進行式」所公開展示的四頂假髮，便是讓這原本該被拒斥在門外、不願接受、不要看見的物件，硬是被明目張膽地放在介於文學展與商品展的會場公開陳列，讓人無法視而不見、拒而不顧。

三・遺物、戀物、拒物

但若回到精神分析理論，「拒認機制」最直接聯繫的乃是「戀物」（fetish）而非「拒物」或「懼物」。若前節的分析讓我們掌握到張愛玲的假髮可以是某種「懼物」的「拒物」——不是懼怕張愛玲的假髮，而是拒認張愛玲的懼怕，拒認張愛玲因懼怕所導引出的「蟲患」歲月，以及由「蟲患」歲月所導引出的流離失所與剃去頭髮——那本章此節則將進一步嘗試展開「拒物」的理論化與歷史化，看其與精神分析的「戀物理論」（fetishism）與文化人類學的「戀物交易」（fetish exchange）究竟有何牽連，而「拒物」與「戀物」啟動的是否皆為相同的「拒認機制」。什麼會是「遺物」、「戀物」、「拒物」之間的聯繫呢？而什麼樣的遺物會成為「戀物」，什麼樣的遺物又會成為「拒物」呢？

首先讓我們回到前節已提及、「假髮事件」始作俑者的廖偉棠文章〈張愛玲生前最害怕的事，又發生了〉，看看其中遺物、戀物與拒物之間出現了何種複雜交織。文章開頭先是批評了〈我的鄰居張愛玲〉作者戴文采的「戀物癖」：「其下洋洋萬言均是如戀物癖一樣在張愛玲的垃圾上極盡筆墨纏綿」，並由此推論「在人流滾滾的國際書展展出數頂假髮，和翻撿她的垃圾袋羅列清單，其格調是差不多的」。若翻撿張愛玲垃圾與展出張愛玲假髮，都可以是某種「戀物癖」的發作或挑動，那我們是否可以質疑展品中的某一物件，似乎也引發了廖偉棠某種程度的「戀物癖」徵候呢？「我唯獨一眼認出一件雪花紋開襟毛衣，那是她晚年最有趣的一張照片的著裝，那張照片攝於金日成去世那天，女作家手持印有頭條消息的報紙，意味深長地微笑著。這是張愛玲的晚年風格，也呼應《秧歌》之後，《重訪邊城》、《小團圓》等的蒼涼與老道。」但此件雪花紋開襟毛衣之所以獨特，恐正在於照片戀物與文學戀物的交疊。廖偉棠在實體物件的毛衣之上，看到了張愛玲最後「近照」上意味深長的「微笑」，看到了張愛玲晚年書寫風格的「蒼涼」，既是在毛衣的「存有」看到了死亡的「無有」，更是在毛衣的「存有」之上拒認了死亡的「無有」，人亡物在、音容宛在。

也難怪另一位香港作家邁克會借此揶揄其中可能出現的矛盾，「別忘記，愛玲女士生前曾經戴過其中一副（假髮）拍照留念，光明磊落寄到報館配襯得獎感言，如果沒有記錯，那還是她最後公開的寫真哩，歷史價值彌足珍貴，同一相片中的雪花圖案 cardigan 這次在臺北不是被熱情擁抱嗎，怎麼地位相若的假髮獲得完全相反對待？」（〈假髮又如何〉）。那究竟為何出現在同樣一張照片上的毛衣和假髮，卻可以有著「戀物」與「拒物」的天壤之別呢？廖偉棠的文章是這樣形容那四頂刺眼的假髮：「然而舊衣之間，一個櫃子刺眼，令人看了幾乎要低下頭來懺悔自己的冒犯。那是四頂張愛玲的假髮。一絲不苟，卻因為經過二十年沒有親近人的氣息，乾枯如積聚的松針，像日本作家梨木香步在《家守綺譚》裡所寫的河童的蛻皮，可是沒有主人回來使它們濕潤復活了。」此處假髮之假，乃在於雙重的失去生氣，主人已死，假髮亦死。而其徹底無法起死回生、無法成為栩栩如生、奉死如生的「戀物」之關鍵，依舊還是在於假髮中的「蟲患文本」：「何況還引起場裡場外諸多流言，比如說某作家就寫張愛玲的確有幻覺敏感症狀，所以剃了光頭戴假髮云云。」廖偉棠在文章開頭已坦言本非張迷，或許並不知曉有關張愛玲「蟲患」的大量通信文獻早已出土，此處僅以人云亦云的流言帶過。但不論是實事或流言，假髮之假在於雙重的死物，更在於對「幻覺敏感症狀」、「剃了光頭戴假髮」的拒認。若毛衣之為「戀物」所啟動的「拒認機制」，乃在於以「戀物」之「存有」拒認死亡之「無有」，那假髮之為「拒物」所啟動的「拒認機制」，恐怕是導向一種更為複雜的雙重拒認，既是拒認假髮的「轉喻毗鄰」（假髮—剃髮—蝨蚤的幻覺或皮膚徵候），也是拒認假髮的「存有」本身，眼不見為淨—靜—敬。換言之，假髮之「存有」讓人同時拒認與無法拒認死亡的「無有」（死而不安，蟲豸蝨蚤，魑魅魍魎），也無法拒認「蟲患」的「存有」（看到假髮就看到了病歷），可見「毛衣」與「假髮」啟動的都是「拒認機制」，牽拉的都是「文本交織」（intertextuality）——影像文本、文學文本與蟲患文本——但卻推向了截然不同的「戀物化」與「拒物化」。

在此我們還可以再舉另一個更有名的例子，來說明遺物—戀物—拒物的複雜機制。此例乃出自頭號資深張迷水晶（本名楊沂）在張愛玲過世後所寫的追悼文〈殺風景：張愛玲巧扮「死神」〉，文中他堅決否認張愛玲「生前遺照」（亦即廖偉棠與邁克文章中所一再提及的照片）上面的頭髮是假髮：

> 她的頭髮也是真的，不是假髮——一位我認識的女書法家堅持，她那頭摻著銀絲的烏巢型黑髮是假的。當然不是！知道她的人就會瞭解那不是！（頁一三六）

此處水晶乃是用了兩個驚歎號，來強烈表達他的堅持與他的抗議（抗議女書法家的堅持）。我們當然可以質疑向來觀察入微的水晶，竟然看不出這頂假得非常明顯的假髮，此假髮之假不僅在於髮色與髮絲質感，更在於壓低了的髮線，幾乎蓋住了前額的一半，即便不與張愛玲在《對照記》中的其他照片相比較，也能一眼看出其極為不自然，即便我們無法探知張愛玲假髮之假，究竟是因為買不起能以假亂真的昂貴假髮，或是根本不在乎假髮之假，亦或是以此來刻意反諷死亡的化身戲劇。

但為何這顯而易辨的假髮，卻在超級張迷的水晶眼中，成了如假包換的真髮呢？除了一時疏忽或對女士假髮樣式與佩戴方式不熟悉等因素外，水晶用兩個驚歎號所表現的絕對肯定，反倒特別引人疑竇。自稱不是張迷的廖偉棠或許不知張愛玲「蟲患」的來龍去脈，但頭號張迷水晶、亦是張愛玲最重要的批評家之一，乃是在報紙副刊上大膽揭露張愛玲「蟲患」與剃去頭髮的第一人。他在一九八五年九月二十一日《中國時報・人間副刊》發表〈張愛玲病了！〉一文，公開張愛玲「恐蚤病」的病情，文中並直接引用宋淇寫給他的信件內容，「弄得她走投無路，連頭髮也剃了」（頁二六六）。[19]或許我們可以說水晶並不知道九〇年代張愛玲的「蟲患」又再次復返，但其視假（髮）如真（髮）的超級肯定，反倒讓我們回想起他一九七一年第一次在舊金山訪問到張愛玲時的欣喜若狂。他為此寫下〈蟬：夜訪張愛玲〉一文，文中特別描寫到張愛玲的頭髮乃「『五鳳翻飛』式的，像是雪萊《西風歌》裡，迎著天籟怒張著黑髮的 Meanad 女神」（頁一四）。[20]誠如女性學者陳麗芬所言，「當嚴肅的學者——尤其是男性學者——一旦迷上『女作家』的張愛玲，便都理所當然地歇斯底里起來」（頁一六一），而水晶的〈蟬：夜訪張愛玲〉或許正是最為傳神的例證之一。那水晶筆下張愛玲「五鳳翻飛」的髮式，會不會也可以是一種以雪萊（Percy Bysshe Shelley）詩歌的「文本交織」來「戀物化」張愛玲的髮型呢？水晶不僅只是最早「戀物化」張愛玲的欽慕崇拜者之一，也更是第一位用「戀物癖」來分析張愛玲文學文本的批評家。他在〈潛望鏡下一男性：我讀「紅玫瑰與白玫瑰」〉中，獨具慧眼地指出佟振保與嬌蕊都是有「戀物癖」之人。[21]難道對超級張迷水晶而言，偶像可以有黏土腳，偶像卻絕對不可以也不可能戴假髮嗎？[22]張愛玲假髮之為「拒物」，對水晶而言至為清堅決絕，不是雙重拒認假髮與假髮之中的「蟲患」文本，而是根本視假髮為真髮，徹底排除了假髮之存在可能。廖偉棠視展覽現場的張愛玲假髮如「貼身褻衣」（徹底混亂了公／私），水晶視「生前遺照」中的張愛玲假髮如真髮（徹底混亂了真／假），恐怕都不約而同展現了某種「眼不見為淨—靜—敬」的文化徵候。

由此二例我們可知「拒認機制」在遺物、戀物、拒物之間可能的來回翻轉與交織，早已超出原本「拒認機制」與精神分析「閹割情結」（castration complex）的緊密相連（母親的沒有陽具或父親的死亡所表徵的「無有」）。而不再受限於「性戀物」（sexual fetishism）或「商品拜物」（commodity fetishism）的「拒認機制」，更為我們打開了另外兩個與本章關注甚為貼切的面向，足以豐富我們對遺物—戀物—拒物之間更形幽微繁複的想像。第一個是從文化接觸史與世界貿易史的角度所帶出的歷史面向。按照學者皮茲（William Pietz）的說法，「戀物」同時串聯起西非原住民文化與歐洲天主教文化。他以fetish一詞為例，其乃由洋涇浜西非語 *fetisso* 轉換而來，而 *fetisso* 又來自葡萄牙文 *feitiço*（拉丁字根 *facere*，做或作；*facticius*，人造偽飾）。此文字表面的跨語際、跨文化交織，正充分說明十六世紀末至十七世紀早期歐洲商人在非洲幾內亞海岸的經商活動中，fetish 既可用來指稱西非人所信奉具有神力的護身符、偶像或其他神聖小物件（和歐洲商人交易時用來作為成交的起誓信物），也同時指稱歐洲人用來與西非人交換的零碎廉價飾品。然就跨文化歷史研究而言，「戀物」並非西非原住民所專有（但卻往往因此而被歧視為原始不文明），皮茲特別指出與其跨文化相對應的，乃是歐洲天主教本身的「聖觸」（relics，其字根乃來自拉丁語 ***reliquiae***，遺體或遺留物，狹義指向聖人遺骸，廣義指向所有碰觸過聖人身體而被神聖化的物件，如衣服、用品，甚至殉道者赴死時身上的鎖鏈刑具）（頁三〇）。換言之，我們對張愛玲遺物的探討，不只是要用「戀物」理論來思考作家「遺物」，更是要同時看到原來「遺物」本身總已是最早的「戀物」。

此「聖觸」與「戀物」、「遺物」的早期歷史關聯，更可直接呼應前文魯茲所言英國維多利亞時期的世俗化、個人化的「觸身遺物」。而本章前兩節的重點，正是思考與質疑為何英國浪漫主義詩人濟慈的真髮之為「觸身遺物」，可以在作家博物館裡堂而皇之成為文學朝聖者眼中滿溢眷戀愛顧的遺物，或是張愛玲的雪花紋毛衣之為「觸身遺物」，可以召喚出各種「文本交織」的影像音容與寫作風格的連結，而張愛玲的假髮之同為「觸身遺物」，為何卻在大庭廣眾的文學商展裡讓人避之唯恐不及呢？因而遺物—戀物—拒物的可能連結與相互貼擠，反倒弔詭地替我們帶出另一個重要關鍵的面向：「戀物」與「愛」（love）之間的糾結，亦即在同樣的「拒認機制」中，遺物—戀物—拒物的弔詭連結，恐怕總已讓「愛」戀物置換了佛洛依德的「性」戀物。拿當代對「愛」戀物最執迷不悔的羅蘭·巴特為例，他在《戀人絮語》（***A Lover's Discourse***）中深情點出《少年維特的煩惱》（***The***

Sorrows of Young Werther）之「戀物」邏輯：維特親吻夏綠蒂在他生日時送給他的絲帶、夏綠蒂寫給他的信、甚至夏綠蒂碰過的手槍，維特甚至衝動地想要親吻僕人的頭，只因僕人剛替他送信回來，而夏綠蒂的目光必曾停留在僕人的頭上。愛戀不捨戀人相贈的禮物或戀人所遞來的書信都可以理解，即便危險如手槍，也毫不遲疑地愛不釋手。但維特想要跨越身分與禮儀的界線去親吻僕人的頭之衝動，該是把「轉喻毗鄰」的「戀物」魔力發揮到了極致——維特要親吻的終究不是僕人的頭，而是夏綠蒂的目光。也難怪巴特會一言以蔽之，「任何被戀人身體觸碰過的物件，都變成了戀人身體的一部分，而主體便迫不及待地依附上去」（頁一七三）。那張愛玲的手稿可以、筆可以、口紅可以、毛衣也可以，為何偏偏唯獨假髮不可以呢？而不可以的假髮究竟是破壞了「戀物」與「愛」的連結，還是強化了「戀物」與「愛」的連結呢？

故我們真正該問的乃是，作為「觸身遺物」的張愛玲假髮，究竟以何種方式為我們再次凸顯而非迴避了張愛玲之為當今華文世界的「超戀物」呢？此處的「超」不僅指向情感的極度亢奮，指向慾望的踰越與溢出，指向「超真實」（hyper-reality）無有起源、無有本尊的擬象（simulation）與「超經典」（hypercanon）[23]的穿越時代，更可指向超級、超常、超絕、超越、超過、超量、超等、超時、超值的一系列推演，從最物質到最抽象、最實體到最符號，皆是張愛玲之為「超戀物」的無盡展演。誠如邱貴芬犀利卻又最不以為然的觀察，「台灣愛慕張愛玲，幾已到達『傾城之戀』的地步」（頁四三六）。[24]那假髮作為絕無僅有的「拒物」，顯然是「加強」而非「減弱」了張愛玲作為臺灣獨樹一幟的「超戀物」。其中最為關鍵的心理機制，不僅在於前文所述之「眼不見為淨—靜—敬」（切不可窺視揭露偶像的假髮、假髮中的蟲患文本與流離失所的不堪），更在於「愛之深，拒之切」的情感強度變化，沒有「愛」之深切，就無「拒」之決絕，「拒」不來自恐懼或憎惡，「拒」來自最深的愛戀與不忍。

四．假的補遺．髮的邏輯

若張愛玲的假髮為我們揭露了遺物—戀物—拒物之間相同的「拒認機制」與「轉喻毗鄰」，而假髮之為「拒物」，不僅絲毫無損張愛玲之為臺灣的「超戀物」，甚至更反證出此「超戀物」的走火入魔程度，那本章洋洋灑灑侃侃萬言，恐怕既是解構也是建構張愛玲之為「超經典」、之為「超戀物」的當代實踐之一。然在本章的結尾處，尚擬帶入「補遺邏輯」（the logic of supplement）來顛擾前兩段所發展出的「遺物—戀物—拒物邏輯」，不僅在於此二邏輯都有「不確定性」的共通點，更在於此二邏輯在「固置」與「流動」上的可能差異區分，決定了張愛玲假髮作為開放式結尾的可能與不可能。首先就其共通點而言，前兩節已詳盡鋪陳了「遺物—戀物—拒物邏輯」，「戀物」既是最早的「遺物」（從「聖觸」到「觸身遺物」），「戀物」也與「拒物」分享相同的「拒認機制」與戀人身體的「轉喻毗鄰」（從「愛之深」到「拒之切」），其所啟動的「不確定性」，既是遺物—戀物—拒物之間的不確定，也是生／死、有機體／無機體、存有／無有之間的不確定，而此「不確定性」也同時放大了張愛玲假髮所可能帶來的驚恐、焦慮與不安。一個無法迷戀的戀物、一個陰魂不散的遺物，一個揮之不去、欲蓋彌彰的拒物，遂充滿了重新再議張愛玲的各種抗拒與誘惑。

「補遺邏輯」亦是建立在「不確定性」之上。「補遺」既是一種「附加」（add on to），「加上自身，其乃一種多餘，一種完滿豐富了另一種完滿，存有之最大量」；「補遺」也同時是「無有的提示」，「其在結構中的位置，乃是由空無的標記所指派」（Derrida, *Of Grammatology* 144）。因而「補遺」既是「多」亦是「少」，既是「餘」亦是「缺」，既是「存有」亦是「無有」，其與「遺物—戀物—拒物」邏輯的「不確定性」一樣，皆屬「建構式的不確定性」（constitutive undecidability），不是無法判斷、無法決定，而是一種內在於此邏輯的「雙重束縛」（double-bind），亦即至少出現兩種相反但卻不相互取消而得以同時並存的可能，此亦為何「補遺邏輯」與「遺物—戀物—拒物邏輯」一樣，乃是對二元對立的抗拒，不再是「非此即彼」，而是真與假、內與外、多與少、餘與缺、有與無、生與死的「既此又彼」。

那我們為何不滿足於「拒認機制」，還要在「遺物—戀物—拒物邏輯」之外，再帶入「補遺邏輯」呢？難道張愛玲的假髮不能拍板定案在「遺物—戀物—拒物邏輯」之上嗎？遺物中的「遺」與補遺中的「遺」有可能產生進一步的理論連結嗎？如本章第二節所論，即便我們可以找出遺物與戀物、戀物與拒物之間的各種滑動與不確定性，張愛玲的假髮依舊是「拒物」而非「戀物」，假髮中的文本依舊是「蟲患」而非其他，即便假髮既「遮掩」蟲患的祕密，又「揭露」蟲患的祕密。換言之，「拒認機制」所帶來的不確定性（既遮掩又揭露，既承認又否認，既存有又無有）與遺物—戀物—拒物之間滑動所造成的不確定性，終必加以「固置」在假髮作為特定物件之上，「固置」在蟲患作為特定文本之上，不確定性導致了確定性之固置。而相對於「遺物—戀物—拒物邏輯」的「不確定的確定」，「補遺邏輯」則或許打開了一種「不確定的不確定」，一種對「不確定性」的積極肯定與基進加持，一種朝向開放而非封閉「不確定性」的不斷挪移，亦是一種同音延異的「遺—移—迻」動。「補遺邏輯」無法取代「遺物—戀物—拒物邏輯」，但「補遺邏輯」卻可鬆動「遺物—戀物—拒物邏輯」所造成的可能「固置」，讓張愛玲的假髮能夠繼續輾轉、繼續流離。

那就讓我們來看看「補遺邏輯」如何能夠重新操作張愛玲的假髮、如何能夠持續給出張愛玲假髮的「來—生」（after-life）與虛擬創造性？第一回合大膽的嘗試，乃是先回到真髮／假髮的二元對立，試問假髮之為「補遺」，可否解構真／假區辨，甚至得以帶出真髮本身就是一種假髮的弔詭。就「頭髮」的歷史發展而言，史前的洞穴壁畫上人物的頭髮，就已歷歷可見各種泥土、黏土、羽毛、骨頭的裝飾，而在後續的歷史發展中，不論男女皆有各種髮飾配件作為搭配（Sherrow 1）。換言之，「頭髮」從史前史就總已是各種「髮飾」（亦是由髮飾所給出的髮式）的變化，沒有徹底獨立於「髮飾」之外的「頭髮」，一如沒有徹底獨立於「文化」之外的「自然」、徹底獨立於「熟食」之外的「生食」。而從「頭」開始便已「髮飾化」的頭髮，即便不配搭任何明顯可見的髮飾，也是一種符號化了的頭髮（雖然可能因為不同階級、性別、種族、情境等差異因素，而出現暫時或永久被剝奪髮飾與髮式變化的可能，但沒有髮飾亦是一種髮飾）。而「假髮」作為「髮飾」的重要項目，出現在所有古文明的歷史記載之中，或為保護、或為裝飾、或為掩飾、或為儀式、或為社會與職業身分、或為健康、衛生、或為宗教等等，不一而足（Harvey 308）。因而不是頭髮在先、假髮或其他髮飾與髮式在後，「假髮」一方面像是後來與外來附加在原本頭髮之上的一種「多餘」（surplus），「假髮」卻又總已和頭髮相生相依為「髮飾」：「假髮」讓頭髮成為「存有的最大量」，「一種完滿豐富了另一種完滿」，「假髮」也讓頭髮的「完滿」成為一種「匱缺」、一種「空無」，需要由「假髮」來填補才得以復歸「完滿」。如此說來，「頭髮」本身便是一種「啟源補遺」、一種「原初的非自我存有」（a primordial non-self presence），重點不在於「頭髮」物質性的有無，而在於「頭髮」總已是文明化了的自然、熟食化了的生食，並可由此打破從自然到文明、從生食到熟食、從頭髮到假髮的假線性歷史時間。故「假髮」之為「配件」、假髮之為「補遺」，乃是「假借髮飾與髮式」而讓頭髮得以同時成為「完滿」與「匱缺」，「假髮」既是多出來的，「假髮」也是缺少掉的。

但此大膽推論有可能翻轉我們對張愛玲假髮的閱讀方式嗎？顯然我們要處理的第一個難題，乃是「飾」作為「裝飾」（ornament）與作為「掩飾」（disguise）的差別，即便「掩飾」本就是「髮飾」的重要功能之一，即便「裝飾」亦可為一種「掩飾」。如果本章前兩節的「遺物—戀物—拒物邏輯」凸顯的乃是張愛玲假髮的「掩飾性」，既是張愛玲作為使用者，以假髮來「掩飾」因蟲患剃去了頭髮，也是張迷作為觀看者，以拒認來「掩飾」假髮的「掩飾」，那難道「補遺邏輯」就能重新給出「假髮」作為「配件」的「裝飾」可能嗎？如果過去對張愛玲假髮的閱讀，一直是「掩飾」掩飾了「裝飾」，那本章結尾重啟對張愛玲假髮的閱讀，是否有可能讓「裝飾」重新裝飾「掩飾」呢？那就讓我們再次回到張愛玲的假髮。首先是數量問題，不論是從最早的「有文為證」、「有圖為證」或「有物為證」，張愛玲遺物中的假髮總是複數，不是單數，乃有四頂。此複數的假髮之所以無法成為「戀物」，除了其所掩飾並同時揭露的「蟲患」之外，除了其違反「作者—權威—真確性」（author-authority-authenticity）的連結之外（頭髮可以，假髮不可以，即使假髮也是千真萬確為作者所擁有、所佩戴），更在於其乃機械複製時代可以重複購買的量產商品。張愛玲假髮之「複數」、「複製」與「複購」，都讓其失去了任何可能「靈光」的獨一無二。但正因其「複數」，讓我們看到了「四」頂假髮的「四」種樣式與「四」種顏色配置：全黑、棕黑、黃褐到灰黑色。如前所述，二〇一六年臺北國際書展「張愛玲特展：愛玲進行式」策展人張曼娟乃以此說明「張愛玲隨年紀的增長，在不同的時間點會拿來做搭配」（黃麗蓉、陳仁萱），只是此「假髮時尚學」的角度並未被他人所認同。此處舊「飾」重提，乃是要以其中一個顏色的詭異，來爆破現有的「遺物—戀物—拒物邏輯」，以開展「補遺邏輯」所可能帶來的「遺—移—迻」動。

然在張愛玲的眾多遺物之中，詭異如假髮者不在少數，先讓我們繞道另外兩個和假髮一樣匪「遺」所思的遺物一探究竟，再來「補遺」假髮的樣式與顏色為結。其一：二〇一六年與假髮同時展出的，還有張愛玲的「蛙鏡」，眾家張迷莫不跳出來驚喜讚嘆，認為此乃張愛玲的「美人魚時刻」，即便所有的文獻資料都不曾觸及張愛玲會游泳或愛游泳。香港作家邁克更直言，此乃「最需要勞煩福爾摩斯的展品」（〈假髮又如何〉），但他也只是對此「淺綠色游泳眼鏡」與另外三副張愛玲眼鏡同處放置的歸類方式提出了幽默的質疑（蛙鏡不等於眼鏡）。但或許不需福爾摩斯出馬一探究竟，只要熟悉張愛玲晚年書信，就可推知此「蛙鏡」恐為張愛玲「蟲患」或皮膚病發作時，照射紫外線燈所需要使用的「護目鏡」（保護角膜不被灼傷）。若就前文「遺物—戀物—拒物邏輯」而言，此「護目鏡」應與假髮一樣，都與張愛玲的「蟲患」文本息息相關，而其之所以未被當成「拒物」，恐正在於被徹底誤認識為「蛙鏡」。其二：另一個相當詭異的張愛玲遺物，並未出現在二〇一六年的張愛玲特展，但卻有圖為證、有文為證地出現在張愛玲遺產執行人宋以朗所撰寫的《宋淇傳奇》之中。書中附有一張一床藍灰色毯子與三床棕色毯子的照片，下方的說明文字為「張愛玲生前使用的毛毯、她去世時身下就墊著這床藍灰色的毯子（其實是一張藍灰色的毯子在上面，三張棕色大毯子在下面）」（頁二四九）。而宋以朗之所以言之鑿鑿，其主要依據乃是張愛玲遺囑執行人林式同在〈有緣得識張愛玲〉一文中的描繪：「門旁靠牆放著那一張窄窄的行軍床，上面還鋪著張愛玲去世時躺的那床藍灰色的毯子」（頁六七—六八）。但詭異的是同篇文章之中，林式同隨後也寫道「去世時用過的毯子及行軍床，因為不乾淨，也在被丟之列」（頁七五）。那此充滿「杜林屍布」（Shroud of Turin）聯想、比假髮更「觸身」的死亡遺物，究竟是真是假、是原版是複製或另有其他隱情，實不可而得知。

若「蛙鏡」、「藍灰色毛毯」與「假髮」一樣，都是張愛玲「觸身遺物」中詭異中的詭異，皆以不確定性開啟「補遺」敘事，那四頂假髮中的「深褐色」假髮，顯然可以有更多匪「遺」所思的後續思辨。[25]另外三頂假髮「全黑、棕黑、灰黑」的顏色配置，乃是限定在由黑髮轉白髮可預期的髮色變化之中，不論是黑中帶棕或黑中帶灰，都可以被充分理解。但「深褐色」卻可直接跳脫黃種人髮色的限定範疇，跳脫年紀漸長由黑轉灰白的推測考量。那張愛玲為何會有一頂「深褐色」的假髮呢？曾有學者費盡心思，考證哲學家盧梭（Jean-Jacques Rousseau）從「長假髮」變換到「短假髮」的社會歷史變遷，寫就〈宏髮：十八世紀法國假髮消費史〉（"Big Hair: A Wig History of Consumption of Eighteen-Century France"）一文而深獲好評（Kwass），但我們卻苦無任何資料去發揮張愛玲「深褐色」假髮的可能。一九五五年之後定居美國的張愛玲，未有任何蛛絲馬跡想要「變成」褐髮女子（brunette），「深褐色」假髮恐無跨文化認同或種族扮演的跡象可尋。「深褐色」假髮是用來搭配不同色系的衣飾嗎？「深褐色」假髮可以給出髮色較為輕盈不沉重的「染髮」效果嗎？「深褐色」假髮更可襯托皮膚、更顯年輕時髦嗎？若這些假設有任何成立的可能，那「深褐色」假髮乃是同時展現了「使用價值」與「時尚價值」，同時達成了「掩飾」的「使用功能」與「裝飾」的「符號功能」。由此觀之，這頂最為可「遺—移—迻」、徹底跳脫黃種人髮色的「深褐色」假髮，既被包括在四頂假髮之中，又可因色系差異而被「包括在外」。「深褐色」假髮的「符號功能」與「時尚價值」，並不與另外三頂假髮的「使用功能」與「使用價值」相互對立，而是讓我們得以了解「使用功能」或許總已是一種「符號功能」，而「使用價值」從未與也不必與「時尚價值」分道揚鑣，「掩飾」與「裝飾」也從不是「非此即彼」的二元對立。換言之，「深褐色」假髮乃是張愛玲假髮之中的分裂與雙重，帶出了假髮作為「配件」、作為「補遺」的可能：假髮與真髮都是「髮飾」，假髮不必與真髮二元對立，假髮不必「固置」在「掩飾」（掩飾沒有真髮）與「掩飾」所導向的「蟲患文本」，假髮似乎總已在顏色差異上、在髮飾與髮式的變換上，不斷「遺—移—迻」動。

誠如魯茲所言，遺物之「遺」在於其乃是「需要被解讀的文本」（Lutz 2），而張愛玲假髮之最大「遺—移—迻」動，或許正在於本章所展開的各種「補遺」敘事，從文本中的假髮到假髮中的文本，從「假的真髮」、「真的假髮」到所有真髮總已是假髮的辯證，也從假髮的文字體系、假髮的影像體系到假髮的物體系，更從「遺物—戀物—拒物邏輯」一路推演到「深褐色」假髮之為配件的詭異。這些從象徵符號到物質實體、從最私密到最公眾、從最病理到最時尚的「補遺」敘事，既讓張愛玲的假髮成為面面俱到的「完滿」體系，也同時讓張愛玲的假髮成為需要不斷填充增補、說了又說的匱缺、不足與碎片，「遺」物之「遺」或許正在於「其必須保持貧乏狀態，以至於可經由敘事話語來補遺」（Stewart 136）。而假髮遺物所啟動的「補遺」敘事，最終乃是要回到本章亦是本書的標題「張愛玲的假髮」所可能給出的基進不確定性，既是「張愛玲」的不確定性（真人、作家、「超經典」、「超戀物」、不斷被影像補遺的文字、不斷被物件補遺的影像，不斷被文字補遺的物件），也是「假髮」的不確定性（生／死、有／無、戀物／拒物、使用功能、掩飾／裝飾的滑動擺盪），更是「的」作為連接「物主」（張愛玲）與「物件」（假髮）所標示「所有權」的不確定性。此「所有權」的不確定性，已不再回歸本章開頭透過「有文為證」、「有圖為證」、「有物為證」所反覆驗證的「真的假髮」（此四頂假髮千真萬確乃是張愛玲生前所購買、所擁有、所使用），一個建立在「認同邏輯」與「歸屬邏輯」之上的驗證過程。本書對「所有權」的思考，最終指向的乃是哲學意涵上的基進不確定性，一個由「補遺」敘事所開啟的基進不確定性，沒有最終意義的固置，只有文字、影像、物件的持續裂解、摺曲、延異、補遺。張愛玲的假髮總已溢出其「物性」（thingness），總已溢出真／假、存有／無有的弔詭，總已開啟「遺」的虛擬創造性與未來敘事的無盡可能。

故張愛玲的假髮作為遺物的法律「所有權」，乃是從張愛玲身後依其遺囑移轉到宋淇、鄺文美夫婦（十四大箱遺物飄洋過海），宋淇、鄺文美夫婦相繼辭世後再移轉到其女宋元琳與其子宋以朗。但張愛玲的假髮作為遺物的哲學「所有權」，卻最大強度開啟了「遺」的虛擬創造性，讓我們看到「張愛玲」作為「專有名稱」（proper noun）與「的」作為特定歸屬所預設的「正當—財產—屬性—合宜」（proper-property-propriety），如何被「補遺邏輯」所顛擾，如何給出「所有權」中的「非屬己」（non-proper），「正當」中的「不當」（improper）。假髮作為物件、假髮作為符號、假髮作為失敗的戀物、假髮作為無從迴避的拒物、假髮作為髮飾與髮式，都是假髮的無主流變、假髮的漂流離散。固然假髮不會生長亦不會再生長，但「補遺」敘事卻不斷給出假髮的「來─生」，不論刦毀，每一輪「來─生」都是假髮的猶可說，尚未被說，都是張愛玲生命書寫開放未完成的「到臨」（*à-venir*; to come）。

那四頂或全黑、或棕黑、或灰黑、或深褐的假髮，千真萬確是張愛玲的，但也永遠不會是張愛玲的。

注釋

1 該文後來還是發表於美國《中報》，並收錄於一九八九年圓神出版社出版的戴文采散文集《女人啊！女人》之中。本章所引用的〈華麗緣：我的鄰居張愛玲〉，來自 *ESWN Culture Blog* 網路版本。

2 該文原載於一九九五年九月十二日《聯合報．聯合副刊》，後收錄於陳子善編的《作別張愛玲》，頁五五─五八。該文成文較早，其中一個最為明顯的錯誤，乃是指稱張愛玲將葬於「玫瑰岡」墓園，並於九月三十日舉行告別式，而非後來實際的處理方式：九月十九日在「玫瑰岡」墓園火化，九月三十日將骨灰灑於太平洋。

3 此提問乃暗含另一種「假的真髮」（假髮中的真髮）之推理方式，可以呼應方太初在〈她們的假髮〉中以「詭異」切入張愛玲假髮時所展現的慧黠提問：「假髮不同其他衣物，雖曰假，卻更追求真，尤其毛髮與骨骼是人死後留傳更久的東西，叫人忍不住想問：曾經擁有這假髮的人何去了？這假髮若為真髮所織，又是誰的頭髮？」（頁一二七）。此外，若證以當代假髮的製作，其中不僅可以有真人的頭髮、合成的人造髮絲，更可能有跨物種的毛髮，如摻雜馬毛、羊毛、犛毛以增加真實感（Harvey 309）。但經與皇冠文化出版社查詢確認的結果，張愛玲遺物中四頂假髮之材質標示，皆為壓克力纖維（acrylic fiber）。

4 若以常理推算頭髮生長的速度：張愛玲於一九八八年二月赴司馬新推薦的皮膚科醫生處就診「得癒」，一九八八年六月初因「垃圾事件」搬離原住所（245 S. Reno St.），三個月的時間，不知是否有足夠的頭髮長度得以捲燙出「一絲不苟的開出一朵一朵像黑顏色的繡球花」。可參見一九八八年三月初張愛玲寫給司馬新致謝的信件（司馬新，頁二二七—二二九）。

5 莊信正曾將戴文采發表在美國《中報》上的〈華麗緣：我的鄰居張愛玲〉一文之簡報寄給張愛玲，張愛玲僅在回信中提到「『我的鄰居』我可只跳著看了看大致內容」（莊信正，頁一八二），未再做出其他評論。

6 兩人見面的時間可能該再往前推數月。根據張愛玲在一九八五年二月十六日寫給莊信正的信中提及她和林式同會面，「上次晤談，難得見一面的人，時間又短暫，當然強打精神。等能夠賃屋定居時再托他找房子」（莊信正，頁一六四）。

7 或許彼時「灰頭巾」乃是張愛玲在外觀裝飾上的主要抉擇，既能解決剃髮之擾，又兼具造型上的獨特新穎。除林式同外，亦有他人同樣回憶起張愛玲的「灰頭巾」：「我參加時常會發現一位高瘦清癯的年過六十老婦人。她頭上包一塊灰布遮去頭髮，身穿寬鬆鬆、灰撲撲圓大衣，頸也圍上一片沈色長布巾之類，布巾有高起掩上半邊臉。沒理會旁人，中國人社區舉辦的文化節目聚會，也沒見有人跟她談話。獨自安閒幽靜的坐在前頭位置聽講」（柯振中，〈我見過張愛玲？〉，轉引自張錯，《尋找張愛玲及其他》，頁一八五）。

8 此為水晶在〈殺風景：張愛玲巧扮「死神」〉一文中的用語。該照片後亦收入《對照記》的後續版本之中，可參見二〇〇一年出版的《張愛玲典藏全集》第九冊《散文卷二：一九五二年以後作品》，頁八〇；二〇一〇年《張愛玲典藏》第十三冊《對照記：散文集三．一九九〇年代》，頁八〇。

9 據宋以朗的推測，〈同學少年都不賤〉裡的恩娟有可能是張愛玲的中學同學張秀愛（《宋淇傳奇》，頁三一一三）。

10 在義大利羅馬「濟慈—雪萊紀念館」中展示的「髮束」，除了濟慈外，還有雪萊、亨特（Leigh Hunt）等其他詩人的髮束，其中最特別的乃是號稱米爾頓（John Milton）與女作家白朗寧（Elizabeth Barrett Browning）的綜合髮束（彼時習慣將不同時期的文學家或名人髮束相互編結），而亨特更是彼時最著名的髮束收藏者。其髮束收藏現存於美國德州大學奧斯汀分校（University of Texas at Austin），其中包括綏夫特（Jonathan Swift）、詹森（Samuel Johnson）與拿破崙（Napoleon Bonaparte）等人之髮束（Watson 41）。

11 此處我們當可進一步質疑，為何頭髮與牙齒作為身體的一部分，在此卻被歸類為「觸身遺物」，不知是否因頭髮與牙齒的「可分離性」，而讓其與衣服鞋襪等被歸屬於同類。

12 有關十九世紀的頭髮戀物與文學再現，可參考 Lutz, Ofek, Pointon 等人的著作。

13 經由張錯教授的熱心奔走，張愛玲部分文稿遺物正式捐贈給南加大，成立「張愛玲特藏」，包括英譯《海上花列傳》文稿、未完成英文小說《少帥》打字稿、〈一九八八至——？〉中文原稿及《怨女》首版英譯本等，可參閱張錯，〈張愛玲《海上花列傳》英譯稿——及南加大「張愛玲特藏」始末〉。此外，另有一個經過正式捐贈儀式而進入大學圖書館收藏的張愛玲遺物「繡荷包」。此物並不在張愛玲過世後由林式同整理、寄往香港宋家的十四大箱遺物之中。此物早在一九六九年春張愛玲在美國哈佛女校瑞克利夫學院（Radcliffe Institute）做訪問研究時，便贈與哈佛大學中國古典小說史家韓南（Patrick Hanan）教授夫婦，答謝其幫忙推薦與照應。此「繡荷包」乃張愛玲祖母李經璹之家傳寶物，「雙面都是金絲線底，還繡繁複多彩的花鳥，紅花綠葉之外，有一面還繡了隻公雞，紅冠金羽夾雜褐、藍、白色羽毛，踏著正綠色的剔花青草地」（張鳳，頁二九七），其可能的歷史珍稀性可見一斑（女紅手藝精品的獨一無二與李鴻章、張愛玲的家族傳承）。除了「繡荷包」外，張愛玲亦同時相贈親筆簽名且親自訂正的英文小說 *The Rouge of the North* 與《紅樓夢魘》二書。二〇〇六年春韓南教授委託與哈佛淵源甚深的張鳳女士代為處理，經其熱心奔走，兩本書由僅收紙本手稿書畫的哈佛燕京圖書館珍藏，「繡荷包」則由美國加州大學柏克萊分校（University of California, Berkeley）東亞圖書館陳列永藏，以誌張愛玲與此兩地之淵源，詳情可參見張鳳，〈張愛玲繡荷包的緣份：古典小說史家韓南教授之寶物珍藏〉。此處以張愛玲部分文稿與「繡荷包」為例，乃是企圖以此凸顯當代最常見作家「遺物」變成「文物」的過程，乃是經由家人或朋友捐贈給特定機構（文學館、博物館、圖書館等）收藏與陳列，而張愛玲身後留下的寓所物件與倉儲物件，大部分皆未經此「遺物的文物化」過程，故易充滿過多引人好奇的不確定因素。

14 此展的部分相關照片，最早出現在周芬伶一九九九年出版的《豔異：張愛玲與中國文學》，但並不包括假髮的照片。假髮的照片第一次出現在二〇〇五年的《孔雀藍調》，照片中共有三頂假髮，周芬伶並在該照片下方加上了「假髮很壯觀」的說明文字。而其中一頂假髮亦於二〇一一年在香港大學檔案中心展出，感謝皇冠文化出版社平雲社長的資訊提供。

15 廖偉棠的文章亦處理到此次策展上的其他疏失，例如他人冒用張愛玲之名所寫的《笑聲淚痕》，亦混在展示作品之中且未加說明，相同的質疑亦出現在香港作家邁克的文章〈沒有笑聲只有淚痕〉。有關此冒名小說《笑聲淚痕》之來龍去脈與情節內容，可參見張愛玲〈關於《笑聲淚痕》〉一文，而張愛玲亦在〈《續集》自序〉中語帶憤怒寫道：「聽說『小艾』在香港公開以單行本出版，用的不是原來筆名梁京，卻理直氣壯地擅用我的本名，其大膽當然比不上以我名字出版『笑聲淚痕』的那位『張愛玲』」（頁五）。

16 此處所提的魯迅遺容石膏像，乃為中國上海魯迅紀念館的鎮館文物，由魯迅日本友人奧田杏花所製作，據傳製作過程中石膏面膜還沾黏了魯迅遺容上的眉毛與鬍鬚，而更顯珍貴（周國偉，頁九五）。若回到西方「死亡面具」（death mask）之歷史，多可回溯至文藝復興時期的佛羅倫斯，以死者遺容製作石膏或蠟製面具，以利日後翻製成肖像與雕像，直至十九世紀初期才獨立成為悼亡死者的遺物，然在攝影術普及後便也漸次消失（Watson 36）。而魯迅石膏面膜的「詭異」，不僅有西風東漸的遲滯感（也是另一種和風東漸：彼時日本作家亦流行在辭世時製作死亡面具），更有身體髮膚在面具之上的可能殘餘。

17 邁克在文章中還指出，假髮「不及假牙義肢赤裸無情，暴露了身體結構在應用上的殘缺和不足」，卻似乎歪打正著另一個張愛玲遺物的潛在爭議：張愛玲的假牙。此項遺物至今尚未展出，但卻不能保證日後是否有展出的可能（尤其證諸針對此次假髮事件而發言的顏擇雅與傅月庵，皆不約而同提到名人假牙）。目前有關張愛玲假牙的文字資料，除了林式同在〈有緣得識張愛玲〉一文中提及「張愛玲這時說她的眼睛、牙齒、皮膚都有毛病」（頁二八），並在他給宋家的遺物清單「隨身用品」項明列 Denture（宋以朗，《宋淇傳奇》，頁二五二）外，最直接的「有文為證」

乃是張愛玲在一九八八年二月十三日寫給宋淇夫婦的信：「我以後恐怕會有許多醫療費用——目前就是三十年前黏在上顎的整排假牙隨時會掉下來。前些時牙醫看了說暫時無礙，一安定下來就要去找個好牙醫生，工程浩大」（轉引自高全之，《張愛玲學續篇》，頁二八三）。

18 另一項最為眾人所質疑的，乃是此張愛玲特展安排了精神科醫師吳佳璇的專題演講，即便其乃當前對張愛玲「蟲患」提出最具醫學專業分析之人，可參見本書第四章〈房間裡有跳蚤〉的相關討論。

19 除了宋淇寫給水晶的信件外，宋淇亦傳真了張愛玲於一九八五年三月十七日寫給宋淇夫婦的信件影本，信中詳述了跳蚤入侵與就醫經過。此信也在未經詢問或許可的狀況下，被水晶直接引用在文章之中，後宋淇亦為其「忽略了私函的 private 和 confidential 性質」，而對張深表歉意（張愛玲、宋淇、宋鄺文美，頁二五一）。而水晶本人也在〈張愛玲的創作生涯〉中再次表達歉意：「我一時鹵莽，寫了篇〈張愛玲病了！〉無意間得罪了她，被擯斥於張門之外，連『張看』的資格都失去了，是此生的大失敗之一！至今她去了，寫了出來，希望她能原諒我的粗疏與不敬」（頁一九四—一九五）。

20 此處 Meanad 應為 Maenad。

21 然水晶也強調，固然「戀物癖」促成了振保與嬌蕊，但卻不是唯一的焦點，「振保在這次偷情過程中，心理上的層巒疊翠、天光雲影，才是作者最關心的」（〈潛望鏡下一男性：我讀「紅玫瑰與白玫瑰」〉，頁一二九）。亦可參考拙著〈戀物張愛玲〉，主要以精神分析與文化人類學的角度，談論張愛玲文本中的性戀物、商品戀物與殖民戀物。而當前張學研究專以精神分析戀物理論切入者，以鍾正道《佛洛伊德讀張愛玲》第六章〈戀物論張愛玲〉最為深入完備。

22 張愛玲在《對照記》裡憶及祖父母的可親可憫時，曾感慨萬千地引用西諺「發現他的偶像有黏土脚」（頁四七）。

23 可參見陳麗芬，〈超經典・女性・張愛玲〉與張英進，〈張愛玲的「超文典」表演書寫〉的精采解析。

24 亦可參見廖咸浩，〈迷蝶：張愛玲傳奇在台灣〉，該文以拉岡精神分析版的「莊周夢蝶」，來分析臺灣右翼與左翼同時迷戀張愛玲的「神物崇拜」（fetishism）（頁四九二）。

25 原本策展人張曼娟對此四頂假髮的顏色描繪為「全黑、棕黑、黃褐到灰黑色」，而二〇〇五年九月出版的《沈香》一書之卷前，亦有一幀張愛玲假髮的照片，照片中的假髮僅有一頂（配以梳子一把），乃是經由特意擺放、以昏黃光線經營唯美畫面的藝術照，照片中的假髮遂顯得相對「黃褐」。但在皇冠文化出版社平雲社長的協助之下，再三確認此頂假髮的色澤，乃較偏「深褐色」而非「黃褐色」，故內文部分以「深褐色」假髮名之。

第三章

「卷首遺照」及其他

「玉照」與「遺照」有何分別？張愛玲的「玉照」，如何有可能成為指向未來、被未來所纏祟的「遺照」呢？

美國攝影理論家蘇珊．桑塔格（Susan Sontag）曾提出一個超級有趣的假設：如果全球莎迷只能二選一，他／她們會要莎士比亞的「肖像畫」，還是要莎士比亞的「肖像照」呢？桑塔格給出的答案也是十分直截了當：即便「肖像畫」乃是由文藝復興肖像大師霍爾拜因（Hans Holbein der Jüngere）親手所繪的藝術傑作，即便「肖像照」乃是由早期粗陋攝影裝置所拍攝的模糊照片，全球的莎迷還是會在第一時間毫不猶豫地選擇「肖像照」而非「肖像畫」（Sontag 120）。[1]

這當然是一個堂而皇之的「假」議題，文藝復興時期的莎士比亞僅有一張肖像畫傳世，但不僅畫家不詳，連畫中人物是否為莎翁亦多所爭議。[2] 而肖像大師霍爾拜因早在莎士比亞出生之前就已過世，新攝影技術則是在莎士比亞過世後數百年才得以發展，莎士比亞乃是既無大師霍爾拜因所繪製的「肖像畫」，也無攝影技術創建後的「肖像照」可言可議可選。故這個要「繪畫」還是要「照片」的假議題，乃是桑塔格特意借題發揮，想要由此帶出並批判當前「影像—世界」對攝影「物質性真實」的偏執：莎迷之所以選照片棄繪畫的關鍵，不在於照片是否更能呈現莎士比亞的容貌長相，即使這張「假設性的照片」早已泛黃模糊、甚至容貌幾不可辨，也依舊還是會成為首選，「有一張莎士比亞的照片，好像擁有一片來自真十字架上的指甲」（Sontag 120）。換言之，照片與繪畫之為再現，相同之處或在兩者皆為真實的詮釋，相異之處則是只有前者才被當成真正擁有物質的「遺跡」（trace），直接以真實面容做模板印刻，有如腳印或是死亡面具（以石膏拓印死者面容）（Sontag 120）。

故對桑塔格而言，此真實的物質「遺跡」或「殘餘」（攝影成像來自於物體表面的反射，光粒子或光波的發散），乃是當代「影像—世界」解構柏拉圖主義之強力展現，不僅翻轉了柏拉圖主義的重「存有」輕「表象」，更徹底模糊了正本／模本、真實／再現、實體／影像的分界。[3] 莎迷要照片不要繪畫之例，正足以說明當代「影像—世界」對影像即真實、真實即影像的偏執，乃是一種以物質「遺跡」所發展出的「攝影戀物」（photographic fetishism），被攝主體從未真正徹底消失或死亡，而照片給出了「代理式占有」（surrogate possession）的可能，以照片抵住記憶的消逝與生命的悼亡。那同樣的假議題，若將莎士比亞換成張愛玲，「攝影戀物」對物質「遺跡」的偏執是否依舊成立呢？張愛玲大概是現當代華文世界「作家照片」最精采豐富者，但在擁有大量的攝影照片之同時，卻僅有極為少數的「自畫像」，亦不見任何廣泛流傳的素描或油畫像。[4] 故我們不須依樣畫葫蘆去問要「肖像畫」還是要「肖像照」，反倒是可以進一步修正並轉換桑塔格的提問方式：如果全球的張迷只能二選一，他／她們會要張愛玲的「玉照」，還是要張愛玲的「遺照」呢？此處的「玉照」可以狹義指向張愛玲在散文〈「卷首玉照」及其他〉一文中所言：「『流言』裏那張大一點的照片，是今年夏天拍的。獏黛在旁邊當導演，說：『現在要一張有維多利亞時代的空氣的，頭髮當中挑，蓬蓬地披下來，露出肩膀，但還是很守舊的，不要笑，要笑笑在眼睛裡』」（頁四六）。或者稍微擴大一點，也應可包括張愛玲第一本短篇小說集《傳奇》出版時所用的「卷首玉照」，此照片乃是名符其實放在「卷首」，不似《流言》散文集中的照片放在「卷中」。或者直接跳到更為廣義的界定，凡是所有擺放姿態、氣韻生動或神采飛揚的張愛玲照片，就都算得上是光彩照人的「玉照」。[5] 相對於「玉照」作為複數的多重選擇，所謂的張愛玲「遺照」幾乎已被拍板定案為一九九四年底張愛玲為第十七屆時報文學獎特別成就獎所拍攝的照片，那張手持「主席金日成昨猝死」報紙頭版新聞的照片，亦是張愛玲一九九五年九月過世前最後一張公諸於世的照片。

那全球張迷會選「玉照」還是「遺照」的答案，恐怕也早已不問自明。多少張迷在張愛玲的「玉照」堆裡流連忘返，而又有多少張迷在第一次看到張愛玲「遺照」時避之唯恐不及，驚訝惋惜之餘，寧願不曾識見一代才女之老去。這樣兩極的反應，並非不可預期。一如本書第二章針對張愛玲遺物所開展的「戀物／拒物」分析，或許同理可推「玉照」乃多重「戀物」（迷戀影中人，拒認人成影、人已杳、人亡逝），「遺照」乃多重「拒物」（拒認假髮、拒認蟲患、拒認戴著假髮所拍攝的照片），前者令人愛不釋手，後者則令人矛盾掙扎地「愛之深、拒之切」。但這可萬萬不是本章的「結論」，反倒是本章處心積慮在一開頭就欲推翻的「結論」。此「結論」最大的問題，乃在於「玉照」與「遺照」的二分，亦即「玉照」不是「遺照」，「遺照」也不是「玉照」，而本章透過「假」議題的真正企圖，乃是嘗試去思考「玉照」中的「遺照」，或「遺照」中的「玉照」，以便得以進一步探索所有「玉照」皆為「遺照」的可能。這樣的「迻譯」思考，既是「遺—移—迻」的同音假借，也是「譯—異—易—溢—佚」的同音轉換，一如本書第一章處理張愛玲的「遺囑」，嘗試從遺囑文字本身所可能開展的不確定性，衍生到「所有書寫皆遺囑」的解構思考；或是本書第二章處理張愛玲的「遺物」，企圖以「補遺邏輯」解構「戀物／拒物」邏輯，展開「所有物件皆遺物」的敘事可能。本章則是繼續往下推演，看看是否也能成功解構「玉照」與「遺照」的二元，進而帶出「所有照片皆遺照」的基準思考。

先讓我們示範一個最簡單的操作：「玉照」中的「遺照」。在張愛玲散文〈「卷首玉照」及其他〉中，除了前已指認、不在卷首而在卷中的「玉照」外，還有一張作為補遺、作為「及其他」的照片，而這張照片正是以「遺像」的形式出現。文中提到了一組由另一位攝影家所拍攝的照片系列，其中之一被好友獏黛（炎櫻）譏笑為「一張像個修道院的女孩子，馴良可是沒腦子」（頁四七）。獏黛（炎櫻）決定在上面塗點顏色，接著又將這張照片刻意「嵌在牆上凹進去的一個壁龕裏」（頁四七），下角兜著黃綢子，兩旁放著壁燈，「因為防空的緣故，花蕊形的玻璃罩上抹了密密的黑墨條子；一開燈，就像辦喪事，當中是遺像，使我立即想爬下磕頭」（頁四七）。此「自我遺像化」的戲劇場景，既有閨密之間的調侃嬉鬧，也有戰爭陰影的惘惘威脅，更有「玉照」透過著色與物件的空間配置，可瞬間翻轉為「遺照」的表面趣味與潛在驚恐。

然而此「玉照」中的「遺照」，乃是〈「卷首玉照」及其他〉一文中所提及的「玉照」變「遺照」。就第一個層次而言，此簡單操作所可能展現的機巧與戲耍，乃是建立在「卷首玉照」作為文字文本與「卷首玉照」作為影像文本之間的滑動之上，僅僅只是讓「玉照」中的「遺照」成為〈「卷首玉照」及其他〉一文中所論及的「遺照」或「遺像」。就第二個層次而言，此簡單操作「玉照」中的「遺照」，乃是指向原本的「玉照」經由著色與場景布置而變成「遺照」。換言之，若非經由特殊處理與戲劇化場景，「玉照」還是「玉照」，而非「玉照」從一開始就總已是「遺照」，不論有無後續的加工。故本章對張愛玲「玉照」即「遺照」的閱讀，乃是希冀開展出所有「玉照」總已是「遺照」的思考。在當前的攝影理論中，此思考方向有兩個相互差異化的論述發展脈絡，一個是以羅蘭・巴特為首的「明室派」，強調「死亡乃彼攝影照片的本質」（"Death is the *eidos* of that photograph"）（*Camera Lucida* 15）。另一個則是以德希達為首的「幽靈派」，強調「幽靈是攝影的本質」（"The spectral is the essence of photography"）（*Right of Inspection* iv）。[6] 兩者皆言攝影當下的死亡（「玉照」即「遺照」），但前者將此死亡連結到過去的「此曾在」（*ça a été*; that-has-been）（另一種被戀物化的存有「遺跡」），而後者則將此死亡開放成影像之「被未來所纏祟」（haunted by futurity）。「明室派」幾已成為當代張愛玲攝影照片（尤其是針對《對照記：看老照相簿》）研究的主流，精采犀利的論文甚多，而以〈羅蘭・巴特之複數死亡〉（"The Deaths of Roland Barthes"）等文帶入解構主義「補遺」、「延異」、「書寫」、「檔案（化）」等概念、意欲重寫巴特有關「攝影」、「刺點」、「此曾在」及「靈光」的「幽靈派」，或許不失為另一個深具理論創造潛力的思考路徑，另一個或可讓攝影「死裡逃生」——從「死亡」談「來—生」——的逃逸路徑。

而如何讓「幽靈派」更具攝影的歷史細節與性別美學政治的批判力道，則更是本章念茲在茲的努力方向。一如本章的標題設定，不僅僅只是更動「玉」照為「遺」照來呼應（或調侃）張愛玲著名的散文標題，更是企圖重新理論概念化所謂的「遺照」，尤其是女作家的「遺照」。「遺照」一般乃指死者死亡時所拍攝的照片（如一九三六年十月十九日魯迅過世當下所拍的遺照系列），或是靈堂與殯殮儀式所使用的死者照片，但也可擴大到死者生前所拍攝的最後一張照片（如一九九四年底張愛玲手執「主席金日成昨猝死」報紙頭條的照片），甚或徹底擴大到死者身後所「遺」留下的所有照片。而本章以下所言之「遺照」，除了嘗試包括以上各種圍繞在「死者」所展開的「遺照」之外，也欲凸顯那些遺失、贈遺、遺忘、遺留等「遺中之遺」的攝影照片，更希冀回到攝影影像本身所可能啟動的各種「遺—移—迻譯」過程（譯亦同時是異—易—溢—佚的變化、多餘與消隱），以及過程中所交織互文的各種歷史、性別與權力慾望。

故就理論概念而言，標題中的「卷首遺照」不僅僅指向被放置在卷首甚至封面的遺照，更是企圖凸顯如何在從「頭」從「首」從一開始的時間「起源」處談「遺照」的產生：「遺照」不在最後，「遺照」在最初。而從一開始便成為「遺照」的關鍵，或許正在於「及其他」。任何影像、符號或註記（mark）的「現下在場」（the presence 作為現下與在場），必然同時帶出「隱無缺席」（the absence），而「及其他」便是「隱無缺席」之為「遺跡」（此與桑塔格所言當代「影像—世界」視攝影照片有如真十字架上的指甲或腳印、死亡面具之為物質「遺跡」的偏執截然不同，乃是一種沒有物質遺跡、沒有存有遺跡的影像之為「遺跡」）、之為「補遺」、之為「延異」、之為「檔案（化）」。「及其他」的「補遺」之姿，正可打破任何封閉迴路的重複生產（被攝者與照片的「同一」迴路、照片與文字的「對照」迴路）。「及其他」的「補遺」之姿，乃是讓所有的「玉照」不再「是其所是」（「現下在場」將不斷被未來所纏祟），也不再「視其所視」（遺跡與幽靈的無法被識見），更不再「事其所事」（拍照作為事件發生與幽靈回返的無法預期），「遺照」乃是「玉照」本身的「把我包括在外」。[7]故「卷首遺照及其他」的表述，不是保守地將遺照放在卷首，並申明尚有其他的照片將被述及，而是「玉照」即「遺照」從一開始便有了「複數性」（multiplicity）、「複述性」（iterability）與「複塑性」（plasticity），而也正是這些開啟未來的重複與差異、存有與隱無、在場與缺席，讓「玉照」成為「遺照」，讓「遺照」得以不封存在過去，而有了在線性同質空洞時間之外、作為幽靈回返的「到臨」。

一・「卷首玉照」的歷史幽靈

讓我們「從頭」來看看張愛玲第一本短篇小說集《傳奇》裡「名符其實」作為「卷首玉照」的那張黑白肖像照。[8]此張照片在當代張愛玲的「作家照片」裡若隱若現，數十年來鮮為人知。原因無他，一九四四年的《傳奇》初版與《傳奇》再版早已不流通於市面，而唐文標一九八四年未經授權的《張愛玲資料大全集》發行受阻（即便部分照片仍被媒體轉用），然就算此「翻印」舊書的照片得以順利發行，也不無誤導之嫌：《張愛玲資料大全集》乃是將張愛玲《傳奇》的「卷首玉照」錯當成《流言》的照片（頁一一）（本章附圖一）。一直要到一九九四年《對照記：看老照相簿》的出版才略見眉目：書中的圖三十七，或可被視為《傳奇》「卷首玉照」的「半出土」。為何有此「半出土」的說法？《對照記》的圖三十七乃《傳奇》「卷首玉照」同系列的另一張照片，相同的髮飾、服飾與攝影風格，但《傳奇》左臉向前、沒戴草帽，而《對照記》右臉向前、戴了草帽，並以文字說明「我從來不戴帽子，也沒有首飾。這裡的草帽是炎櫻的妹妹的」（《對照記》，頁五八）。[9]然二〇〇一年出版的精裝《張愛玲典藏全集》卷五的《短篇小說卷一：一九四三年作品》，封面正是採用了《傳奇》初版與再版的這張「卷首玉照」，但卻未有任何說明或標示出處，不識者亦不識，而《對照記》圖三十七戴了草帽的同系列照片，亦出現在精裝《張愛玲典藏全集》卷一三《譯

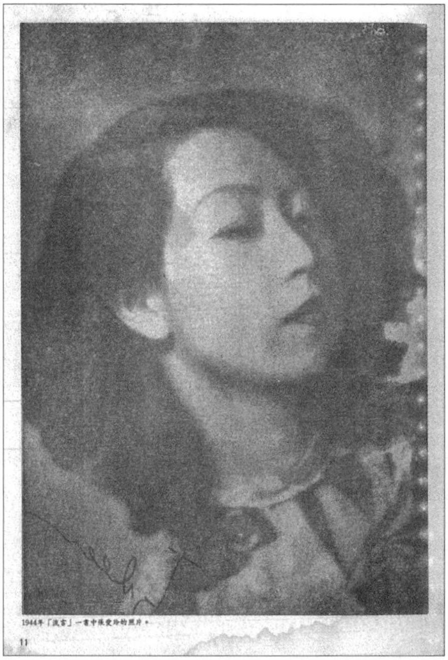

圖一：《傳奇》的「卷首玉照」，卻被誤認為《流言》的照片。

作：愛默森選集等五種》的封面。[10]或許一直要到網際網路普及的二十一世紀，張愛玲《傳奇》的「卷首玉照」才得以數位影像的形式廣為流傳。

但本節的重點不在於探究這張「卷首玉照」的「真人實事」（張愛玲在何時何處甚至何照相館所拍攝），也不擬針對此照片進行可能的肖像美學分析（眼神、姿態、角度、打光、構圖等），而是想嘗試去思考這張照片的「拍攝當下」，是否就已被「未來」所纏祟，亦即這張「遺」照所可能開啟的時間虛擬性，是否足以帶出攝影影像作為「啟源補遺」（an originary supplement）的弔詭：不是先有「起源」（origin），再就「起源」可能的遺漏匱缺處進行補遺，而是「起源」本身就是一種「補遺」，既缺又滿，既多又少，既顯又隱，既死又生，一種讓「起源」成為可能、讓「再現」成為可能、讓「視覺肖像」成為可能的「建構式補遺」。以此例而言，當張愛玲的「玉照」被放大成幾近滿頁的尺寸而出現在《傳奇》「卷首」之時，正是以「啟源補遺」的方式，給出了「卷首插圖」（frontispiece）跨歷史、跨文化「遺—移—迻譯」的虛擬未來性。[11]

首先，何謂「卷首插圖」？一般乃指翻開書本後與「書名頁」（title page）相對的頁面，可印上作者畫像或書中的插圖插畫而成。歐洲的「卷首插圖」起源甚早，甚至早於歐洲十五世紀的活版印刷術，而活版印刷的發明也更激活了此項書籍裝幀的古老傳統。[12]以本章開場所提及的莎士比亞為例，一六二三年「第一對開本」（the First Folio）的卷首，就已印上德羅斯霍（Martin Droeshout）鐫刻的莎士比亞肖像（本章附圖二），而與此肖像相對的卷首題詩，則是由英國文藝復興時期著名詩人強生（Ben Johnson）操刀，詩中不無調侃此肖像的面貌真確性，並進而勸說讀者要觀其書而不要觀其貌（Mole 75）。[13]爾後「卷首插圖」更在十八世紀的歐洲漸次普及，十九世紀蔚為風行，成為「印刷書市場欣欣向榮時，作者自我—形象風格化的基本要素」（The Multigraph Collective 143）。

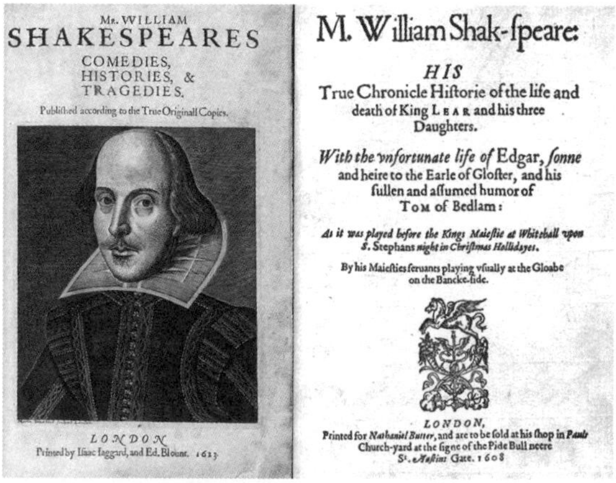

圖二：1623 年莎士比亞「第一對開本」的「卷首肖像」。

然就其歷史發展而言，「卷首插圖」最初的形式有三，分別為「建築裝飾」（亦是 frontispiece 作為門窗上緣壁飾的原意）、「作者肖像」與「插畫圖示」，乃是「文字文本與圖像互動的關鍵所在」（The Multigraph Collective 142）。而卷「首」之雙重意涵——「首」之為扉頁之起頭與「首」之為人之頭部，更讓「卷首插圖」逐步轉換為「卷首玉照」的獨大：作者的肖像「畫」被用來強化著作權與真實性（authorship and authenticity），更成為文學市場行銷的利器。以一七九一年出版的《羅賓遜夫人詩集》（*Poems by Mrs. M. Robinson*）為例，卷首便刻有女詩人的肖像畫，

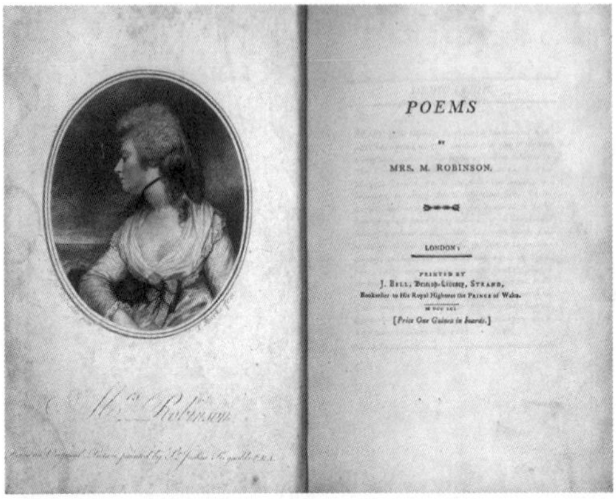
圖三：1791 年《羅賓遜夫人詩集》的「卷首肖像」

乃是成功運用其同時作為知名女演員與時尚名流的身分，來加持詩集的出版與發行（The Multigraph Collective 146）（本章附圖三）。而當攝影照片在十九世紀逐漸成為新興肖像潮流之後，「卷首玉照」也從原本的鐫刻肖像、油畫肖像，逐漸轉變為攝影肖像，以凸顯新視覺科技所帶來更形強烈的「直接指示性」（direct indexicality）（Sorensen 140），而一直要到一九二〇年代攝影肖像照才從「卷首」的位置，逐步移轉到了「書套護封」（dust jacket）或書背（甚至封面）（Richardson 295）。[14]

故張愛玲《傳奇》與《傳奇》再版的「卷首玉照」，乃是從頭一開始就成為「啟源補遺」，一方面一個完整封閉的指涉對應系統被建立，照片中的被攝者即張愛玲本人、張愛玲本人即本書作者的完整同一迴路，而另一方面無有盡頭的「複數性」（multiplicity）也同時由此延續與開展，不僅只是攝影照片可被不斷複製（「同一」迴路的重複生產），更是攝影照片本身的可被不斷引述、不斷延異、不斷「檔案化」（「補遺」幽靈的重複差異）。張愛玲《傳奇》與《傳奇》再版的「卷首玉照」之富饒生趣，除了此處所舉其對歐洲「卷首插圖」的跨

圖四：《流言》中的「玉照」，卻被誤認為《傳奇》中的「玉照」。

歷史、跨文化「遺—移—迻譯」外，我們亦可再舉此照另一種透過「翻印」所產生的「文本譯異」。如前所述，在唐文標的《張愛玲資料大全集》頁一一，「翻印」了《傳奇》的這張「卷首玉照」，但卻在下方的說明文字「誤認」其為《流言》的照片。而此「誤認」無獨有偶，《張愛玲資料大全集》頁一〇「翻印」自《流言》的照片，也被「誤認」為《傳奇》再版的照片（本章附圖四）。若解說文字不變動，頁一〇與頁一一的照片顯然是左右顛倒。而更有趣的是此兩張照片彼此之「間」的左右顛倒，又同時重複出現在頁一一《傳奇》這張「卷首玉照」之「內」的左右顛倒。若將頁一一的照片與二〇〇一年出版的精裝《張愛玲典藏全集》卷五《短篇小說卷一：一九四三年作品》的封面照片相互比對，當可發現同樣的一張照片，前者四分之三左側臉朝前，後者則是四分之三右側臉朝前。若我們不想先入為主（張愛玲全球發行唯一代理的皇冠文化出版社所採用的照片，一定比唐文標擅自翻印舊書的照片更可信），那

《張愛玲資料大全集》頁一一照片左下角的「作者簽名」也可為證：此簽名由右下斜向左上、有如鏡像反影的 Eileen，直接可以證明此照片的原膠片，乃是在製版過程中反面被放成了正面，以至於整張照片包括簽名在內都左右顛倒（可再次參見本章附圖一左下角的簽名）。

此「卷首玉照」與作者簽名的左右顛倒，巧妙地帶出了至少兩個思考方向。第一個當然是回到「翻印」的議題，《張愛玲資料大全集》之為「翻印」，乃在於沒有經過允許或授權，就擅自任意翻版重印張愛玲早期發表的照片與文字。而好玩的是，書中「照片的翻印」，也同時成為「翻印的照片」：前者的「翻印」指向「照片」的翻版重印，後者的「翻印」指向「膠片」的翻面重印（背面放成了正面），乃是「翻印中的翻印」。而另一個可能的思考方向，則是「肖像照」與「簽名」之間的巧妙幽微。在個人肖像照廣泛流行的二十世紀初，在肖像照之上親筆簽上自己姓名或名字的「簽名照」乃蔚為風行，名人如佛洛依德、海德格（Martin Heidegger）等，都有類似贈與友人的「簽名照」傳世。而文學市場的商品邏輯，更順勢促成了「簽名卷首玉照」的出現。張學研究者陳子善就曾指出「筆者所藏《傳奇》初版本張愛玲『玉照』右下角有她本人瀟灑的英文簽名，用藍黑鋼筆斜署『Eileen』，雖然無上款，仍無疑是張愛玲的簽名本，彌足珍貴」（〈《傳奇》初版簽名本箋證〉，頁六）。「卷首玉照」已是「作者—著作權—真實性」的視覺封印，而親筆簽名又是在「光的書寫」（photo- 之為光，-graphy 之為書寫）之上附加了「字的書寫」，一方面似乎成為無可取代的加強版「戀物」（簽名本的彌足珍貴），既是攝影戀物，也是手跡甚至手澤戀物（另一種有關真實物質「遺跡」的超狂野偏執），強化著多重的「同一」封閉迴路（照片與真人的同一，簽名與真人的同一，手跡或手澤與真人的同一），另一方面卻也似乎多重承載著開向未來的「補遺」形式，亦即拍照當下與「現下在場」同時產生的「隱無缺席」：尚未被決定、被擇選為《傳奇》卷首照片，尚未引述「卷首插圖」，尚未進入文學市場行銷機制，尚未被簽名，尚未被翻印，以及一切有待持續開啟在「尚未」與「不再」之間的時間虛擬性。

談完《傳奇》與《傳奇》再版的「卷首玉照」，就讓我們也來談談〈「卷首玉照」及其他〉這篇知名散文中的「卷首玉照」。文章一開頭，就直接點出「卷首玉照」與「文化工業」的緊密勾聯：

> 印書而在裏面放一張照片，我未嘗不知道是不大上品，除非作者是托爾斯泰那樣的留着大白鬍鬚。但是我的小說集裏有照片，散文集裏也還是要有照片，理由是可想而知的。紙面上和我很熟悉的一些讀者大約願意看看我是什麼樣子，即使單行本裏的文章都在雜誌裏讀到了，也許還是要買一本回去，那麼我的書可以多銷兩本。（頁

四三）

對張愛玲而言，「卷首玉照」最直接的好處，就是增加銷路，乃是讓已讀過雜誌文章的讀者、心甘情願再掏腰包買單行本的吸引關鍵，雖說恐有格調不高之慮（以「玉照」拋頭露面、吸引讀者已成三〇、四〇年代上海通俗雜誌的套式），但為了銷路與收入，張愛玲也毫不扭捏地表示甘願努力為之。但與此同時「卷首玉照」的印刷過程卻又波折迭起，散文裡「我」與印刷廠朱老闆來來回回的好言協商，一會是「你看我的眉毛很淡很淡，哪裏有這樣黑白分明？」（頁四四），一會是「這邊的下嘴唇不知為什麼缺掉一塊？」（頁四四），巧妙點出彼時印刷所工人喜歡亂「描」照片，也點出「布紋」照片容易印成「光塌塌地像櫥窗裏的木頭人」（頁四四）沒有影子（影像複製「文本」所涉及的「紋理」），更點出了彼時戰爭（防空演習）的惘惘威脅——「現在沒法子，各色材料都缺貨」（頁四五）——乃是在攝影照片「複製性」（reproductivity）與「指涉性」（referentiality）之中，帶入了各種不可預期的外力介入與干擾。

但〈「卷首玉照」及其他〉所言《流言》的「卷首玉照」（置放於《流言》初版的頁二〇八，實不在卷首而在卷中），究竟是哪一張照片呢？此即《對照記》頁五九的圖四十，照片中眼珠子斜看右方，露出較多的肩頸，脖子上帶著項鍊墜子，而文字部分僅僅提及「項鍊是炎櫻的。同一隻墜子在圖四十一中也借給我戴」（頁五八），完全未提及此照片曾收在《流言》散文集裡（可再次參見本章附圖四）。而《小團圓》中女主角盛九莉向愛人邵之雍提起新照的相片，想必亦是這一張：「照片上笑著，裸露著鎖子骨，戴著比比借給她的細金脖鍊弔著一顆葡萄紫寶石，像個突出的長乳頭」（頁二三四）。或許正是因為太「露骨」，連寶石墜子亦有乳頭聯想，此《流言》最著名的「卷首玉照」反倒成為《張愛玲典藏全集》的「遺照」，沒有出現在十四大冊中任何一冊的封面。[15]

然在張愛玲〈「卷首玉照」及其他〉一文中，除了本章在開場即點出的著色「遺像」和此處不斷被「遺漏」的「卷首玉照」外，至少還有另外兩張被遺漏與遺忘的「遺照」。話說這兩張「遺照」同樣被收在《流言》散文集之中（《流言》散文集裡共收有三幀張愛玲照片），卻在散文〈「卷首玉照」及其他〉中隻字未被提及。[16] 此兩張照片來自同一組但先後兩套不同外服的照片系列。此兩張照片乃共同被放置在《流言》頁二〇七，左上方為外加浴衣的半身照，右下方是露出薄呢旗袍下襬的清裝大襖全身照。若這兩張照片乃《流言》「卷首玉照」的「及其他」，那這兩張照片不僅「補遺」了「卷首玉照」，也「補遺」了五十年後出版的《對照記》所收存的圖四十二、四十三：

一九四四年業餘攝影家童世璋與他有同好的友人張君——名字一時記不起了——託

人介紹來給我拍照，我就穿那件唯一的清裝行頭，大襖下穿著薄呢旗袍。拍了幾張，要換個樣子。單色呢旗袍不上照，就在旗袍外面加件浴衣，看得出頸項上有一圈旗袍領的陰影。（《對照記》，頁六二）

此處的「補遺」不是找出同系列的其他照片來「補足」、「補充」以達圓滿完整，而是給出更多「時間」與「視覺」的錯亂，打破編年次序，摧毀戀物美學。這組在一九四四年拍攝的照片系列，其中兩張立即被同年年底出版的《流言》收錄在內，但就張愛玲的「作家照片」而言，五十年後出版的《對照記》圖四十二與四十三，才是更為張迷所熟知、流傳最廣的照片，而晚近才又在網路「古物出土」的這兩張收錄於《流言》的浴衣半身照與大襖全身照，不僅直接讓張迷「視覺化」那在清裝行頭之下尷尬露出的旗袍下襬，更讓張迷打破張愛玲照片「獨一無二」的絕美珍稀（一張只是一組系列中的一張，「此曾在」總已複數化與複述化）。

更有甚者，《流言》版的樸實無華，顯然無法對照出《對照記》版的風華絕代，尤其是那張露出旗袍下襬的清裝大襖全身照，更是徹底「反高潮」原本張愛玲沙龍照般擺放出的姿態與神韻。此兩張照片的「古物出土」，最早出現在唐文標主編的《張愛玲資料大全集》（照片、圖片部分的頁一二），但亦出現版面空間位置的錯置，原本左上角的照片跑

1944年「流言」一書所附的張愛玲照片。

1944年「流言」一書所附的張愛玲照片。

12

圖五：《流言》的另外兩張「玉照」，乃翻拍的翻拍。

到了右上角，右下角的照片跑到了左下角（本章附圖五）。然因為該書發行被禁，再加上彼時影像複製流通方式的限制，較少為人所注目，反倒是在當前的網路時代，所有張愛玲的照片（甚至包括學生照、證件照）幾乎俯拾皆是，易尋易覓易下載，幾近氾濫。但《流言》裡那張外加浴衣的半身照恐更富饒生趣。此照如同同頁的清裝全身照一樣，都是《對照記》圖四十二、四十三的「反高潮」，但當這張浴衣半身照再次出現在二〇〇一年《張愛玲典藏全集》卷八《散文卷一：一九三九—一九四七年作品》的封面時，卻又讓我們如此訝異地發現此同一照片的兩個不同版本：《流言》版眼睛向右上方斜視，《典藏全集》版眼睛向左上方斜視。有了前面唐文標《張愛玲資料大全集》中《傳奇》「卷首玉照」的雙重「翻印」——既是翻版盜印，也是左右翻轉顛倒——的前車之鑑，我們當可「後知後覺」一九四四年《流言》浴衣半身照作為「正版」非「盜版」的「翻印」：顯然印刷工人乃是「從頭」就將照片膠片的反面放成了正面，而造成了同張照片的左右顛倒。〈「卷首玉照」及其他〉中「我」在印刷所裡「看見散亂的藍色照片一張張晾在木架上」（頁四五）時的興奮喜悅，當是料想不到改了又改的照片校樣，最終還是有一張照片出了問題，不是細節塗描的爭議，而是徹底被放反了（出版後張愛玲或有察覺，但從未在文章中提及）。若唐文標的《張愛玲資料大全集》出現了「翻印的翻印」，那《流言》則是「正版（原版、初版）的翻印」，一個在照片拍攝「現下在場」的不在場，一個被未來所纏祟的幽靈回返。

二・蘭心玉照的攝影戀物

談張愛玲的玉照，絕對不會遺漏那張五〇年代在香港蘭心照相館拍攝、身穿「小鳳仙裝」的玉照，但為什麼連這張不曾被絲毫遺漏或遺忘的「玉照」也是「遺照」呢？[17]此照片可說是張愛玲所有宣傳照（publicity picture）中最廣為人知者，最早用於一九五五年四月三日《紐約時報》（*New York Times*）的《秧歌》之書評配圖（照片可見宋以朗，《宋淇傳奇》，頁二二九）。[18]但最風靡人心的不是這張書評配圖，而是此蘭心照相館系列照片中的另一張，亦即《對照記》的圖四十九，直可推為當前張迷與學者心中張愛玲「玉照」的第一名：

> 一九五四年我住在香港英皇道，宋淇的太太文美陪我到街角的一家照相館拍照。一九八四年我在洛杉磯搬家理行李，看到這張照片上蘭心照相館的署名與日期，剛巧整三十年前，不禁自題「悵望卅秋一灑淚，蕭條異代不同時。」（頁七一）

此蘭心系列照片目前已「出土」四張，除了《紐約時報》書評配圖外，另外三張皆被用於精裝《張愛玲典藏全集》的封面照，分別為卷三《長篇小說：赤地之戀》（亦即《對照記》

圖四十九）、卷一〇《文學評論：紅樓夢魘》以及卷一一《譯註：海上花開》，前二為半身照，後一為臉部特寫，但三張照片的眼神表情姿態各異，當屬同一系列的不同照片。有趣的是，《張愛玲典藏全集》可說是目前現當代華文作家全集中唯一一個以作家不同時期肖像照為封面的文學大典，一方面凸顯了張愛玲「作家照片」的豐富多元，更凸顯了張愛玲作為「文學聖像」（literary icon）與大眾文化影像戀物消費的表徵。而《張愛玲典藏全集》十四大冊所選用的十四張封面照，此蘭心系列照片就占了三張，可見其舉足輕重的關鍵位置。[19]

誠如德希達所言，攝影照片「獨一無二」的膜拜價值，乃是在攝影照片本身的「可複製性」之中，植入「不可複製性」（*Copy, Archive, Signature* 29）。《對照記》圖四十九張愛玲這張右手叉腰、頭往上抬、神采飛揚的照片，「穿著高領旗袍短襖，像鳳仙裝，臉上化了妝，像一朵濃豔的牡丹，頭仰得高高地，眼中似乎睥睨一切」（周芬伶，《豔異》，頁一九七），即便《對照記》中尚有甚多張愛玲姿態動人的照片，即便蘭心照相館同服裝、同場景的系列照片陸續出土，皆無法取代此照在張迷心中的「獨一無二」，以下將以「蘭心玉照」稱之，以凸顯其「可複製性」中被戀物化的「不可複製性」之弔詭。而此照片的膜拜價值，也進一步觸發了張迷的按圖索驥，伊人已杳，但蘭心照相館必須「有跡可循」，即便尋來的乃是「遺跡」與「遺址」（香港英皇道 338 號）。[20]然除此之外，我們究竟還可以如何閱讀這張流傳最廣、最讓張迷愛戀不捨的「蘭心玉照」呢？目前至少已出現兩個精采豐富的研究方向。一個乃是針對張愛玲照片中身體姿勢與影像自覺的分析探討。學者認為張愛玲攝於特定照相館的「沙龍照」，乃是透過髮型、服裝、化妝、身體姿態擺放所進行的精心設計，「照片中的張愛玲具有一種明星式的風格」（李蓉，頁二三三），而其視覺傳達的重點不在寫實，而在自我塑造與自我扮演。李歐梵在《蒼涼與世故：張愛玲的啟示》中講得最為精采：「我看到的不只是張愛玲的一張臉或一個姿態（pose），而是一種『鏡花水月』式的美學意境，在這個意境中，一個女人在作冥想，但想的不盡是自己的身體，因此她的姿態本身就製造出一種神秘感。張愛玲『傳奇』不僅是她的文字，也是她的形象造成的」（頁五〇）。[21]蘭心玉照的姿態擺放與「她自視自戀，但也知道在被看」（頁五〇）的「雙重自我」影像，當可被視為最佳見證。

另一個研究方向則聚焦於三〇、四〇年代上海淪陷區「女作家明星化」的文化分析，以張愛玲、蘇青與同時期的其他女作家為例，探討文學市場與文化工業如何透過照片，漫畫、座談、訪談等形式進行女作家的宣傳行銷：

人們對於這些女作家的個人生活——她們的衣著、她們的妝容、她們的癖好、她們的聲音、她們的購物習慣、她們經常光顧的飯店和咖啡館、她們喜歡的電影，以及她們所欣賞的男性——所給予的格外關注在現代中國的出版文化史上是前所未有的。女性作家、記者、畫家以及其他知識分子作為重要的文化名人與電影女演員和流行女歌手一同出現在公眾的視野之中，這也是前所未有的。（黃心村，頁八四—八五）

其中最為眾人所津津樂道的例子，當屬《對照記》圖四十一張愛玲與影星李香蘭的園遊會合影。而拍攝於張愛玲香港時期的蘭心玉照，當可說是以「後遺」方式，「複塑」與「複述」了張愛玲上海時期的宣傳沙龍照，包括《對照記》圖三十七到圖四十的獨照（《傳奇》與《流言》的「卷首玉照」系列）、圖四十一（與影星李香蘭的園遊會合影）、圖四十二、四十三（清裝大襖與外加浴衣系列）等。

若香港時期的玉照「後遺」地「複塑」與「複述」了上海時期的玉照，那完稿於一九七六年、出版於二〇〇九年的《小團圓》所提及的兩張沙龍宣傳「遺」照，顯然也是以「後遺」方式「補遺」了張愛玲上海時期的照片檔案。《小團圓》第四章寫道：

她有兩張相片，給他看，因為照相沒戴眼鏡，她覺得是她的本來面目。有一張是文姬要登她的照片，特為到對門一家德國攝影師西坡爾那裏照的，非常貴，所以只印了一張。陰影裏只露出一個臉，看不見頭髮，像阮布然特的畫。光線太暗，雜誌上印得

一片模糊，因此原來的一張更獨一無二，他喜歡就送了給他。（頁一六五）

此處女主角盛九莉送給男友邵之雍的照片（上海德國攝影師所拍），應是刊登在一九四四年由蘇青（《小團圓》小說中的文姬）主編的《天地》月刊第四期，該期扉頁正面是周作人、周楊淑慧（周佛海之妻）與樊仲雲，背面則刊出張愛玲與另外四位男作家的照片：張愛玲居中，左上劉雨生，右上紀果庵，左下周班公，右下譚惟翰（謝其章，《都門讀書記往》，頁一八〇）。[22]此照的「獨一無二」，不僅在於只印了一張且贈與了情人，更在於該照光線太暗，雜誌上的複製效果極差，亦甚少被媒體翻印，乃為當前張愛玲「作家照片」中最鮮為人知的沙龍宣傳照。[23]另一張則應是一九四四年《雜誌》月刊五月號張愛玲與其他五位當代女作家的玉照集錦：關露、潘柳黛、吳嬰之三人同頁，張愛玲、蘇青、汪麗玲三人在另一頁。此乃《雜誌》在同年三月所舉辦「女作家聚談」的後續，亦是又一樁「女作家明星化」的具體操作案例。[24]

兩張贈遺／遺失的照片皆未出現在《對照記》，乃是以文字補遺的方式「複塑」與「複述」上海時期張愛玲作為專業女作家的影像流通與文化消費。誠如文化研究者田威寧在《臺灣「張愛玲現象」中文化場域的互動》的精準剖析，張愛玲乃是當代最具品牌價值的文學明星產業，而這些上海時期與香港時期的沙龍宣傳照，更是其日後在臺灣得以「擬像」取代「本真」的最大關鍵：

照片在「張愛玲現象」扮演重要角色，不少新一代閱聽人是先接觸張愛玲的照片，才看到張愛玲的作品，對張愛玲的第一印象來自充滿舊時代風味的照片。照片成為張愛玲最好的形象廣告，在極少人見過張愛玲的情況之下，被視為最接近張愛玲的物品，張愛玲逝世後更取代了實質的張愛玲，成為閱聽人幻想張愛玲的起點與終點。（頁九〇）

而此蘭心玉照「微捲的短髮、顯著的眉形、深顏色口紅、削瘦的身形、小鳳仙裝，以及照片的黃褐色等要素皆召喚一種歷史感」，讀者自然能藉由「這樣的『存在』召喚已逝的『不在』，於其中產生無限想像」（田威寧，頁九三）。毫無疑問，蘭心玉照乃是當代張愛玲文化現象與商品消費的超級相片戀物。

但這樣以照片「拒認」死亡的戀物路徑，不也正是本章意欲藉由「幽靈派」來解構「明室派」的主要對象嗎？我們必須繼續追問，什麼才是蘭心「玉照即遺照」的解構路徑呢？以上兩種精采的研究方向，主要皆以「視覺圖像」（visual image）為分析焦點，那我們是否可以繞道而行讓「書寫遺跡」也成為本節接下來論述的關注重點呢？就蘭心玉照的「書寫遺跡」而言，最引人好奇也最引人疑竇的，或許是照片右下角被截斷僅剩上半部的「蘭心」簽名。[25]就目前可見諸多的蘭心照相館老照片而言，相紙白框右下方皆有凸印的中英文照相館名，而張愛玲最初用作《紐約時報》書評的那張蘭心系列照，其照片相紙白框右下角，也清楚可辨上行「蘭心攝影」與下行「LEE'S STUDIO」的凸印（宋以朗，《宋淇傳奇》，頁二二九）。[26]而蘭心玉照上龍飛鳳舞的「蘭心」簽名與年代註記，究竟是張愛玲所署（卻又不像張愛玲的字跡）、照相館所署（卻又與其制式凸印不合）或他人所署，確實是一個具有推理、考據與字跡鑑定上的有趣題目。然此「書寫遺跡」仍是以「視覺遺跡」的方式出現，只是照片為圖像，簽署為文字，而我們接下來真正所欲開展的思考，卻是想要放在「書寫遺跡」（書寫即遺跡）作為攝影當下的「隱無缺席」，不在於此遺跡是否出現在照片之「上」（或在照片角落、照片外邊或照片背面），而在於此遺跡之「隱無」乃是一種對影像機制的未來「引述」。換言之，我們真正關心的是如何有可能透過蘭心玉照的「自題」，來帶出「隱」之為「引」的「複數性」、「複述性」與「複塑性」。

三·「自題小照」的性別幽靈

那蘭心玉照的「自題」——「悵望卅秋一灑淚，蕭條異代不同時」——難道有何蹊蹺之處嗎？七言詩句中的「卅」清楚指向拍照的一九五四年與觀照的一九八四年之間的三十年之隔，從香港到美國洛杉磯的異時異地感懷。但顯然此「自題」乃是「引述」唐杜甫詩作〈詠懷古蹟五首・其二〉的「悵望千秋一灑淚，蕭條異代不同時」（頁五九二），該詩為憑弔楚國辭賦家宋玉故宅之作，詩中之「千」乃指杜甫朝代與宋玉朝代的千年之隔，而「秋」更可指向「宋玉悲秋」的文學母題。張愛玲的「自題」只巧妙更動一字，由「千」變「卅」，便帶出了倏忽變易的現代時間意識，強度壓縮原本「千秋」所定義的悠長久遠，讓「引」藏在「千」與「卅」之間的亙古與短暫，形成巧妙的參差對照。[27]而一九八四年張愛玲在美國對此古詩句的「引述」（既是下筆「自題」時的引述，也是後來九〇年代書寫《對照記》時對自題引述的引述），也同樣出現在蘭心玉照拍攝的香港時期。在張愛玲摯友鄺文美所撰〈我所認識的張愛玲〉一文中，張愛玲早已「引述」此詩句來表達身為「紅樓夢迷」的悵惘：「甚至為了不能與曹雪芹生在同一時代──因此不能一覩他的手采或一聽他的高論──而出過『悵望千秋一灑淚，蕭條異代不同時』的感慨」（頁一六）。[28]只是此重新引述的再脈絡化，乃是將杜甫與宋玉的千年之嘆，轉換為張愛玲回望偶像曹雪芹的千年之盼。而三十年後的再次引述，改「千」為「卅」，則是將詩人（杜甫）對詩人（宋玉）、小說家（張愛玲）對小說家（曹雪芹）的千年興嘆，轉換為「書寫今我」對「照片故我」的卅年感懷。

在此我們可以拿另一首亦與「卅」有關的七言詩句為例，亦即嚴復一九〇八年〈漫題二十六歲時照影〉的「鏡裏分明隔世身，相看三十過來春」（頁三七〇）。[29]此照片自題可與張愛玲相「題」並論的關鍵，不在「三十」的分為二字與「卅」的合為一字，或一「秋」一「春」的季節變化。重點在兩者皆為「自題小照」，五十六歲的嚴復看著自己二十六歲的照片自題，一如六十四歲的張愛玲看著自己三十四歲的照片自題，此「攝影照片」與「舊體詩」的「自題」配置，才是本節所欲凸顯拍照當下開向未來的幽靈、玉照即遺照的「複數性」、「複述性」與「複塑性」。一九八四年張愛玲的「自題」讓一九五四年拍攝的蘭心玉照有了「新」的書寫「遺」跡，有了「來—生」與持續開放的「到臨」。而此處作為未來幽靈的，正是清末民初所形構的新視覺—文字機制：「自題小照」。中國自古皆有「題畫詩」的傳統，所謂詩書畫三才異務、相待而成，而文人畫的興起，更帶動了自畫自題，如明朝徐渭自題〈葡萄圖軸〉的「半生落魄已成翁，獨立書齋嘯晚風。筆底明珠無處賣，閒抛閒擲野藤中」（賈德江，頁七八），不僅以詩作寄興寫意、疏懷己身，更是詩畫一體的同趣異跡。[30]而自一八四〇年代西洋攝影術傳入中國以後，如何將「題畫詩」遺—移—迻譯為「題照詩」，便成為一項重要的文化工程，有志者前仆後繼。

然本節此處對張愛玲的「自題」，將更縮小範圍在「自題小照」，不是一般的畫作題詩或觀照詠物，而是針對自己個人攝影肖像照的題詩，亦即「肖像照」與「題畫詩」的新結合。而此興盛於晚清民國的新視覺—文字機制「自題小照」，也逐漸從士大夫階級擴展到不同階級、不同性別、不同年齡的詩詞愛好者。學者吳盛青在〈重層的自我影像：抒情傳統與現代媒介〉中精采爬梳了譚嗣同、康有為、沈曾植、嚴復、秋瑾等文人詩集的「自題小照」，並將其上溯至唐以降的「像贊」傳統，而「自題小照」的精采，正在於給出了「一個抒情言志的古典詩歌傳統與現代視覺媒體碰撞中的交鋒相融的故事，本土書寫傳統對異質媒介、對圖像他者性的融合、共生以及意義的添加」（頁三五—三六）。[31]就現當代文學的史料而言，魯迅與胡適的「自題小照」當是最有名的例子。前者乃魯迅於一九〇三年前後於東京弘文學院剪辮的拍照留念。此斷髮明志的「肖像照」，乃是搭配了魯迅所寫的七言絕句「題照詩」：「靈臺無計逃神矢，風雨如磐暗故園。寄意寒星荃不察，我以我血薦軒轅」（頁四二三）。[32]後者乃胡適一九三九年八月二十一日贈李迪俊（字滌鏡）的「自題小照」，照片右側題字「滌鏡吾兄惠存　胡適」，左側題詩「偶有幾莖白髮，心情微近中年，做了過河卒子，只能拼命向前」（《胡適日記全集》，頁六一七—六一八）。[33]兩者之別恐怕只在魯迅的「自題小像」用了舊體詩，而胡適的「自題小照」則是用了白話新詩。[34]

「自題小照」亦曾多次出現在張愛玲的小說與散文文本，最有名的當是《小團圓》中父親盛乃德的「舊體詩」與母親卞蕊秋的「白話新詩」。話說小說女主角九莉在母親蕊秋從歐歸國帶回的照片中，發現了父親乃德寄到國外給母親的一張照片，此照片乃特地赴照相館所拍攝，照片背面並有父親「自題」的一首七言絕句：

才聽津門金甲鳴，
又聞塞上鼓鼙聲。
書生徒坐書城困，
兩字平安報與卿！[35]

此「自題小照」之所以有趣，讓九莉「看得哈哈大笑」（《小團圓》，頁八七），不僅在於以古代鼙鼓寫現代戰爭（直奉戰爭）的舊瓶裝新酒，而書生困坐書城的同時也吸鴉片、討姨太太，恐更在於「兩字平安報與卿」所帶出浪漫傷感的相思之情。晚清民國「自題小照」除了男性文人之間的情誼相贈（如前所提及的魯迅贈許壽裳、胡適贈李迪俊），更蓬勃發展成文藝男女之間情事情緣的「慰相思」。父親乃德（以張愛玲之父張志沂為真人實事的原型）頗帶離情別緒的「自題小照」，乃是雙重的陰性化，既是流行通俗文化作為陰性化的想像與實踐，也是「慰相思」情感表達本身被主流文化所製碼的陰性化。《小團圓》並在父親乃德的「自題小照」之前，安排了母親蕊秋的「自題小照」，照片的拍攝場景則為蕊秋回國後的西湖之旅。

回首英倫，黛湖何在？
想湖上玫瑰
依舊嬌紅似昔，
但毋忘我草
卻已忘儂，
惆悵恐重來無日。
支離病骨，
還能幾度秋風？
浮生若夢，
無一非空。
即近影樓台
亦轉眼成虛境。（《小團圓》，頁八六——八七）

此白話新詩乃是以今日西湖憶昔日英國湖區，然照片背後「慰相思」的題送對象卻不是乃德，而是被女兒九莉推斷為母親在英國的情人簡煒。[36]

就父親乃德與母親蕊秋各自的「自題小照」而言，不僅有舊體詩／語體詩之別或題贈對象的身分之別（一為妻子，一為情人），更有幽微的性別轉換隱／引於其中。若乃德的「自題小照」乃是通俗文化與「慰相思」的雙重陰性化，那蕊秋的「自題小照」則隱／引然標示了女性「自題小照」從「革命話語」到「時髦話語」的交疊與更替。清末最具「革命話語」的新視覺—文字展現，當屬鑒湖女俠秋瑾的「自題小照」。一九〇六年初秋瑾自日本返回紹興後，赴蔣子良照相館拍攝男裝小影，並題有「自題小照」七言律詩一首：「儼然在望此何人？俠骨前生悔寄身。過世形骸原是幻，未來景界卻疑真。相逢恨晚情應集，仰屋嗟時氣益振。他日見余舊時友，為言今已掃浮塵」，並在照片背面標注「男裝」二字（郭廷禮，《秋瑾年譜》，頁八四；秋瑾，頁七八）。[37]但我們也沒有忘記與此革命「易裝照」同時發展的，乃是清末娼優女界「敢為天下先」的各種時髦「易裝」照，不是批判挑戰宗法父權「男女有別」的性別配置，而是巧心取悅於男性凝視，然少有自題，若有題詠者也多出自男性狂狷名士之手。[38]而晚清循秋瑾脈絡出現在女權刊物上的「自題小照」，更在民國時期讓位給小報雜誌配頁插圖上的閨秀自題小照，即便此性別主體意識崛起的「革命話語」與浪漫流行的「時髦話語」沒有絕對必然的不相容性。由此觀之，《小團圓》母親蕊秋的西湖玉照與自題新詩，不論好壞高低矯情與否，確有歷史的摺曲與性別的遺跡。

故當我們重新回到張愛玲的蘭心玉照，原本聚焦於照片視覺圖像的「性別展演」（gender performance）與「女作家明星化」，當可同時開摺出另一個德希達所言的「攝影踐履」（photographic performativity）行動，一個可以帶入「複數性」（multiplicity）、「裂解性」（divisibility）、「置換性」（substitutivity）與「取代性」（replaceability）的行動（Derrida, *Copy, Archive, Signature* 5）。如果「性別展演」指向被攝影定格的身體姿態、媒體文宣與「作家面具」（authorial persona）的多樣變化，那「攝影踐履」凸顯的則不是「存在」（being）樣態，而是「施做」（doing）行動。蘭心玉照最關鍵的「施做」便是「自題」，不論是韻體詩或語體詩，蘭心玉照就在張愛玲以「卅」易「千」重新引述杜甫詩句的「自題」時刻，而有了「來—生」，「譯—異—易—溢—佚」出了所有可能的「此曾在」，而啟動了影像的「複述性」，既是杜甫詩句的重複引述，也是「自題小照」作為「攝影」與「題詩」（題畫詩、題像詩、題照詩）圖文配置的重複引述。循德希達的說法，蘭心玉照之為張愛玲現象的超級戀物，乃是在攝影照片的「可複製性」核心，植入膜拜價值的「不可複製性」。那此節結尾處我們當可嘗試挪用桑塔格的說法，蘭心玉照之為「自題小照」的重複引述，當是讓我們看到張愛玲在玉照自覽的最自戀時刻，攝影如何也同時重新定義她與世界的關係，一個徹底被「去個人化」的關係（Sontag 130-131），亦即一個被「書寫遺跡」所書寫、

「自」題成「字」題的「無主」時刻。

四．藍綠色的攝影小史

如果我們可將討論的焦點從「展演」移轉到「踐履」、從被攝者與照片的「同一」移轉到「自題小照」影像機制的複述「差異」，那本章此節將再以另一幀張愛玲的著名照片來談影像的「啟源補遺」與「重複引述」，只是這次不是圖像與文字、詩作與肖像的配置，而是黑白與彩色、顏料與相紙的轉換。讓我們回到《對照記》的圖二，那幀張愛玲約略三四歲「面團團的」、「穿著有點傻頭傻腦的」童年照片。此照之所以有名，乃在於此黑白照片上鮮豔的藍綠色，乃是張愛玲母親黃逸梵的手工著色。《對照記》中共有三張由黃逸梵親手著色的照片，除了此張外，尚有圖五張愛玲弟弟張子靜的著色童年照，曾被母親在英國製成英文明信片，以及圖十三母親本人一九二六年在倫敦的著色肖像照。

圖二張愛玲童年照之所以有趣，乃是在一開場就表明早已記不得小時候的長相，與照片中的小女童見面不相識，直到認出女童T字形白綢領的衣服確為自己童年所有。但忘了童年長相的張愛玲，卻清楚記得母親替這張照片著色的那個下午：

> 一張小書桌迎亮擱在裝著玻璃窗的狹窄的小洋台上，北國的陰天下午，仍舊相當幽暗。我站在旁邊看著，雜亂的桌面上有黑鐵水彩畫顏料盒，細瘦的黑鐵管毛筆，一杯水。她把我的嘴唇畫成薄薄的紅唇，衣服也改填最鮮豔的藍綠色。那是她的藍綠色時期。（《對照記》，頁八）

此段追憶不僅給出了幽暗中迎向天光的小洋台場景，更將照片著色的工具配備一一細數。而更重要的乃是「藍綠色」的母女連結：張愛玲想起第一本書《傳奇》自己設計的封面乃「整個一色的孔雀藍」，而藍綠色時期的母親，不僅將張愛玲原本淡藍色的薄綢小洋裝填上了最鮮豔的藍綠色，連她自己衣櫥裡的衣服也全是或深或淺的藍綠色，「遺傳就是這樣神祕飄忽——我就是這些不相干的地方像她，她的長處一點都沒有，氣死人」（《對照記》，頁八）。

學者羅鵬（Carlos Rojas）曾對此童年照片做出最精采動人的分析。他指出「顏色遺跡」（chromatic traces）乃是此照片建立母女連結的關鍵，張愛玲童年「淡藍色」的小洋裝被填為「藍綠色」，而此照片與記憶的顏色誤差，也正是此張照片「**反**模擬」（*antimimetic*）的「情感」關鍵（Rojas 173, 169）。此處的「顏色遺跡」乃是多層次時間與記憶的「著色的補遺」，由淡藍到黑白，由黑白到藍綠，由女兒的洋裝連結到母親的衣櫥，由母親著色的照片連結到女兒出書自己設計的封面。但我們還是可以繼續追問，有沒有一種「顏色遺跡」的談法，可以暫時「譯—異—易—溢—佚」出母女親情的記憶連結，而能給出一種「非個人化」、「無人稱」的「顏色遺跡」呢？或者說有沒有一種「反模擬」的談法，可以不放在真實與記憶、物件與再現之間的無法同一對應，而是回到「影像」本身的「反模擬」，亦即「影像」如何有可能「譯—異—易—溢—佚」出「照片」作為圖像再現與物質實體的限制呢？如果所有的遺跡總已是另一個遺跡的遺跡（遺跡不導向純粹起源的追求，所有起源總已是「啟源補遺」），那《對照記》圖二所啟動的「顏色遺跡」又可以是何種遺跡的遺跡呢？或「顏色遺跡」如何得以打破《對照記》所形成「文字—照片」相互對應的封閉迴路呢？這一連串的提問，正是本章此節所欲展開的影像思考。

首先，我們可以嘗試區分兩種「遺傳」，並也同時跳脫此兩種「遺傳」所可能帶來的限制。一種遺傳以家族血緣為基準，而張愛玲所言的「藍綠色遺傳」，乃是在相貌、性格之外的顏色想像認同，給出了母女連結的精采文學案例。而另一種遺傳則可指向攝影所啟動「光」的「遺—移—迻傳」：被攝對象的光，被相機收納至感光材料以進行處理，而此光也將延續衍生到其他副本之上。故我們在此想要談的「反遺傳」、「反模擬」、「反寫實」，不僅只是企圖跳出張愛玲藍綠色母女連結的文學想像（即便其本身總已是對家族血緣遺傳的一種反遺傳），更是嘗試在仍舊充滿「物質遺跡」的攝影光學過程之外，談顏色的添加與增補，一個在「光」的「遺─移─迻傳」之外的「間隙」，一個在黑白照片與彩色照片技術發展史的「介於其間」。就十九世紀攝影史而言，一八三九年達蓋爾銀版攝影術（Daguerreotype）問世，三年後旋即有銀版攝影照「手繪著色」（hand-coloring）的專利申請，爾後更在十九世紀中下與二十世紀初蔚為流行，直至一九三五年柯達彩色膠卷問世後才漸歇。

然黑白照片的手繪著色，究竟是「寫實」抑或「反寫實」，卻是從一開始便引發正反雙方的爭辯，而此爭辯更被賦予強烈的性別製碼。對擅長照片著色的攝影師而言，黑白單色照片無法顯現被攝者身上鮮豔的衣飾，而手繪著色當是讓黑白單色照片更逼近「寫實」，同時也為單調的機械複製增加藝術氛圍（手繪作為「繪畫」的另一種回返）。但對堅拒在照片上著色的攝影師而言，手繪著色乃是攝影照片的墮落與「陰性化」，「在心愛照片上的手繪著色，即使出自名家之手，也有如一個科學插圖的製繪者，竟膽敢修飾蝴蝶的翅膀」（Hannavy 322），故極力聲稱手繪著色乃是讓有如科學般「寫實」的照片，墮落成妓女般的塗脂抹粉，自甘下賤為欺騙、膚淺、嬉戲的「反寫實」。而此對手繪著色「陰性化」的強烈抨擊，更被後來發展出生產與消費模式的「性別分工」所強化。就生產過程而言，手繪著色的來勢洶洶、廣為流行，造成照相館必須聘任大批女工或以外包方式由家庭婦女代工完成，即便尚有甚多男性攝影師親自拍照、沖洗與著色，但手繪著色卻與女性廉價勞動力，產生了文化與經濟上的緊密連結：攝影乃高階，著色乃低階；攝影乃陽性（真理、真實、科學），著色乃陰性（偽裝、化妝、手藝）。而就手繪著色的消費模式而言，不僅女性顧客遠多於男性顧客，手繪著色更在十九世紀下成為女性家庭嗜好的推廣要項，各種著色器材與染料的銷售廣告四處流傳，專門教導著色技巧的書籍也紛紛面世，更增加了手繪著色作為家庭或業餘嗜好的「非專業」形象。[39]

在簡單回顧黑白照片手繪著色的攝影小史與性別製碼後，我們可以如何重新思考張愛玲「藍綠色遺傳」的童年照片呢？《對照記》中對「北國的陰天下午」小洋台上放著小書桌的場景描繪，顯然指出張愛玲母親黃逸梵在一九二四年離開天津、出遊英法之前，就已嫻熟此項手繪技巧。故此場景描繪不僅僅是帶出黃逸梵在繪畫與美術上的天分與喜好，也同時驗證一九二〇年代黑白照片的手繪著色技巧早已流行於中國，而非黃逸梵在第一次出遊英法之際（一九二四年至一九二八年）所習得。然本章真正感興趣的，不在「照片」而在「影像」，不在圖像再現、文字記憶或歷史追溯（何時何處習得）而在攝影當下、純粹在場的「啟源補遺」：「光」的「遺—移—迻傳」所顯影的黑白照片，如何被未來的「手繪著色」所纏祟。換言之，我們真正感興趣的，不是回到過去的歷史去進行考據，而是看到「過去」在「未來」的影像補遺過程中如何發生，亦即「過去」在未來的「完成」（重複引述）與「未完成」（補遺的時間虛擬性持續開放）。就《對照記》圖二的「照片」而言，三四歲的張愛玲傻頭傻腦地笑著，身上穿的小洋裝被母親以最鮮豔的藍綠顏彩著色。但就圖二的「影像」而言，童年張愛玲既不在場，也沒有缺席，而是從一開始，便成為「現下在場」與「隱無缺席」的分裂與雙重，從拍照的當下，就已被書寫（光的書寫）的死亡結構與鬼魅的未來時態所制約。

此處我們亦可以用兩種可能的「刺點」（*punctum*）來進一步思考。一種是巴特在《明室》所言「既是我加在照片之上，又總已在那裡」的補遺（頁五五），其既在照片之中、又不在照片之中的關鍵，乃在於照片與觀照者之間相互引動所開啟的「細節」空間，一如張愛玲對童年照片的觀看，重新啟動了「藍綠色遺傳」的虛擬連結。另一種則是德希達在〈羅蘭．巴特之複數死亡〉中所重新界定的「刺點」，「刺點」乃成為「區別／推遲與差異微分的時延」（a differing/deferring and differentiated duration）（*Copy, Archive, Signature* 8），不發生在照片與觀照者之間，而發生在拍攝的最初亦即最後時刻，一個同時指向過去與未來的時刻。一如「藍綠色遺傳」之「非人稱」，重點不在誰記得或誰所繪，重點在影像所開啟的異質時間虛擬性，讓過去在未來不斷被引述，也讓未來不斷地攪擾過去，過去與未來交疊在一個不穩定也不明確的「到臨」，亦即法文的「未來過去式」（*le futur antérieur*），一個鬼魅的未來時態，一個得以讓「影像」永遠無法成為存有在場、自我同一的封閉整體之未來幽靈。

與此同時，我們也不要忘記《對照記》中尚有一張失敗的著色照片，不出自張愛玲母親黃逸梵之手，而出自張愛玲好友炎櫻（獏黛）之手。這張照片靜悄悄地出現在《對照記》圖三十三，無有任何文字說明。[40]這張上色恐怖、著色粗心的照片，眼低垂如閉目，臉呈青灰色，背景更突兀難辨，只見一張大臉浮凸於照片中央，乃是整本《對照記》中最具超現實詭異感的照片。用李歐梵的話說，「像是一個恐怖片中的陰魂」、「她的臉似乎湊在一個無形的鏡面上，反映出來的是一股陰森的寒意」（頁四九、五〇）。然而在張愛玲早年所撰寫的〈「卷首玉照」及其他〉中，也提到過一張被炎櫻（獏黛）胡亂著色的照片，亦即本章開場所分析的「玉照」變「遺照」：

> 她用大筆濃濃蘸了正黃色畫背景，因為照片不吸墨，結果像一重重的金沙披下來。頭髮與衣服都用暗青來塗沒了，單剩下一張臉，還是照片的本質，斜裏望過去，臉是發光的，浮在紙面上。（〈「卷首玉照」及其他〉，頁四七）

這張被放置在壁龕、也被揶揄為喪事遺像的照片，是否就是《對照記》的圖三十三，尚待更多的考據。然黑白照片的手繪著色顯然是需要特別的技巧訓練與配備，相對於《對照記》中由張愛玲母親黃逸梵親手著色、栩栩如生的照片，圖三十三與〈「卷首玉照」及其他〉

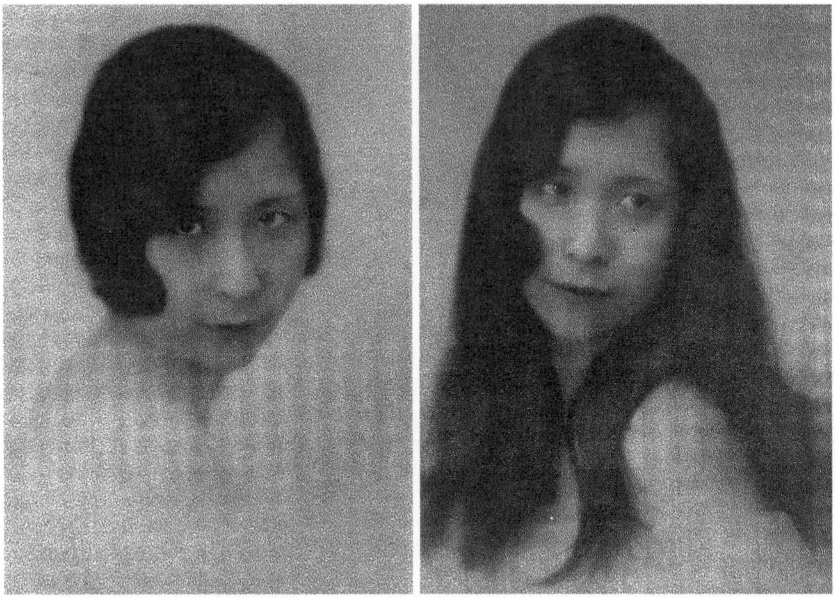
圖六：張愛玲母親黃逸梵的「短髮照」與「長髮照」。

文中所提及的炎櫻習作（明知照片不吸墨卻堅持用濃豔色彩上色），當是無可挽救的失敗之作。若著色失敗的照片之為「遺照」，乃在於青灰發光的臉浮在紙面上有如鬼影幽靈，或在於黃綢與壁燈搭配下的「遺像」聯想，那著色成功的照片為何也是「遺照」呢？此「遺照」之思不在於恐怖圖像、顏色聯想或空間配置的添加，也不在於此乃張愛玲母親與張愛玲辭世後所遺留下來的照片，而在於童年的拍照當下就已被未來所纏祟，「過去」（十九世紀歐洲「銀版照片—顏料上色」的配置）在「未來」（一九二〇年代的天津與倫敦）的重複引述，幽靈在未來的回返。

在本節結束之前，讓我們再來觀看「晚近出土」的四幀張愛玲母親黃逸梵的

圖八：張愛玲母親黃逸梵的「手繪著色」小照。

圖七：張愛玲母親黃逸梵的神祕沙龍照。

「玉照」。此四幀照片乃黃逸梵一九四八至一九四九年間在馬來西亞吉隆坡坤成女中任教時，贈與摯友同事邢廣生女士，而後由邢女士轉給張錯教授，並收錄在其《傷心菩薩》的卷首照片集錦。[41]四幀照片中有兩張同為一組，左右可相對並置，一短髮秀麗，一長髮飄逸（本章附圖六）。此兩張照片之「對照」，正可帶出攝影與手繪技術的幽默與魔幻：此次手繪的重點不在「著色」而在「增髮」，讓秀麗短髮變成飄逸長髮。如果本書第二章詳盡鋪展了張愛玲「假髮」的來龍去脈，那照片中張愛玲母親黃逸梵的「假髮」，既非「假的真髮」、亦非「真的假髮」，而是另一種在照片之上的手繪「施做」，讓同時同地拍攝、有如雙胞胎或鏡像般的同組照片，秀髮卻一短一長，如變戲法，由此可見張愛玲母親對攝影照片可能戲耍出的浪漫詼諧趣味，一直抱持著高度的好奇心與實踐行動。而另一張偏角打光、以扇略遮左下頦的照片（本章附圖七），則是目前黃逸梵出土照片中最神祕嫵媚者，照片中的旗袍、髮飾與香扇配件，更襯托出一種好萊塢化的東方主義情調。

而四幀照片中唯一的「手繪著色」照片（本章附圖八），亦是四張照片中拍攝年代最早者：照片中的髮型，既可呼應本書第二章所述《小團圓》中母親蕊秋「民初的前劉海，蓬蓬鬆鬆直罩到眉毛上」（頁一五四），亦可由此比對《對照記》圖十二、十三黃逸梵一九二〇年代的髮型。[42]此手繪著色照片當是與《對照記》中的三張手繪著色照片（圖二、五、十三）先後完成於同一時期（一九二三、二四年至一九二六年）。但若我們嘗試比較此張手繪著色照片與《對照記》圖十三的手繪著色照片（兩張皆為黃逸梵的個人肖像照），則又可發現其中的細微差異與蹊蹺。就「照片」的視覺再現而言，《對照記》圖十三攝於一九二六年的倫敦，衣著打扮洋化，雙手十指交握，放在下巴處，望向光源的右側，臉部線條柔美立體，明暗對比有如油畫，嘴唇、手鍊、針織裙有明顯的著色痕跡。與此同時，照片中的黃逸梵隱約可見長髮及腰，恐又是手繪「假髮」的另一傑作。而「晚近出土」的這張以鉻黃色為底的手繪照片，可推估為一九二四年遊歐前的作品。[43]「照片」中的黃逸梵短髮捲燙，維持前劉海，左側髮際有珠花飾品，整體造型中式古典又有現代感。但真正的關鍵不在「照片」而在「影像」：「手繪著色」的幽靈不僅有階級與性別差異的遺跡，有肖像發展史上由繪畫到攝影、由黑白到彩色的遺跡，更有帝國殖民主義所殘留「異國」（exotic）與「情色」（erotic）想像連結的遺跡。若將此照片與本章附圖八的持扇照片相比較，兩者的「東方主義情調」乃涉及不同的影像機制，除了服裝飾品之外，前者主要來自手繪著色本身，後者則主要來自電影劇照化的神態表情。這四幀張愛玲母親黃逸梵的「玉照即遺照」，不僅在於黃逸梵早於一九五七年在倫敦病逝，或此四張照片一直輾轉流離、遺落在外，更在於「去個人化」、「無人稱」的影像機制總已「譯—異—易—溢—佚」出照片，黃逸梵親自手繪著色的肖像照總已「譯—異—易—溢—佚」出黃逸梵。

五・遺照的光學整容術

本章陸續將張愛玲的卷首玉照、蘭心玉照、童年玉照，都讀成了被未來幽靈所纏祟的「遺照」，都是跨歷史、跨文化的「遺—移—迻譯」：卷首玉照作為「卷首插圖」機制的重複引述，蘭心玉照作為「自題小照」機制的重複引述，童年玉照作為「手繪著色」機制的重複引述。那本章的最後一節則是要回到一張從頭到尾都被公認為張愛玲「遺照」的照片，而如何從這個彷彿不證自明、毫無「疑義」的遺照之中讀出另類「遺—移—迻譯」的可能，則是本章最後所欲嘗試的努力。在當代的張學研究中，此公認的「遺照」無疑便是本章開場已述一九九四年底張愛玲榮獲文學大獎、特地到照相館所拍的「近照」。而此「近照」不僅讓無法出席頒獎典禮的張愛玲，得以此「近照」代為現身表達誠意，更是「為了證明自己還活著」，能「天涯共此時」與所有人看「主席金日成昨猝死」同一頭條新聞，即便此「新聞」在拍照當下已是「舊聞」（金日成猝死於一九九四年七月）。

故此「近照」之為「遺照」的原因至少有三。第一，此照乃張愛玲一九九五年九月過世前所公開的最後一張照片，也極有可能是生前所拍攝的最後一張照片。若張愛玲的照片在其辭世之後，都可被視為遺留下來的「遺」照，那此照顯然是「遺」照中的「遺照」。第二，照片中的張愛玲手持「主席金日成昨猝死」作為頭版頭條標題的報紙，以幽默方式自比為被「時間」綁匪綁架的肉票，手持報紙，既證明當天還活著，也隨時可能被撕票，似乎一語成讖地預告了自己即將到來的死亡。第三，張愛玲生前在一九九四年最後出版的《對照記》的最後一張照片，乃「一九六八年攝於波士頓」的黑白照片，此照片所可能蘊含的「死亡」陰鬱氣息，或可指向張愛玲第二任丈夫賴雅於一九六七年之辭世。[44]然此張得獎「近照」更在二〇〇一與二〇一〇年的《對照記》典藏全集與典藏新版中，成為加在「跋」或「後記」中的最後一張照片，有如句點般「再次」終結了整本「老照相簿」。

若是按照本章前幾節所發展出「玉照變遺照」的操作手法，那這張已然被視為「遺」

照中的「遺照」之「補遺」方式至少有三。第一，若按「明室派」的講法「攝影即死亡」，「任何一張照片總是包含著我未來死亡的迫切符號」（Barthes, *Camera Lucida* 97），那這張「近照」就是雙重的不祥之「照」。第二，若按「幽靈派」的講法，拍照當下就已幽靈化，就已被未來「去個人化」、「無人稱」影像機制的重複引述所纏祟，那此「近照」總已經由「詩作」的「施做」而成為「自題小照」的另一種「複述」：

人老了大都
是時間的俘虜，
被圈禁禁足。
它待我還好——
當然隨時可以撕票。
一笑。（《對照記》，頁八〇）

第三，此「詩作」乃出現在《對照記》最後增補／缺補的「後記」，並以之搭配最後增補／缺補卻無圖錄編號的唯一彩色得獎「近照」。如此說來，「後記」與「近照」可以是對《對照記》的補遺、書寫、延異，《對照記》又可以是對一九七六年完稿卻因故未出版的

《小團圓》的補遺、書寫、延異，《小團圓》又可以是對一九六三年完稿卻找不到出版社出版的兩本英文小說 *The Fall of the Pagoda* 與 *The Book of Change* 的補遺、書寫、延異。換句話說，「後記」與「近照」乃是補遺的補遺、書寫的書寫、延異的延異，沒有絕對的先／後、內／外、正本／摹本之分。

但如果不想再次重複此三種已經操作過的思考方式，我們還能找出什麼不一樣的「遺—移—迻譯」嗎？首先讓我們來看看這張領獎「近照」所可能帶出的「複數性」。就一般的單複數意義而言，此照片絕非僅此一張。就如同張愛玲過去為特定需求（卷首玉照、雜誌宣傳照、書評附圖等）赴照相館拍照的習慣一樣（如前所述，蘭心玉照系列目前至少已出現四個不同版本），此照片系列共有數十張之多，同樣服裝、髮式與報紙道具，只是臉部角度與手部姿勢有異，皆為三乘五照片尺寸，張愛玲在照片上編號後直接寄給皇冠文化出版社。但這樣的「複數」（plurality）乃是建立在可分別獨立計數與加總的意義之上，而非當代理論所談的「複數」（multiplicity），其指向的乃是力量關係的特異布置。例如《對照記》中的蘭心玉照，就與《紐約時報》書評的蘭心系列照，從跨語際的脈絡—文本到觀照者的文化差異等等，都存在著不同的力量摺曲與配置關係，而也正是這樣因時因地因文本—脈絡而異的開放性，才得以打破被攝者與相片同一的單純封閉迴路。而張愛玲「得獎近照」可能出現的「複數性」，乃來自該照片在「再次—引述」（re-cite）與「再次—

在場」(re-site)所牽動異質力量關係布置上的變化。

這張刊登於一九九四年十二月三日《中國時報‧人間副刊》的「近照」(搭配張愛玲的「得獎感言」:〈憶西風〉),確實讓不少人感到驚訝。文化研究者田威寧精準敏銳的表達最具代表性:

> 《中國時報》刊出張愛玲的近照對「張迷」而言無異於一顆震撼彈,「張迷」沒做好跳躍三、四十年的準備——從妙齡女子到一個瘦骨嶙峋的老太太,這樣的轉變太「突然」,張愛玲彷彿在一夕之間變老了、走樣了,不符合想像中的「臨水照花人」,那個胡蘭成筆下見了「諸天都要起六種震動」的民國女子。(頁九一)

此處的驚訝主要來自兩個層次的「今非昔比」。原本《對照記》最後的一張照片,乃張愛玲於一九六八年攝於波士頓,一直是張迷心中張愛玲「最後」的模樣,而一九九四年的「近照」一出,「突然」拉出二十多年的落差,此其一也。而張愛玲廣為流傳於世的,則是更年輕時的照片(如蘭心玉照),以及胡蘭成筆下「臨水照花人」的形象,而老年「近照」與這些既有的圖像和文字皆相去甚遠,此其二也。甚至有張愛玲傳記者表示,寧可想像張愛玲死去,也不願承認張愛玲老去(安意如,頁一八七),張愛玲在當代華文文化的「超戀物」地位可見一斑。

但在「驚訝」之外，讓人真正感到「驚嚇」的張愛玲「近照」，則出現在一九九六年三月出版的《華麗與蒼涼：張愛玲紀念文集》。該書在張愛玲一九九五年九月辭世未滿一年間由皇冠文化出版，並收錄了張愛玲遺產執行人林式同所撰寫的〈有緣得識張愛玲〉（唯一見證張愛玲晚年與辭世現場的文章），允為彼時最重要的張愛玲紀念文集，亦被張迷與張學研究者爭相閱讀。該書扉頁前共有十九張附圖，包括張愛玲在美國洛杉磯先後住過的公寓外觀照片、汽車旅館照片、張愛玲辭世公寓屋內照片、海葬照片等，而最後也是最重要的附圖十九，便是張愛玲的這張得獎「近照」。此照與刊登在〈人間副刊〉的照片屬同一系列：人間版左手拿報紙、放在右臉頰外側，而文集版也是左手拿報紙、但是緊貼左下頷，顯然為同一系列的不同照片。[45]但真正關鍵的，不在於肖像照中手執報紙置放的位置，而在於肖像照的尺寸大小，原本副刊版面的小照片（本章附圖九），被放大到整頁（寬十一公分，長十六．五公分），而此「放大版本」的出現，也或許正是所有「驚嚇」反應的引爆點。

過去對張愛玲此「近照」的討論，多集中在很假的「假髮」（如本書第二章所援引的相關文字）與衣著的廉價質感，但文集的「放大版本」卻暴露出更多的細節而引發「驚嚇」。這裡可援引臺灣詩人醫師陳克華「空前複雜」的反應為例，他指出曾是「衣服狂」

圖九：1994年12月4日《中國時報》張愛玲的得獎「近照」。

的張愛玲，現今在照片中卻穿著如此平淡無奇、讓人失望，他也不時發出由「張愛玲老了」反證自身已非文藝青年的慨嘆。但真正讓他不能忍受的，卻是「垂直條列於她脖子喉管前一道道深刻撐起的贅肉」（頁一一八）。問題不在於脖子上的贅肉是否可怕，問題在於為何陳克華可以清楚看到那脖子上一道道的贅肉呢？為何張愛玲「近照」的「黑色幽默」突然變成了「驚悚片」呢？過去對此「近照」的「刺點」討論，多集中在不自然的假髮、「主席金日成昨猝死」的新聞標題等（黃璿璋，頁一六九），但顯然陳克華看到的「刺點」，卻是脖子喉管前一道道垂直條列的贅肉。若「刺點」作為照片與觀照者之間相互引動所開啟的「細節」空間（巴特「明室派」講法），既在照片之中，又不在照片之中，那如何將此「刺點」推向「區別／推遲與差異微分的時延」（德希達「幽靈派」講法），讓其成為既是最初也是最後時刻的「變成影像」（攝影是有關攝影的攝影，不是被攝者的模擬寫真），如何讓「刺點」成為連結機械複製與欲力無意識的摺曲，便是我們在本章最後所欲展開的思考方向。

在此我們可以嘗試由此張「近照」出發，去概念化兩種「複塑性」（plasticity）的差異微分。[46]第一種乃「醫美整容」，企圖透過外科手術改變身體與容貌外觀。張愛玲遺囑執行人林式同在〈有緣得識張愛玲〉中講道：「張愛玲很會調配自己而自得其樂，譬如在一九九三年五月，她做了一次整容手術，又覺得戴眼鏡不適合她的臉型，因此配了隱形眼鏡。她也買了好些化妝品，多半是保護皮膚的」（頁八三）。林式同作為晚年張愛玲的唯一見證人，其文的可信度甚高，更何況連手術詳細的年月都清楚交代。但沒有詳細清楚交代的，則是張愛玲「整容手術」的具體內容。然若以此「近照」，對比於張愛玲晚年「加州長者卡」（California Senior Citizen Identification Card）上的證件照，當可清楚辨別張愛玲於一九九三年五月該是進行了眼部的「整容手術」：割雙眼皮且／或割除上眼袋脂肪。[47]原本「內雙」的張愛玲，變成了明顯的「外雙」。我們姑且不論此是否因為隨年齡增長、上眼皮下垂過劇影響視力而動刀，或純粹為了外觀考量，但此小手術顯然讓張愛玲「變年輕了」而非「變老了」，也顯然讓張愛玲頗為滿意，願意再次拋頭露面，設計一場幽默詼諧的死亡劇場展演。

然「醫美整容」的逆時鐘似乎被「存而不論」，張迷與評者看到的反而是另一種「光學整容」的效果，不是在臉上動刀，而是讓攝影機制本身（而非被攝者本人）的「此曾在」（既在又不在照片之中）以未來幽靈的樣態出現。班雅明（Walter Benjamin）在一九三一年所寫的〈攝影小史〉（“A Small History of Photography”），最足以說明此攝影機制本身的「光學無意識」（optical unconscious）：

> 不論攝影師是否技藝超群，不論攝影師要拍攝的對象是否小心翼翼地擺放姿勢，觀看照片的人都可感覺到一股無法遏抑的衝動，想要在此照片中尋覓此時此刻、意外偶然的微小火花，真實可以說是以此銘刻了主體，去尋覓一個毫不起眼的小點，一個在久被遺忘時刻的立即當下，一個被未來能言善辯地堅持著，讓我們得以在回望之時，能重新發現它。因為它乃不同性質，它是對著攝影機說話，而不是對著肉眼說話：不同之處有如一個被人類意識所知會的空間，讓位給一個由無意識所知會的空間。（頁二四三）

此照片上的「它」，既在照片之中又不可見，只能在未來的回望之時被開啟。班雅明在此乃是拿精神分析如何發掘欲力無意識，來平行類比照相機如何發掘光學無意識，其讓原本肉眼不可視見的瞬間或細節，透過攝影時間的延緩或影像的放大而被感知、被視見。

而張愛玲「近照」的「放大版本」，或許也可被視為照片在未來的回望之時所被重新開啟的「光學無意識」。此「光學整容」與當前甚為普及流行的「數位整容」不同，後者如 Photoshop 等影像處理或照片修圖軟體，操作簡單，可在拍照時設定或拍照後修補，但主要乃是針對由像素構成的數位影像；而前者仍是攝影銀鹽時代的殘餘／提醒（remainder/reminder），不是修圖，而是放大細節，讓原本照片之中的「不可見」變為「可見」，非張愛玲本人所能預見或預期。但在此「光學無意識」所造成的「驚恐」之中，恐怕更為「驚恐」的不只是張愛玲脖子上的贅肉，同時也是張愛玲脖子的顏色與明亮臉頰之間的落差。就色澤而言，張愛玲上了妝而顯得較為皙亮的臉部膚色，明顯與脖子的暗沉青灰產生斷裂，但這究竟是女性上妝時常有的疏忽（只在臉部上了粉底而忘了頸部），抑或是「扮演死神」所精心策畫的妝法，實不得而之。而「驚恐」中的「驚恐」不僅來自「贅」肉，更來自沒有「墜」肉：照片中的張愛玲清癯消瘦，眼部皺紋明顯可見的同時，臉頰卻絲毫不顯鬆弛下垂，或因打光，或因底片修飾，或因其他可能的「整容手術」（如下臉部拉皮），亦不得而之。但不論是脖子上的歲月痕跡或臉頰上的沒有歲月痕跡，恐都不是原本三乘五照片所欲所能「再現」的真實，而由未來回望過去的「光學整容」，出其不意地讓「醫美整容」與所有可能的「及其他」無所遁形，讓一個「對著攝影機說話，而不是對著肉眼說話」的「光學無意識」始料未及地被打開、被放大。

一九七四年六月底張愛玲的朋友莊信正打包行李、正欲前往印第安那州任大學教職之際，張愛玲邀其夫婦帶相簿到她家小敘兼送行。整晚張愛玲極有興味地聽著他們一頁頁解說家庭相簿，同時也取出自己厚厚的一大本破舊相簿與他們分享。莊信正的妻子楊榮華撰文〈在張愛玲沒有書櫃的客廳裡〉描寫道：「這本脫了線的相簿內容相當單純，除了年幼時的家庭照，占最大篇幅的是張愛玲自己及炎櫻的藝術照，另外她收藏了極多她母親與姑姑遊歐的照片，單人的，和多位朋友合影的，個個時髦又漂亮，很難想像走在那個時代尖端的她（他）們有著怎樣傳奇的身世」（頁一一一）。二十年後張愛玲出版了《對照記》，「倖存的老照片就都收入全集內，藉此保存」（頁六）。但不論是張愛玲家中那一大本破舊相簿或是精心揀選並配以文字敘事的《對照記；看老照相簿》，都是本章希望透過「影像檔案（化）」所欲解構的對象。「照相簿」有頭有尾有收藏有保存，而「影像檔案（化）」則無始無終無存有無在場，套用一句巴特在〈從作品到文本〉（"From Work to Text"）中的話語「作品在手中，文本在語言裡」（頁一五七），或許我們可以說「相簿在手中，影像檔案在補遺中」，抑或「照片在手中，影像在檔案（化）中」（影像總已是一個檔案化的過程，一個重複踐履與重複變易的過程，永遠無法完整自我呈現或再現）。而「照片」與「影像」、「相簿」與「影像檔案（化）」之差異微分，正是本章思考「玉照即遺照」的關鍵，然兩者絕非二元對立，「影像」總已是「照片」的幽靈，「檔案（化）」總已是「相簿」的「及其他」，既自我保存又自我失落，既消失又餘留，既銘刻又抹除。若「影像檔案（化）」的未來就是幽靈的回返，那一切從頭、從初、從卷首開始的「玉照」，就總已是被未來所纏祟的「遺照」。

注釋

1 此文最早於一九七七年六月二十三日以“Photography Unlimited”之名，發表於《紐約書評》（*The New York Review of Books*），後來更名為“The Image-World”，收錄於桑塔格出版於一九七三年的《論攝影》（*On Photography*）。

2 此即著名的「強多斯版肖像畫」（Chandos portrait），原為英國強多斯公爵所收藏，以此為名。英國倫敦「國家肖像畫廊」（National Portrait Gallery）在一八五六年成立之初，以此為鎮館的第一件肖像畫收藏。

3 桑塔格在文中乃是以十九世紀法國小說家巴爾札克（Honoré de Balzac）對拍照的恐懼為例，指出其所擔憂的，乃是每次照相有如剝去一層身體表面的薄膜，故越照靈魂越虧損，以此說明當前的「影像—世界」，乃是回復到原初對影像與物件不可分的神奇魔力（Sontag 123-124）。

4 張愛玲最早的一幅「自畫像」，出現在她所就讀的上海聖瑪利亞女校校刊《鳳藻》一七卷（一九三七；亦為該年畢業生的畢業紀念冊）的「算命者的預言」，張愛玲以一系列三十三幅卡通肖像（卡通漫畫貼上臉部大頭照），「預言」同班同學的未來發展，其中也包括她自己看著水晶球的「自畫像」（臉部攝影照片與卡通身體的結合），可見《對照記：散文集三．一九九〇年代》，頁一九四。另一幅有名的剪影自畫像則出現在《雜誌》一三卷二期（一九四四年五月），主要搭配該期胡蘭成的文章〈評張愛玲〉作為插圖，此剪影自畫像可見《對照記：散文集三．一九九〇年代》，頁一八六。而《流言》封面與《傳奇》增訂本封面上無臉部五官的女子，也多被視為張愛玲的另一種「自畫像」，前者似乎是以張愛玲穿著寬袖大袍上衣的照片為底稿所繪（此照片可見《對照記：散文集三．一九九〇年代》，頁六二的圖四十二），此無臉無手的封面自畫像可見《對照記：散文集三．一九九〇年代》，頁一八六；而後者則是挪用吳友如《飛影閣畫報》裡的〈以永今系〉（徐禎苓，頁一四四），只是將原本畫中掛在牆上的女子肖像，放大轉化為從窗外探身而入的現代女子。此「不合比例的人形」，看不見臉面，但「非常好奇地孜孜往裏窺視」（張愛玲，〈有幾句話同讀者說〉，頁七），也多被當成張愛玲的又一自畫像，可見於《對照記：散文集三．一九九〇年代》，頁一八七。然本章的焦點放在張愛玲的攝影照片，故不擬對這些「自畫像」多做分析，但還是可以稍作解釋「自畫像」與一般他人所畫的「肖像畫」較為不同：「自畫像」有時亦被視為另一種可能的手澤物質「遺跡」，而與照片一樣可一再複製而不減其可能的神奇魔力。有關張愛玲插圖與漫畫畫筆、畫風之討論，可參見萬燕，〈生命有它的圖案：評張愛玲的漫畫〉；徐禎苓，〈試論張愛玲「畫筆」對報刊仕女畫的容受與衍異〉；姚玳玫，〈從吳友如到張愛玲：十九世紀九〇年代到二十世紀四〇年代海派媒體「仕女」插圖的文化演繹〉。此外，當代確有畫家參考張愛玲的照片進行張愛玲「肖像畫」的創作，但影像的流通度甚低，不擬在此列入討論。

5 「玉照」最初在漢語語彙中乃指玉光晶瑩、華美耀眼，亦用作「鏡」之別語。而攝影技術廣泛流行之後，「照」乃指向「攝影小照」，「玉照」成為對他人照片的敬稱。

6 巴特亦談「幽靈」，但其談法與德希達「攝影幽靈論」的談法非常不一樣。巴特強調快門按下的彼刻，最初的姿勢與最後的打印分離，而此「死亡的微型版本」（*Camera Lucida* 13-14）乃是讓經歷了既非主體亦非客體的「我」變成「幽靈」，亦即變成「影像」、變成「死亡」本身。此自我幽靈化、影像化作為「我」之生／死裂變的談法，自是與德希達所言攝影媒介本身的「幽靈」特質有所不同，德希達不僅要談攝影當下的「死亡」，更要進一步談「幽靈」的未來性。有關「幽靈派」如何差異於「明室派」最好的展示，依舊還是德希達為巴特辭世所寫的〈羅蘭．巴特之複數死亡〉一文。

7 「把我包括在外」乃張愛玲轉引自美國好萊塢波蘭裔製片人高爾溫（Samuel Goldwyn）的英文表達“Include me out”，可參見〈把我包括在外〉一文。目前有關該名句最精采的引申詮釋，可見王德威，〈「把我包括在外」：張愛玲與「治外法權」〉。本章對此名句的引申詮釋，則是放在攝影機制本身可能給出的差異於自身，不強調攝影影像與真實指涉物之間的同一對應，而強調「外」作為「域外」（the outside）的虛擬威力（當代理論的「域外」乃指「內／外」二元對立之外的虛擬創造配置），如何讓攝影影像得以不斷差異於自身，讓「我」不再「是其所是」，讓「我」永恆包括在「我」之外。

8 《傳奇》與《傳奇》再版乃向右開直排的書頁配置，無環襯也無書名扉頁，封面的背面為目錄，目錄的對頁為「卷首玉照」。按照知名張學研究者陳子善的觀察，「現代女作家主動在自己作品集卷首印出近照，大概也自張愛玲始」

（〈《傳奇》初版簽名本箋證〉，頁五）。

9 為了照片的完整性，本書採用的《對照記》版本，乃二〇一〇年《張愛玲典藏》新版卷十三的《對照記：散文集三・一九九〇年代》，頁六—八〇，文中的頁碼標示皆以此版本為主。

10 《張愛玲典藏全集》精裝本共十四卷，每一卷的書衣封面皆以不同的張愛玲照片（以肖像照為主）當封面，本章不僅在此節嘗試處理「典藏全集」與「封面玉照」的性別政治，也將在他節陸續帶入個別封面照片的討論。

11 《傳奇》初版為方形本、十四公分乘以十六・五公分，而其「卷首玉照」乃是依此比例放大成整頁，僅在照片外圍留下細白框。英文 frontispiece 的日文翻譯為「扉繪」，中文翻譯則多用「卷首插圖」。

12 本章有關從「卷首插圖」到「卷首玉照」的討論，主要以歐洲書幀傳統為主，即便中國的活字印刷術發展更早。有關十一世紀中國佛經「卷首插圖」的討論，可參見 Huang, "Early Buddhist Illustrated Prints in Hangzhou"。

13 嚴格說來，「第一對開本」中的莎翁肖像圖，乃是放置在「書名頁」，而強生題詩則出現在一般放置作者肖像圖的「卷首插圖頁」。西方書籍向左開橫排，所以「卷首插圖頁」乃在排列順序上先於「書名頁」，亦即一打開書，左為「卷首插圖頁」，右為「書名頁」。若全書以「書名頁」為始，那作為「補遺」的「卷首插圖」乃是在開頭之前的開頭，讓所謂的「卷首」產生圖與文的分裂與雙重。而「第一對開本」的卷首排列方式，則是讓莎翁的「頭」（肖像）不是真正的「頭」（開頭），乃是從「卷首」就產生了「首」之不確定性（當然也包括莎翁肖像圖本身的真偽與肖似度問題）。

14 自一九三〇年起「作家的臉」成為西方文學市場的強打。有關英國現代主義女作家吳爾芙肖像宣傳照的討論，可參見拙著〈即逝現代性：肖像照・明信片・博物館〉。吳爾芙作為英國現代「文學聖像」所引發的膜拜價值與展示價值，實可與張愛玲之為華文世界的「文學聖像」相互比評。

15 〈「卷首玉照」及其他〉文中就已提及，在拍攝過程中炎櫻曾與攝影師商酌，是否「太多的骨頭？」（頁四六），而文中的「我」更不斷自嘲「因為不會做媚眼，眼睛裏倒有點自負，負氣的樣子」（頁四六）。

16 此三張照片都搭配了文字說明，因照片放置的位置緊接在〈「傳奇」再版序〉之後，文字說明乃取該文中的兩句名言：「有一天我們的文明，不論是昇華還是浮華，都要成為過去」；「然而現在還是清如水明如鏡的秋天，我應當是快樂的」。此外《流言》初版本的「視覺圖像」，除了此三幀照片外，尚配有多幅張愛玲的手繪插圖。

17 目前學者與張迷都慣稱此為「小鳳仙裝」，此稱來自野史流傳的蔡鄂與歌妓小鳳仙革命愛情故事的穿鑿，形制上屬民初婦女穿著，乃兩截穿衣的上衣下裙，不似之前一截穿衣的滿人旗袍，也不似之後一截穿衣的現代旗袍，較為清末漢人女子上衣下裙的衣飾傳承，只是更為緊窄合身。若從照片觀此「小鳳仙裝」的緊窄合身程度，當是張愛玲在香港訂做的新衣（或是購買來的成衣經過細心修改）而非舊衣。

18 作者為John Espey，書評標題為"Roots Without Water"，可參見宋以朗，《宋淇傳奇》，頁二三〇。

19 此張照片不僅為廣大張迷所喜愛，張愛玲自己也對這張「頭往上抬顯得臉圓的經典照片」（宋以朗，《宋淇傳奇》，頁二三〇）甚是滿意。張愛玲曾對摯友鄺文美表示「我喜歡圓臉。下世投胎，假如不能太美，我願意有張圓臉。（正如在蘭心拍的一張照相，頭往上抬，顯得臉很圓）」（張愛玲、宋淇、宋鄺文美，頁九八）。

20 與張愛玲相關的「蘭心」有二，一是上海蘭心大戲院（Lyceum Theatre），一九四四年十二月《傾城之戀》話劇在此隆重登臺，另一則是此處的香港英皇道蘭心照相館（Lee's Studio）。

21 李歐梵此處主要討論的照片為《對照記》的圖三十三、三十四，兩者有類似閉著眼睛的「冥想」表情，然此精采的描繪與分析亦可用於《對照記》中的其他照片。

22 該照亦可見唐文標等，頁一六、一七。

23 此照有可能即是胡蘭成在〈民國女子〉中所言張愛玲相贈的相片，相片的背面題有「見了他，她變得很低很低，低到塵埃裡，但她心裡是歡喜的，從塵埃裡開出花來」（頁一七二）。

24 該照可見唐文標等，頁一四、一五；亦可見於謝其章，《蠹魚篇》，頁三三。此幀《雜誌》玉照，更被胡蘭成於一九四四年六月發表在《天地》的〈論張愛玲〉一文戲謔為「逃走的女奴」：「她的一張照片，刊在『雜誌』上的，是坐在池塘邊，眼睛裏有一種驚惶，看著前面，又怕後頭有什麼東西追來似的。她笑說：『我看看都可憐相，好像是挨了一棒。』她有個朋友說『像是個奴隸，世代為奴隸。』我說：『題名就叫逃走的女奴，倒是好。』過後想想，果然是她的很好說明。逃走的女奴，是生命的開始，世界於她是新鮮的，她自個兒有一種叛逆的喜悅」（胡蘭成，《中國文學史話》，頁一八〇）。

25 此簽名「遺跡」僅見於《張愛玲全集》卷一五的《對照記》版本，頁八〇，而在二〇〇一年《張愛玲典藏全集》卷九《散文卷二：一九五二年以後作品》，頁七一，與本書所採用的二〇一〇年《張愛玲典藏新版》卷一三《對照記：散文集三・一九九〇年代》的版本，皆因照片尺寸較為縮小而自動消失。目前該照最完整的蘭心簽名加上一九八四的年代標示，可見鄭明仁〈張愛玲遺在英皇道的密碼〉所附插圖。

26 此為彼時知名照相館的基本做法。張愛玲曾在小說〈花凋〉中，藉由女主角川嫦與醫生未婚夫新女友美增兩人明爭暗鬥的對話帶出：「川娥早慮到了這一點，把她前年拍的一張照片預先叫人找了出來壓在方桌的玻璃下。美增果然彎下腰去打量了半日。她並沒有問：『這是誰？』她看了又看。如果是有名的照相館拍的，一定有英文字凸印在圖的下端，可是沒有。她含笑問道：『在哪兒照的？』川娥道：『就在附近的一家』」（頁二一八）。

27 張愛玲引用並更動杜甫詩句最有名的例子，乃是散文〈私語〉的開頭：將原本杜甫〈贈蜀僧閭丘師兄〉的詩句「夜闌接軟語，落月如金盆」（頁三〇四），重複變易為「夜深聞私語，月落如金盆」（〈私語〉，頁一五三）。

28 該文最早發表於《國際電影》二一期（一九五七年七月），後收錄於張愛玲、宋淇、宋鄺文美，頁一一二—一一六。

29 此詩句另有版本為「相看四十過來春」，但若按嚴復生年推之，「三十」較為準確。此處所引「三十」版本出處為王栻編，《嚴復集・卷二》，而照片可見卷一插圖。

30 「題畫詩」一般包括直接題於畫面之詩，也包括未題於畫面的純粹詠畫詩，而張愛玲對前者顯然有所保留：「中國畫上題的詩詞，也只能拿它當做字看，有時候的確字寫得好，而且給了繪畫的結構一種脫略的，有意無意的均衡，成為中國畫的特點。然而字句的本身對於圖畫總沒有什麼好影響，即使用的是極優美的成句，一經移植在畫上，也覺得不妥當」（〈談畫〉，頁二〇〇）。

31 「像贊」傳統一般包括「題時人像」、「題古人像」與「自題像」，此處「自題小照」與「像贊」傳統的連結，當是以帶有自傳性、自像自題自贊的「自題像」為主。有關北宋「我看我，我亦非我」的「自題像」探討，可參考衣若芬的《觀看．敘事．審美：唐宋題畫文學論集》第五章。

32 魯迅此沒有題目的「題照詩」，一般多以「自題小像」名之，主要依據許壽裳（上遂）在〈懷舊〉一文中所言，「一九〇三年他二十三歲，在東京有一首《自題小像》贈我」（頁七）。該文最早發表於一九三七年一月的《新苗》一三期，而原贈與許壽裳的照片應已遺失。目前甚為流通的魯迅紀念商品之一，乃是以魯迅於一九〇三年的另一張學生照，搭配其於一九三一年重新抄錄的此七言絕句。

33 此照目前存於南港中央研究院胡適紀念館。該館說明中指出，在一九三八年十月三十一日胡適就已題此小詩於照片，贈與友人陳光甫，也多次將此小詩寫成條幅贈與其他朋友。此白話詩的版本並不統一，後半亦有寫作「做了過河小卒，只許拼命向前」。

34 胡適乃民國文人中甚喜以「自題小照」贈人者，而其所題之詩自然是其所倡導之白話新詩，僅有少數例外。其中最有名者，乃是胡適與對頭章士釗於一九二五年的合影，章在照片背面題上「新詩」相激，要胡適題上「舊詩」相回，雖然重點在「新詩」與「舊詩」之爭，但一來一往間也同時帶出攝影新媒體與「題照詩」本身的弔詭現代性。胡適曾在一九二五年八月三十日的《京報副刊．國語週刊》一二期發表〈老章又反叛了！〉一文詳述始末。文中記有章士釗在照片背面所題的新詩：「你姓胡，我姓章；你講什麼新文學，我開口還是我的老腔。你不攻來我不駁，雙雙並坐，各有各的心腸。將來三五十年後，這個相片好作文學紀念看。哈，哈，我寫白話歪詞送把你，總算是老章投了降」。亦記有胡適所回的七言絕句：「『但開風氣不為師』，龔生此言吾最喜。同是曾開風氣人，願長相親不相鄙」（頁二）。此胡適「舊詩」第一句乃引述龔自珍的詩句，亦即第二句所提的「龔生」。

35 此非《小團圓》的版本，而是出自《雷峯塔》，頁九三。目前此「自題小照」有一個英文版本（*The Fall of the Pagoda*）與三個中文版本（《小團圓》、《對照記》、《雷峯塔》）。就寫作的先後次序而言，最早出現在張愛玲一九六三年完稿的英文小說 *The Fall of the Pagoda*（二〇一〇年香港大學出版社版本，頁六八），後因此英文小說與另一本同時完稿的 *The Book of Change* 皆找不到出版社出版，遂改寫為一九七六年完稿的《小團圓》。爾後《小團圓》

出版亦受阻，張愛玲乃在八〇年代末陸續將《小團圓》之部分改寫為《對照記》與過世前仍在進行的〈愛憎表〉。故此「自題小照」也出現在《對照記》，頁一〇（本書使用的二〇一〇年版本頁碼）。本章此處所引用的七絕版本，出處乃 *The Fall of the Pagoda* 於二〇一〇年的中文翻譯本《雷峯塔》，《小團圓》與《對照記》的版本皆強調記憶不全，一首七絕多處以闕漏字或括弧猜字帶過。《雷峯塔》中文翻譯版本之齊全，部分在於原本的英文表達不須顧慮漢語舊詩的押韻，而此中文翻譯顯然也參考了較早之前出版的《小團圓》與《對照記》版本。

36 亦可參考《對照記》圖十四、十五，張愛玲母親黃逸梵一九三〇年代在西湖賞梅的照片。母親「自題小照」的敘述，只出現在《小團圓》之中，並未像父親「自題小照」的敘述，除《小團圓》外，也出現在 *The Fall of the Pagoda* 與《對照記》之中。

37 秋瑾之「易裝照」共有三張，分別著中式、西式與日式男裝。根據秋瑾同父異母弟秋宗章在《六六私乘》的說法——「姊既歸，乃棄和裝不禦，制月白色竹衫一襲，梳辮著革履，蓋儼然鬚眉焉。此種裝束，直至就義，猶未更易。改裝伊始，曾往邑中蔣子良照相館，攝一小影，英氣流露，神情畢肖」（轉引自郭廷禮，《秋瑾文學論稿》，頁二一三），故與此七絕搭配的，當是秋瑾著中式月白色竹衫配背心、手執長柄雨傘的「易裝」照片。

38 有關傳統女性畫像與男性文人題詠作為集體窺視的討論，可見毛文芳，《卷中小立亦百年：明清女性畫像文本探論》。有關清末民初男性文人題詠女性照片或男扮女裝照片的討論，可見吳盛青，〈相思之影〉。

39 可參閱 Hudgins, *The Gender of Photography*，尤其是該書第十五章針對照片「手繪著色」的歷史回顧與性別批判。

40 圖三十三、三十四的文字說明「一件花綢衣料權充裸肩的圍巾」（頁五六），但在視覺上能直接對應的，只有圖三十四。

41 詳細過程可參見張錯，〈張愛玲母親的四張照片：敬呈邢廣生女士〉一文，在此也要特別感謝張錯教授對此四張照片的授權使用。

42 就目前黃逸梵的出土照片觀之，一九二〇年代的髮型多有「前劉海」，而一九三〇年代則無，可參見《對照記》「一九三〇初在西湖賞梅」的圖十四、十五與「三〇中葉在法國」的圖十六、十七。故由髮型的變化觀之，四張「最新出土」的黃逸梵玉照，三張屬一九三〇年代、僅手繪著色，有前劉海的這張屬一九二〇年代。

43 此處以「作品」言之，或有另一層潛在的感慨之意。二〇一九年初在北京中央美術學院美術館展出的「先驅之路：留法藝術家與中國現代美術（1911-1949）」，第一次將黃逸梵列入中國留法畫家，說明文字為「湖南繪畫專業1932年到法，1936年離法」，但現場卻無任何作品得以展出。相關報導與討論，可參見余雲，〈「不到位」的畫家黃逸梵〉一文。張愛玲在《對照記》中曾寫道：「我記得牆上一直掛著的她的一幅油畫習作靜物，也是以湖綠色為主」（頁八）。而《淮海月刊》的編輯房紫在一九四四年初夏親赴張愛玲居住的愛丁頓公寓（現名常德公寓）進行採訪時，也曾記述道：「看看屋子的情形，有兩張很好的油畫，一幅是航輪的尾部，一幅是人物，後來知道是他（她）母親的作品」（轉引自黃惲，頁一三一）。但顯然黃逸梵的這些「油畫」作品皆已佚失。然「手繪著色」在攝影史的「陰性化」地位，顯然也無法讓黃逸梵手繪著色的照片，有任何升格為「作品」的可能。

44 許多批評家已敏銳指出，《對照記》中沒有任何有關張愛玲第一任丈夫胡蘭成與第二任丈夫賴雅的身影或文字描述，在此不擬贅述。

45 此人間版「近照」亦為後來二〇〇一年張愛玲典藏全集卷九《散文卷二：一九五二年以後作品》頁八〇〈跋〉所增附的照片，與二〇一〇年張愛玲典藏新版卷一三《對照記：散文集三．一九九〇年代》頁八〇「後記」所增附的照片。相較於《華麗與蒼涼》文集版的「放大版本」，此二增附照片皆為「縮小版本」，二〇一〇年版又比二〇〇一年版再略行微縮。

46 有關當代「複塑性」的理論探討，尤其是法國當代理論家馬拉布（Catherine Malabou）的相關論述，將在本書第七章〈誰怕弱理論？〉中詳述。

47 此張證件照可見於《南方都市報》（二〇一〇年九月二十六日）〈張愛玲美國長者卡 公民入籍證照片曝光（圖）〉一文報導的附圖（宋以朗、廖偉棠）。該文除了一九三九年張愛玲入學香港大學學籍資料表上的證件照外，也公開了張愛玲另兩張晚年證件照：補領的公民入籍證與長者交通卡。於一九九一年十一月十四日核發的「加州長者卡」上之照片，恐為現場所拍，明顯可見臉部肌肉鬆弛下垂；但與此前後的另外兩張極為相似的證件照，皆在照相館所拍，下巴弧度較尖，且不見臉部下垂贅肉，無法判斷是否來自於照相館的打光與取景角度，或底片的特殊修飾，抑或於此前後張愛玲還動過另一次的「整容手術」（臉下半部的拉皮，以解決鬆弛下垂問題，但不動眼部四周的皺紋而顯得較為自然）。這些論證恐需更多的出土資料，故目前正文部分僅處理可以清楚視覺判別的眼部整容。

第四章

房間裡有跳蚤

究竟是張愛玲在書寫「蟲患」，還是蟲患在書寫「張愛玲」呢？

〈天才夢〉是張愛玲十九歲在香港大學唸大一時參加上海《西風》雜誌徵文比賽的投稿，其中最膾炙人口的名句，首推結尾處「可是我一天不能克服這種咬嚙性的小煩惱，生命是一襲華美的袍，爬滿了蚤子」（頁二四二）。就文學技巧而言，此處將「生命」比作「華美的袍」，並將兩者用「是」加以連接，乃是典型的「隱喻」（metaphor）手法。而「蚤子」呼應「咬嚙性的小煩惱」，放在文本的脈絡中審視，尤其證諸緊接在此句之前的「在沒有人與人交接的場合，我充滿了生命的歡悅」（頁二四二），大抵指向待人接物、與世界互動所造成的挫折困擾，逃無可逃。如此精巧構思、寓意明晰的造句，難道也有任何啟人疑竇之處嗎？[2]

此句在張學研究中之所以如此有名，除了譬喻的巧妙生動與文字的華美蒼涼外，更在於其最終被當成一則「一語成讖」的「預言」，預知了張愛玲晚年的「蟲患」紀事。[3]在這則古堡式的恐怖預言中，「蚤子（們）」彷彿從文學文本的白紙黑字，集體縱身跳躍到張愛玲在美國洛杉磯大隱隱於市的日常生活，語言文字的虛構譬喻，搖身一變為真實世界蜂擁而至的恐怖「蟲患」，最嚴重時「已經開始天天換旅館，一路拋棄衣物……也還是中午住進去，一到晚上就繞著腳踝營營擾擾」。[4] 這些避之唯恐不及的蟲子，逼得張愛玲顛沛流離、逃無可逃，且留下了大量充滿「細節」（既可指細微末節的描繪，亦可指細小的節肢動物）的通信信件。目前這些信件材料主要集中在張愛玲與宋淇、鄺文美夫婦、莊信正、夏志清、司馬新（本名宋緒雷）等人的通信，已正式出版的包括二〇〇七年蘇偉貞編選的《魚往雁返：張愛玲的書信因緣》、二〇〇八年莊信正的《張愛玲來信箋註》、二〇一〇年宋淇、鄺文美夫婦之子宋以朗編的《張愛玲私語錄》與二〇一三年夏志清編註的《張愛玲給我的信件》。目前的張學研究亦對這些公開與未公開的書信，做出了詳盡的整理與詮釋。[5]

本章意欲援引這些信件文本「蟲」新出發，其重點不在於判定目前檯面上的各種閱讀方式，哪一個才是最全面、最深入、最權威的「蟲患」閱讀，也不在於提出一個更全面、更深入、更權威的「蟲患」閱讀，而是努力嘗試在現有的相同材料與既有的精采閱讀中突發奇想，不朝向「診斷」的最終判定（皮膚過敏、溼疹、身心症、精神病等），而朝向「徵候」可能的流動變易與創造連結。本章所欲大膽嘗試的，乃是如何由「蟲患」來談文字書寫與身體書寫的可能與不可能；也是如何由「蟲患」轉到「蟲換」，以「轉喻」（metonymy）來思考身體徵候，探討「蟲患」在身心疾病之外作為文學修辭、張愛玲在作者功能之外作為讀者、張愛玲在病人之外作為臨床醫生的可能與不可能；而更重要的則是如何由「蟲患」來創造張愛玲與歐美現代主義作家、張愛玲與當代哲學理論相互串聯的可能與不可能。全章分成四個主要部分。第一部分將先爬梳各家對張愛玲「疾病徵候」的不同閱讀方式，從張愛玲的友人（宋淇、夏志清、莊信正、司馬新、林式同等）到當代精神科醫師，也包括張愛玲本人對醫囑和對自身「疾病徵候」的奇異閱讀方式。第二部分拋出「蟲患書寫」的雙重與分裂，不僅要看到張愛玲如何在「語言再現」層面書寫她所遭逢的「蟲患」，也想要看到張愛玲如何在「語言徵候」層面被她遭逢的「蟲患」所書寫。第三部分則將回到張愛玲的文學文本來開啟「過敏寓言」（the allergy of allergy）的概念化，嘗試帶出「身心症」（psychosomatic disorder）作為文學創作的強度貼擠與摺曲，而不再綁手綁腳局限於傳統醫學的界定與診斷。第四部分則希冀大膽帶入當代「流變—動物」的理論概念，以創造張愛玲與歐美現代主義文學大家的可能連線，凸顯「蟲患」作為行為藝術「感覺團塊」所可能帶出的流變力量。

一・張愛玲生了什麼病？

張愛玲生病了嗎？到底得了什麼病呢？此乃最基本最簡單的一個提問，導向的卻可能是一個最複雜最難以論斷的解答或無解。然本章此節在此並不欲探求任何醫學診斷的確定性（以避免過早拍板定案），而是嘗試鋪陳關於閱讀的閱讀，希望透過書信中朋友之間的噓寒問暖、關懷體貼，將寫信人與收信人都當成認真閱讀「蟲患」的讀者，包括宋淇、夏志清、莊信正、司馬新、林式同與張愛玲本人，由此來閱讀他們對「蟲患」的閱讀。張愛玲在書信中常不諱言自己的體弱多病，從感冒、牙痛、頭痛、眼睛輕性流血、腳腫、腳抽筋、失眠、跌傷，手臂骨折、心臟病等等，尤其是在與香港摯友宋淇、鄺文美夫婦的通信中，更是有來有往、鉅細靡遺訴說著彼此「多病的身體」。然而這些傷風感冒、牙疼頭痛皆不敵「蟲患」之來勢洶洶，而「蟲患」作為當前張愛玲研究中最受關注也最茲事體大的頭號「疾病」，實有「蟲」新閱讀之必要。自一九八三年秋天起，張愛玲在與香港宋家、友人莊信正的通信中，開始陸續透露因為公寓裡發現了蟲子，她決定搬離好萊塢 Kingsley 街住了十二年的公寓，輾轉漂泊住進不同的汽車旅館，自該年聖誕節起甚至「差不多一天換個汽車旅館」（莊信正，頁一四八）。這樣長達數年顛沛流離、居無定所的日子，終於在一九八八年二月才正式回返「公寓生活」，但直至張愛玲一九九五年九月過世前「蟲患」

依舊不時復起，鬧得心神不屬。[6]

「蟲患」乃是張愛玲自己的用語，因為除了書信中最常出現的 fleas 外，還有各種讓她煩惱的「蟑螂螞蟻小花甲蟲」等，而過世前則是「小蟲」肆虐，當是較目前部分研究者所採用的「恐蚤病」或「蚤患」更為貼切，也更具涵蓋性。[7] 而將張愛玲「蟲患」大剌剌公諸於世之人，正是曾於一九七三年出版《張愛玲小說的藝術》的張學研究者水晶。如本書第二章所述，水晶於一九八五年九月二十一日在《中國時報・人間副刊》發表了〈張愛玲病了！〉一文，引起文壇譁然，眾人皆不可置信於文中所透露的張愛玲病情。〈張愛玲病了！〉最明目張膽之處，乃是在未經徵詢許可的狀況之下，擅自將兩封「私人」信件的內容直接「原文披露」。第一封是香港宋淇寫給水晶的私信，信中述及張愛玲的近況；第二封是張愛玲寫給宋淇的私信，經宋淇傳真給水晶作為佐證以進而請求其能就近援助。第一封信中宋淇轉述了張愛玲自一九八四年起如何「染上了跳蚤」，「弄得她走投無路，連頭髮也剃了，每日要洗頭，後來只得穿 plastic 衣服，再脫扔掉，狼狽不堪，茶飯無心，也無定時。三天換一個 motel」（頁二六六）。而第二封張愛玲的親筆信函，更是以生動的細節描繪來證實宋淇筆下所言不虛。信中張愛玲娓娓道來「蟲患」之由來：新一批淺棕色 fleas 來自一九八三年十一月買的舊冰箱底部隔熱層，與上一批好萊塢 Kingsley 街舊居鄰家貓狗傳入的黑色 fleas 不同，疑是中南美品種，「變小後像細長的枯草屑，在中國只有一種小霉蟲有這麼小」（頁二六七）。這樣觀察細膩的描繪，一方面被水晶讀成深具「張愛玲筆觸」的文字表達，另一方面則被當成張愛玲心理出了問題的鐵證如山。8

〈張愛玲病了！〉一文的不懷好意，除了擅自公開私人通信外，更把張愛玲的「恐蚤病」（水晶語）直接當成張愛玲離群索居、拒人於千里之外的自作自受、作繭自縛：「被她堅拒於公寓牆外的那些人（不是無頭冤魂），也不清楚包不包括唐文標，化成了千萬隻跳蚤，咬她叮她」（頁二六八）。雖然我們不須再對此魯莽行徑與風涼話語做出批判（畢竟水晶連同一時不察將張愛玲私信傳真出去的宋淇，都已對此事深表歉意），但水晶的文章卻間接帶出了兩名張愛玲友人對其「蟲患」的閱讀方式，一是宋淇，一是夏志清。首先，水晶引用的宋淇信中言道，「夏志清也有信來，說她可能是精神病」（頁二六六），如果屬實，那也是夏志清向宋淇說的，而不是夏志清直接向張愛玲說的。在夏志清編註的《張愛玲給我的信件》中，兩人對「蟲患」的訊息交換有限，但顯然夏志清與香港宋淇、紐約莊信正在電話中多次談論張愛玲的「蟲患」，也做出了類似精神病的閱讀斷語。張愛玲在一九八四年十一月五日寫給夏志清的信中，不無客套地簡略提及「我因為老房子蟲患被迫倉皇搬家」（夏志清，頁三二六），主要是向夏致歉並說明為何失聯甚久；而在同年十二月二十二日的另一封信裡也說：「我這一年來為了逃蟲難，一直沒固定地址，真是從何說起」（頁三二八）。而夏志清於一九八五年三月二十二日所寫的回信親切簡短，憂心張身心健康受影響，不能定下心來好好寫作，故建議她去檢查身體，也好意邀請張來紐約渡假：「你在 Hollywood 住久了，可能也住膩了，才會感覺上到處都是蟲。有無興趣來紐約住一陣子？度一個假？其實在紐約長住也很好，至少有我和信正這兩位可靠的朋友」（頁三三〇）。

而兩人最幽微的互動則是水晶〈張愛玲病了！〉一文刊出後，被點名道姓說張愛玲有精神病的夏志清，既不辯駁也不澄清，只是在文章刊出後的兩星期去信張愛玲，輕描淡寫道：「最近水晶在中國時報上登了你生病的消息，此文連紐約報紙也轉載了，想來海內外關心你的朋友、讀者也跟著 worry 起來。但願此訊不確，你已起居正常，找到了合適的 apartment，而且真的見不到 fleas 了。」[9] 而張愛玲的回應則更是幽微婉轉，三年多後才去信一封舊事重提：「鄭緒雷來信說水晶講我與 fleas 那篇文章上 misquote 你的話。我沒看那篇文章，倒不是諱言這幾年的事，我自己預備寫一篇關於這場人蟲大戰，不是針對他那篇，所以不用看。」[10] 三年多的時間沒有隻字片語，「蟲患」肆虐無法提筆當是最好的藉口，但三年多後才又寫來的信中，張愛玲乃是婉轉告知夏志清自己沒看水晶的文章，也就更不知或也更不在乎是誰 misquote 誰了。夏志清從未在寫給張愛玲的信中表示張愛玲有精神病，張愛玲也從未在她寫給夏志清的信中質疑夏志清曾對他人說過她有精神病，兩人只是在有距離的客套中彼此表達關切。張愛玲說牙疾，夏志清便現身說法他自己整理牙齒的經過（夏志清，頁三四四），張愛玲說新房子有蟑螂，夏志清便接著推薦自家房子自從貼了「Combat disks」後，「真的蟑螂難得一見」（頁三六八）；「蟲患」之為精神病一說，兩人顯然絕口不觸及。

但另一個被水晶文章牽扯其中的人，卻是對張愛玲「蟲患」知之最詳、感受最深的摯友宋淇。根據目前的最新統計資料，張愛玲與宋淇、鄺文美夫婦雙方往來的信件共計超過七百五十封，而在這龐大的信件內容中涉及蚤子及皮膚病的又近百封（林幸謙，〈張愛玲（未公開）書信的檔案考察與蚤患病痛〉，頁一四四—一四五）。[11]更神奇的是張愛玲赴美寫給宋淇夫婦的第一封信（一九五五年十月二十五日）與過世前寫給宋淇夫婦的最後一封信（一九九五年七月二十五日），都與蝨子有關。第一封寫到赴美船上菲律賓女孩們頭髮中的「蚤子」，最後一封寫到皮膚病惡化，「小蟲」的再度肆虐。而在「蟲患」最為嚴重的一九八三年底至一九八八年初的歲月中，宋淇夫婦幾乎成為張愛玲最重要的傾訴對象，同為彼此「多病的身體」相憐相惜，情真意切。宋淇夫婦甚至還曾設法安排張愛玲赴港，由其熟識的醫生根除毛病，但在蟲患所造成的顛沛流離中，張愛玲早已遺失身分證件與護照，自是無法成行（司馬新，頁二二六）。就宋淇寫給水晶的信觀之，宋淇顯然並不完全站在夏志清那邊，他一直企圖保留「蟲患」作為真實存在的生理徵候，而不願逕自視其為純粹精神或心理疾病：「去看醫生，說她是心理作怪，然而每天晚上兩足會咬得紅腫」

（轉引自水晶，〈張愛玲病了！〉，頁二六六）。換言之，醫生早已提醒張愛玲此恐為「心理作怪」，但張愛玲堅持「每天晚上兩足會咬得紅腫」，亦即生理徵候的真實存在，張愛玲的「真實 vs. 幻想」不是醫生的「真實即幻想」；而宋淇顯然是選擇站在張愛玲的這一邊，願意在「蟲幻」之外保留「蟲患」真實存在的可能，即便滿心憂慮，也即便耳中充斥的都是電話那頭夏志清等人對此的精神病判定。

除了夏志清與宋淇之外，另外尚有三位張愛玲友人的閱讀值得一談。先說莊信正，其乃宋淇與鄺文美之外、張愛玲透露最多「蟲患」訊息的友人。一九八三年十月二十六日張愛玲在寫給莊信正的信中說到「蟲患」，此乃目前張愛玲「已公開」的書信中最早提及「蟲患」的一封。[12]而莊信正接到信後越讀越著急，一方面打電話給洛杉磯的知交林式同，請其就近代為照顧，並寫信告知張愛玲，另一方面則是越來越相信張愛玲的「蟲患」乃是心理作用：「跳蚤『小得幾乎看不見，接近細菌』；那麼會不會是『疑心生暗蟲』？儘管她自己不會承認」（莊信正，頁一六八）；「我越來越懷疑是她自己的心理作用。連日同夏志清先生通電話談這問題」（莊信正，頁一七〇—一七一）。但張愛玲的另一位友人鄭緒雷（筆名司馬新，亦即《張愛玲與賴雅》的作者），則完全不站在夏志清、莊信正「精神病」閱讀的這一邊，而站在「皮膚病」閱讀的那一邊。他指出張愛玲氣定神閒、頭腦清晰、反應敏銳，「始終思路清楚，對他人亦如往昔一樣謙和多禮」（司馬新，頁二二九）。而最令他高興的，莫過於張愛玲親自來信道謝，信中言道一九八八年二月在整理累積多年的信件時，發現鄭在信中介紹的皮膚科醫生，立刻掛電話預約就診，張愛玲在信中甚讚此醫生「醫道高明，佩服到極點。診出是皮膚特殊敏感。大概 Fleas 兩三年前就沒有了。敷了藥效如神，已經找了房子定居」（頁二二八）。故他堅持張愛玲沒有精神病，只是皮膚特殊敏感，並為跳蚤與皮膚病的連結做出了合理的解釋：「當然剛開始確是有跳蚤，後來搬家後去除了跳蚤，但敏感皮膚病徵（Sympton[m]）和跳蚤一般，難怪她會自己誤會有跳蚤跟隨」（頁二二九）。他更不惜挺身而出為張愛玲抱不平：「外面有人說她心理出了問題，全屬無稽之談。有些人是無意的，有些是故意中傷她」（頁二二九）。鄭緒雷對「皮膚病」閱讀的執念，甚至讓他在張愛玲去世後兩週還去電張愛玲的皮膚科醫生，了解到近兩年張愛玲去過診所六、七次，甚至去世前幾週還去過，可見其皮膚病仍未根除（司馬新，頁二四五—二四六）。[13]

林式同則是我們必須帶入討論的最後一位友人，他不僅是莊信正請託照料張愛玲的洛杉磯友人，亦是張愛玲遺囑所指定的執行人，同時也是在「蟲患」嚴重爆發時期唯一見過張愛玲的人。如第二章所述，他們於一九八五年第一次見面時張愛玲戴頭巾，穿白色浴室膠底拖鞋，一九九一年第二次見面時張愛玲戴假髮，還是穿白色浴室膠底拖鞋，此皆是「蟲患」時期剪去頭髮、皮膚易破不能穿鞋最直接的視覺外觀驗證。就林式同的觀察，

「如果把皮膚敏感和蚤子不加聯繫，怕蟲倒是張愛玲的天性，只是怕如此程度卻是罕見」（頁三二）。顯然林式同較其他友人更實事求是，直截了當。他起初並不願意相信張愛玲是為了躲蚤子而一天到晚搬家，他說有蚤子就噴殺蟲劑；張愛玲說那蚤子產於南美，生命力奇強，非搬家避難，他則說「蚤子就是蚤子，那有什麼北美南美之分？」（頁二四）。話雖如此，多年來林式同還是盡心竭力協助張愛玲搬家找房子，甚至還一度幽默懷疑張愛玲乃是為了文學寫作而到處搬家：「像海明威一樣，為了找題材，得親身經驗各種生活，說不定她要寫汽車旅館的生活，因此東奔西跑的搬」（頁二四）。而林式同也是諸友人中唯一直接以自身的皮膚徵候來說服張愛玲的人：「我又說我的皮膚也經常發癢，原因是皮下脂肪太少，抗菌力不夠，加上洛杉磯的氣候，少雨而近沙漠，很乾燥，什麼樣的過敏症都有，她有些心動了，於是要我把我的皮膚科醫生介紹給她，結果她也去找過這位醫生」（頁四三—四四）。看來張愛玲除了鄭緒雷介紹、一度被張評為「醫道高明」的皮膚科醫生外，確實也去看過林式同介紹的醫生：「我終於忍無可忍換了個醫生，林式同的，驗出肩膀上 ulcerated，治了幾星期就收了口，臉上也至少看不大出來了」。顯然林式同透過自己皮膚過敏的親身經驗加以勸說，張愛玲真的聽了進去並付諸行動。[14]

那什麼是張愛玲聽不進去的勸說或診斷呢？在歷數張愛玲友人之兩端「閱讀」後——一端為「精神病」，另一端為「皮膚病」，夾在之間的則是生理與心理的兼而有之、相互轉換——那什麼又會是張愛玲對自身「蟲患」的「閱讀」呢？[15]作為一個「病人」而言，張愛玲顯然不太遵循醫囑，更對醫生問診的態度不佳多所抱怨。她在信中寫道：「我那皮膚病醫生就一直不大相信，因為沒有 flea-bites。……醫生背後告訴另一醫生我是 dry skin erosion，但是對我說他不是不信，fleas 有時候是非常麻煩」。[16]而皮膚科醫生的假意或好意敷衍，有時甚至讓張愛玲覺得像是對著心理醫生（而非皮膚科醫生）訴說自己的「sexual fantasy」，尷尬又挫折。然皮膚科醫生的各種診斷——皮膚過敏、溼疹、乾燥甚至身心症——即使最終都能為張愛玲所接受，但其一以貫之的堅持只有一個，那就是 fleas 與其他蟲子的真實存在。張愛玲向來皮膚狀況不佳，但「怕蟲」的張愛玲早期卻「似乎」未將皮膚病與蟲子相連結。例如一九八〇年七月十三日張愛玲寫給鄺文美、宋淇的信中提及手部溼疹、破皮嚴重，但也只是擔心無法洗頭洗澡而生蝨子，而不是反過頭來視蝨子為皮膚徵候的肇因：「從過陰曆年以來，我兩個 knuckles 上擦破了點皮，三個月都兩隻手不能下水，不能洗頭洗澡，（人太髒了也不好意思到理髮店去洗）擔心生蝨子，——附近貓狗多，是真有蝨子」（張愛玲、宋淇、宋鄺文美，頁二三四）。或如：「我手上的皮膚病近來惡化，多年前醫生開的方子失效，看樣子又要兩隻手都不能下水了。」[17]彼時皮膚病「似乎」就只是皮膚病，與蝨子蟑螂跳蚤螞蟻小蟲無涉。

但自一九八三年十月起的「蟲患」，fleas 卻成為張愛玲所有皮膚症候的主要原因歸屬。四處搬遷也四處就診的張愛玲，願意接受醫生的「部分」說法，「我這大概是因為dry skin，都怪我一直不搽冷霜之類，認為『皮膚也需要呼吸』，透氣。在看皮膚科醫生，叫搽一種潤膚膏汁，倒是辟fleas，兩星期後又失效——它們適應了」。[18]這也就是說張愛玲在接受皮膚科醫生的dry skin診斷後搽藥有效，但皮膚狀況之所以好轉，不是因為乾燥的皮膚獲得了潤澤，而是因為潤膚膏汁能辟fleas，故一旦fleas適應了潤膚膏汁後便宣告無效，故真正的問題還是在fleas，不在皮膚乾燥。或是她寫道：「前幾年有個醫生說我整個皮膚是eczema-ish condition，（也並看不出，除了手臂上褪皮；不過一碰就破，多走點路腳就磨破了，非得穿拖鞋——我也喜歡散步，不過是拿著大包東西趕路的時候居多）無疑地是fleas鍥而不捨的原因。」[19]而不論是承認或不承認皮膚病的同時，fleas都是罪魁禍首，「大概是我這天天搬家史無前例，最善適應的昆蟲接受挑戰，每次快消滅了就縮小一次，終於小得幾乎看不見，接近細菌。但絕對不是allergy或皮膚病。」[20]

即便是在一九八八年二月經鄭緒雷介紹就診「醫道高明」的皮膚科醫生，並以特效藥「神奇」（暫時）治癒康復後，張愛玲依舊沒有放棄fleas曾經真實存在過的事實：

> 我每次懷疑fleas的存在，就想著可會是這怪異的sort of allergy。但是我一直告訴自己這與fleas的存在並不是mutually exclusive。現在看來，二者並存，錯綜複雜，兩三年

> 前我以為 fleas 忽然變小得幾乎看不見，其實就是絕跡了。照樣騷擾，那是本來不過是皮膚 irritated，但是 sensations externalized 到這地步——在頭髮裡距頭皮半吋遠，或在帽子、頭巾外——實在難於想像。現在搽抗生素特效藥，馬上好了。（從前那「無為而治」的醫生也說過特效藥也許有效，當時只是為了跌傷流血不止，給吃藥片防炎，說也許會產生副作用抗 fleas。結果沒有。）[21]

此長段引文之所以饒富深意，乃在於邏輯推理所同時展現的牽強與巧妙：牽強在一切都是 fleas，巧妙在 fleas 也有生滅藏閃。醫生的診斷很清楚，就是皮膚過敏，醫生開的特效藥很有效，病痛馬上好了。但不清不楚、錯綜複雜的，乃是皮膚過敏與 fleas 之間的關係。對張愛玲而言，兩者並非彼此相互排除（有 fleas 就不是皮膚病，是皮膚病就沒有 fleas），而是兩者並存相生相滅、纏繞不清。

故張愛玲在此所提出的「閱讀」乃是一種看似矛盾的自圓其說，一種「不合理的合理化」。不合理的是以前那位「無為而治」的醫生也開過防炎藥片，但並未產生預期中的抗 fleas，但此次這位「醫道高明」的醫生開的抗生素卻立即有效，所以「合理化」的推斷不是 fleas 根本不存在，也不是醫術的高低立判，而是兩三年前 fleas 已經絕跡。所以 fleas 還在時，所有抗 fleas、辟 fleas 的藥都無效（或在 fleas 適應前短暫有效），而今 fleas 絕跡了，皮膚過敏的特效藥才真正有效。看來即便藥到病除的此刻，張愛玲也堅決不放棄 fleas 曾經存在的事實。與此同時張愛玲也必須向自己解釋，為何兩三年前已經絕跡的 fleas 卻「照樣騷擾」。而其所提出同樣「不合理的合理化」閱讀，乃指向身體感覺的「外部化」，此「外部化」乃指皮膚過敏搔癢的感覺，可以脫離皮膚表面而「超距」或「隔空」到達「距頭皮半吋遠」的頭髮之中或帽子頭巾之外，此誇張的地步連張愛玲自己都嘖嘖稱奇（當然也包括閱讀到張愛玲此處巧妙推論的我們）。然這「超距皮膚觸感」的推論，僅限於被張愛玲認定 fleas 已經滅絕後的兩三年之間，亦即在此之前 fleas 確實存在，而在此之後 fleas 又再度回返、捲土「蟲」來。

我們也不要忘記張愛玲在過世前寫給宋淇夫婦的最後一封信中，仍堅持「小蟲」（又像是 flea 又不是，會鑽入眼睛與耳朵）的真實存在與當下的騷擾不斷，甚至還提出了一個過去從未提出過的「皮膚病」緣起：「我的皮膚病就是在三藩市住了兩年老房子——維修得也還好——下一年去香港就告訴 Mae 從臉盆上染上『睫毛頭皮屑症』，那就是開始」（張愛玲、宋淇、宋鄺文美，頁三一七）。原本我們只知道張愛玲信中所提一九八三年第一批從鄰居貓狗傳入的黑色 fleas，與第二批從舊冰箱隔熱層帶入的南美淺棕色 fleas，卻在張愛玲生前最後一封信中得知其皮膚病自認為真正的「開始」：三十多年前（一九五九至一九六一）所罹患的「睫毛頭皮屑症」。所謂「睫毛頭皮屑症」乃是由「毛囊蠕形螨蟲」

（Demodex folliculorum）所造成的眼瞼發炎，又稱鱗屑性眼瞼炎，好發於免疫力低、營養不良、睡眠不足等時期。「毛囊蠕形蟎蟲」本為人體皮膚常見的寄生蟲，屬蜘蛛近親，顯微鏡才可視，一旦寄生睫毛毛囊，將引起毛囊腫大發炎，刺激上皮增生及角質化，造成睫毛的皮屑聚集，早晨起床時睫毛上會有類似頭皮屑的乾性分泌物，故又俗稱「睫毛頭皮屑症」或「睫毛皮屑症」。張愛玲在此舊事「蟲」提的重點，不僅在於皮膚病與寄生蟲的緊密關聯（就是由寄生蟲所引發的眼部皮屑症），更在於那肉眼不可見、卻曾經在顯微鏡下現形過的「毛囊蠕形蟎蟲」，一群真實而非虛幻的寄生蟲。[22]與此同時，此舊事「蟲」提也以「後遺」的方式，在辭世前的最後一封信裡，徹底翻轉了我們為張愛玲皮膚病與「蟲患」連結所可能訂出的線性時間軸線：原來一九八三年底至一九八八年初的「蟲患」之前皮膚病就早已不只是皮膚病，皮膚病「總已」和各種可能的「蟲子」（不論是蟎蟲或蝨蚤）緊密相連。

但不可諱言的，目前張愛玲研究對其「蟲患」最新、最具權威性的「閱讀」，不來自張愛玲的皮膚科醫生們或朋友圈，也不來自學術界，而來自精神醫學界，而其拍板定案的關鍵正在於徹底否認 fleas 的真實存在：「蟲」患之「蟲」乃為毫無事實根據的幻想，亦即「蟲患」只是「蟲幻」，fleas 從未真實存在過張愛玲的身上或住所。此說最早出自臺灣精神科醫生吳佳璇的診斷。作為張迷也同是創作者的她，不僅認真詳讀張愛玲已公開的相關信件，更親自走訪張愛玲在洛杉磯曾經下榻的旅館與租屋。她認為過往張愛玲的友人與讀者，往往不願接受其「蟲患」乃「精神病」表徵的可能，正是因為「精神病」被嚴重誤解、烙印化且污名化。故如果可以跳開這層不必要的顧忌，她願意大膽做出如下的診斷：張愛玲得的是「典型的『妄想性蟲爬』（delusional infestation）——罹患此症的病人相信有某種動物在身上四處爬動，雖然看不見，卻能清楚描述它。至於張堅信隨她搬遷的跳蚤一次又一次縮小至接近細菌大小，精神病理學稱為『次發性妄想』（secondary delusion），為解釋其他病態性經驗——跳蚤騷擾的體幻覺（somatic delusion）所產生的」（吳佳璇，頁四〇）。香港的另一名精神科醫生所見亦同：張愛玲得的是「妄想性寄生蟲病」（delusional parasitosis），「早於一九三八年由一位瑞典醫師 Dr Ekbom 提出，故又名 Ekbom 氏綜合症」（遠堂），只不過在這個相同的診斷中，後者更凸顯此醫學診斷可能蘊含的性別、年齡與生活形態偏見：典型的患者以中年或高年的女性為主，多獨居（未婚或孀居）並與社會較為疏離（或強化女性對蟲豸天生敏感畏懼的文化偏見，或強化對獨居者社會關係與心理健康的疑慮）。

如果醫學診斷也可以被視為一種閱讀，一種未必因其醫學的「專業」位階就必然導向更高「詮釋」位階的閱讀，那此種閱讀乃是張愛玲生前抵抗最劇的一種閱讀方式，不僅是因為這種閱讀方式徹底否認了張愛玲如何拚死拚活想要證明、想要吶喊 fleas 真實存在過的事實，更是因為此閱讀背後所預設的精神醫學邏輯，將徹底陷張愛玲於「百口莫辯」：因為所有的辯解本身都是徵候，越是辯解越是否認，越是病情嚴重。故張愛玲的不肯就醫（精神科），或張愛玲在飽受皮膚科醫生的冷嘲熱諷（只處理皮膚症狀，fleas 請掛精神科）而拚命想要找到蟲子殘骸送去化驗的舉動，或張愛玲覺得 fleas 已縮小到如細菌般不可識見的一連串說法，就精神醫學邏輯而言只證明了一件事：不是 fleas 的可能存在，而是 fleas 從頭到尾的不曾存在，一切皆為幻想妄念。而張愛玲作為中高齡女性，獨居又與社會疏離，幾乎就是醫學教科書中「妄想性蟲爬」、「妄想性寄生蟲病」、「Ekbom 氏綜合症」最典型的病人樣板。

但我們真的就只能將張愛玲的書信當成「疾病誌」（pathography）來診斷病情嗎？「疾病誌」本身如果也是一種書寫，那張愛玲在書寫疾病的同時，如何有可能也被疾病所書寫呢？「蟲患」作為一種身體徵候，如何有可能也生滅藏閃成一種文字徵候呢？本章此節對張愛玲「蟲患」閱讀的回顧，並不只在彰顯其生理—心理、皮膚病—精神病之間的錯綜複雜而已，更非企圖在眾多閱讀中評比高下或獨尊一家之說，而是希冀凸顯表面上的「眾說紛紜」，實則殊途同歸：都是在「文字再現」的意義上去展開詮釋與閱讀，不論是去問——是皮膚病還是精神病？是皮膚病轉精神病或精神病轉皮膚病？是「蟲患」還是「蟲幻」？是該尊重患者的親身經驗與第一手自我觀察，還是該聽從醫學專業的權威診斷與醫學教科書的疾病分類？——都還是原地打轉。因而困境不在於如何判斷孰是孰非（fleas 真的存在或真的不存在），困境在於我們已深陷「文字再現」的泥沼，難有跳脫或逃逸的可能路徑。因而轉機不在於挖掘或排比出更多的檔案資料，而在於我們是否能「暫時」跳脫「文字再現」意義與精神醫學邏輯，「暫時」回到張愛玲作為一個文字書寫者，如何從文字、從書寫、從文學、從藝術的角度來重新思考張愛玲的「蟲患」。此即本章接下來三節所欲分別展開的「蟲患書寫」、「過敏寓言」與「流變─蟲」之嘗試，以便能在彷彿早已述說殆盡的「蟲患」閱讀中，給出張愛玲「到臨」的新可能。

二・白紙黑字裡的蝨與蚤

如前所述，面對張愛玲蟲患的虛實難分，眾好友的解讀與張愛玲自己的解讀，目前似乎都不敵醫學專業診斷的「權威」，精神醫學術語「幻想式蟲爬」、「幻想式寄生蟲症」的對號入座似有拍板定案的態勢。本章此節不是「諱疾忌醫」，也不是怕精神病的「污名化」有損張愛玲的清譽，而是希冀開啟一種有關「大於」與「小於」的思考方式：張愛玲的蟲患徵候「大於」而非「小於」「妄想性寄生蟲病」，不是「對症」的成功歸類（皮膚病、過敏症、身心症、妄想性寄生蟲病等的拍板定案），而是嘗試去思考歸類本身的不可能與不確定，亦即蟲患徵候如何不斷反覆「溢出」（亦是譯—異—易—佚的同音滑動）現有的歸類判定。也只有在這個徵候「溢出」診斷、文學「溢出」醫學的時刻，我們才有可能將「蟲患」拉回到文學創作、拉回到文字書寫的本身。

首先，讓我們「蟲」新回到〈天才夢〉的那句「可是我一天不能克服這種咬嚙性的小煩惱，生命是一襲華美的袍，爬滿了蚤子」，看看箇中究竟有何蹊蹺。[23]張愛玲在〈對現代中文的一點小意見〉中首度承認，自己曾在〈天才夢〉的末句，將「蝨子」寫成了「蚤子」：

——我自己也不是不寫別字，還說人家。《張看》最後一篇末句「蝨子」誤作「蚤子」，承水晶先生來信指出，非常感謝，等這本書以後如果再版再改正。這篇是多年前的舊稿，收入集子時重看一遍，看到這裏也有點疑惑，心裏想是不是鼓上蚤時遷。（頁一八）

這段話涉及四個時間點，第一個是寫作〈天才夢〉的一九三九年，第二個是〈天才夢〉收錄於散文集《張看》的出版時間一九七六年，第三個是《張看》出版後的水晶去信指正（一九七六至一九七八年間），第四個是一九七八年〈對現代中文的一點小意見〉的發表。第一個時間點距離其他三個時間點皆超過三十年，彼時十九歲的張愛玲對「蚤子」的用法渾然不覺有誤。三十餘年後第三個時間點的出現，則讓她回想起第二個時間點校閱舊稿時，曾經短暫出現的疑惑。而一九七八年發表的〈對現代中文的一點小意見〉作為第四個時間點，算是對此疑惑的正本清源，直截了當承認了「蚤」之為別字。

但為什麼「生命是一襲華美的袍」，只能「爬滿了蝨子」而不能「爬滿了蚤子」呢？張愛玲並未進一步說明，但若按中文的慣常表達語詞，只有「蝨子」、「跳蚤」而較少「蚤子」的說法，這或許是張愛玲從善如流的考量之一。此外，亦有批評家指出既是「爬滿」就應該是「蝨子」而不是「跳蚤」，「虱行如爬，蚤走則跳」（遠堂），但顯然此乃嚴重受限於「跳蚤」一詞在字面上甚為明顯的「跳」，其實「跳蚤」既可跳躍（乃最善跳躍的昆蟲）也可爬行，倒不會因為採用了「爬滿」就一定得排除跳蚤的可能。當然或許也還有一個「用典」上的考量——魏晉名士風度的「捫蝨而談」——此亦可呼應張愛玲曾對好友宋淇表達過想要撰寫一篇〈不捫蝨而談〉的文章，細述她所親歷的「蟲患」，雖然此寫作計畫日後並未得以付諸實行（宋以朗，《宋淇傳奇》，頁二八六—二八七）。

但本章想要處理的並非中文用字措詞的正確或誤差，而是「蝨」「蚤」誤用所可能帶出的蹊蹺。在〈對現代中文的一點小意見〉的坦白認錯（別字）中，依舊有著令人困惑不解的疑難：張愛玲終究還是搞不懂自己為何會把「蝨子」寫成了「蚤子」，尤其證諸她在

〈憶「西風」〉中所言，〈天才夢〉因字數限制而「改了又改，一遍遍數得頭昏腦脹」（頁二七），當不至於是一時不察而造成了筆誤。但妙就妙在張愛玲嘗試替自己辯白或開脫之際，竟是搬出《水滸傳》裡外號「鼓上蚤」的地賊星時遷來自我開解。此舉之妙當是妙在「生命是一襲華美的袍」與《水滸傳》毫無關聯，若張愛玲不確定是「蝨子」還是「蚤子」，那憶起「鼓上蚤」的外號究竟有何參考價值？就算能夠確定是「鼓上蚤」不是「鼓上蝨」，那也沒有辦法跳躍推論出生命華美的袍上該是「蝨子」而非「蚤子」。或是說張愛玲想要暗示下筆之時突然想到時遷「鼓上蚤」的外號，而錯將「蝨子」寫成了「蚤子」嗎？但更妙的則是「鼓上蚤」的「蚤」卻又不指向「跳蚤」的「蚤」：按照目前較具權威性的說法，此「蚤」乃指鼓上輓皮處的銅釘，取其身小而善鑽入也。[24]那「鼓上蚤」一說不僅無助於分辨「蝨子」或「蚤子」，更從「蚤子」跳開到了銅釘。張愛玲看似從「蚤子」的飛簷走壁到「鼓上蚤」的望文生義，造成的效果恐怕只是離題更遠，讓困惑更深。

當然還有一個更為順理成章的說法：張愛玲根本就是「蝨蚤不分」，無關乎別字，無關乎用典，也無關乎《水滸傳》。古今中外「蝨蚤不分」的文人甚多，包括讓張愛玲羨慕忌妒恨的林語堂，也曾被讀者點名撰文〈蚤蝨辨〉加以提醒，要大師切莫再將蝨、蚤混為一談（孤鴻）。而張愛玲的「蝨蚤不分」亦不遑多讓，以下幾例可以為證。早在一九五五年十月二十五日張愛玲離港赴美後寫給宋淇夫婦的第一封長信中，就提到了「蚤子」：「同船的菲律賓人常常在太陽裏替小孩頭上捉蚤子，小女孩子們都是一頭鬈髮翹得老高，我看著實在有點怕蚤子跳上身來，惟一的辦法是隔幾天就洗一次頭，希望乾淨得使蚤子望而卻步」（張愛玲、宋淇、宋鄺文美，頁一四五）。這段文字好玩的地方在於徹底把「蝨子」混為「蚤子」：菲律賓小女孩的頭上應是「蝨子」，而頭蝨只會爬行不會跳，只能透過直接傳染（頭對頭、頭髮對頭髮）或間接傳染（梳子、毛巾、枕頭、床鋪等），不會直接跳到他人的身上或頭上，張愛玲顯然是過度擔心害怕了。

而在本章前節已引用的一九八〇年七月十三日致宋淇夫婦的信中，張愛玲非常難得地提到了「蝨子」——「擔心生蝨子，——附近貓狗多，是真有蝨子」（張愛玲、宋淇、宋鄺文美，頁二三四）——顯然又是把貓狗身上的「跳蚤」混為「蝨子」。或前亦已提及，一九八五年十月張愛玲在寫給宋淇的信上言道「我想寫篇叫〈不捫蝨而談〉，講 fleas 的事，目前沒工夫也只好先讓它去了」（宋以朗，《宋淇傳奇》，頁二八六—二八七），不僅再次蝨蚤相混（捫的是蝨，講的是 fleas，但當然也是可以借蚤談蝨的），或許還可牽帶出英文 fleas 與 lice 的要分不分。故若就此「蝨蚤不分」所帶出的「蝨蚤相通」觀之，〈天才夢〉中隱喻生命的那襲華美的袍上，爬滿的既可以是「蚤子」也可以是「蝨子」，反正「蚤子」就是「蝨子」，「蝨子」就是「蚤子」，那張愛玲在〈對現代中文的一點小意見〉的公開認錯（承認錯別字），實無必要，也顯牽強。但說也奇怪，張愛玲允諾《張看》再版時將改正〈天才夢〉的末句別字，然《張看》日後的再版以及二〇〇一年《張愛玲典藏全集》的出版，「蚤子」依然故我。究竟是張愛玲忘卻交代或編輯有所堅持，皆不可知，白紙黑字上爬滿在生命那襲華美的袍上的，依舊是「蚤子」而不是「蝨子」。一直要到二〇一〇年《張愛玲典藏新版》，收在《華麗緣：散文集一・一九四〇年代》第一篇的〈天才夢〉最後一行，「蚤子」才改成了「蝨子」（頁一〇）。

而這樣的「蝨蚤不分」也同樣出現在當前張愛玲研究的學者身上，以目前研究張愛玲「蚤患」書寫最全面深入的學者林幸謙為例，在追述張愛玲在〈對現代中文的一點小意見〉的更正聲明後，卻也同時指出當前研究張愛玲的學者專家，並不對「蚤子」、「蝨子」做出分辨：「不過，由於在做文學、文化解讀時，兩者區別不大，故之後的出版者，學者，大多沒有對它們做清晰地辨別，本章的論述同樣不對此作出分辨」（〈病痛與蚤患書寫與張愛玲已出版書信探微〉，頁一六五）。如果張愛玲果真「蝨蚤不分」，如果當前的張學研究者也認為「兩者區別不大」，那本章此節想要談蝨論蚤、找出其間差異的企圖，究竟為了哪樁？從生物分類法（taxonomy）而言，「蝨」乃蝨目、蝨科昆蟲的統稱，「蚤」則是蚤目、蚤科昆蟲的統稱，即便兩者同屬動物界、節肢動物門、六足亞門、昆蟲綱、有翅亞綱。然則本章所欲進行的差異，不是「蝨」與「蚤」的「差異區分」（differenciation），而是「蝨」與「蚤」的「差異微分」（differentiation）：前者指的是「蝨」與「蚤」作為開摺實現形式（actualized form）在構造、外觀與分類上的不同，而後者則指向「蝨」與「蚤」作為合摺虛擬行勢（virtual force）的不可區辨。換言之，我們想要探問的乃是，張愛玲的「蝨蚤不分」究竟在「實現形式」上的不分之外，是否還有更幽微、更纖細在「虛擬行勢」上的不分呢？若是同時在「實現形式」與「虛擬行勢」中「蝨」與「蚤」都不可區辨時，為何過去七十年來出現在〈天才夢〉末句的是「蚤子」而不是「蝨子」？

在〈天才夢〉中張愛玲表達了她對色彩、音符、字眼的「極為敏感」：「當我彈奏鋼琴時，我想像那八個音符有不同的個性，穿戴了鮮豔的衣帽攜手舞蹈。我學寫文章，愛用色彩濃厚、音韻鏗鏘的字眼，如『珠灰』、『黃昏』、『婉妙』、『splendour』、『melancholy』，因此常犯了堆砌的毛病。直到現在，我仍然愛看聊齋誌異與俗氣的巴黎時裝報告，便是為了這種有吸引力的字眼」（頁二四一）。如果張愛玲一如她所言，能在音符裡看到色彩與動作、在字眼裡聽到音符也看到顏色，那「極為敏感」的張愛玲究竟在「蝨子」與「蚤子」的「字眼」裡看到了什麼？聽到了什麼？如果對「極為敏感」的張愛玲而言，《聊齋誌異》與俗氣的巴黎時裝報告乃是充滿了「有吸引力的字眼」，那是否在其他不具吸引力的字眼中，也隱藏埋伏了一些讓「極為敏感」的張愛玲畏懼害怕的可能呢？本節在此想要膽大心細嘗試的「差異微分」，乃是在「蝨蚤不分」中看到蟲多蟲少的差異化，「蝨」在字面上有兩個蟲，而「蚤」在字面上只有一個蟲。如前所引，張愛玲遺囑執行人林式同曾言，「怕蟲倒是張愛玲的天性，只是怕如此程度卻是罕見」（頁三二），那我們有沒有可能從蟲多蟲少的細微差異，去私心揣想「蚤子」與「蝨子」作為書寫的無意識徵候呢？

「蟲」是什麼？按照許慎《說文》的講法，「虫，一名蝮，博三寸，首大如擘指。象其臥形。物之微細，或行，或毛，或蠃，或介，或鱗，以虫爲象。凡虫之屬皆从虫」（卷一三上，頁二七八）。古字「虫」（後繁為「蟲」）在此前半部分的講法，指的是胎生之蛇，寬三寸，頭部大如拇指，「虫」乃象形蝮蛇趴臥的樣子；而後半部的講法則擴大為所有具細別差異的動物，或能行，或長毛，或寄生，或披甲，或披鱗，以虫為其象形，而所有與虫相關的字，皆採虫作偏旁。於是乎「虫」既可專指蛇，又可泛指所有動物（例如中國古代將虫分為五類：禽為羽蟲，獸為毛蟲，龜為甲蟲，魚為鱗蟲，人為倮蟲），既可象蛇之臥形，又可象各種虫之形。即便到了今日「鳥獸虫豸」仍泛指一切動物，而用作偏旁的虫，更泛指一切昆蟲。

而極為敏感的張愛玲，昔日曾在《對照記》中追憶入境美國檀香山檢查時的趣事，瘦小的日裔青年將張愛玲的身高五呎六吋半，觸目驚心地錯填為六呎六吋半，張愛玲自嘲此乃「Freudian slip（弗洛依德式的錯誤）」：「心理分析宗師弗洛依德認為世上沒有筆誤或是偶而說錯一個字的事，都是本來心裏就是這樣想，無意中透露的」（頁七二）。顯然不懂中文方塊字、更不諳文字象形魔力的佛洛依德（弗洛依德），解決不了「蝨蚤不分」的「文字徵候」（不是用文字來描寫徵候，而是文字本身即是徵候），但我們是否也可學樣張愛玲語帶嘲諷地說「世上沒有筆誤或是偶而將『蝨子』寫錯為『蚤子』的事」呢？故在別字、在用典、或在迷糊到「蝨蚤不分」之外，我們在此還可多提出一種可能，亦即在恐懼蟲子卻必須寫到蟲子時，語言無意識機制自動（字動，字自己會動）地避蟲多而趨蟲少。換言之，「蝨子」錯寫為「蚤子」可以不必然只是作者在意識層面、在遣詞措意上的別字，而有沒有可能也可以是（或被想像成）語言無意識的表達：不是張愛玲用文字來表達，而是張愛玲被文字所表達，亦即張愛玲作為文字書寫者如何被文字所書寫。

而這樣的語言無意識機制是否也有可能發展成一種跨語際的「文字徵候」呢？首先我們看到的是「蟲患」日趨嚴重時，「蝨子」與「蚤子」皆銷聲匿跡，在書信中大量出現的是 fleas，雖然張愛玲本就習慣在與友人的中文通信中，不時摻雜英文單字，但 fleas 的取「蚤」而代之，是否也有可能成為一種語言無意識機制的「避蟲」：以英文拼音文字 fleas 的相對安全，來迴避任何中文方塊字的「虫」字象形。張愛玲信件中難得一見的以「蝨」代「蚤」（前面所提及的「擔心生蝨子，——附近貓狗多，是真有蝨子」），乃是寫於相對安逸的一九八〇年七月。而在「蟲患」最嚴重的幾年（一九八三年底至一九八八年初），張愛玲與友人的通信幾乎只用 fleas，不再有蝨蚤。[25]但我們也千萬不要以為對中文字眼「極為敏感」的張愛玲，就會對英文的 fleas 或其他蟲子的英文單字徹底免疫或麻木。〈天才夢〉裡可是把英文「splendour」、「melancholy」與中文「珠灰」、「黃昏」、「婉妙」相提並論，都是「色彩濃厚、音韻鏗鏘的字眼」。故張愛玲在〈天才夢〉裡的以蚤代蝨，在八〇、九〇年代的以 fleas 代蚤，是否也都可以是某種語言無意識的兩權相害取其輕呢？

此處我們可再以一個可能的英文「文字徵候」，來繼續穿鑿附會可能的跨語際語言無意識。張愛玲曾在寫給宋淇、鄺文美夫婦的信件中，抱怨美國醫生的荒謬態度：

> 早在一九八三年冬我就想住一兩天醫院，徹底消毒。不收。現在要住院，除非醫生介紹，而醫生也疑心是 a lace in my bonnet。前兩天我告訴他近來的發展，更像是最典型的 sexual fantasy，只有心理醫生才有耐心聽病人這種囈語。（轉引自水晶，〈張愛玲病了！〉，頁二六七）

張愛玲想住院徹底消毒，但需要醫生的介紹，但她的醫生卻認為她的「蟲患」乃「蟲幻」，無須住院消毒。張愛玲此處用了「性幻想」的誇張表達，來自嘲自己被醫療體系粗魯對待，明明是在對皮膚科醫生描繪近日的症狀發展，卻反倒自覺被當成對著心理醫生喃喃自語的性壓抑病人。但若回到英文的語境之中，就「跳蚤」的文化象徵而言，最常被援引的脈絡有二：除了作為馬克思主義對壓榨無產階級的「吸血」資產階級之指稱外，另一個更為普及的象徵正是男女性交的性聯想，十七世紀英國詩人約翰・多恩（John Donne）的詩作〈跳蚤〉（"The Flea"），當是箇中最廣為流傳者。因為是 fleas，因為是對身體感覺的細節描述，張愛玲自然越說越不對勁，皮膚徵候無奈搖身一變為無可救藥的「性幻想」，更摻雜了美國醫療體系對亞裔中高齡獨居女性可能暗含「性壓抑」的文化偏見。

然這段文字中最有趣的或許不是「性幻想」的連結，而是「所謂」英文成語 a lace in my bonnet 的出現。水晶在〈張愛玲病了！〉一文中，第一次將此張愛玲寫給宋淇夫婦的私信段落公諸於世，並在信中的英文單字處加上中文翻譯，一如他在 sexual fantasy 後加上中文翻譯「性的妄想」，或 animal tissue 後加上中文翻譯「動物體內的組織」。而水晶在 a lace in my bonnet 後加上的中文翻譯，乃是「女帽上的一條絲緞，隱喻，暗示純屬子虛烏有」（頁二六七）。然此處的 lace，不論是作「繫帶」或作「蕾絲」、「花邊」、「絲緞」，都大有可能出現在女帽之上或女帽之內，當無任何「暗示純屬子虛烏有」之處。故子虛烏有的恐怕不是 a lace in my bonnet，而是在英文中根本沒有 a lace in my bonnet 的慣用語或成語表達。這是皮膚科醫生的誤用或自我創造，還是張愛玲的誤聽、誤記或自我發明？或是水晶在抄錄張愛玲用鋼筆寫就的手寫書信傳真稿時的誤識、誤抄、誤寫？就如同前面我們大膽嘗試把〈天才夢〉末句的「蝨蚤不分」當成中文文字本身的徵候一般，那我們此處是否也可大膽嘗試將 a lace in my bonnet 也當成英文文字本身的徵候呢？第一個猜測（純屬猜測）乃是張愛玲將 lice 寫成了 lace，此猜測的有力處可來自語言無意識的反覆運作：避蝨而從蚤，避蝨蚤而從 fleas，避 lice 而從 lace（英文錯別字）。但此猜測的無效性則來自句中的單數不定冠詞 a，恐怕難以出現在 lice 作為複數蝨子的前方。第二個猜測（純屬猜測）乃是此處的 lace 乃 louse（單數蝨子），水晶在抄錄張愛玲的手寫信件傳真時將 louse 看成了 lace，因而創造發明了一個子虛烏有、不曾存在的英文成語。此猜測的強處在於單數不定冠詞 a 與單數名詞 louse 之間在文法上的符應，而此猜測的弱點則是 a louse in my bonnet 與 a lace in my bonnet 一樣都是子虛烏有、不曾存在的英文成語。但此弱點仍有其可以自行補強的空間。在現有英文成語表達中，最生動常用的「蟲子—帽子」連結，乃是 a bee in one's bonnet，乃指胡思亂想，或被某個偏執妄念纏繞不去，此英文表達的生動靈活一如 a butterfly in my stomach（忐忑不安），ants in my pants（焦躁不安），都是昆蟲卡在不該出現的地方而造成的身體災難。這些都是英語世界傳神的昆蟲「譬喻」，即便帽子裡並沒有真正的蜜蜂在叮螫，胃裡並沒有真正的蝴蝶在翻攪，褲子裡並沒有真正的蟻群在爬行。

但有沒有可能僅僅只是張愛玲的皮膚科醫生甚有創意，以更貼近張愛玲「蟲患」困境的方式，用 louse 替代了 bee，開展出 a louse in the bonnet 的表達方式，得以同時兼顧蝨蚤為患的特殊病情與偏執妄念的成語原意？但對中英文都「極為敏感」的張愛玲，顯然沒有在此作文章或特意強調（如加上英文的引號或中文的引語號）。除此之外，還可以有另一個猜測的可能，那便是張愛玲的誤寫加上水晶的誤識：張愛玲將louse寫成了louce，而水晶將louce看成了lace。此猜測乃是建立在一種雙重假設之上：一是拼錯的louce比拼對的louse，更有可能在視覺形式上被誤識為lace；二是對英文造詣極佳的水晶而言，拼對的louse當是比拼錯的louce（根本無此字），更沒有可能被誤識為lace。當然此推測背後的「司馬昭之心」，自當是讓本節的論述可以再次回到語言無意識的可能運作：張愛玲有可能本來就蝨蚤不分，張愛玲也有可能本來就錯將louce當louse，但張愛玲會不會也有可能「怕蝨」怕到避蝨就蚤、怕到避蚤就fleas，甚至怕到連louse都寫成louce了呢？如果將蝨寫成了蚤是「別字」，那將louse寫成了louce則是「錯字」，如果「心理分析宗師苐洛依德認為世上沒有筆誤或是偶而說錯一個字的事」（張愛玲，《對照記》，頁七二），那張愛玲的「錯別字」又為何不可以讀成一種關乎書寫、關乎語言無意識的文字徵候呢？本節在此異想天開的做法，乃是希冀將張愛玲的「怕蝨」從創作者的意識層面拉到語言的無意識層面，從張愛玲書寫「蟲患」之困窘，拉到了張愛玲被「蟲患」書寫的困窘，在此「書寫」的基進性，已不再是作者—權威（author-authority）的掌控一切，而是語言無意識的蹦出與逃逸。這種文字本身作為「徵候」而非「再現」的讀法，無可迴避地乃是一種「死無對證」的讀法，不僅只是說張愛玲已過世而無從印證，更在於後結構主義所開放「作者已死」的文本基進性，即便作者還活著也無從印證。如果說精神醫學診斷霸道，那本節所開展語言無意識的讀法恐亦不遑多讓，都呈現出「徵候閱讀」本身無能迴避的「偏執妄想」（paranoia）（不是對「偏執妄想」的「徵候閱讀」，而是「徵候閱讀」本身就是一種「偏執妄想」），硬是將錯字別字當成可能的無意識恐懼。看來張愛玲「蟲患」所召喚出來的「徵候閱讀」本身，也是一種無能迴避的徵候，在文字再現的層次或在語言無意識的層次皆然。

三・過敏寓言的轉喻毗鄰

如果說精神科醫生的診斷讓張愛玲「百口莫辯」（既是已過世的無法發言或反駁，亦是精神分析無意識邏輯的霸道，所有的 no 都有可能是 yes），那本章前一節所大膽嘗試的「文字徵候」閱讀，恐怕一樣讓張愛玲「百口莫辯」（雙重的「作者已死」，無由迴避語言無意識邏輯本身的霸道）。但兩者的差別乃在於前者鐵口直斷的權威性與後者猜測揣度的不確定性，前者封閉而後者持續開放後續閱讀與歪讀（queer reading, queering reading）的各種可能。本章此節則嘗試在「文字徵候」閱讀外，再行開展另一回合有關「過敏」的「寓言」閱讀，一個讓「過敏」不再只是過敏、「寓言」不再只是寓言的閱讀可能，並希冀透過此「過敏寓言」能將更多張愛玲的小說與散文文本帶入討論，而非一味局限於其「蟲患」書寫的書信文本。

〈天才夢〉中張愛玲自承從小對色彩、音符、字眼「極為敏感」，曾被張愛玲盛譽「醫道高明」的UCLA皮膚科醫生對她做出的診斷也是「皮膚特殊敏感」，而張愛玲在與友人的通信中，亦時不時以中文「過敏」或英文allergy來表達自己的身體狀況。如張愛玲於一九八八年秋天寫給鄭緒雷（司馬新）的信中提到：「又接連感冒一兩個月，有個醫生朋友說也許是Allergy，服藥後倒很見效」；一九八九年初「感冒現在發現是過敏症，已經又發過好些次都給擋回去了」（司馬新，頁二三一、二三二）。或是前文已引「我每次懷疑fleas的存在，就想著可會是這怪異的sort of allergy」。按照目前對「過敏」的一般理解，乃是某些物質（過敏原）經由呼吸、飲食、注射或皮膚接觸方式進入人體，而激發免疫系統產生過敏，如皮膚過敏、眼瞼過敏、過敏性鼻炎（而非細菌或病毒感染所引起的感冒）等。但張愛玲顯然在一般醫學定義下的「過敏」之外，還對色彩過敏、對音符過敏、對文字過敏，我們究竟如何能從免疫系統到身體感官、從醫學到文學、從生理到心理、到眼耳鼻舌身意來談所謂的「過度敏感」呢？

故本章此節在此所欲展開的「過敏寓言」，乃是「過敏」與「寓言」的重新概念化。讓我們先從英文allergy開始，此英文新鑄字出現甚晚，乃是奧地利兒科醫師皮爾凱（Clemens von Pirquet）於一九〇六年所創用（Jackson 27）。皮爾凱就其臨床觀察所得，將「過敏」定義為免疫系統的誤判，某些原本無害的「異物」被當成嚴重威脅而防衛過當，反倒造成了身體的傷害。但若我們回到英文 allergy 的字源，乃是 *allos*（other）加上 *ergon*（energy），亦即一種異質能量所造成的變化。而 allegory 則與 allergy 有著相同的字源 *allos*，乃是 *allos*（other）加上 *agoreuein*（speaking openly），亦即以異類方式來公開表述。換言之，allergy 與 allegory 都不是自身自發自有，都有來自它異能量的侵入或中介。而更重要的是 allegory 作為「以彼喻此」的表達方式（不是以此說此或以彼說彼）乃同時涉及兩種文學譬喻的運作，一是「隱喻」（metaphor）作為歷時軸的差異系統（垂直軸的擇選與替代），一是「轉喻」（metonymy）作為共時軸的連接系統（水平軸的組合與構成）。故「寓言」亦是一種「喻言」（以此喻彼，將彼寄寓於此），循垂直軸找到相似字詞的替代，或循水平軸進行毗鄰觸域的轉接。

那就先讓我們再次回到〈天才夢〉中那句膾炙人口的名言：「可是我一天不能克服這種咬囓性的小煩惱，生命是一襲華美的袍，爬滿了蚤子。」如前所述，「生命」與「袍子」之間乃由「是」連接，故為「隱喻」的操作，乃是「袍子」對「生命」的置換取代。但什麼又會是「袍子」與「蚤子」之間的關係呢？我們有沒有可能從作為譬喻的「袍子」與同樣作為譬喻的「蚤子」之間著手，由兩者的毗鄰觸域去展開「轉喻」的思考呢？這句名言既是對咬囓性的小煩惱之「過於敏感」，也是在以「袍子」隱喻「生命」之中，看到從「袍子」移轉到「蚤子」的微觀特寫，不是「蚤子」對「袍子」的置換取代（隱喻操作），而是以「爬滿」的動詞連接「袍子」與「蚤子」的比鄰而居（轉喻操作）。

在此我們還可以用另一個張愛玲知名的文學表達，來再次展開「過敏寓言」的閱讀。在〈童言無忌〉中，張愛玲曾追述到在繼母治下生活時的不堪，平日裡只能撿繼母的舊衣服穿，並對一件黯紅色的薄棉袍耿耿於懷：

> ……永遠不能忘記一件黯紅的薄棉袍，碎牛肉的顏色，穿不完地穿著，就像渾身都生了凍瘡；冬天已經過去了，還留著凍瘡的疤——是那樣的憎惡與羞恥。一大半是因為自慚形穢，中學生活是不愉快的，也很少交朋友。（頁一〇）

在這段文字表達中，很明顯地可以辨識出兩個層次的譬喻操作。就第一個層次而言，薄棉袍穿在身上，「就像渾身都生了凍瘡」，一個「像」字乃成功串聯起「碎牛肉的顏色」與「凍瘡」之間的「明喻」（simile）關係（以「像」或「如」等字把一個東西直接比喻為另一種東西，有別於用「是」的隱喻操作）。就第二個層次而言，冬天過去脫下薄棉袍後，身體還留著「凍瘡的疤」，既是轉喻著薄棉袍與皮膚凍瘡在空間與顏色上的比鄰而居，也是隱喻著身體記憶中難以抹去的憎惡與羞恥。

然在這樣層次繁複的譬喻之中，難道還有其他不清不徹底的糾葛與痛楚嗎？首先讓我們來看「凍瘡」一詞在張愛玲文學文本中的用法。大多數的時候，「凍瘡」乃指向具有寫實意涵的皮膚病變，因低溫所造成的局部血液循環障礙，常常出現在生活較為困窘或被打壓邊緣化的女性角色身上。像在〈第一爐香〉中描寫到灣仔小妓女耳朵上的凍瘡，「內中一個年紀頂輕的，不過十三四歲模樣，瘦小身材，西裝打扮，穿了一件青蓮色薄呢短外套，繫著大紅細摺綢裙，凍得發抖。……可惜她的耳朵上生着鮮紅的凍瘡」（頁八四）。或是在〈小艾〉中描寫到婢女小艾紅腫的雙手，「小艾把臉盆裏的水倒了，再倒上些熱水瓶裏的水，她那生着凍瘡的紅腫的手插到那開水裏面，在一陣麻辣之後，雖然也感覺到有些疼痛，心裏只是惚惚恍恍的，彷彿她自己是另外一個人」（頁一四一）。或是《怨女》中的玉熹少奶奶，「熹嫂嫂真可憐，站在樓梯口剝蓮子，手上凍瘡破了，還泡在涼水裏。問她為什麼不叫傭人剝，嚇死了，叫我別說，『媽生氣』」（頁一七九）。但「凍瘡」也有時不指向搔癢紅腫的皮膚病變，而是純粹作為顏色的表達。在〈姑姑語錄〉中，張愛玲說到姑姑曾賣掉許多珠寶，只有一塊淡紅的帔霞，因為欠好還留到現在，「青綠絲線穿著的一塊寶石，凍瘡腫到一個程度就有那樣的淡紫紅的半透明」（頁一三九），乃是生動地用「凍瘡」腫漲的半透明顏色，來形容帔霞上的寶石如何不惹人歡喜。相形之下，〈童言無忌〉中黯紅色薄棉袍的「凍瘡」譬喻，卻給出了截然不同且路徑迂迴的「過敏寓言」，既是皮膚的過於敏感，也是從棉袍跑到皮膚、從皮膚跑到心靈的層層「轉喻」。而此「過敏寓言」的啟動點，乃是對顏色的過於敏感：黯紅色連結到了碎牛肉色，碎牛肉色連結到了皮膚凍瘡的紅腫；脫掉了黯紅色的棉袍，卻脫不掉凍瘡的疤。這裡有棉袍—皮膚的「毗鄰」，有黯紅色—碎牛肉色—凍瘡色的「毗鄰」，更有視覺—觸覺的「毗鄰」（凍瘡的紅腫癢痛）。而此「轉喻」所啟動的毗鄰轉換，讓真假虛實先後內外的界線變得更為模糊不清。[26]

再舉另一個可能的「過敏寓言」，張愛玲在《對照記》中提到在戰後香港買的廣東土布：

> 最刺目的玫瑰紅上印著粉紅花朵，嫩黃綠的葉子。同色花樣印在深紫或碧綠地上。鄉下也只有嬰兒穿的，我帶回上海做衣服，自以為保存劫後的民間藝術，彷彿穿著博物院的名畫到處走，遍體森森然飄飄欲仙，完全不管別人的觀感。（頁五四）

土布的色彩妍麗，深紫或碧綠地上印著粉紅花朵與黃綠葉子，張愛玲將其做成上衣穿在身上，有如穿著民間藝術般上街拋頭露面，而真正關鍵的乃是「遍體森森然飄飄欲仙」的文學表達。此表達之精采乃在展現了一種視觸感（hapticity）的強度，既是對顏色的過於敏感，也是對顏色上身後身體的過於敏感，「森森然」讓草木扶疏、枝葉繁茂濃密的美妍麗色，轉換成皮膚表面的幽靜涼爽，既是觸覺的溫度溼度，也是體感的敏感欣奮；「遍體森森然飄飄欲仙」乃是土布—上衣—皮膚的毗鄰不可區辨，亦是顏色—溫度—視覺—觸覺的毗鄰不可區辨。

如果「過敏寓言」的身體在場，成就了張愛玲作為文學書寫者在文字表達上的精敏細微，那「過敏寓言」的身體在場，是否也某種程度造成了張愛玲「蟲患」的顛沛流離？就讓我們取一小段張愛玲「蟲患」時期的書信文字，與張愛玲小說〈紅玫瑰與白玫瑰〉中的一小段文字描繪來並置思考，看看「過敏寓言」如何貫穿張愛玲的文學書寫與日常通信。先讓我們再次引用張愛玲於一九八八年二月十二日寫給宋淇夫婦的信件段落，看她寫「感覺外化」（sensations externalized）可以到達如何難以想像的地步：

> 我每次懷疑 fleas 的存在，就想著可會是這怪異的 sort of allergy。……兩三年前我以為 fleas 忽然變小得幾乎看不見，其實就是絕跡了。照樣騷擾，那是本來不過是皮膚 irritated，但是 sensations externalized 到這地步——在頭髮裡距頭皮半吋遠，或在帽子、頭巾外——實在難於想像。[27]

前已分析過此段引言的前半部分，用以說明為何張愛玲始終堅持 fleas 曾經存在的事實（過敏與 fleas 兩者並不相互排除）。此處我們要將焦點放在引言的後半部，亦即「感覺外化」的不可思議：明明兩三年前 fleas 就可能已經絕跡，但為何皮膚被騷擾的感覺還如此真實；而就算此皮膚被騷擾的感覺只是皮膚過敏或皮膚受到刺激，但為何可以「隔空」到「在頭髮裡距頭皮半吋遠，或在帽子、頭巾外」，亦即離開了皮膚表面的「感覺外化」。

但讓張愛玲在此百思不解的「感覺外化」，卻又往往正是其作為文學書寫者最精敏纖細的表達。且讓我們看以下一段的精采描寫：

她穿著的一件曳地的長袍，是最鮮辣的潮濕的綠色，沾著什麼就染綠了。她略略移動一步，彷彿她剛才所佔有的空氣上便留着個綠迹子。（〈紅玫瑰與白玫瑰〉，頁六五）

這是張愛玲在〈紅玫瑰與白玫瑰〉裡對嬌蕊的描寫。作為情慾流動的南洋華僑，嬌蕊總愛穿著過分刺眼奪目的衣服，此處曳地長袍的「最鮮辣的潮濕的綠色」，彷彿將空氣都染綠了。或是「她不知可是才洗了澡，換上一套睡衣，是南洋華僑家常穿的沙籠布製的襖袴，那沙籠布上印的花，黑壓壓的也不知道是龍蛇還是草木，牽絲攀藤，烏金裏面綻出橘綠。

襯得屋子裏的夜色也深了」（頁六九）。我們當然可以說此乃女性身體情慾對環境氛圍的渲染（尤其是對振保作為觀視的男性主體而言），但若從「過敏寓言」的轉喻毗鄰觀之，我們又可以循衣服—顏色—空氣—夜色一路「染色」下去，離開皮膚表面或衣服表面的「感覺外化」，不一直是張愛玲文學筆觸的絕妙手法嗎？

繞道張愛玲文學書寫的「過敏寓言」，乃是希冀回應當前對張愛玲「蝨患」閱讀的二個傾向。一是傾向於將「蝨患」圈限在張愛玲的書信文本，以其作為「真實」敘述以展開「病徵」的詮釋與診斷。本節在此的嘗試，乃是打開「蝨患」的文本連結，由「蝨患」之為病（皮膚病、精神病、身心症、過敏症）轉到「過敏寓言」之為文學譬喻的操作可能，模糊任何「醫學病徵」與「文學譬喻」所可能形成的楚河漢界。二是傾向於將「蝨患」視為「病的隱喻」，學者或循桑塔格《疾病的隱喻》（*Illness as Metaphor*）之脈絡，強調「最具隱喻意味的病症莫過於皮膚病」（林幸謙，〈張愛玲（未公開）書信中的蚤患書寫〉，頁一九〇），或直接將跳蚤或蝨子視為某人（父親、文學假想敵或被拒絕在門外的訪客）或某種情境（所有人與人交接的場合）的「隱喻」：「如果把其中的『生命』視為作者本身：即女性身體；那麼，『華美的袍』便足以成為父權社會的象徵／隱喻，即在現實生活中把女性身心包裹其中；而『蚤子』則可影射『父親』的一種寓言」（林幸謙，《張愛玲論述》，頁三一五）。本章此節「過敏寓言」的重新概念化，乃是想要把文學帶回來，把轉喻(不只是隱喻)帶回來，把皮膚—衣服—帽子—蚤子—色彩—空氣的毗鄰性帶回來，讓「蝨患」得以不斷「遺—移—迻譯」為「蝨換」，而得以開啟語言文字的猶疑不定與文學想像的不可思議。

四・「流變—蝨」的強度連續體

張愛玲「蝨患」之難以處理，不在於臨床或書信資料的多寡，而在於詮釋與診斷(或詮釋即診斷)之獨大。每位閱讀者(張愛玲友人、批評家、精神科醫師，也包括張愛玲自身)都迫不及待、競相指認，為「蝨患」做出診斷(寄生蟲肆虐、精神病、皮膚病、過敏症、身心症、人際關係疏離等)，為「跳蚤」之為何做出詮釋(真實、妄想、錯覺、投射、家族符號等)；而本章截至目前所展開的閱讀與閱讀的閱讀恐也不遑多讓，即便是從「文字再現的徵候」移轉到了「語言無意識本身作為徵候」(怕蝨怕到寫錯別字？)、從醫學診斷移轉到了文學的「過敏寓言」，恐也難以真正逃脫「徵候閱讀」的五十步笑百步。本章最後的一節，表面上或許仍是以「徵候」先行，但真正的企圖則在嘗試翻轉「徵候閱讀」的主客體位置，不再視文學家為等待被詮釋與被診斷的病人，而視文學家為生命的「大生者」(*grand Vivant*; great Alive)，一個用身體、用書寫來回應生命的穿行流經。如果文學家可以不是病人而是臨床實驗者，那在本章的最後我們是否可以用一種不再是認識論而是情動說（affect, affectivity）的方式，更形膽大妄為地「蟲」新展開張愛玲「逃逸路徑」的思考呢？[28]

本章在此的嘗試，乃是受王德威對張愛玲蟲患書寫作為「身體藝術」的啟發。在目前眾多的蟲患閱讀中，王德威獨排眾議，提出了一個截然不同的思考路徑，既溫柔又慘烈。在他為夏志清編註《張愛玲給我的信件》所寫的代跋〈「信」的倫理學〉中，他既不諱言張愛玲的「病」，亦不將張愛玲的「病」圈限在個人的家族創傷或離群索居之中，而是以文學救贖的方式，將張愛玲的「病」提升到了現代主義的高度：

> 張愛玲的「病」與病「態」幾乎有了身體藝術意味。就像卡夫卡、芥川龍之介、貝克特這些現代主義的作家們一樣，在人與蟲的抗戰裡，在地獄裂變的邊緣上，在白茫茫一片真乾淨的恐怖或歡喜中，張愛玲書寫著。她以肉身、以病、以生命為代價，來試煉一種最清貞酷烈的美學。（頁三九七）

在此張愛玲的「病」與病「態」與卡夫卡、芥川龍之介、貝克特相提並論，而此可能的「身體藝術」所凸顯的以肉身、以病、以生命，乃是徹底決裂於現有蟲患閱讀的特異路徑，充滿了可以繼續探索、開展、連結的潛力。

故本章最後一節正是擬以此段精采引文為出發，將張愛玲的「蟲患書寫」從「文字」帶到「身體」（即便文字也是身體，身體也是文字），並努力創造一個大膽的新連結：帶入法國哲學家德勒茲對「文學之為文化臨床」之基進思考。但為什麼是德勒茲而不是其他哲學家或理論家呢？不是因為德勒茲很正常，能夠指出張愛玲的不正常，而是因為他和張愛玲一樣「異常」，並發展出一整套得以逃逸正常／不正常（normal/abnormal）二元對立圈限之外而具有流變創造力的「異常」（anomalous）概念。對德勒茲而言，「異常」不與健康和疾病混為一談，「異常」總是在邊界之上，乃是異質多樣性之間不斷強度連結、變形與解畛域化的動態過程，岔出所有通則與範疇所界定的「正常」與作為「正常」反面、亦是由「正常」所反向界定的「不正常」（Deleuze and Guattari, *A Thousand Plateaus* 243-244）。而以「異常」看待世界生成變化的德勒茲，更曾在訪談中坦承自己對蟲子的著迷：「我確實對蜘蛛、跳蚤、扁蝨之類的動物入迷」（轉引自 Beaulieu 70）。他認為身上有扁蝨的人、身上有跳蚤的人，乃能帶出真正「與動物的關係」，而非精神分析中早已被伊底帕斯化了的「家庭動物」（將狼人、鼠人、怕馬的小漢斯等案例中出現的動物，都當成伊底帕斯家庭羅曼史成員的投射；或是前所論及把「跳蚤」讀為父親、母親等親情或生命的創傷經驗），亦非家中所豢養的貓狗寵物，因為後兩者所帶出的仍是人和動物之間「與人的關係」，而非真正具備「與動物的關係」。

那「蜘蛛、跳蚤、扁蝨」究竟有何魔力，而什麼又是德勒茲所謂「與動物的關係」呢？我們在此可以用德勒茲哲學中最有名的「蟲」例「扁蝨」（the tick）來嘗試說明。[29]此例乃典出德國生物學家魏克斯庫爾（Jakob von Uexküll）的相關研究，但德勒茲乃是將魏克斯庫爾所謂的「環境界」（*Umwelt*，德文「周遭世界」之意），成功轉換為文學藝術作為「感覺團塊」（bloc of sensation）之可能。扁蝨究竟有何過「人」之處？在生機湧動的世界當中，小小的扁蝨一生只擷取三件最單純的事：受到「光」的吸引而趨向樹枝頂端，不吃不喝沉睡等候經年，終在「氣味」的嗅覺刺激中甦醒，得知樹枝下有哺乳類動物經過，便以重力加速度的方式落在動物的皮毛之中，再經由「皮膚」的觸覺刺激，找到皮毛最少的區域吸血寄生（Deleuze and Guattari, *A Thousand Plateaus* 257）。換言之，扁蝨的「環境界」乃是由光線、氣味與膚觸的三種「情動」所構成，經由極其細微的刺激所形構的特異力量布置。扁蝨的生命力也單純只由兩個極限所界定，一個是「齋戒」的極限（在樹枝頂端不吃不喝等待寄主動物經過的時間，而其在養分來源極度匱乏的情況之下，依然能夠存活達數十年之久），另一個是「饗宴」的極限（吸血寄主動物到產卵的存活時間）。這是一個由感受力與環境所組構而成的「環境界」，然此「環境界」不是主體主觀意識所認知下被客體化、客觀化且可與主體分離的環境，「界」也不僅只是傳統動物行為學所定義的「界域」

（territory），而是「界」之為「介」，乃是「界域」不斷流變、不斷生成的「介於其間」，一切皆在關係的強度變化、摺曲、變形、畛域化與解畛域化之間。

而此簡單卻滿溢生機的「介於其間」，正是德勒茲得以進一步帶入史賓諾沙（Baruch Spinoza）以「身體能做什麼？」為問題意識所開展出的「情動」（affect）概念：

> 我們對身體一無所知，直到我們能知道身體能作什麼。換句話說，什麼是身體的情動，這些情動能或不能與其他情動、其他身體的情動進行配置，摧毀那個身體或是被那個身體所摧毀，與那個身體交換行動與情感，或是加入那個身體以共組更為有力的身體。（Deleuze and Guattari, *A Thousand Plateaus* 257）

扁蝨的一生便是此情動世界最純粹的表達，而此純粹表達更被德勒茲當成文學藝術所能給出的「感覺團塊」，一種純粹由「受感」（percept）、「情動」（affect）所構成的生機世界，在主體出現之前、在知覺（perception）出現之前、在情態（affection）出現之前、在語言文字的再現（representation）之前的微宇宙（微作為永恆「介於其間」的生成變化）。[30]

有了扁蝨作為流變生成之例，我們當可更進一步帶入德勒茲「流變—動物」的概念。誠如德勒茲在〈文學與生命〉（“Literature and Life”）中所言，「書寫也就是流變為書寫者之外的其他（something else）」（頁六），而「流變—動物」便成為德勒茲談論歐美現代主義文學家的重要發想：梅爾維爾（Herman Melville）《白鯨記》（*Moby-Dick*）中亞哈船長的「流變—鯨魚」、吳爾芙的「流變—猴子」、「流變—魚」、勞倫斯的「流變—烏龜」、卡夫卡的「流變—老鼠」、「流變—蟲」等（Deleuze and Guattari, *A Thousand Plateaus* 243, 239, 244）。此處的「流變」並非指向外型動作的模仿，而是異質多樣性之間的強度連結。「流變不是獲致一種形式（認同、仿效、模擬），而是找到相互毗鄰、無可視察、無可區辨的地帶，在此無法再分辨出一**個**女人、一**個**動物或一**個**分子——既非不精準、亦非太一般，而是在意料之外、前所未有，從一群之中特異化而出，而非取決於單一形式」（Deleuze, "Literature and Life" 1）。故卡夫卡的「流變—蟲」不是人的擬蟲化或蟲的擬人化，也不是模仿蟲的外觀、動作或生物習性，而是打破一個由形式與意旨所界定的世界，無關乎神話學（mythology）的詮釋，無關乎原型（archetype）的對應，而是置身於各種匿名力量與瞬間向量不斷滋生的場域，發現一個「純粹的強度世界」：「棄置物質中的運動，震動與極限閾值：動物、老鼠、狗、猿猴、蟑螂，只有此或彼的閾值，只有此或彼的震動，只有根莖或地洞的地下通道得以辨識」（Deleuze and Guattari, *Kafka* 13）。此亦即德勒茲透過「流變—動物」來談文學藝術時所特意凸顯的「實驗」（experimentation）與「保持警覺」——一隻蜘蛛，「她只接收在蛛網邊緣最輕微的震顫」（Deleuze, *Proust and Signs* 181-182）——

一個能真正給出革命解放力量而非僅限於「理解」和「詮釋」之關鍵。

那接下來就讓我們大膽嘗試能否創造出張愛玲與德勒茲的可能連結，亦即張愛玲與梅爾維爾、吳爾芙、勞倫斯與卡夫卡的可能連結，亦即張愛玲「以肉身、以病、以生命」而得與卡夫卡、芥川龍之介、貝克特的可能連結。張愛玲的蟲患能給出「流變—蟲」的革命解放力量或「純粹的強度世界」嗎？在「流變—蟲」的可能情動配置中，張愛玲可以不再是張愛玲，而蟲也可以不再是蟲嗎？司馬新在《張愛玲與賴雅》一書中記載，一九五六年在美國新婚的張愛玲，曾被夫婿賴雅取了個「殺蟻刺客」的綽號（頁一一三）。彼時的張愛玲與賴雅過著量入為出卻恩愛幸福的日子，租屋中的家具多來自「Yard Sales」的二手，房間牆壁破舊，張愛玲也欣欣然「擔任起油漆工的粗活」，而「公寓中發現螞蟻，張用殺蟻劑噴灑，極有效」（頁一一三）。但在一九八三年十月起的「跳蚤」肆虐（賴雅早於一九六七年過世），張愛玲卻變得束手無策，狼狽不堪。她在信中言道：「久不打掃，公寓裡貓狗的 fleas 傳了進來，需要地毯吸塵後全 apt. 噴毒霧，等於職業殺蟲人的工作，但是街口藥房就買得到，不免要試一下，真是不行再找人來。」[31] 原本為了省錢而想再次扮演殺蟲人的張愛玲，最後無奈還是請來了職業殺蟲人。「我叫了個殺蟲人來噴射，只保卅天，不 vacuum 無法根除。只好搬家，麻煩頭痛到極點。」[32] 不料搬去的新公寓沒有家具，而就在添置的二手冰箱隔熱層中，張愛玲又發現了特別厲害的跳蚤：「這次叫殺蟲人來，又老遠到獸醫院一兩百元買了十隻 flea bombs，與店裡賣的不同，接連兩天用掉，都毫無效力。」[33]

如前所述，就在殺蟲徹底宣告無效後，張愛玲展開了數年遷徙流離的汽車旅館生活，「從聖誕節起，差不多一天換個汽車旅館，一路扔衣服鞋襪箱子，搜購最便宜的補上，累倒了感冒一星期，迄未全愈」，[34]輾轉流離於洛杉磯市區、近郊與「Valley」（洛杉磯以北的山谷區）的各個汽車旅館（林式同，頁二三）。然從這段時期張愛玲寫給友人稀落的書信中，我們看到的不是一場傳統界定下「人」與「蟲」的大戰（人還是人，蟲還是蟲，主客仍舊清楚分離、劃地自限），而是一種以身體去展演「生成流變的全面啟動」，瓦解了主體、主觀、主動的掌控，而成為一種以「受感」、「情動」、以強度連結的「無器官身體」（body-without-organs），隨逃隨叮，隨叮隨逃。[35]此時張愛玲的生命樣態似乎已徹底單純化為三種「情動力」的反覆：警覺（感覺的強度）、逃離（移動的速度）與清剿（淨空的程度）：

已經開始天天換（汽車）旅館，一路拋棄衣物，就夠忙著添購廉價衣履行李。……又病倒，因為我總是乘無人在戶外閃電脫衣，用報紙連頭髮猛擦，全扔了再往房裡一鑽。當然這次感冒發得特別厲害，好了耳朵幾乎全聾了，一時也無法去配助聽器，十分不便。也還是中午住進去，一到晚上就繞著腳踝營營擾擾，住到第二天就叮人，時而看見一兩隻。看來主要是行李底、鞋底帶過去的。[36]

在這封目前尚未正式公開的書信中，張愛玲已不再是原本讀書寫作過生活的張愛玲，「蟲患」已天翻地覆重新建構了存在的強度與速度，生命只剩下「逃」與「追」的反覆。不能住公寓，因為簽約後無法脫身；不能去配助聽器，因為所有生命的能量都耗在逃離擺脫fleas，無暇他及。但即便每天逃到不同的汽車旅館，即便趁無人在戶外閃電脫衣，但逃離與清剿的速度，依舊不及fleas的「如影隨形」、[37]「鍥而不捨」的速度，「一到晚上就繞著腳踝營營擾擾，住到第二天就叮人」。

在此我們看到了兩種「速度」，一種是比快的「相對速度」，究竟是逃得快還是追得快，另一種則是生命樣態徹底變化的「絕對速度」，不能睡覺，不能寫作，不能妥善處理生活瑣事（甚至到後來丟失身分證，沒有固定地址，無法正常生活）。而由此逼顯的乃是一種極為「異常」的「保持警覺的存在」，「感覺」（sensation）不是對外在客體的「知覺」（perception）或可能的「知覺障礙」，「感覺」成為一隻蜘蛛，「她只接收在蛛網邊緣最輕微的震顫」，成為「和動物的關係」。而此時時刻刻對震顫、對信號、對蹤跡的警覺辨識，甚至給出了一種「異常」的視覺魔幻性。張愛玲一方面強調，肉眼幾不能視的

fleas還不斷變得細小，小得像細菌一樣看不見。如她在信中寫道：「坐臥都在地上，地毯是fleas的溫床，一個月住下來，更糟了。fleas已經不知多少代了，適應演變得快，又屢經殺蟲人清剿，變得細小得（加上speed）肉眼看不見——至少在我這近視的人——而專逐體溫」。[38]又如「我天天搬家這一點，大概實在史無前例。最善適應的昆蟲接受挑戰，每次清剿到快沒有了就縮小一次，（現在小得像鬍子渣，而細如游絲）變得像細菌一樣神出鬼沒。還是會飛躍叮咬刺痛」。[39]而在另一方面張愛玲超級大近視的眼睛，卻突然變得超級敏銳精準，明明肉眼看不見的fleas竟也難逃其法眼。「我那皮膚病醫生就一直不大相信，因為沒有flea-bites。那是因為旅館的fleas來不及長大，不大叮，叮了也一小時就消失了。近來我只有一次看見一隻在桌上滑走，a darting zigzagging motion，也無法捉給他看。此外還有撞死在TV玻璃上的，『血肉模糊』，只看得出沒翅膀，不是果蠅」，[40]或是「前兩天有兩隻大一點的淹死在溫熱的牛奶裡，黑白分明，看得清清楚楚，長喙與蜷曲的身體一樣長」。[41]但不論是可見不可見、真實或虛幻，「張愛玲」已然被逼顯為一種在正常／不正常之外的「異常」，一種分秒時刻「保持警覺的存在」。

於是「張愛玲」成為一種速度，搬遷的速度，脫衣的速度，清剿的速度，逃脫的速度；「蟲子」也是一種速度，成長的速度，移動的速度，寄生的速度，適應的速度。故「流變—蟲」作為一種變化的速度與速度的變化，乃同時給出「相對速度」與「絕對速度」，給出生存邊界的解畛域化，一切在「警覺—逃離—清剿」的反覆中加速進行，「張愛玲」與「蟲子」進入了不再可以清楚區辨的毗鄰界域，以強度連結、摺曲、貼擠與變形。如同王德威筆下精敏的觀察，「病是張愛玲後三十年的剋星，但又彷彿是盤桓不去、欲拒還迎的客人；是一種嚙蝕身心的恐懼，但是否也是驅之不去的欲望？」（〈「信」的倫理學〉，頁三九六）。在此以肉身展演「生成流變全面啟動的狀態」之中，或許早已分不清「拒」與「迎」、「驅」與「趨」、恐懼與慾望的差別了。

於是張愛玲的「逐蟲而居」，便同時體現為「驅逐」蟲子與「追逐」蟲子（而非僅是被蟲子追逐）的弔詭，不斷逃離如影隨形的 fleas，也不斷投向鍥而不捨的 fleas 懷抱，或鍥而不捨地投向 fleas 的懷抱。她於一九八四年四月二十日給莊信正的信中提到：

> 目前還不能租房子，到時候再找他們。搬來搬去，同一 motel 也換房間，稍微 suspect 的衣物全扔掉，也還是住進去數小時後就有 fleas。多住幾天才老辣起來，會叮。一般都是貓狗有 fleas 主人也不受影響。小旅館稱 flea-bags，也沒聽說有帶著走的。（莊信正，頁一五〇）

此處張愛玲要說的似乎是即便小旅館號稱 flea-bags，但小旅館裡的 fleas 照理說也不會被住房客人「帶著走」，不像她雖然搬來搬去，fleas 卻能如影隨形、窮追不捨。但與此同時不也帶出另一種「欲拒還迎」的弔詭：既然明知「小旅館稱 flea-bags」，避蟲逃亡卻是捨公寓而輾轉流離於各種平價或廉價的汽車旅館。看來有時幸運（旅館沒 fleas），有時不幸（旅館有 fleas），只是讓人徹底無法弄清，究竟張愛玲是避蚤而逃，還是攜蚤而逃：「迄今還沒碰上一家有 fleas 的旅館，這次終於碰上了！連夜又把行李搶救出來，原來奄奄一息的 fleas 輸入新血，又惡化，最近這兩天更是一天一個 crisis。」[42]而張愛玲避蚤逃亡期間也曾短暫居住在沒有家具的公寓。她於一九八四年十月二十三日給莊信正的信上寫道：「現在這 apt. 因為沒傢俱，只有個 air mattress，坐臥都在地毯（fleas 的溫床）上，更糟了」（莊信正，頁一六〇）。幾乎同樣的內容也出現在她寫給宋淇夫婦的信中：「坐臥都在地上，地毯是 fleas 的溫床，一個月住下來，更糟了。」[43]而隨後寫給莊信正的信又再次提及：「經過 Vista St. 一個月的席地生活，fleas 演變得更棘手了」（莊信正，頁一六二）。避 fleas 避到了 flea-bags，避 fleas 避到了在 fleas 溫床上席地生活一整個月，張愛玲的「逐蟲而居」與明知故犯，確實充滿了「拒」與「迎」、「驅」與「趨」的弔詭，實非常理可推。

而與此同時「警覺」作為生命另一個單純的「情動力」，也同樣出現了甚為弔詭的情境——一方面是時時警覺 fleas 的神出鬼沒，一方面卻是日常生活的全面棄守，在公車上打瞌睡，精神恍惚，被偷被扒：

但是抗 fleas 工作等於全天候帶加班的職業，上午忙搬家，下午出去買東西補給藥物與每天扔掉的衣履與「即棄行李」——大「購物袋」——市區住遍了住郊區，越搬越遠，上城費時更長。睡眠不足在公車上盹著了，三次共被扒竊一千多，三次都是接連三天只睡一兩小時。只好決定除每天非做不可的事外，什麼事都不做，多睡兩個鐘頭，清醒點。[44]

按照常理推斷，若將所有的精神注意力都放在「抗 fleas」上，自然睡眠不足、精神不濟。但此段引文的本身卻又同時是常理推斷的「域外」，是怎樣特異的情動配置讓生命只剩下「抗 fleas」的一項工作，與應運而生的搬家、補給藥物與添補每天扔掉的衣履，日復一日、反覆循環呢？而「抗 fleas」之所以「全天候帶加班」、之所以將一日的睡眠擠壓到一兩小時，其中的關鍵便在於「清剿」之徒勞。「有一天累極了，沒執行三小時消毒手續，下午有事出去，好幾個鐘頭不能用火酒擦，就此紮了根。大量用消毒劑，都蠕蠕爬了出來。（也還是半小時後就又 re-infested，不過好些，儘管一天消毒兩次）」。[45]而「清剿」不僅牽動不斷的搬家、牽動日常衣履的隨棄隨購，更牽動各種反覆的「消毒」過程與各種可能的「窠巢」清除（如不斷剪髮）。而張愛玲死前的皮膚病惡化與蟲患復發，更走向一種至為清堅決絕的死亡對決。「清剿」最終的弔詭，乃是讓身體成為寸步不讓的焦土，哪怕紫外線日光燈的照射不斷晒傷烤焦皮膚，也要與 fleas 玉石俱焚（此清貞酷烈不正如梅爾維爾《白鯨記》中亞哈船長的「流變—鯨魚」）。「我上次信上說一天需要照射十三小時，其實足足廿三小時，因為至多半小時就要停下來擦掉眼睛裏鑽進去的小蟲……有一天沒做完全套工作就睡著了，醒來一隻眼睛紅腫得幾乎睜不開」。[46]「逐（驅逐）蟲而居」以警覺、以逃、以清剿，「逐（追逐）蟲而居」以肉身、以病、以生命，「蟲患」成為「生成流變全面啟動的狀態」，身體最終書寫著身體的被書寫。「身體能做什麼？」當感覺竄流身體而震動戰慄，白茫茫一切真乾淨之中，只有去影響與被影響的情動力，只有最單純、最大強度的「流變—蟲」，只有感染、摺曲、變形、共存亡，只有生命的無人稱。

本章在此所展開的張愛玲—德勒茲連結，不是無視於生命的煎熬痛苦或最終的結束，而是嘗試如何看到強度化、解畛域化的過程，為何得以解放出「非人稱的行勢」（the force of impersonal），得以將「單子論」（monadology）轉換為「遊牧學」（nomadology）。德勒茲說「異常」總是在邊疆之上，異質多樣性之間不斷以強度連結，而張愛玲說文藝溝通心靈的作用總是「在人類經驗的邊疆上開發探索，邊疆上有它自己的法律」（〈談看書〉，頁一八四）。「流變—蟲」便是此情動世界最純粹的表達，邊疆上特異力量的布置。也只有在這個時刻，我們得以再次回返張愛玲在一九八五年十月曾向宋淇所提及的書寫計畫：「我想寫篇叫〈不捫蝨而談〉，講 fleas 的事，目前沒有工夫也只好先讓它去了」（宋以朗，《宋淇傳奇》，頁二八六—二八七）。[47]收到信的宋淇也立即回覆道，「〈不扪蝨而談〉題目極精采，但寫起來極不容易。不過寫出之後可以silence所有的竊竊『私語』」（頁二八七）。這篇〈不扪蝨而談〉原本規畫要收在一九八八年出版的《續集》之中，但彼時深陷「蟲患」的張愛玲連《續集》的序都無法寫出（由宋淇代筆），更遑論要寫篇文章「講fleas的事」。那張愛玲的「蟲患」書寫（書寫「蟲患」也被「蟲患」所書寫），以文字、以書信、以肉身所展演的全面啟動的狀態，如何可以被視作一種「不扪蝨而談」、一種得以啟動革命解放力量的文學實驗呢？[48]什麼又會是「扪蝨而談」與「不扪蝨而談」的強度差異呢？早在一九四三年十一月張愛玲就在文章中論及魏晉名士的「扪蝨而談」：

> ……羣居生活影響到中國人的心理。中國人之間很少有真正怪癖的。脫略的高人嗜竹嗜酒，愛發酒瘋，或是有潔癖，或是不洗澡，講究扪蝨而談，然而這都是循規蹈矩的怪癖，不乏前例的。他們從人堆裏跳出來，又加入了另一個人堆。到哪兒都脫不了規矩。（〈洋人看京戲及其他〉，頁一一五）

對張愛玲而言，中國人的群居生活造成了性格裡的粗俗。粗俗不來自不知規矩，反而弔詭地來自太多規矩，沒有私生活，「到哪兒都脫不了規矩」，就連所謂奇人名士的怪癖也都是「循規蹈矩的怪癖」。若依此邏輯，「捫蝨而談」充其量只是一種老生常談，並無真正在循規蹈矩之外的驚世駭俗，那張愛玲以肉身、以病、以生命的「不捫蝨而談」，難道也是另一種在〈天才夢〉之外的「一語成讖」，徹徹底底脫規矩，去主體、去再現、去畛域，而如是給出了前所未有的「感覺團塊」。

德勒茲以「大生者」來翻轉書寫者之為「病人」的傳統論斷。「書寫者有可能健康狀態孱弱、體質纖細，他依舊是神經官能症患者的反面：一種大生者（以斯賓諾莎、尼采或勞倫斯式的方式），只有對那流經他的生命或對那穿越他的情動力而言，他才是太過虛弱的。書寫沒有其他的功能，只是成為不斷的流動變化，與其他的流動變化相互接合：世界全部的少數—生成。流動變化乃是在創造與毀滅之間的某種強度、瞬間與突變」（Deleuze and Parnet 50）。此亦為何德勒茲主張文學書寫者乃是最厲害的徵候學者，不是病人，而是文化的臨床醫生。他質疑當前以醫學臨床所主導的徵候學，主張應以文學、藝術、哲學所開啟的徵候學取而代之，讓徵候不再制式地導向病理與診治，而是透過徵候揭露力量的關係布置（什麼樣的力量關係給出了這些徵候），透過徵候看到另類的感性與「異常」，而得以在醫學之外的零度之處，看到「藝術家與哲學家與醫生與病人的一起到來」（Deleuze, "Mysticism and Masochism" 134）。也唯有在此零度之處，「徵候閱讀」不再是詮釋與診斷，而是「大生者」身處情動力世界的以肉身、以病、以生命。

如是在文學探勘人類經驗的邊疆之上，我們看見了卡夫卡、芥川龍之介、貝克特，我們看見了梅爾維爾、吳爾芙、勞倫斯，我們是否也終將看見在邊疆之上的張愛玲呢？以肉身、以病、以生命。

注釋

1 筆者最早曾嘗試在〈蝨子與跳蚤〉一文，從張愛玲辭世前再次發作的蟲患，重新審視其戀衣情結，試圖找出衣飾作為「戀物」（the fetish object）與跳蚤作為「懼物」（the phobic object）之間的可能糾纏，亦即找出張愛玲的戀衣情結與蟲患之間介於「比喻」（the figurative）與「字義」（the literal）之間的曖昧滑動，而對此名句的詮釋正是該文論述發展的核心。而本章則是另闢蹊徑，企圖從語言無意識與生成流變的角度，重探此名句與張愛玲「蟲患」的複雜糾結。

2 該文最早發表於《西風》雜誌四八期（一九四〇年八月），此徵文活動的獲獎合集，也於一九四一年由上海西風出版社以《天才夢》出版，乃是用了張愛玲的題目當成書名。張愛玲曾在〈憶「西風」」：第十七屆時報文學獎特別成就獎得獎感言〉一文中追溯到五十多年前的此樁「公案」，如何由最初被告知的頭獎變成了最末獎，並對後來公布的頭獎〈我的妻〉（實為〈斷了的琴弦：我的亡妻〉，筆名水沫）遠遠超過徵文五百字的限制深表怨忿：「受五百字的限制，改了又改，一遍遍數得頭昏腦脹。務必要刪成四百九十多個字，少了也不甘心」（頁二七），而〈我的妻〉卻有三千餘字，顯然違反徵文規定。但此怨忿多年的舊事重提，還是有趣帶出張愛玲對數字的可能迷糊：〈天才夢〉一文乃一千三百餘字，而非四百九十餘字。

3 「蟲患」乃張愛玲本身的用語，其比當前批評界慣用的「蚤患」更能凸顯此疾患的龐大類屬與類屬最終的不可區辨。張愛玲的「蟲患」包括了各種有名稱（蝨子、跳蚤、螞蟻、蟑螂）與無名稱的蟲子，甚至在給姑姑的家書中，還包括了 a Proteus organism（變形桿菌〔生物體〕），「可能是住了兩年旅館染上的，與皮膚病不相干」（轉引自陳子善，

〈遙遠的思念〉，頁三〇〇）。陳子善文中對該信件的引用，錯將 organism 拼成 orgahnism。

4 一九八四年一月十三日張愛玲寫給宋淇、鄺文美夫婦的信，轉引自林幸謙，〈張愛玲（未公開）書信的檔案考察與蚤患病痛〉，頁一六二。

5 其中最齊備詳盡的當屬林幸謙的相關論文，討論的材料包括一些張愛玲與宋淇、鄺文美夫婦間尚未公開的書信檔案資料，這些未公開的書信對本文論述的發展助益甚多。

6 張愛玲因鄰居貓狗身上的跳蚤而搬離 1825 N Kingsley Dr. 之後，也曾短暫居住過 1749 N Serrano Ave.，直到其聲稱另一批藏在二手冰箱隔熱層的中南美品種淺棕色跳蚤肆虐為止，才開始流浪於各家汽車旅館，一九八四年夏秋也曾短暫嘗試住進 1538 N Vista St. 的公寓亦不成功。而一九八八年二月因皮膚病療癒成功而住進 245 S. Reno St.，但後又因六月發生的「垃圾事件」而迅速搬離。接著搬到朋友林式同新建造的出租公寓 433 S. Lake St.，後又因蟑螂、螞蟻、小花甲蟲過多而再次搬離，一九九一年最終落腳於 10911 Rochester Ave. 直至過世。根據林式同〈有緣得識張愛玲〉中所提及、整理與表列張所寄來的郵件地址觀之，除出租公寓外，張愛玲在「蟲患」最嚴重的四年多時間裡（一九八三年末至一九八八年初），不斷在洛杉磯地區上百家汽車旅館之間遷移流離。

7 「蟲患」用語可參見張愛玲於一九八三年十一月五日寫給莊信正的信（莊信正，頁一四六）。「蟑螂螞蟻小花甲蟲」不加頓號分隔的用法，乃直接引自張愛玲於一九八九年十二月十一日寫給莊信正的信：「此地新房子蜜月期已過。蟑螂螞蟻小花甲蟲全有了。房東發通告警告髒亂與違規養貓狗——可能就快有 fleas 了」（莊信正，頁一八八）。又如張愛玲於一九九一年十一月一日寫給夏志清的信也用「蟲患」來表達：「先些時我又因為逃蟲患搬家，本來新房子沒蟑螂，一有了就在三年內氾濫，殺蟲人全都無效。最近又發現租信箱處有螞蟻」（夏志清，頁三六六）。

8 我們在此也必須面對張愛玲論及「蟲患」時可能涉及特定「種族」、「膚色」的移民刻板印象與特定地域的「落後」連結。從一九五五年赴美第一封寫給鄺文美的信中，就提及同船「菲律賓」女孩們頭髮上的「蚤」子（張愛玲、宋淇、宋鄺文美，頁一四五），此處二手冰箱隔熱層中乃是「中南美」品種的跳蚤，或是於一九九一年十一月一日給夏志清的信中提到「接連鬧跳蚤蟑螂螞蟻，又不是住在非洲，實在可笑」（夏志清，頁三六六）。但蟲蟻、環境髒亂與移民素質的連結，也非張愛玲所獨有。張愛玲友人林式同曾多次協助張愛玲搬遷，在一九八八年底又幫忙張愛玲搬入其所新建的Lake St.公寓，「一九九一年，因地點關係，我在Lake St.的那棟公寓裡住進了許多中美移民，素質較差，三年新的房子，已經被弄得很髒了，有人養了貓，引來許多蟑螂蟲蟻。於是在那年四月，張愛玲來信要搬家」（〈有緣得識張愛玲〉，頁三三）。而張愛玲在寫給莊信正的信中，也提及Lake St.公寓「可能就快有fleas了」，即便房東發通告警告髒亂與違規養貓狗，也叫了殺蟲人來，但「房客（中南美與黑人居多）怕麻煩。大都不要」（一九八九年十二月十一日，莊信正，頁一八八）。

9　一九八五年十月五日張愛玲寫給夏志清，見夏志清的信，頁三三二。

10　一九八八年四月六日張愛玲寫給夏志清，見夏志清的信，頁三四〇。

11　過去的統計主要以宋以朗在《張愛玲私語錄》中所言：「張愛玲與鄺文美、宋淇之間的往來通信，計有六百多封，共四十多萬字」（張愛玲、宋淇、宋鄺文美，頁一三四）。

12　然就張愛玲「未公開」的書信檔案資料而言，一九八三年十月十日張愛玲寫給宋淇、鄺文美夫婦的信中就已提及「蟲患」搬家的緣由。

13　當然除了這位「加大膚科主任」外，張愛玲同時也看了其他友人（如林式同）所介紹的皮膚科醫生，可見下段討論。

14　此段引文出自一九九五年七月二十五日張愛玲寫給宋淇、鄺文美夫婦的最後一封信，可見張愛玲、宋淇、宋鄺文美，頁三一六。在此我們也可嘗試了解張愛玲在「蟲患」時期的醫療保險狀況。美國的商業私人醫療保險往往保費昂貴，而張愛玲在不斷就醫的過程中，其實是沒有買長期商業醫療保險的，故其所能獲取的醫療照顧也可能因此相對低階且不足，怕是越怕花錢越花錢。張愛玲曾在一九八九年給林式同的信件中寫道：「我覺得像我這樣沒按月收入的人，醫療費還是現付合算，但是現在此地醫院往往不收沒保險的病人，所以預備保個短期住院Blue Shield，大概比較簡單，就不用麻煩您了」（林式同，頁三〇）。按照林式同的說法，張愛玲是在一九九一年重新申請補辦公民身分證後，才得以辦理聯邦醫療保險（頁四〇）。

15　「精神病」與「皮膚病」作為兩端閱讀的分類本身亦有許多問題。以張愛玲的「皮膚病」為例，目前的書信文本中已出現各種可能的方向：天生皮膚不好、洛杉磯「少雨近沙漠」的乾燥氣候、跳蚤叮咬所造成之皮膚反應、年齡老化所造成的皮膚乾燥或皮下搔癢、壓力所造成的身心症、免疫系統失調所造成的過敏反應等，很難清楚劃出生理／心理、外在／內在、身體／精神、病徵／幻覺之間的界線。

16 一九八四年五月二十七日張愛玲寫給宋淇、鄺文美夫婦的信，轉引自林幸謙，〈張愛玲（未公開）書信的檔案考察與蚤患病痛〉，頁一六四。

17 一九八一年十二月十一日張愛玲寫給宋淇夫婦的信，轉引自林幸謙，〈張愛玲（未公開）書信的檔案考察與蚤患病痛〉，頁一四七。

18 一九八四年四月二十日張愛玲寫給莊信正的信，見莊信正，頁一五〇。

19 一九八五年二月十六日張愛玲寫給莊信正的信，見莊信正，頁一六四。

20 一九八六年九月二十五日張愛玲寫給莊信正的信，見莊信正，頁一六七。

21 一九八八年二月十二日張愛玲寫給宋淇夫婦的信，轉引自林幸謙，〈張愛玲（未公開）書信的檔案考察與蚤患病痛〉，頁一六八。

22 當然我們也無法完全排除另一可能：「睫毛頭皮屑症」乃張愛玲自己的穿鑿附會，並非醫生正式的檢驗與診斷結果，那就自然排除了「毛囊蠕形蟎蟲」作為真實存在的鐵證。然即便如此，我們依舊可感受到張愛玲迫切想要證明「蟲患」乃皮膚病的主因，而蟲子（不論是蟎蟲或 fleas）也都真實存在並肆虐過。此外張愛玲在最後一封通信中舊事「蟲」提的另一原因，乃是因為寫信當下又出現了類似的症狀：「我上次信上說一天需要照射十三小時，其實足足二十三小時，因為至多半小時就要停下來擦掉眼睛裏鑽進去的小蟲，擦不掉要在水龍頭下沖洗，臉上藥沖掉了又要重敷」（一九九五年七月二十五日致鄺文美、宋淇信，張愛玲、宋淇、宋鄺文美，頁三一六），而信中張愛玲也將自己的「眼睛輕性流血」歸咎於有如沙蠅一般會叮人的「膚屑」：「當然膚屑也有真有假。真膚屑像沙蠅一樣叮人，crash-dive into eyes with a stab of pain. 眼睛輕性流血已經一年多了」（頁三一六）。此處讀起來的匪夷所思，恐怕還是得和信中後來提到的「睫毛頭皮屑症」相串聯（即便後者乃是蟎蟲寄生病，而非日光燈強烈照射下不斷鑽進眼睛、耳朵的小蟲）。當張愛玲就診的加大膚科主任指出張愛玲以為的「蟲」——「其實是膚屑（skin flakes），我不是拿到顯微鏡下看也不相信」（頁三一六），在無法否認「蟲」其實是「膚屑」的科學檢驗下，張愛玲還是可以用「明喻」（simile）的「像」來形容即便是「膚屑」也「會像沙蠅一樣叮人」，直插入眼睛造成刺痛，當是再次混淆於睫毛皮屑—身體膚屑—寄生蟎蟲—鑽入小蟲的不可分之中。

23 除了〈天才夢〉結尾這句最膾炙人口的名言外，張愛玲的文學文本裡也不時出現蝨蚤等小型昆蟲所造成的身體搔癢與困擾。如「水開了，金香拎著一壺水挾著狗上樓去，不料她自己身上忽然癢起來了，腳背上，袴腰上，她慌了手腳，知道是狗身上的跳蚤，放下了狗，連忙去換衣裳。來到下房裏，一間下房裏橫七豎八都是些床鋪箱籠，讓虼蚤跳到床上去，那就遺患無窮」（〈鬱金香〉，頁九）；「太陽晒在身上暖烘烘的，月香覺得腰裏癢起來，掀起棉襖來看看，露出一大片黃白色的肉。她搔了一會癢，把皮膚都抓紅了，然後她突然疑心起來，又把金根那件棉襖攤開來，仔細看了看，什麼都沒有。於是她又把他的袖子掏出來，繼續補綴」（《秧歌》，頁六二）；或《異鄉記》、《重訪邊城》中也有各種對臭蟲的恐懼與嫌惡等。

24 此主要乃是清代學者程穆衡的觀點，可參見〔清〕程穆衡，《水滸傳注略》，收入朱一玄、劉毓忱編，《水滸傳資料匯編》，頁四一五。

25 在避蝨蚤而就 fleas 的用字轉換過程中，最早出現的乃是 fleas 與跳蚤的並用。如張愛玲於一九八三年十月二十六日在寫給莊信正的信中寫道：「鄰居貓狗的 fleas 傳入，要 vacuum 後再噴毒霧……久住窗簾破成破布條子，不給換我也不介意，跳蚤可馬虎不得」（莊信正，頁一四四）。

26 譚志明曾精采指出張愛玲小說中顏色詞與皮膚感覺的互通，並以〈花凋〉「她爬在李媽的背上像一個冷而白的大白蜘蛛」或〈傾城之戀〉「她坐在床上，炎熱的黑暗包著她像葡萄紫的絨毯子」為例說明，然其論述架構乃是以錢鍾書的「通感」作為詮釋核心，以凸顯視覺、聽覺、味覺、嗅覺、觸覺的互通。本章在此的「過敏寓言」閱讀，較非強調眼耳鼻舌身意的「連覺」（synesthesia）或「通感」，而是嘗試展開「轉喻」的毗鄰連接（contiguity），以鬆動意義的錨定（意符與意旨的貼合對應）。

27 一九八八年二月十二日張愛玲寫給宋淇夫婦的信，轉引自林幸謙，〈張愛玲（未公開）書信的檔案考察與蚤患病痛〉，頁一六八。

28 本章對affect的翻譯，採目前學界較常使用的「情動」或「情動力」。接下來的正文部分將透過德勒茲對史賓諾莎「身體能做什麼？」的思考，來重新詮釋「情動」概念。

29 Tick的中文翻譯包括扁蝨、蜱、壁蝨、草爬子，本章採用扁蝨的翻譯，當然是希望能在字面上呼應文中所不斷論及的「蝨子」，但嚴格說起來此蝨非彼蝨，扁蝨並非蝨子的一種。就動物分類學而言，扁蝨屬蛛形綱（Class Arachnida），乃蜘蛛的近親，擁有四對腳，沒有觸角，也沒有複眼；而蝨子和跳蚤同屬昆蟲綱（Class Insecta），擁有三對腳、有觸角、有複眼。但三者皆是節肢動物寄生蟲。

30 德勒茲特別強調「受感」（percept）不同於「知覺」（perception）、「情動」（affect）不同於「情態」（affection），後兩者皆是以主體作為感知的中心與情感的狀態，而前兩者則是在主體形成之前的瞬間貼擠（授—受，影響—被影響），無有內外主客之別，而所謂的主體乃是在此不斷貼擠過程中所產生的幻覺。

31 一九八三年十月十日張愛玲寫給宋淇夫婦的信，轉引自林幸謙，〈張愛玲（未公開）書信的檔案考察與蚤患病痛〉，頁一四八。

32 一九八三年十月二十六日張愛玲寫給莊信正的信，見莊信正，頁一四四。

33 一九八四年一月二十二日張愛玲寫給莊信正的信，見莊信正，頁一四八。

34 一九八四年一月二十二日張愛玲寫給莊信正的信，見莊信正，頁一四八。

35 此處的「無器官身體」概念來自德勒茲，不指向整體性、輪廓線、形式、積體，而指向特異複數力量的布置，由動靜快慢強度連續體所定義的身體。此概念所凸顯的，乃是在言說之前，在辭彙之前，在事物、感覺被命名之前就觸及身體的力量布置，不是身體先存在之後再進入此狀況，而是先進入了某種力量布置而有了（無器官）身體，乃是在語言文字抵達前的無思維，由強度、速度與張力所交織而成的混沌暴力。而以下的討論將此「無器官身體」概念更聚焦於「流變—蟲」的解畛域化。

36 一九八四年一月十三日張愛玲寫給宋淇夫婦的信，轉引自林幸謙，〈張愛玲（未公開）書信的檔案考察與蚤患病痛〉，頁一六二。

37 一九八四年八月二十九日張愛玲寫給莊信正的信，見莊信正，頁一五三。

38 一九八四年十一月二十七日張愛玲寫給宋淇夫婦的信，轉引自林幸謙，〈張愛玲（未公開）書信的檔案考察與蚤患病痛〉，頁一六八。

39 一九八六年六月九日張愛玲寫給宋淇夫婦的信，轉引自林幸謙，〈張愛玲（未公開）書信的檔案考察與蚤患病痛〉，頁一六一。

40 一九八四年五月二十七日張愛玲寫給宋淇夫婦的信，轉引自林幸謙，〈張愛玲（未公開）書信的檔案考察與蚤患病痛〉，頁一六四。

41 一九八五年七月二十七日張愛玲寫給宋淇夫婦的信，轉引自林幸謙，〈張愛玲（未公開）書信的檔案考察與蚤患病痛〉，頁一五九。若是回到精神醫學的診斷，此乃「妄想性蟲爬」的「火柴盒」（matchbox）典型徵候：患者會用小盒子收集所謂的「蟲蟻」標本帶到診所化驗，以此向醫生證明「蟲蟻」的真實存在，但往往盒內所裝乃膚屑等疑似物而非真的「蟲蟻」屍體。但此處我們已將焦點從精神醫學的診斷，移轉到身體感覺的強度，如何在「流變—蟲」的情動配置中，看到視覺的「異常」變化。

42 張愛玲寫給宋淇夫婦的信，日期不確定，轉引自林幸謙，〈張愛玲（未公開）書信的檔案考察與蚤患病痛〉，頁一六一。

43 一九八四年十一月二十七日張愛玲寫給宋淇夫婦的信，轉引自林幸謙，〈張愛玲（未公開）書信的檔案考察與蚤患病痛〉，頁一六八。

44 一九八六年九月二十五日張愛玲寫給莊信正的信，見莊信正，頁一六七。

45 一九八五年三月三日張愛玲寫給宋淇夫婦的信，轉引自林幸謙，〈張愛玲（未公開）書信的檔案考察與蚤患病痛〉，頁一六六。

46 彼時的張愛玲「藥日久失靈」，只有天天照「日光燈」才有點效力。信中記載到起先是天天跑 tanning salon，高級乾淨的要走很遠的路，而公車直達的就有 fleas，故「決定買個家用的日光燈。現在禁售，除非附裝計時器，裝了又太貴沒人買，$600 有價無市。舊的怕有 fleas 卵，但是連舊的都沒有。好容易找到遠郊一個小公司有售，半價，又被搞錯地址幾星期才送到」（一九九五年七月二十五日張愛玲寫給宋淇夫婦的信，張愛玲、宋淇、宋鄺文美，頁三一五—三一六）。而林式同在〈有緣得識張愛玲〉中也寫道：「她的遺容很安詳，只是出奇的瘦，保暖的日光燈在房東發現時還亮著」（頁五八）。看來張愛玲最後買的「半價品」，恐怕不是附裝了計時器的新款，而是沒有加裝計時器的舊款，此或許也與張愛玲最後的辭世有所關聯。

47 此處原文為「不捫虱而談」（下段引文亦同），「虱」為「蝨」的異體字，「捫虱」亦即「捫蝨」。為統一上下文的用法以避免不必要的混亂，本章一律採張愛玲在〈洋人看京戲及其他〉中的用法：「捫蝨而談」。

48 此處的「實驗」（experimentation）乃德勒茲的用法，不是去問「其意義為何？」，而是去問「其如何運作？」；前者導向詮釋，而後者導向「去主體」的實驗。故此處的「實驗」用法，不是傳統以個人主體與主觀意識為核心而去從事進行的實驗，而是生命無人稱力量所可能給出前所未見的「去主體」解畛域化強度。

第五章
祖母的時間

談張愛玲，有可能從張愛玲的祖母李經璹談起嗎？而談張愛玲的祖母李經璹，有可能跳脫既有的家族與傳記框架，而得以給出不一樣的祖母、不一樣的時間感性嗎？

過往對張愛玲出身名門的家世鋪陳，多將其視為清末四大家族的集結，包括祖父張佩綸家族、祖母李經璹（李菊耦）背後的李鴻章家族、母親黃逸梵（黃素瓊）背後的江南水師提督黃翼升家族、繼母孫用蕃背後的外交大臣（後為北洋時期總理）孫寶琦家族。[1] 而此處我們獨排眾議，單刀切入張愛玲的祖母李經璹，卻不會只是表面上天真單純地想要以「母系」取代「父系」而已（畢竟「祖母」之中早已有「祖」，任何表面的「母系」之後仍是「父系」，母姓的背後仍是另一個父姓），而是希冀由一句與張愛玲祖母李經璹息息相關的話語——「朦朧的女權主義」，來展開一種截然不同的理論化嘗試，一種企圖創造「朦朧」作為「當代」時間感性的可能思考路徑。張愛玲的「當代性」與張愛玲作為我們的「當代之人」，恐唯有在爆破傳統的家族世系與其所預設的線性同質時間觀後，才有可能在「朦朧」的時空交織中，看到新的時間感性與美學政治。

首先，我們來看看「朦朧的女權主義」究竟典出何處。張愛玲曾在《對照記》中以圖文並茂的方式，嘗試浪漫化祖父母的美滿姻緣，亦是目前張愛玲文本對祖母李經璹著墨最多之處，雖然仍遠遠不及其對祖父、父親、母親、姑姑等更為深刻的描寫。祖母李經璹為李鴻章長女，二十三歲下嫁兵敗被逐、拜在李鴻章門下的昔日清流黨才子張佩綸為繼室，三十七歲喪偶孀居，獨力撫養一對兒女（兒子張志沂、女兒張茂淵，亦即張愛玲的父親與姑姑）長大成人，一九一六年過世。祖母過世四年之後才出生的張愛玲，僅能從家人和僕人口中，聽得有關祖母的隻字片語。像家中曾侍奉過祖母的老女僕，最洋洋得意於老太太的趣事一籮筐，包括如何省草紙，如何為其一對兒女穿著打扮。「老太太總是給三爺穿得花紅柳綠的，滿幫花的花鞋」（《對照記》，頁四四），同時卻又讓女兒穿男裝，而這在表面上「顛倒陰陽」的怪異舉動，也讓她成為眾親戚眼中乖僻的老太婆。但從老女僕與姑姑口中零碎拼湊出的祖母形象，卻在張愛玲長大成人後，有了對祖母一番心思的幡然了悟，並以「朦朧的女權主義」名之：

我祖母給他穿顏色嬌嫩的過時的衣履，也是怕他穿著入時，會跟著親戚的子弟學壞了，寧可他見不得人，羞縮踧踖，一副女兒家的靦腆相。一方面倒又給我姑姑穿男裝，稱「毛少爺」，不叫「毛姐」。李家的小輩也叫我姑姑「表叔」，不叫表姑。我姑姑說我祖母後來在親戚間有孤僻的名聲。因又悄聲道：「哪，就像這陰陽顛倒，那也是怪僻。」我現在想起來，女扮男裝似是一種朦朧的女權主義，希望女兒剛強，將來婚事能自己拿主意。（《對照記》，頁四六）。

在張愛玲的眼中，祖母一點都不怪異，她讓自己的兒子穿得花紅柳綠，自是將兒子拴牽在家、不被親族子弟帶壞的苦心孤詣，她讓自己的女兒女扮男裝，顯然是希望女兒不要步上她的後塵，婚姻無法自主，一切聽憑父母之命。

一．「朦朧」的性別弔詭

故「朦朧的女權主義」第一解，可以是張愛玲刻意凸顯祖母在性別意識上的朦朧不明，沒有意念先行，沒有意識形態掛帥，更沒有民國女性「初受西方文化的薰陶，醉心於男女平權之說」（〈更衣記〉，頁七三）的可能。祖母從未言說甚至也恐從未聽聞由西方feminism一詞在一九二〇年代翻譯成中文的「女權主義」，只是基於自身的經驗與遭遇，希冀自己的女兒能自立自強、婚姻自主。在清末民初改朝換代的大動盪之中，「朦朧」一詞所可能帶出的，正是這種隱約恍惚不清晰的啟示與行動，纏繞在母女或女性世代經驗的傳承與回望之間，而非任何旗幟鮮明的女權主義號召或主張。

而「朦朧的女權主義」更進一步的第二解，則又可導向張愛玲常言的「不徹底」，就如她在〈自己的文章〉中所言：

極端病態與極端覺悟的人究竟不多。時代是這麼沉重，不容那麼容易就大徹大悟。這些年來，人類到底也這麼生活了下來。可見瘋狂是瘋狂，還是有分寸的。所以我的小說裏，除了〈金鎖記〉裏的曹七巧，全是些不徹底的人物。他們不是英雄，他們可是這時代的廣大的負荷者。因為他們雖然不徹底，但究竟是認真的。他們沒有悲壯，只有蒼涼。悲壯是一種完成，而蒼涼則是一種啟示。（頁一九）

祖母李經璹作為清末民初時代的負荷者，自然也不可能有任何大徹大悟的契機或舉動，而所謂的「朦朧」帶出的，便可能是在不清楚不明白之外的「不徹底」，乃是在處處勤懇認真、時時掌握分寸的生活中，所閃現的一種蒼涼的啟示。

此處我們可以用兩個有趣的例子，來說明張愛玲祖母李經璹在性別意識上既非極端病態亦非極端覺悟的「不徹底」。第一個例子來自張愛玲祖父張佩綸的《澗于日記》，日記中記載光緒十五年六月二十一日，夫婦兩人共閱宋人筆記《清波雜志》，書中論及北宋理學家胡瑗（號安定）的「嫁娶說」：「嫁女須勝吾家者，娶婦須不若吾家者」。張愛玲祖母李經璹對此說慷慨陳言，見解犀利，一方面指出此說本身的矛盾與施行困難，一方面也充分緩頰祖父張佩綸可能因此說而引起的內在焦慮與自卑（娶的乃是遠勝吾家者的相府千金）。光緒十五年六月二十一日《澗于日記》記載道：

菊耦曰，此矯世之言也，非聖賢之言也。夫其所見，似與世之求援繫者稍異，然充類盡致，則貴家之女將無可嫁之士；而貧士唯可以乞丐之女為妻矣，豈理也哉。夫嫁女須勝吾家，娶婦須不若吾家，第以防其驕而已。其婦女平日若教以三從四德，何至入門而驕其尊章，傲其夫婿哉。不清其源，治其本，而於姻戚之家斤斤計較其貧富貴賤，所見似高而實陋耳。……菊耦曰勝之一字，包孕無窮，或其德勝，或其才勝，均可娶婦以承宗祧，正宜講求門第族望，詎可草草，今安定專就勢分論之，殆非古人婚嫁之法耳。（頁一八四）

對張愛玲祖母李經璹而言，治本清源的問題核心不在於貧富貴賤，而在於如何「防其驕」，即便是貴家之女，若能成功「教以三從四德」，定能避免入門後對公婆和夫婿傲慢無禮。

在免除這項顧忌後，「娶婦以承宗祧」的標準，自當回歸門第族望且以才德取勝，故胡瑗的矯世之言不可信。

此例直接表呈了張愛玲祖母的清晰思辨與體貼柔情，同時也帶出了張愛玲祖母對傳統婦德規訓與宗祧傳承的堅信不疑。而接下來所舉的第二例，則依舊讓我們在讚嘆張愛玲祖母才情洋溢的同時，無法不瞥見其在家族意識與性別意識上的極端傳統與過度保守。第二例來自紫萼的《梵天廬叢錄》，原本的用意乃是凸顯張愛玲祖母親筆信函的駢體文如何「古色生香」，卻意外帶出信函內容中她所憂心忡忡的家族醜聞：

> 襲侯李國杰，為廣州副都統。棄妾小四子，本秦淮名妓，至是艷幟復張。制軍張人駿第八子某暱焉。人駿為幼樵猶子。李夫人恐墮兩姓家聲，函總督署請驅逐小四子。函係李夫人親筆，駢四儷六，古色生香，幕客皆大驚異。（頁四五五七）

讓張愛玲祖母李經璹不惜以親筆信函，要求總督署驅逐妓女小四子的嚴重性，不在於有人賣淫，有人嫖妓，或下堂妾是否可以艷幟復張，而在於「亂倫」（紊亂倫常）的大逆不道。此話怎說？就「合肥李氏世系」而言，李國杰乃是李鴻章的嫡長孫（世襲爵位），李鴻章之子李經述的兒子，亦即張愛玲祖母李經璹的侄子（李經述、李經璹兄妹等皆以「經」字輩排行）。而就「豐潤張氏世系」而言，張志洪（張人駿）乃祖父張佩綸（張幼樵）兄弟之子，亦即張愛玲父親張志沂的堂兄（張志洪、張志沂等堂兄弟皆以「志」字輩排行），張愛玲與張子靜兄妹的堂伯父。故張人駿的第八子乃是與張愛玲、張子靜同輩，但竟然與姻親（昔稱外親）「李家」尊長（舅公輩）的棄妾私會苟合，敗壞倫常。換言之，張愛玲祖母眼中容不下的沙子，乃是自己親侄子的棄妾，竟然與夫家孫輩相暱。若以今日的眼光觀之，張人駿第八子（張佩綸的堂孫）與小四子（李經璹的下堂姪妾）乃是八竿子打不到的親戚，但在傳統宗法父權的嚴密體系之中，哪怕九拐十八彎也是「恐墮兩姓家聲」的醜聞。

透過這兩個有趣的例子，或許我們能對張愛玲祖母的「不徹底」有更多的體悟：她可以讓女兒「女扮男裝」，以求日後婚姻自主；她也可以強調三從四德、承繼宗祧的重要；她更可以狀告衙門，驅逐紊亂綱紀倫常的棄妾妓戶，以捍衛家聲名望。張愛玲祖母李經璹，顯然有些地方超級保守，有些地方又相當前衛，此前後矛盾不一致，或許也能部分說明張愛玲為何在「女權主義」之前必須加上「朦朧」二字。但在第一解不清晰，第二解不徹底之外，本章真正苦心孤詣之處，乃是企圖從當代批判理論中的「朦朧」（obscurity），來持續展開「朦朧的女權主義」之第三解閱讀，亦即「朦朧」作為一種「當代」光線政治與時間感性的基進閱讀。[2]而此基進閱讀不僅涉及張愛玲如何跨越時空、跨越文化來基進閱讀她的祖母李經璹，更涉及我們如何跨越時空、跨越文化來基進閱讀張愛玲的基進閱讀；不僅涉及張愛玲如何得以「當代化」她的祖母，更涉及我們如何得以「當代化」張愛玲。

二・「朦朧」的光線政治

在當代批判理論中談論「當代性」與「朦朧」之構連最成功的理論家恐非阿岡本莫屬。他在〈何謂當代之人？〉（"What Is the Contemporary?"）中，以巴特所言「當代即不合時宜」以及尼采（Friedrich Nietzsche）之書《不合時宜的冥想》（*Untimely Meditations*）做開場，強調「當代之人」不指那些「完全屬於」他所屬時代之人，而是既屬於又脫離其所屬時代之人，「當代」指向的是不合時宜、斷裂與時序錯亂。此與常理背離甚多的「當代」界定，凸顯的乃是「線性同質時間」與「非線性異質時間」的差異。以英文 contemporary 為例，con-（拉丁字源 *com*）乃同在一起，temporary（拉丁字源 *tempus*）乃時間，故 contemporary 在一般用法中，多指處在同一時間、同一時代或同一時期。但阿岡本順著巴特與尼采「不合時宜」（背後更重要的理論脈絡連結，則落在班雅明與傅柯〔Michel Foucault〕）之說而展開的「當代之人」（the contemporary）與「當代性」（contemporariness），乃是在同一時間、同一時代或同一時期之中，看到時間的重疊與摺曲。故一般解釋的「同在」（*com*, con-; together with）指的是在「同一」時間之內，而阿岡本的「同在」指的卻似乎是在線性同質時間的「同一」之外，還有其他或他異時間的重疊與摺曲：「同在」變成這些非線性異質時間彼此之間的「同在」（但絕不導向同一化或同質化）。更重要的是，這些非線性異質時間的「同在」，更得以時不時爆破或裂變此「同一」時間的虛假與同質。故所謂的「當代之人」乃指可視見或可感知這些非線性異質時間彼此重疊與摺曲之人，不能視見或無法感知這些異質時間重疊與摺曲之人，或許頂多只能稱為「同代之人」；因為「當代」之「當」，指向的乃是「當下時間」（now-time; *Jetztzeit*; *Kairos*）與「當下辨識」（the now of recognizability），亦即非線性異質時間的重疊與摺曲，如何得以爆破與裂變空洞同質的線性時間，以及如何得以被識見、被感知、被辨識。[3]

而阿岡本更以一種獨特的光線政治來展開「當代」與其所牽繫的「當下時間」、「當下辨識」。此光線政治之所以獨特，乃在於徹底跳出「啟蒙」（Enlightenment）時間與進步史觀所預設的「光明／黑暗」之對比（光明中絕無黑暗，黑暗之中無有光明，而從黑暗邁向光明乃人類歷史的偉大進程）。阿岡本乃嘗試援用兩個有趣的例子，來說明此種「反啟蒙」光中有黑、黑中有光的「朦朧」或「晦明」樣態。第一個例子指向視網膜邊緣的桿狀感光細胞。若視網膜中心黃斑區的錐狀感光細胞，乃是中心視力、亮處視覺與顏色分辨的關鍵，那處於邊緣的桿狀感光細胞，則能在黑暗之中主動產生微弱的觀視，一種有關「黑暗的視覺」（a vision of darkness），而非純然的「無視覺」（nonvision）。例如我們走進黑暗的電影院放映廳時，視網膜邊緣的桿狀感光細胞，便能在虹膜放大瞳孔、以有效適應環境的同時，產生暗處視覺，幫助我們移動以尋找座位。換言之，「同時代之人」乃是被所處、所屬時代的光亮所「蒙蔽」，而無法識見黑暗之光，而「當代之人」則是那種「堅定凝視著他身處的時代，直到他感知到的不再是那時代的光亮，而是那時代的黑暗」（Agamben 44），亦即只有能「視見朦朧」（"to see an obscurity"）或「感知黑暗」（"to perceive the darkness"）之人，才是「當代之人」。

阿岡本的第二個例子則來自天文學。若我們凝視夜晚的星空，點點繁星乃億萬年前發向地球的光，那夜空中的黑暗究竟是距離太遠或宇宙塵埃過厚而導致星光太弱，或是根本沒有發光的星體呢？阿岡本根據最新的天文學說法，黑暗的夜空，充滿了朝向我們卻永遠無法到達的光，當宇宙空間不斷以超光速向外膨脹擴張之時，所有朝向我們的光將永遠無法到達。阿岡本借此來談論所謂的「現在」（the present），不在時間的現下或存有的顯現，也無法安穩置放於過去—現在—未來的空洞、同質、虛假的連續性之中，而是一種最靠近也最遙遠（永遠無法企及之光）且必然錯過的相約。換言之，阿岡本希冀透過最新的天文學說，來再次打破光明／黑暗、遠／近、顯現／隱無之間的二元對立，而要回到一種感知黑暗、視見朦朧的「當下辨識」，得以在黑中見光（包括不可見之光、尚未到達顯現之光）、在光中見黑。

在這一光學、一天文學的案例之後，阿岡本便再次回到班雅明唯物歷史哲學中最核心的「時尚」（fashion）概念，來闡釋他所謂的「當代之人」與「當代」。「時尚」作為一種「現代性」時間概念的獨特，來自於此時間永遠分裂或斷裂在無法掌握的門檻之間，一邊是「尚未」，一邊是「不再」，「時尚」的時間不是太早就是太晚，所有流行的當下便已過時。故在「時尚」所表達的「現代性」時間中，每一個「當下」都脫落於過去—現在—未來的虛假同質連續性之外，每一個「當下」都分裂為「尚未」與「不再」，每一個「當下」都有可能成為具有爆破或裂變力量的「時間節點」（非線性異質時間的重疊與摺曲）。[4] 而也唯有在此脫落、分裂或爆破的時刻，我們才得以識見為何「當代」不是線性同質時間的「同代」或「同代之人」，而是不合時宜、斷裂與時序錯亂的「當代」與「當代之人」。「時尚」之為最佳概念，正在於其成功鬆脫過去—現在—未來的連續性，以各種不合時宜、斷裂與時序錯亂的方式「引述」不同的歷史風格，將原本分離、不相連綴的時期加以交疊，不斷起死回生、死生往復。

故「朦朧」作為一種光線政治，乃是深繫於此異質時間的重疊與摺曲，不再是「同一」的線性連續時間，不再是「啟蒙」之光的一片大好與由黑暗到光明「進步」歷程的前程似錦，而是「當代」的不合時宜、斷裂與時序錯亂，黑中有光、光中見黑，疊影之外尚有疊影（引—隱—影的穿插藏閃）。此亦為何阿岡本乃特別強調，「唯有那得以在最現代與最新最近之中，感知到古代的指標與簽署之人，乃為當代」（Agamben 50）。而此處的「古代」並非停滯於源頭或某特定編年時段之中，而是隨著歷史流變來到「現代」的「古代」，與「現代」不斷產生摺曲與疊影的「古代」，既遠且近。故所有的考古學必須是「當代」的，「一種不會倒退回歷史過往的考古學」（Agamben 51），而是回到現在之中的「尚未」與「不再」，識見「朦朧」、感知黑暗。阿岡本更認為，唯有在此「當代考古學」的光線政治與時間感性之中，我們才得以理解為何傅柯會說他對「過去」的歷史考掘，乃是他對「現在」理論質疑的一個陰影投擲（一個投擲到「過去」而得以重新啟動「現在」的陰影）；也同時得以理解為何班雅明會說保留在「過去」影像中的歷史指標，只有在歷史的特定時刻，這些影像才變得具有可讀性（Agamben 53）；前者乃傅柯的「知識考掘學」，後者不啻為班雅明的「辯證影像」。

三・張愛玲的「當代性」

那張愛玲在她祖母李經璹的身上，辨識到了何種歷史影像的可讀性呢？而我們又在張愛玲身上，辨識到了何種「朦朧」的光線政治與時間感性呢？首先，讓我們再次回到張愛玲〈自己的文章〉，看她在談完自己小說中不徹底的人物角色與蒼涼作為一種啟示的同時，如何談論她所處所屬的時代：

這時代，舊的東西在崩壞，新的在滋長中。但在時代的高潮來到之前，斬釘截鐵的事物不過是例外。人們只是感覺日常的一切都有點兒不對，不對到恐怖的程度。人是生活於一個時代裏的，可是這時代却在影子似地沉沒下去，人覺得自己是被拋棄了。為要證實自己的存在，抓住一點真實的，最基本的東西，不能不求助於古老的記憶，人類在一切時代之中生活過的記憶，這比瞭望將來要更明晰、親切。於是他對於周圍的現實發生了一種奇異的感覺，疑心這是個荒唐的，古代的世界，陰暗而明亮的。回憶與現實之間時時發現尷尬的不和諧，因而產生了鄭重而輕微的騷動，認真而未有名目的鬥爭。（頁一九—二〇）

出生於一九二〇年並於一九四三、一九四四年紅遍上海灘的張愛玲，過去對其所處所屬時代的標示，總多以民國、「後五四」或日軍占領的上海淪陷區、「孤島後期」來加以描繪。張愛玲此段文字對所屬時代的描繪卻充滿了哲學性，沒有清晰的歷史地理座標，而是企圖感知在新舊作為崩壞與滋長的不斷交替之中，時代如何失去了根柢（無主也無本），有如影子一般不斷往下墜落沉沒。如前所述阿岡本所一再強調的，「唯有那得以在最現代與最新最近之中，感知到古代的指標與簽署之人，乃為當代」（Agamben 50），那此段引文所展現張愛玲的「當代性」，便是在現代之中識見了古老的記憶，一種「陰暗而明亮」的光線政治；而也正是這種「朦朧」的感知，讓「周圍的現實」有了「荒唐的，古代的世界」之疊影，而顯得如此奇異不合諧、騷動而未有名目。張愛玲在同篇文章中亦論及的「蒼涼」與「參差的對照」，恐怕也都必須在此「朦朧」作為異質時間疊影的「啟示」（illumination）之中，才得以心領神會。以「參差的對照」為例，過去我們多沿襲張愛玲所慣用的配色表達，大紅配大綠乃強烈的對比，蔥綠配桃紅才是參差的對照，亦即以錯位來取代對立，才得以讓「虛偽之中有真實，浮華之中有素樸」（〈自己的文章〉，頁二一）。然而「參差」亦可來自時間的疊影，「參差的對照」作為時間感性的獨特，便在於經由古老記憶與當下現實的交相疊映所可能帶出的「蒼涼」之為「啟示」：「我寫作的題材便是這麼一個時代，我以為用參差的對照的手法是比較適宜的。我用這手法描寫人類在一切時代之中生活下來的記憶。而以此給予周圍的現實一個啟示」（〈自己的文章〉，頁二〇）。

有了這樣的理解與接合（將阿岡本的 obscurity 與張愛玲的「朦朧」、「陰暗而明亮」相接合；將阿岡本現在中的過去、現代中的古代與張愛玲「周圍的現實發生了一種奇異的感覺，疑心這是個荒唐的，古代的世界」相接合），我們便也可以再次回到張愛玲筆下的那句「朦朧的女權主義」。在十九世紀末才出現的 feminism 一詞，於一九二〇年代被翻譯為「女權主義」進入中國。而張愛玲所做的，乃是「識見」或「辨識」出祖母李經璹讓女兒「女扮男裝」之作為，乃「朦朧的女權主義」。就第一個層次而言，「朦朧」可指張愛玲祖母在性別意識上的不清楚與不徹底，正如本章第一節的鋪陳。然就第二個層次而言，「朦朧」則可指向張愛玲作為「當代之人」，如何得以「當下辨識」出非線性異質時間的疊影，在現代與現實之中看見了「荒唐的，古代的世界」（千年宗法婚的性別壓迫）。「女權主義」乃是張愛玲時代而非張愛玲祖母時代的翻譯名詞，卻以不合時宜、斷裂或時序錯亂的方式，成為張愛玲得以重新閱讀、重新指稱、重新理解祖母的可能，一種跨時空、跨文化的「啟示」。此時的「朦朧」已不再是祖母或明或暗或隱或顯或自相矛盾的性別意識，此時「朦朧」或「陰暗中的明亮」所帶出的，乃是古老與現代之間的神祕連結（Agamben 51），一種如何在現在之中辨識出過去、在現代之中辨識出古代的光線政治與時間感性。

那張愛玲的「當下辨識」究竟如何發生？就讓我們再次以班雅明談論「辯證影像」、阿岡本談論「當代性」的核心概念「時尚」為例。「朦朧的女性主義」典出一九九四年出版的《對照記》，乃是張愛玲生前出版的最後一本書。[5] 但早在一九四三年一月張愛玲就曾在上海《二十世紀》（*The XXth Century*）英文月刊，發表了"Chinese Life and Fashions"一文，並配以十二幅手繪插圖，後又將其翻譯為中文〈更衣記〉，發表於一九四三年十二月的上海《古今》雜誌。文中嘗試提出一個有趣新穎的觀點，來重新定義二〇年代「旗袍」的興起：

一九二一年，女人穿上了長袍。發源於滿洲的旗裝自從旗人入關之後一直與中土的服裝並行著的，各不相犯，旗下的婦女嫌她們的旗袍缺乏女性美，也想改穿較嫵媚的襖袴，然而皇帝下詔，嚴厲禁止了。五族共和之後，全國婦女突然一致採用旗袍，倒不是為了効忠於清朝，提倡復辟運動，而是因為女子蓄意要模仿男子。在中國，自古以來女人的代名詞是「三綹梳頭，兩截穿衣。」一截穿衣與兩截穿衣是很細微的區別，似乎沒有什麼不公平之處，可是一九二〇年的女人很容易地就多了心。她們初受西方文化的薰陶，醉心於男女平權之說，可是四周的實際情形與理想相差太遠了，羞憤之下，她們排斥女性化的一切，恨不得將女人的根性斬盡殺絕。因此初興的旗袍是嚴冷方正的，具有清教徒的風格。（頁七三）

對張愛玲而言，二〇年代初興的旗袍乃是「男女平權」的表徵，女人想要像男人一樣「一截穿衣」，不再「三綹梳頭，兩截穿衣」，所以棄襖袴（裙）就長袍（衫）。張愛玲略帶質疑的口吻，或也是輕嘲那些為追求平等與公平、不惜改頭換面模仿男子穿男裝的女人。

在張愛玲眼中，此日常衣著的革命實踐，難免顯得有些小題大作、太過誇張。但與此同時，二〇年代女人爭平等的「一截穿衣」，也讓張愛玲啟悟到一〇年代女人穿「男裝」的趨勢（「前—現代旗袍」的歷史動量）。祖母李經璹不是那些「初受西方文化的薰陶，醉心於男女平權之說」的民國女性，但正是這些二〇年代的女人，讓張愛玲啟悟到祖母的苦心孤詣；正是這些二〇年代的旗袍，讓張愛玲辨識出一〇年代的「女扮男裝」之為「朦朧的女權主義」。

如果張愛玲姑姑在一〇年代的「女扮男裝」，點出了「時尚」的「尚未」（同時也是二〇年代旗袍出現後的「不再」，一截穿衣的旗袍讓女人不再需要穿男裝來爭平等），那張愛玲父親在一〇年代的「男扮女裝」，或也點出了「時尚」的「不再」（同時也可以是一種未來流行的「尚未」）。誠如張愛玲在〈更衣記〉中所言，「男裝的近代史較為平淡。只有一個極短的時期，民國四年至八九年，男人的衣服也講究花俏，滾上多道的如意頭，而且男女的衣料可以通用，然而生當其時的人都認為那是天下大亂的怪現狀之一」（〈更衣記〉，頁七五）。但顯然張愛玲祖母讓自己的兒子穿得花紅柳綠，不是追逐花俏時髦的民國男裝（時序上也不吻合），而是回到早已落伍的清末傳統男性服飾，亦即「顏色嬌嫩的過時的衣履」（《對照記》，頁四六）。故與其說是「穿女裝」，不如說是穿著上世紀傳統優渥階級的「過時」男性衣飾。如果歐洲的「男裝大揚棄」發生在十八世紀末，迫使中上階級男性放棄華貴繁複的裝飾（如假髮、撲粉、香水、珠寶、綾羅綢緞、襪帶與高跟鞋等），那中國的「男裝大揚棄」則發生在十九世紀末，男子不再花紅柳綠，而是以去裝飾、沉穩單色調的長袍（衫）馬褂甚或西裝取而代之，「長年地在灰色、咖啡色、深青裏面打滾，質地與圖案也極單調」（〈更衣記〉，頁七五）。中國男裝的近現代史，讓張愛玲讀懂了祖母不要讓自己兒子穿著入「時」的苦心孤詣，也讓張愛玲讀懂了父親羞縮踧踖的性格養成。「朦朧的女權主義」不全然屬於祖母的清末民初，「朦朧的女權主義」有各種時空的重疊與摺曲，十九世紀末的歐洲與中國，四〇、二〇、一〇年的上海，七〇、八〇、九〇年的美國、也當然同時包括了撰寫此文的當下時空（既是張愛玲閱讀祖母的「朦朧」，也是我們閱讀張愛玲閱讀「朦朧」的「朦朧」閱讀），而也唯有在此時間的層層疊影中，才得以識見「辯證影像」可能的閃現，展開閱讀的基進性與當代性。

故我們此處對張愛玲「朦朧的女權主義」之閱讀，乃是時間疊影的疊影，以跨時空、跨文化的方式再次基進閱讀張愛玲的基進閱讀。「女權主義」作為二十世紀二〇年代起對feminism的中文翻譯，早已在二十世紀八〇、九〇年代徹底轉換為「女性主義」，而本書自始即強調乃是以「女性主義」的批判與關懷，切入張愛玲的文學與生命文本。因而我們不是「回到過去」去談論張愛玲的性別意識或對宗法父權的批判，一如張愛玲不是「回到過去」去理解祖母的怪異行為，因為「古代」總已隨著歷史的流變來到「現代」，所有對於過去歷史的基進閱讀，都在回應、激化或辨識「當下時間」。因而我們不需要問張愛玲是不是女性主義者，一如張愛玲不需要問祖母李經璹是不是女權主義者一樣。採用「女性主義」的角度來閱讀張愛玲、或張愛玲採用「女權主義」的角度來閱讀祖母李經璹，就是一種可能的「不合時宜、斷裂或時序錯亂」，但也正是讓我們成為「當代之人」、讓張愛玲成為「當代之人」的最佳契機。我們不是因為與張愛玲身處同一時代（或曾使用過同一款眼部保養品）而成為「當代之人」，我們是不斷嘗試、摸索、探究、學習張愛玲「識見朦朧」、「感知黑暗」的能力，而得以期待與張愛玲一樣成為「當代之人」。

而與此同時我們也不要須臾忘記，阿岡本的「當代」與「當代性」成功幫助我們重新界定張愛玲筆下的「陰暗而明亮」、「蒼涼」、「參差的對照」與「朦朧的女性主義」之同時，阿岡本的「古今摺曲」往往並不處理「跨文化摺曲」的幽微，而阿岡本的「當代考古學」也依循班雅明的「辯證影像」，多將現在中未曾活出（或實現化）的過去（或古代），視為具有革命創造性的潛力。然張愛玲的「古今摺曲」總有「跨文化」的複雜糾結，而張愛玲「當代考古學」中最具「當代」力道的，乃是兼具批判性與創造性的疊影視角。張愛玲雙重的「當下辨識」，往往不只是革命的純粹潛力，而是在「當下辨識」出宗法父權的陰魂不散、古今摺曲，以及如何在此宗法父權的陰暗晦明（黑中有光，光中有黑）之中，也同時「當下辨識」出女權主義或女性主義革命潛能之所在。唯有在此雙重的辨識之中，

「朦朧」才不會只是不清晰、不徹底或略帶隱約美感的表達，「朦朧」才得以真正成為「當代」張愛玲研究中一種新的美學政治與時間感性，一種「朦」中帶「萌」的革命契機。

本章從張愛玲祖母李經璹切入，不僅只是以爆破傳統父系家族世系的方式獨議女性，而更是以「朦朧的女權主義」來重寫「祖母的時間」，一個在線性同質時間之外的時間疊影與摺曲，此乃張愛玲得以「當代化」祖母李經璹的閱讀方式，也同樣是我們得以「當代化」張愛玲的閱讀方式。故本書對張愛玲文本的閱讀，絕非要回到特定的過去（小說文本所設定的清末至四〇年代，或五〇年代至九〇年代），而是要看到所有沒有過去的過去，看到無法停止在現在的現在，所有「尚未」與「不再」的時間弔詭，既能帶入阿岡本對「朦朧」政治的光線描繪與革命期待，更能進一步開展出「朦朧」之中的跨文化性別政治。只有當「當代之人」乃是指向那些屬於又脫離其所屬時代之人，只有當「當代」乃是指向不合時宜、斷裂與時序錯亂，本書所思所論的張愛玲「當代性」，才得以成為一種「視見朦朧」的美學感知與政治實踐；而本書透過張愛玲所開展的「當代考古學」，便也正是要讓所有回到歷史、回到古老記憶之努力，也都得以成為重新啟動「現在」的陰影，成為回應當下變局與危機的女性主義閱讀行動。

注釋

1 目前較為詳盡確實、鉅細靡遺的張愛玲家族史，可參見馮祖貽的《百年家族：張愛玲》一書。在當前的張愛玲研究中，幾乎千篇一律以「李菊耦」來稱呼張愛玲的祖母。李鴻章之女李經璹與其兄長李經述、李經邁、李精進（早歿）與小妹李經溥，皆以「經」字輩排行，其本名應為李經璹而非李菊耦。在張愛玲自己書寫的相關文本中，並未提及祖母的姓名，但在張愛玲弟弟張子靜《我的姊姊張愛玲》中，引用了祖父《澗于日記》中所載「雨中與菊耦閒談」、「以家釀與余、菊耦小酌」、「菊耦小有不適」、「菊耦蓄荷葉上露珠一甕」等（頁二五），便認為「李菊耦」為祖母姓名，爾後學者皆加以遵循。但若「菊耦」如部分資料顯示乃李經璹之小字，亦即小名乳名，稱其李菊耦便是將其視為張愛玲筆下只有乳名而無大名、學名的婦女，乃是雙重至為不妥：稱小名已為不妥，棄學名而就小名更為不妥。然「菊耦」亦有可能不是小字而是表字，若依古禮「女子十五許嫁，笄而字」，「菊耦」有可能是李經璹成年時父系尊長代其所取的字。故若以「李菊耦」與「張幼樵」（張佩綸字幼樵）並用，自可被視為傳統的「以字行」（諱名而取字）。然當今眾書卻以「張佩綸」與「李菊耦」並稱，亦屬奇特，但亦可見證當代對傳統中國「多名制」之運作不再熟悉。

2 「朦朧」的英文翻譯可以有 dimly, dusty, nebulous, obscure 等等，而本章嘗試將「朦朧」與英文 obscure, obscurity 相連接，極為明顯地乃是希冀將張愛玲的中文用語「朦朧」，放置在當代理論（尤其是班雅明、阿岡本等人）對 obscurity 的探討，一如本章也會將張愛玲的另一中文用語「啟示」，與班雅明歷史哲學中的重要概念 illumination 做翻譯語詞上的策略性對應。

3 「當下」、「當下辨識」或「時間節點」（a time nexus; a temporary kernel; Zeitkern）皆為班雅明在談論唯物歷史哲學時的重要概念，可參閱其〈歷史哲學論綱〉（“Theses on the Philosophy of History”），而阿岡本在此文中有關彌賽亞時間、朦朧、啟示等論點，皆脫胎自班雅明。

4 有關時尚與現代時間感性的進一步探討，可參閱拙著《時尚現代性》，頁三一—六〇。

5 《對照記》就某種程度而言，乃小說《小團圓》的散文改寫版。小說中也有敘述到祖母讓父親乃德穿女裝、姑姑楚娣穿男裝的段落（頁一二〇），但並未使用「朦朧的女權主義」等字眼，也未對祖母的可能心思或盤算做出揣測。「朦朧的女權主義」與女扮男裝以培力日後婚姻自主的評斷，皆為數十年後在《對照記》所進行的改寫。

第六章
姑姑的官司

一九三〇年代初張愛玲的姑姑張茂淵上法院狀告同父異母的兄長張志潛，打了一場轟轟烈烈的遺產官司，終了卻敗了訴身心俱疲，自此不喜歡「張家的人」。

張愛玲在《對照記》中提到過父親與姑姑如何在遺產上遭受不公平對待。她說祖父張佩綸是個窮京官，只能依靠祖母的嫁妝：

他死過兩個太太一個兒子，就剩一個次子，已經大了……我父親與姑姑喪母後就跟著兄嫂過，拘管得十分嚴苛，而遺產被侵吞。直到我父親結了婚有了兩個孩子之後，兄妹倆急於分家，草草分了家就從上海搬到天津，住得越遠越好。（《對照記》，頁四二）

於是張愛玲家在一九二二年由上海搬到了天津，一九二八年又重新回到上海，但侵占遺產官司卻拖了十多年才進行（張愛玲祖父張佩綸於一九〇三年過世，祖母李經璹於一九一六年過世）。」「一九三〇年中葉他們終於打析產官司。我從學校放月假回來，問我姑姑官司怎樣了。她說打輸了。我驚問怎麼輸了，因為她說過有充分的證據」（《對照記》，頁四二）。張愛玲顯然困惑不解，為何明明勝券在握的官司卻輸得灰頭土臉？張愛玲的姑姑只輕描淡寫說對方送錢，她也送，但對方送得比她多。終究迷茫的張愛玲，不禁望著父親姑姑和他們異母兄長的那張合影唏噓感嘆，照片中的大伯居中站立，左右兩邊是年幼的父親與姑姑，中間隔著冷漠的距離，一臉稚氣的姑姑，身高只到大伯的腰部，「這張看似爺兒仨的照片，三人後來對簿公堂。再看司法界的今昔，令人想起法國人的一句名言，關於時移世變：『越是變，越是一樣』」（頁四三）。面對姑姑的官司敗訴，張愛玲是一股腦把原因都歸咎在司法收賄，哪怕是時移世變從滿清到了民國，從官府到了法院，依舊一般落伍一樣齷齪。

這段對簿公堂的往事，當然也被寫進了張愛玲的小說《小團圓》之中。小說女主角盛九莉的姑姑楚娣某日提及，正在為分家的事跟大爺（九莉的伯父）打官司，九莉不解，質疑道不是早已分了家，楚娣回說：「那時候我們急著要搬出來，所以分得不公平。其實錢都是奶奶的，奶奶陪嫁帶過來的」（頁一〇七）。楚娣樂觀地相信，雖然時日有些久遠，但一切都還來得及也都查得到。但末了楚娣卻以故作輕快的口吻告知九莉官司打輸了，理由仍是對方塞錢，她也塞，但對方的錢多。然以第三人稱全知全能作為敘述觀點的《小團圓》，還是補上了關鍵的另一行字：「楚娣沒告訴她打輸的另一個原因是她父親倒戈，單獨與大爺私了了」（頁一一五）。

散文《對照記》本就是小說《小團圓》的改寫，故在姑姑官司的描繪上相當雷同。除了司法的行賄與收賄外，《小團圓》與《對照記》都凸顯了當初分家不公，長父親與姑姑二十餘歲的大爺，顯然欺負了年幼的弟妹，在分家上占了便宜。兩者也都強調錢都是「奶奶陪嫁帶過來的」，以凸顯不公之中更讓人傷心寒心之處：大爺乃祖父已歿的元配所生，而祖父的財產主要來自祖母，亦即父親與姑姑的親生母親。言下之意似乎暗示祖父來自祖母的財產，或應該納入祖母親生的父親與姑姑更多些。唯一不同的乃是《小團圓》寫到父親乃德的陣前倒戈，讓不惜與大爺翻臉打官司的姑姑楚娣落得四面楚歌，也埋下日後姑姑與父親、繼母之間的分裂疏離。此倒戈一事在後來再度改寫的《對照記》中已全然刪去。

但我們有何需要弄懂張愛玲姑姑那一場敗訴的官司呢？若不是將這場官司當成張愛玲家族茶餘飯後的八卦又一樁，或是純粹的考據癖發作，那我們可以怎樣從這場「析產」官司中看到「姓別政治」而非僅是「性別政治」的端倪呢？本章正是要以這樁發生在一九三〇年中葉的官司出發，除了探討傳統「分家析產」與現代「遺產繼承」兩個截然不同的概念，如何在清末民初長達三四十餘年的時間之中，不斷纏鬥角力、勝負難分，更希冀由此析剔出「宗」法父權從律法到親族、從姓氏到性事盤根錯節的掌控。張愛玲姑姑的官司，不僅可以讓我們生動地看到民國時期女性在社會主體與法律主權上的形構與變化，讓我們看到張愛玲小說中傳統分家析產的慘烈場景如何與其呼應，更可以讓我們看到中國傳統「宗」法父權制度的逐漸式微與頑強抵抗，甚至延至今日仍陰魂不散。

故本章標題上所採用的「姑」乃至為關鍵，不僅指向本章以張愛玲姑姑張茂淵的官司作為出發點，更意欲凸顯「姑」在華文文化的多義不確定性，亦即如何在「姑」的多重可能「意義」之中，看到隨歷史文化變遷而產生的異動與變化，讓我們得以在「姓別政治」與「性別政治」、「宗法」與「父權」的緊密連結中，基進展開具有裂變力道的「異議」思考。首先，若從語言文化的歷史發展觀之，「姑」最早出現在殷商親屬稱謂體系時僅有單一意義，乃女性稱謂人稱丈夫的母親為「姑」，亦即後來《說文》所謂的「姑，夫母也，从女，古聲」（卷一二下，頁二五九）。然此以「女」為偏旁、「古」為聲旁的「姑」之出現，同時標示了一個社會文化發展中至為關鍵的重大改變：父系世系群（patrilineages）之確立。「姑」的出現乃是讓原本只有「眾母」（尊一輩女性）的社會，因為父系世系群的確定而產生了新的親屬稱謂「姑」，亦即將「姑」從「眾母」之中特別獨立區隔出來成為「夫母」，以此標示女性從一個父系世系群到另一個父系世系群的移動（兩個父系世系群之間的交換女人），以及此移動所造成新親屬關係之出現。換言之，女性稱謂人在「婚前」只有「眾母」，而「婚後」則有了「姑」作為丈夫的母親之稱謂（黃銘崇，〈商人祭祀用的親屬稱謂體系及其意義〉，頁一五三）。故「姑」的造字與作為親屬新稱謂的出現和確立，乃石破天驚地標示出父系世系群的出現和確立。

作為新親屬稱謂的「姑」自周代起出現了明顯的雙義性，既指夫之母，亦指父之姊妹，亦即所謂的「雙姑合一」，而被學者推測為「母方交表婚」與「姊妹交換婚」的盛行（黃銘崇，〈商人祭祀用的親屬稱謂體系及其意義〉，頁一五二）。[2]「姑」不僅最早標示出父系世系群之間的交換女人，更由其漸次發展出的雙義或多義，展現了父系「族外婚」內部（母方交表婚或姊妹交換婚）親上加親的頻繁嫁娶。[3]沿用至今日的「姑」，仍可同時指向丈夫的母親（家姑、翁姑）與丈夫的姊妹（大姑、小姑），甚至也可包括子女稱謂人對父親姊妹之稱呼（姑媽、姑母、姑姑）。莫怪乎「姑」多被視為當今親屬稱謂中最為混亂者，但其混亂之處正也標示著父系宗法的出現、確立與發展過程中的諸多「變譯」。與此同時「姑」甚且還能跳脫血緣關係與親屬稱謂的框架，泛稱所有婦女，不論年長年輕、已婚未婚，如「姑娘」、「小姑獨處」、「三姑六婆」等。故本章所關注的女性繼承權，本就不可能只是「財產個人主義」下女性作為「異性」的「性別」差異對待而已，更是女性作為「異姓」的集體「姓別」壓抑（一種恐怕比「性壓抑」還嚴重的「姓壓抑」）。唯有直搗「宗祧繼承」的核心——「繼嗣」與「祭祀」的合而為一，唯有挑戰「姑不入廟」（未出嫁的女兒不可納入同宗本姓的宗廟祠堂）的千年傳統，才有可能讓一則以張愛玲姑姑張茂淵為名出發之「姑姑的官司」，能同時成為父系宗法社會所有女人的官司，才有可能打出宗法「雷峯塔」的鎮壓、一探千年來「姓別政治」與「性別政治」的權力與慾望糾葛。

本章分成五個部分進行。第一部分聚焦於張愛玲姑姑的官司，企圖從信札往來的蛛絲馬跡中，抽絲剝繭出「分關書」（「分鬮書」）與「法院判決書」之間的齟齬，並嘗試由此帶出讓法律條文得以立體化、細節化的情感溫度。第二部分爬梳清末至一九三〇年代先後出現的四部法律文本——《大清現行刑律》、《大清民律草案》、《民國民律草案》、《民法》，鋪陳其如何由中國傳統的「宗祧繼承」朝向現代西方影響下「遺產繼承」轉變時所引發的角力大戰。第三部分回到早張愛玲姑姑張茂淵官司四年、卻轟動全國的另一則「姑姑的官司」——清末洋務大臣、民初知名實業家盛宣懷的七女兒盛愛頤所打的遺產官司，以及為何此關乎「女子承繼遺產問題」的官司，會被視為民國以來的第一件女權官司。第四部分聚焦於張愛玲中篇小說〈金鎖記〉與長篇小說《怨女》所呈現的「分家場景」，凸顯其如何牽帶出深具華文文化殊異性的「房事情結」與「姓別政治」。第五部分則將論述主軸拉到臺灣當下依舊層出不窮的「姑姑的官司」，並以總統蔡英文家族的遺產官司為結，凸顯「去中國化」與「去宗國化」的迫切。從張家姑姑、盛家姑姑、蔡家姑姑的官司一路走來，即便「宗祧繼承」已完全轉型為「遺產繼承」，即便法律已徹底保障女性的平等繼承權，但只要在「一邊一國」，都是『宗』國」的文化習俗中，「姑姑的官司」終究沒有完了的一日。

一・家產不是遺產

張愛玲姑姑張茂淵的官司，究竟因何而爭、為何而訟？雖《小團圓》與《對照記》都提及此析產官司，但所述皆甚為簡略。倒是張愛玲弟弟張子靜在《我的姊姊張愛玲》中，具體提到了官司的爭訟焦點：

姐姐讀高二那年，我們與二伯父的爭產官司失敗，這件事她倒一直是留意著。一九一二年我祖母去世時，父親十六歲，姑姑十一歲。房產、地產雖照祖母的遺囑分妥，但以父親、姑姑年齡尚輕，名下分得的產業都由二伯父託管。

一九二八年我們由天津搬回上海，姑姑也與母親從英國回來了，才正式與二伯父分析遺產。房屋、地產、不動產都有契據，容易分割清楚，我祖父留下的一批宋版書則引起了糾紛。當時宋版書已很值錢，全部在我二伯父手中。我姑姑認為那也是遺產的一部分，應作三等份分配，不該由我二伯父獨得。二伯父不願照辦，就發展成我父親

> 與我姑姑一方、我二伯父一方的爭產官司。當時二伯父延請的律師是汪子健，父親與我姑姑的律師是李次山。（頁八七）

此處的「二伯父」正是前文所述《小團圓》中的「大爺」、《對照記》中的「大伯」（張愛玲的大伯父張志滄早歿，故二伯父張志潛亦被稱為大伯或大爺）。相對於張愛玲的輕描淡寫，張子靜是連雙方律師的名字都指證歷歷，並且清楚點出家族內訌訴訟的關鍵在於值錢的宋版書未能列入遺產平分。而張子靜所述官司的過程與結果，與《對照記》、《小團圓》所述完全相同，只是更為詳細地鋪陳了賄賂法官、父親陣前倒戈與兄妹情感決裂的經過：

> 訴訟期間，證據對我父親及姑姑是有利的。但二伯父請的汪子健是個經驗豐富的老律師，他建議分化我姑姑與我父親。他們認為姑姑的態度比較堅決，不易妥協，我父親的態度則比較動搖，似有商量的餘地。於是一方面由律師給當時擔任推事的法官和庭長一筆錢打通關節，一方面由二伯父向我父親做工作，亦答應給他一筆錢作交換條件，向法庭自動聲請撤銷告訴。我後母也在旁說項，勸我父親接受二伯父的條件。我姑姑雖未撤銷告訴，但經此轉折之後，這件官司最後判我二伯父勝訴。姑姑後來知

悉詳情，一直怪我父親背判〔叛〕了她這個親手足，以後就很少來我家走動了。（頁八七—八八）[4]

然張子靜對姑姑官司陳述的最主要貢獻，乃是在眾多細節中直接點出「宋版書」為訴訟核心。而此「宋版書」的關鍵字一出，果然成功召喚出「書話」領域的行家高手，紛紛出面補齊此「宋版書」之來龍去脈：張愛玲祖父張佩綸原配朱芷薌，其父乃清末極富盛名的藏書家結一廬主人朱學勤，後朱家家道中落，經濟拮据，擬以結一廬藏書拆散出售，張佩綸以朱學勤女婿的身分，極力勸阻，朱家遂將結一廬藏書全部抵押給張佩綸，此乃原本唐棲朱氏的結一廬藏書、後歸屬於豐潤張氏的經過。[5] 爾後文革期間，從朱學勤外曾孫張子美（亦即「二伯父」張志潛的兒子，張愛玲與張子靜的堂兄）家中查抄出此批世藏古籍，最終以捐贈上海圖書館、獲得獎金二十萬元收場。由此可佐證張家手中確曾擁有此價值驚人的結一廬藏書，由張佩綸生前取得，再由兒子張志潛傳到孫子張子美手中。[6] 若按照張子靜的說法，二伯父與父親、姑姑在房屋、地產等方面，皆已按照「祖母的遺囑」分割清楚，唯一不清楚的部分只有這批價值不菲的結一廬宋版書，姑姑與父親不想讓二伯父獨占，以至於不惜撕破臉訴諸法律，要求三等分公平分配。但若《小團圓》中楚娣強調家產都是「奶奶陪嫁帶過來的」，而她和哥哥乃德才是奶奶的親身子女，那《我的姊姊張愛玲》中所指的「宋版書」，乃是二伯父張志潛親生母親朱芷薌家族的藏書，輾轉到了張家，為何同父異母的張茂淵與張志沂可以要得如此理直氣壯，且不惜對簿公堂呢？（抑或是結一廬藏書在全部抵押給張佩綸的過程中，乃是由張佩綸出以巨資，而巨資的背後顯然來自張茂淵與張志沂親身母親李經璹的陪嫁？）

若故事只停在此處，我們實在不須為這樁家族內訌的析產官司大費周章，即便其所牽涉到的已不是傳統的田產房契，而是書香世家的世藏古籍。但除了張愛玲與張子靜的陳述之外，我們還能有什麼內線資料，足以翻轉出這樁析產官司不為人知的重要意涵呢？在二〇一四年北京瀚海公司的秋季拍賣中，赫然出現了張愛玲堂伯父張志潭的信札底稿，而此件拍賣品的宣傳文宣，正是以「張愛玲父輩爭奪其祖父張佩綸遺產的民國史料孤本！」為噱頭號召。[7] 先說民國政要張志潭乃張家「志」字輩最出類拔萃者，為張愛玲祖父張佩綸的侄子，張愛玲父親張志沂、姑姑張茂淵的堂兄，張愛玲、張子靜的堂伯父。[8] 張愛玲筆下曾描寫在天津租界的花園洋房度過愉快的童年，而此「天津的家」之所以可能，正是因為父親張志沂在一九二二年透過堂兄張志潭的幫忙，謀到了津浦鐵路英文祕書的差事而舉家遷往天津。此次編號二七五八的《張志潭信札底稿》，共三十二通，其中九通直接與張愛玲姑姑張茂淵、父親張志沂、伯父張志潛析產官司相關，包括七通致「四哥大人」與兩通致「子立先生」的信札底稿，看來彼時張志潭乃是以家族中德高望重者（不是輩分或年齡而是成就）的身分，被請了出來代為協商調停此爭產風波。

由張志潭信札底稿內容觀之，九通關鍵通信中並未提及「宋版書」，反倒提到張愛玲祖父張佩綸「寧屋主權」的歸復。「寧屋」房產究竟在先前的分家析產中已分或未分，「寧屋」之外是否還有哪些交代不清、分割不明的「家產」或「遺產」，恐無法從張志潭的書信中得窺全貌。但可以肯定的是，先前所進行的分家析產中，定有讓張愛玲姑姑張茂淵深覺不妥不公之處，才會在一九三〇年代初一狀告上法院。[9] 從張志潭信札底稿可瞥見此官司訴訟過程的主要爭議點，直接涉及傳統「分關」作為分家析產契約文書的效力，以及其與現代法律條文之間的齟齬：前者以「房」為單位，強調「諸子平分」原則，男系女不系；後者凸顯「男女平等」原則，繼承權不因性別不同而有差別待遇。但我們不要忘記張茂淵訴訟的乃是「侵占遺產」而非「分割遺產」，其間的幽微之處正在於彼時《民法》保障繼承權不分男女（也不分已婚未婚）一律平等的同時，「女子繼承權」卻不可溯及既往。張愛玲祖父張佩綸過世於一九〇三年，祖母李經璹過世於一九一六年，被繼承人的死亡日期皆發生在一九二六年十月「婦女運動決議案」通令施行以前，故若財產已被家中男子繼承取得，女子就無法對兄弟已經繼承之財產，主張財產繼承權或要求重新分割。[10]

所以重點必須放在「侵占」（侵占亡父或亡母的家產），亦即以前沒有拿出來分的部分，要重新拿出來分；唯有針對這些尚未分析或分割的家產，張茂淵才有可能以新《民法》

來要求平等分配。故除了法院收賄的因素之外，只有同時掌握法律條文的演變與施行時間的相關限制，我們才能進一步理解張茂淵的親哥哥張志沂（亦即張愛玲的父親）陣前倒戈的殺傷力（不為親妹妹作證，也不願繼續與親妹妹一起擔任原告，而自行撤銷告訴），也才能夠理解張茂淵的敗訴不在「女子繼承權」之有無而在「遺產侵占」的不成立。換言之，張愛玲姑姑的官司，清楚展現傳統中國「宗祧繼承」與近代西方「遺產繼承」在民國法律上的角力爭鬥，直接涉及女性在此角力爭鬥中合法財產繼承權的不溯既往與時間權宜。只有在此社會變遷的歷史框架中，張愛玲姑姑的官司，才有可能不再只是眾人眼中大家族搞內訌擺不平而鬧上法庭、鬧上新聞版面的家醜外揚，才能成為一樁民國女性以標榜男女平等的「遺產繼承」、挑戰傳統宗法家規男系女不系的「宗祧繼承」之壯舉。傳統「宗祧繼承」與現代「遺產繼承」的最大差別，便在於前者不論已婚或未婚的女兒，皆無分家析產的「房份」，而後者則不論已婚或未婚的女兒，皆有合法的「遺產繼承權」。故張愛玲姑姑的官司是民國女性反抗「父系宗法」壓迫的具體行動實踐，為爭取自身權利所不惜展開的背水一戰，唯有讓這層「姓／性別」政治的勇敢行動被清楚看見，才能讓張愛玲姑姑明明該勝訴卻敗訴的官司，重新在當代「姓／性別」政治的閱讀實踐中敗部復活。

接下來就讓我們回到張志潭的信札底稿，詳細解讀字裡行間所可能透露此家族官司的蛛絲馬跡。該稿紙本線裝，共五十頁一百面，以下的解讀主要依照頁數先後次序一一道來。

（1）最早一通涉及張愛玲姑姑官司的通信，出現在該線裝稿本的第九通致「四哥大人」信札底稿。在該稿本第二十五頁後半頁張志潭寫道：「茂妹等海外已歸，寧屋主權又復在，此兩事已算均有歸著，至於以後如何，只好另為一節，無從為之預籌，天下事必須歷盡艱難」。此處「四哥大人」指的是在整個家族中「志」字輩大排行中行四的張志潛（張志潛即張志沂、張茂淵同父異母的兄長，在張氏家族大排行中行四，張子靜筆下稱其為二伯父，乃單算祖父張佩綸自己家中的小排行，張志潛行二，前有兄長張志滄早歿），信中的「茂妹」指的是張愛玲姑姑張茂淵，其與張愛玲母親黃逸梵一九二四年聯袂赴歐、一九二八年自歐返滬。而信中所提的「寧屋主權」，乃指一九〇三年張愛玲祖父張佩綸病逝南京（簡稱「寧」）所遺留下來的房產，進入民國後為他人所占居，直到一九三〇年代才重新拿回房屋的主權。[11]

此信第二十六頁後半接著寫道：「有人告我，謂盛氏鷸蚌之爭，利為漁翁所得，此層似可挽人告之茂妹也」。此處所言之「盛氏鷸蚌之爭」，當指一九二八年轟動全中國的遺產官司，由盛宣懷七女盛愛頤狀告兄長分產不公，而信中所謂在兄妹鬩牆中漁翁得利的，當指獲取高額費用的雙方律師。此時被家族請出充當和事佬的張志潭，一心只想如何託人告知張茂淵，切切以此為戒，不要盲目打官司而讓親者痛、律師快，然他顯然忘記盛愛頤所打的遺產官司乃大獲全勝，不僅讓其妹盛方頤急起仿效之也獲勝訴，更讓所有原本默默承受千年來「宗祧繼承」下「諸子均分」原則而被排除在外的女性，突然了解到民國新律法所可能帶來法律之前男女一律平等的保障，此亦即盛愛頤的遺產官司為何最常被稱為民國以來第一樁女權官司。看來張愛玲姑姑張茂淵從中所能獲得的鼓舞，恐怕遠遠大於其堂兄張志潭所意欲發出之警惕。[12]

(2)張志潭在信中不斷嘗試以「弱化」張茂淵的方式為其緩頰，盼能博取其兄長張志潛的諒解。在第二十七頁前半頁至後半頁張志潭寫道：「茂妹或不詳兄處境之艱，用心之苦，有此誤會當亦輕信人言，望兄注意解鈴繫鈴，將經過情形向其詳細解釋，兄弟無宿怨，正不必以公庭一紙於形跡，遂涉乖離，想三十年以長之，老兄對於弱妹固無不可逑恕之之處也」。作為調人的張志潭，一方面是在安慰張志潛，肯定他用心良苦、處境艱難，一方面也是在為張茂淵開脫，指其年幼不懂事，定是輕信他人之言而壞了兄妹情分。但方方面面、禮貌周到的文字中，還是不忘在字裡行間婉轉提醒，張志潛比弟妹年長近三十歲，大人不計小人過，不宜事事與「弱妹」計較。

這樣的口吻在第二十九頁前半頁至後半頁又再次出現：「茂妹未出閨門，鮮知世態，嬌癡小妹可憫可憐，我兄顧念，先人必能恕茲弱妹無理之理，不必計其是非；廷重年逾三十，非比孩提，即不能消弭於前，亦不必參加於後。督警對書，淋漓盡致，甚至以表德銘幽之作，為分財對簿之資，異日祭掃蒸嘗，將何以對先靈於地下，假使弢老知之，將亦深悔當時之落筆矣！」打官司之際早已年逾三十的張茂淵，此刻卻成為堂兄張志潭筆下可憫可憐、不懂世事的嬌癡小妹，明明出國遊學多年，卻只被定位在「未出閨門」的待嫁身分。與此同時，年長張茂淵五歲的哥哥張志沂（字廷重）則被當成真正有失職守之人，不僅未能勸說妹妹打消念頭，竟還加入戰局一起狀告兄長，甚至還拿父親好友陳寶琛（字弢庵，與張佩綸同為清末清流黨人）的筆墨，作為分產的呈堂證據，實乃有愧地下先人。即便是以退（責張志沂）為進（勸張志潛）的修辭策略，張志潭保守之性別觀念與守舊之宗族觀念仍可見一斑。[13]

（3）張志潭關注張志沂在此官司中的態度，並持續努力為「三分均分」的解決辦法說項。第三十二頁後半頁首行起：「且兩件皆茂出名，無廷隻字，廷如再有異議，仍是了而不了。因覆茂電詢廷意是否一致。」此處張志潭似乎在向堂兄張志潛解釋為何與張茂淵聯絡，乃是需要確認張志沂在官司中的真正意願。又，第三十三頁前半頁首行起：「茂致邁書主張，依子立所擬辦法三分，對兄亦無越禮之語，親者無失其為親，兄於小弟妹更有何不可宥諒」。此處寫到張茂淵寫信給另一堂兄張志澄（字次邁），信中並未對張志潛有任何批評或責難，只是主張依照子立先生所擬辦法遺產三分，盼張志潛能原諒小弟妹的堅持。[14]

然而和事佬張志潭也不忘在給張志潛的信中，嘗試藉由對張茂淵的指責，來表示自己的公允。第三十三頁後半頁說道：「至邁前覆茂書所詢各節，其時並不知茂之意出於訟，且以此書呈堂作證事。後邁弟聞之，深怏怏於此舉，而亦無法向廷茂作理論，後之作家書者不亦難哉！」此段所述乃張茂淵寫信給張志澄後，張志澄誠懇回信，答覆所詢各節，而此回信卻在張志澄不知情的情況下，變成了呈堂證據。在此張志潭表面上是在責備張茂淵居心叵測，利用了張志澄，實地裡是為張志澄說項，以免張志潛誤會其他堂兄弟支持張茂淵打官司。這封家書與前面所提陳寶琛（弢老）的筆墨，恐怕都歸在《對照記》裡張茂淵信誓旦旦對張愛玲所說「充分的證據」之中；當然張志潭本人也萬萬無法料到，其所作「家書」亦成為此刻我們追溯此官司來龍去脈的另一種「呈堂作證」。

(4) 接下來兩封關鍵書札的收信對象，由「四哥大人」轉到了張志潭請來研擬分產辦法或張志潛所延請的律師「子立先生」（然在張子靜的記憶中卻是律師汪子健），書信內容讓我們更清楚了解到這樁遺產官司的細部過程。第三十四頁前半頁張志潭寫道：「家四兄函及判決書上訴狀各一件旋又得……」，可知一審判決乃是張茂淵獲勝，張志潛對判決書不服而提出上訴狀。接著第三十五頁後半頁寫道：「又茂之律師劉祖望致邁函一件……四兄既不堅持分關不打破之說，而茂又主張三分均分，則此事去題已近……。」此處短短三言兩語，卻道出了這樁遺產官司在捍衛傳統「宗法」規範與援引民國新民法反抗「宗法」規範之間的角力鬥爭。此三言兩語中最不重要的是張茂淵所聘請的律師乃劉祖望，而非張子靜在《我的姊姊張愛玲》中所說的律師李次山。劉祖望為彼時的大律師，曾與章士釗、彭望鄴、吳之屏、蔣豪士等，為陳獨秀「危害民國案」義務辯護，名重一時。張茂淵願意出巨資聘知名律師，可見其志在必得的決心。而此三言兩語中最重要的關鍵乃「分關」一詞，「分關」（亦即「分鬮」）就是分家契約文書，「今恐無據，立此分書」。由此可推測，祖父張佩綸或祖母李經璹過世前（生分）或後（死分），已立有「分關書」，明定了分產的方式。原本張志潛態度強硬，堅持不可打破昔日所訂的「分關書」，要不乾脆不分，要分就得按照「分關書」進行。但在一審敗訴後，張志潛似乎已不再堅持分關不打破之說，換言之，張茂淵所主張的三分均分有望成功，爭端或可和平落幕，亦即此處張志潭所展現的樂觀態度。

故張志潭懇請子立先生代為勸說堂兄張志潛，並清楚明白表示本於其對當前新法保障女子繼承權的了解與判斷，堂兄絕無勝訴之可能，不應再做困獸之鬥。他在第三十六頁前半頁寫道：「四兄方面，在理本不應全輸，在法已決難獲勝。十月十號之後，女子繼承權由解釋律變為法律，更無通融之法。……設使二訴再敗，最高法院只能審察法律，不能干涉滬院執行，其結果可想而知。同祖之下，只此一兄年過五旬……所幸茂來堂語頗近理，即對於四兄說法亦毫無越軌之言，又何致餉以惡聲。」此處張志潭一方面為堂兄張志潛留面子，表示其所憑所恃之「理」，乃宗祧繼承概念下分家析產的「分關」；但現今強調男女平等的新法，徹底保障了女子財產繼承權，家規難鬥國法。言下之意，乃肯定張茂淵的就法論法，不出惡聲，且暗責已年過五旬的張志潛以大欺小、不知轉圜。

(5) 爾後張志潭見機不可失，再次敦請子立先生出面勸說，卻發現堂兄張志潛想以不合情理的「四四分」，來取代張茂淵所要求的三分均分：「……命駕蒞滬一行，先與家四兄熟商三分均分之說能否同意，如家兄之意昭然，則其他似可迎刃而解。」但接著他在第三十八頁前半頁大失所望道：「弟之與兄所費苦心可質天日，吃力不討好原在意中，但平心設想，一分之二與二分之四有何分別，人人於勝訴之後，昔之按二分分者改而為四四分，是與茂無益，與廷有損，豈能辦得下去！且照與廷茂為分鬮上原有人物，今就分鬮說話尚有根據……。」顯然事有變動，出現了「二分分」與「四四分」的差別。由上下文看來，原先張志潛在節節失利後被迫一定要分，便堅持回到「分鬮書」上所規範的「二分分」，想以「二分分」取代「三分均分」。而「二分分」未果，今竟又提出「四四分」，讓調解人張志潭大惑不解。對張志潭而言，二分之一與四分之二無有差別；而張志潛先是堅持回到「分鬮書」上的「二分分」（分成兩份，每份各取二分之一）不被接受，今卻又提出「四四分」（分成四份，每份各取四分之一），作為取代張茂淵所提的三分均分（分成三份，每份各取三分之一）的最終方案。

顯然張志潭只將「二分分」與「四四分」之無差別，放在二分之一與四分之二的無差別之上思考，故而興嘆張志潛沒有解決問題的誠意。但二分之一與四分之二真的沒有差別嗎？什麼又會是遺產二分、三分與四分在「姓／性別」政治意涵上的差異區分呢？由信札的上下文與傳統分家析產的習俗觀之，昔日「分關書」上明載有「照」（張志潛字仲照）、「廷」（張志沂字廷重）與「茂」（張茂淵）三人，但張志潛的二分分之說，若據常理判斷應是以祖父張佩綸家族「志」字輩的「兩房」（亦即張志潛一房，張志沂一房）為計算單位（長兄張志滄早歿無後，張茂淵是女兒不算，房只算男系），可能是先扣除了「茂」的支用（妝奩，奩資，嫁資等名目，多指日後從娘家帶到夫家的嫁妝），再將遺產二分分，一半納入張志潛一房，一半納入張志沂一房。

故若要重新回到當初的「分關書」，那張志潛、張志沂各取二分之一，張茂淵只能在「二分分」之前先撥出一定數額，或在張志沂的二分之一中再分取一定數額，不論如何，定是三人之中最為吃虧者。「二分分」是男系（兒子、兄弟）均分，沒有女系（女兒、姊妹）的份。而張茂淵所提的「三分均分」乃是最符合一九三〇年所頒布的《民法》精神，她要在繼承權上貫徹男女平等；昔日分家析產時的不公已無法追溯，至少堅持今日的公平分配，不因性別而有差別待遇。她的說理與不出惡聲，顯然也得到和事佬堂兄張志潭的相對肯定。

但最弔詭卻又反倒最能貫徹傳統宗祧繼承精神的，乃此家族官司協調中最晚出現的

「四四分」版本。為何明明法庭之上只有三個當事人，「分鬮書」上只有三個原有人物，卻可以突然多冒出一人來做四四分呢？這多出來的一人是誰？或這多出來的一份屬誰？僅就張志潭的九通信札底稿以及現有張愛玲與張子靜的文字資料而言，我們怕是得不到任何明確的答案；但若就千年以來的宗祧繼承運作而言，我們或可合理猜測此多來的一人，可能是張佩綸的「長孫」張子美，亦即張志潛的長子，或者是張志潛以次子張子閒或其他小輩「過繼」給早歿無後的張佩綸長子張志滄，作為一房。而不論是要求「長孫額」或以「嗣子」的方式另立一房，皆為原「分鬮書」上所無。張志潛迫於形勢所想出的「四四分」對策，乃是一個完全服膺傳統中國宗祧繼承精神、卻與近代西方遺產繼承精神徹底背道而馳的對策。按照張志潛的如意算盤，若必須被迫分割以前未能分割的家產，按昔日「分鬮書」他至少要占二分之一，而「二分分」或「四四分」名目略有不同，都可以讓他在實際上取得二分之一，莫怪乎立即被調解人張志潭看破手腳。對張茂淵而言，「二分分」最不利，一無所得或僅能取得有如施捨般的「房外—額外」財產，「四四分」也僅得四分之一，只有三分均分才最符合個人利益，也最能貫徹男女在繼承權上的一律平等。至於對張志沂而言，「二分分」恐比三分均分得利更多，「四四分」最吃虧不上算，亦即張志潭在信中所言「與廷有損」，也埋下了日後張志沂被兄長以金錢收買而陣前倒戈的伏筆。然而此處遺產的二分、三分或四分，絕對不是好玩的數字遊戲，而是宗祧繼承的通關密碼。直至今日「長孫額」、「嗣子」或其他透過「房」的重新計算來進行的爭產戲碼，仍不時出現在二十一世紀漢人家族的分產場景之中，從未真正徹底退場過。

對張志潛「四四分」之說大起反感的張志潭，慨嘆此事難解，只得再次對子立先生表達深深歉意，拖他下水，勞其傷神損體。他在第三十八頁後半頁寫道：「如詔出於先伯母遺意，則又何以至今日始議，為其爭產哉！凡此皆下愚所不能解者，度公亦不能解之，只好姑從其闕，弟以寒家之事累公如此淘神嘔氣，寸衷深為抱歉耳！好在照兄之意既主張早完法律手續，只可聽其自然；吾兩人心力已盡，即先伯父、伯母亦當垂諒於地下也。」看來不論「四四分」多扯出來的「一房」究竟為何，張志潛竟還聲稱此乃張愛玲祖母的遺意，不可違逆；但顯然張志潭並不買單，並在與子立先生的書信中提出質疑，何以事到如今才突然跳出來為此「一房」爭產。然張志潛一意孤行，堅持要走完法律訴訟程序，張志潭也只能祈諒已逝的伯父伯母能地下有知。

（6）張志潭最後一封有關此遺產官司的書札底稿，出現在第三十九頁後半頁，收信對象又重新回到他所敬稱的「四哥大人」。「手書分鬮鈔稿亦由郵寄到……。訟事現狀何似，子立書來亦殊懊惱，好在三分之說本以征兄意，既不接受當然不生效力，不過延茂涉訟意之所在兄甚了然，今以二分之一與四分之二較初無出入，是經此一番波折，於茂無益，於廷有損，恐非言語所能為力，此次手書料其無和解之望，弟意亦恐如是也。解決既以屬之法律，則兄亦不宜過於焦急，是非久而自明，苦心終有知者，一陽之復為期或不遠耶！時局沸騰，正如我家之家事，可歎！」信中張志潭表示已收到張志潛所寄分關書的抄錄本，並說明子立所提的三分之說，只是用以徵詢堂兄意見，不具法律效力。但話峰一轉，坦言表示二分之一與四分之二難有區別，徒增波折，既對張茂淵無益，也對張志沂有損，看來此事和解無望。信件最後嘗試禮貌性地安撫堂兄張志潛，是非自在人心，一定會還其公道，並嘆息國事家事一般浮動紛亂。但若將客套話語暫放一旁，張志潭顯然認為張茂淵的訴求合理合法，而基於其對新法保障女子繼承權的了解，張茂淵的三分均分終將勝訴。故若純就張志潭這九通相關信札底稿的內容觀之，張茂淵的官司後來勢必勝訴。但張志潭始料未及的，乃是官司走到後來，竟是以賄賂法庭為最終決戰點，而張愛玲父親張志沂出乎意料的陣前倒戈，更成了壓死駱駝的最後一根稻草。

二・宗規與國法

張愛玲姑姑張茂淵的官司之所以重要，不在最後司法的勝負輸贏，也不在是否敗壞名門望族的顯赫家聲，而在於這樁官司提供了「充分的證據」，讓我們清楚看到「分關書」與「法院判決書」之間的齟齬，看到傳統中國的「分家析產」與現代西方影響下「遺產繼承」的巨大差異，也看到進步修法本身的可能局限與時間陷阱。以下我們將暫時跳出張愛玲、張子靜、張志潭對此特定官司的相關書寫內容，也跳出張志潛、張志沂、張茂淵三人之間的恩怨情仇，先放大來看行之千年「宗祧繼承」的運作方式為何不再天經地義？現代法律所強調的女子繼承權，為何在後封建、後帝制的民國依舊步履蹣跚？是什麼樣的社會進步力量，前仆後繼地推動著女子繼承權的相關立法？又是什麼樣的保守反動勢力，死而不僵地阻撓著新法的修訂與修訂後新法的難以全面落實？

首先，何謂「宗祧」？「宗祧」原指祭祀祖先的地方，「大宗之廟，百世不遷者謂之宗，小宗之廟，五世而遷者謂之祧」、「近祖廟為宗，遠祖廟為祧」，後亦被引申為祖先的代名詞。「宗祧」制度淵遠流長，西周時期「宗祧」就已是政治權力與財產權力的關鍵連結，以宗子率宗，宗子有權支配宗族的所有政治利益與財產利益。爾後隨著世卿世祿制的消亡，政治權力由官僚制取代分封制，財產權力也逐漸演變為不分嫡庶的「諸子平分析產制」。故「宗祧繼承」的核心不在財產本身，而在「祭祀祖先」與「承業祖產」之間的緊密連結：只有男子有權承繼／祭宗祧，連帶有權承繼祖產，無權承繼／祭宗祧的女子，遂被排除在承繼祖產之外。宗祧繼承透過與財產繼承的緊密連結，成功構建出宗法社會的象徵與物質基礎，遂成為宗法社會最為關鍵的維繫手段（盧靜儀，《民初立嗣問題的法律與裁判》，頁一八—五八）。

近代歐美所發展出的女性主義批判，往往將過多的焦點放置在男性與女性的「性別差異」之上，然宗祧繼承的「諸子均分」絕不只是表面上的性別不公：男人有分，女人無分。「男系女不系」是整個父系宗法制度之中最為幽微糾結的「姓別差異」，不是直接歧視女人，而是以男性血親所建構的世系傳承為核心，區分出有權與無權承繼宗祧祭祀的兩種位置。由於女人在「族外婚」的宗法秩序中，必須出嫁從夫姓，遂成為無權承繼本宗的外姓者。[15]換言之，女人被排除在外，不只是生理性別或社會性別的「異性」，更是終將透過婚嫁而成為的「異姓」。故對「宗祧繼承」的挑戰，不只是簡簡單單以平等原則將女性納入即可，而是必須清楚看到中國傳統宗法社會的家族延續，乃是建立在以男性血親所構成的世系關係之上。「宗祧繼承」正是以此男性血親的世系關係為獨尊的承繼關係，由此建立起整個父系—父財—父權的宗法秩序。宗祧繼承的存廢，乃是牽一「法」而動千年傳統宗法社會根深柢固的倫常秩序與名分配置。對篤信篤行傳統父系宗法規範的人而言，宗祧繼承的式微，不是舊俗惡習的消滅，而是斬斷傳統宗法社會「命脈」的大逆不道、背祖忘宗。

雖說宗祧繼承與財產繼承（有時亦包括「封爵繼承」）的合而為一，貫穿了千年的封建帝制，但民國建立後所出現的「遺產繼承」觀念，卻是以現代西方法律體系的「個人財產制」（individual possessions），徹底挑戰傳統父系宗法、同居共財的家族體系。[16]簡言之，傳統「宗祧繼承」與現代「遺產繼承」最主要的差異有二。一是共有財產與私有財產的差異，西方近代法律界定下的「遺產」繼承，乃建立在「個人財產制」之上，而傳統中國分家析產的「家產」，多被視為家族的同居共財，非專屬於個別祖輩。故祖輩財產的分割繼承，可以發生在直系尊長亡故之前（生分）或亡故之後（死分），甚至在直系尊長亡故後，兄弟間仍可維持或長或短同居共財的家庭形態，日後再由旁系尊親主持分家析產的儀式，最後再回歸「父家長型」的家庭形態，自是與西方「遺產繼承」所強調的「個人財產制」不同。[17]傳統中國的分家析產，乃是在家族之「內」以「房」為單位，進行財產的重新配置。誠如陳其南在《家族與社會》中所言，「房」乃兒子相對於父親的身分，中國傳統的「分房」必同時包括(1)男系原則（女子不稱房）、(2)世代原則（兒子對父親才構成房關係）、(3)兄弟分化原則（每個兒子只能單獨構成一房）、(4)從屬原則（房是家族的次級單位）、(5)擴展原則（系譜上的擴展性與連續性，可指一個兒子，也可指歸屬於同一祖先的男性後代及其妻等所構成的父系團體）、(6)分房原則（在系譜上不斷分裂成房）（頁一三一—一三三）。一祖之下，必須確保重新配置的財產總數不會流入外宗外姓而減損，而終將透過婚嫁成為「異姓」的女兒或其他外宗，都必須徹底被排除在重新分配之外。故嚴格說來，「承繼」不同於「繼承」，「家產」不同於「遺產」，「析產」官司不同於「遺產」官司。[18]

「宗祧繼承」與現代「遺產繼承」的另一個主要差異，乃在於個別主體與關係主體的不同。西方近代的遺產繼承賴以為基石的「個人財產制」，其與西方「占有式／私有式個人主義」（possessive individualism）之歷史發展相輔相成；沒有「個人」的觀念，也就沒有「私有財產」的觀念。反之，漢人家族的個人所有權源自房的身分，只有成為一房或一族的代表，才享有房制度所規範的權利義務，而非西方由自然人所衍生的法人概念。正如滋賀秀三在《中國家族法原理》中所言，傳統中國的「承繼」包含了三個主要「關係」：「繼嗣」（繼人的關係）、「承祀」（承擔祭祀）與「承業」（繼承財產）（頁九四—九七、一一五—一二〇），讓財產繼承清楚建立在「嗣」與「祀」的相對倫理關係之上，而「嗣」與「祀」正是宗祧制度的核心。故宗祧繼承所構連出的財產承繼，絕非現代意義的財產繼承（戴炎輝，頁二六七），「宗祧繼承為祭祀權之嗣續問題，遺產繼承為財產權移轉問題」（戴東雄，頁六八）。故宗祧繼承所建構出的主體位置，絕非現代意義的個人主體。中國傳統分家析產的宗祧主體，所指向的乃是家族世系中的繼嗣—承祀—承業之關係位置，而非獨立於宗族關係網絡之外的個人主體。[19]

傳統中國宗祧主體作為關係主體的網絡，正是父系宗法所構築而成的男系血緣關係，女人無法涉足縱向的父子世代傳遞、無法加入橫向的兄弟分割家產的關鍵，乃在於無法進入本宗「繼嗣」與「承祀」的位置，自然被排除在「承業」之外。只要女人一日沒有宗祧繼承的可能，就一日沒有家產繼承的可能。[20]中國父系宗法制度乃是把「女兒」或「姊妹」（不只是生理或社會性別的「女人」，而是姓氏家族的倫理關係位置）「包括在外」，既不列入家譜祖譜，亦不列入分家的「房份」，卻經由嫁娶儀式與其他外宗家族產生連結，導致已然出嫁或即將出嫁的「異姓」，不能回到本宗來分家析產。有鑑於此，近代西方建立在「個人私有財產」上的「遺產繼承」制度，不啻為千年以來被排除在宗祧繼承之外的中國女人帶來了翻天覆地的希望。

有了對漢人父系宗法的深刻理解後，我們可以再次回到張愛玲姑姑張茂淵的析產官司，去問一個似乎多餘卻至為關鍵的問題：為何這樁官司發生在一九三〇年代初？此問題之所以似乎多餘，自是事件的引爆點若為彼時出現或發現了過去並未分割的財產，而出現或發現的時間點又落在三〇年代初，官司自然只能發生在其後而非其前。此問題之所以關鍵，乃是因為一九三一年後女子財產繼承權已成為正式施行法（正如張志潭信中所言「女子繼承權由解釋律變為法律」），張茂淵有整部新《民法》為其撐腰、為其主張，即便「分割遺產」不溯及既往（過去已經分割的家產，不能再重新分割），卻能以「侵占遺產」進行官司訴訟（要求分割新增加或過去未曾分割的財產），來爭取自己的繼承權利，雖到頭來卻因法院收賄與親哥哥陣前倒戈而官司敗訴。以下就先讓我們一起快速爬梳從清末至一九三〇年代所先後出現的四部法律文本——《大清現行刑律》、《大清民律草案》、《民國民律草案》、《民法》──端詳其中「宗祧繼承」與「遺產繼承」的概念如何纏鬥角力，此起彼落。[21]

第一部《大清現行刑律》於一九〇九年修訂完成，一九一〇年頒布實行。此法律文本乃是在新律尚未修訂完成的情況下，暫時在原有的《大清律例》基礎上進行刪訂改造，以應實際之需。故對家庭民事的具體條文內容，改動甚少，與婦女財產權和繼承權有關的條文，仍多承襲舊律。如《戶律．戶役》中「卑幼私擅用財」條，明確規定親女只有在戶絕（無同宗應繼之人）的情況下，才能「承受」遺產（陳同，頁一〇八─一〇九）。[22]清末第二部修訂的新律是《大清民律草案》，此乃中國第一部獨立編纂的民法文本，也是第一部按照歐陸民法原則和理念起草的民律草案，於一九一一年（宣統三年）修訂完成，但因辛亥革命推翻了滿清政府而未及實行。整個草案分為總則、債權、物權、親屬和繼承五編，仍多保留傳統宗族主義的倫理道德和禮教民俗，但已展現新舊混雜的特徵，雖未公布施行，卻是在《民法》公布前，民國初期大理院判例的主要法理依據。然《大清民律草案》在宗祧問題上並沒有做出明確的規定，其立法精神乃採宗祧繼承與遺產繼承並行，以宗祧繼承人優先繼承遺產。雖說《大清民律草案》已嘗試將「家產」之共同所有，發展成個人私有財產的繼承，但法定繼承人仍是男性直系卑親屬（包括嗣子）。如被繼承人無子則以妻為第一順位繼承人（舊律妻僅有代管權），親女僅能以五種順序之最後順位「承受」被繼承人的遺產。雖與舊律只有「戶絕」的極端情境下才可承受相比，已有明顯改進，但遠遠不及男性直系卑親屬順理成章的法定繼承權。故從法學研究的角度觀之，《大清民律草案》「處處可見傳統家族主義與宗族觀念，但是歐陸男女平等的思想已開始在我國萌芽」（戴東雄，頁六四）。

《民國民律草案》是第三部修訂的法律文本。北洋政府執政後不滿《大清民律草案》（民國成立後，已更名為《中華民國暫行民律草案》頒行）過於西化、偏重個人權利，決定回過頭援引一九〇九年頒行的《大清現行刑律》中民商事部分，以沿襲明清時代的舊律。自一九一四年起，北洋政府法律編查會開始修訂民律草案，著手進行民事習慣調查，一九一五年編訂《民律親屬編草案》，但直至一九二五年才完成全部的修訂，正式經由司法部通令各級法院作為條理適用（李長莉，頁一〇六）。一九二五年修訂完成的《民國民律草案》雖產生於《大清民律草案》之後，但在女性權益上卻大幅回歸中國父系宗法傳統。該草案的繼承編第二章重新確認宗祧繼承，第一二九八條規定「本律所謂繼承，以男系之宗祧繼承為要件」，此一規定顯然是針對《大清民律草案》削弱宗祧制的修正，重新加強宗祧繼承與財產繼承的關係連結，以及男性直系卑親屬在繼承權上的絕對性。整體而言，《民國民律草案》復古多於前進開放，具體展現「軍閥統治的北京政府立法理念有一定的保守性，民間習慣風俗的慣性力量也還相當強大，足以影響立法原則」（李長莉，頁一〇六）。

《民法》則是第四部修訂的法律文本，一九二九年起由國民政府陸續頒布，乃第一部在基本立法精神上實現男女平等的民法典。作為其組成部分的《民法親屬編》和《民法繼承編》於一九三〇年十二月頒布，並於一九三一年五月施行，正式讓千年的宗祧繼承退出國家成文法領域。此關鍵的變化始發於一九二八年法制局的繼承法草案，此草案重新進行「法定血親繼承人」的認定，其中攸關女性繼承權的原則性宣示有二：一是廢除弊端甚多的宗祧繼承，讓同族之人相爭無子者的遺產師出無名，並藉此斬斷以延續宗祧為名的納妾陋習；二是強調法律上的男女地位平等，放棄重男輕女的舊制，讓繼承相關的一切事項，皆採男女均等主義，女兒不論出嫁與否，對父母遺產之繼承權，與兒子毫無二致（黃詩淳，頁二一一九四）。其修法原則的理路如下：

宗祧重在祭祀，故立後者惟限於男子，而女子無立後之權，為人後者亦限於男子，而女子亦無為後之權，重男輕女於此可見，顯與時代潮流不能相容，此就男女平等上，宗祧繼承無繼續存在之理由三也。（司法行政部民法研究修正委員會，下冊：頁五九二）

在此廢除宗祧制的修法原則之下，《民法》也將親屬重新分為「配偶」、「血親」、「姻親」三類，以取代舊律「宗親」、「外親」、「妻親」的傳統親屬分類。此重新命名的最大用意，乃在於取消父系親屬與母系親屬之間原本的不平等區分，而此不平等區分正是傳統「父系」宗法的核心：傳統父系宗法用「宗親」表示父系親屬（同宗同源），用「外親」表示母系親屬，明顯含有尊卑與內外的不平等位階。舊律親屬分類以父系─男系為主，乃宗法制度的產物，而取消此行之千年的舊律親屬分類，正是追求法律上男女平等的關鍵（陳同，頁一一一）。由以上四部法律文本的修訂過程觀之，從「宗祧繼承」到「遺產繼承」的法條變動中，產生了巨大的矛盾、衝突與反覆，而女性遺產繼承權的最終確立，乃在此巨大轉變的社會與法律過程之中歷盡艱辛。沒有「遺產繼承」逐步取代「宗祧繼承」的民國新《民法》，就沒有法律之前真正的男女平等；沒有女性遺產繼承權的確立，也決計不會出現類似張愛玲姑姑張茂淵所勇敢進行的遺產官司訴訟。

三．盛七小姐上法院

然而從清末至民國四次修法的落實過程，並非歷史時移世變的必然結果，也非單純來自個別政黨或進步開放的立法人士之功。其中前仆後繼、最為關鍵的力量，乃是來自近現代的婦女解放運動。從清末女權運動的興女學、辦女報、鼓吹不纏足到民初的女子參政、爭取社會權利、婚姻自由等，女子財產權亦逐漸成為運動的訴求重點，各地女權組織紛起倡議（盧靜儀，《清末民初家產制度的演變》，頁一九七—一九八）。以一九二二年由北京各學校女生共同組成的「女子參政協進會」為例，其在各地城市組織分會，積極爭取女子參政權，除了強調推翻專為男子設立的憲法，以求保障女權，也力主改變彼時專制家政的教育制度，以求知識的平等，更要「打破專以男嗣為限的襲產權，以求經濟獨立」。[23]該組織並要求政府「速定民律，俾女權於私權上得一平等地位。凡關於夫妻權益（利）、婚姻、繼承等問題，務期不偏不倚」（中華全國婦女聯合會婦女運動歷史研究室，頁六四）。再以與「女子參政協進會」同年相繼成立的「女權運動同盟會」為例，其在綱領中亦清楚表明：「全國教育機關一概為婦女開放」、「女子與男子平等的享有憲法上人民應享的權利」、「制定男女平等的婚姻法」、「刑法上加入『同意年齡』及『納妾者以重婚罪論』的規定」、「禁止公娼，禁止買賣婢女，禁止婦女纏足」等，其中當然包括以平等原則強力伸張女子財產權與承繼權的項目：「私法上的夫妻關係，親子關係，承繼權，財產權等，一依男女平等的原則修正」（中華全國婦女聯合會婦女運動歷史研究室，頁六〇）。[24]

而其中最關鍵的，乃是一九二六年一月國民黨第二次全國代表大會通過的「婦女運動決議案」，明確要求以男女平等原則制定男女平等的法律，並清楚規定女子有財產繼承權。[25]該決議案於同年十月通令隸屬國民政府的各省施行，更直接影響後續《民律繼承編草案》、《繼承法草案》的修訂，以及《民法》的制定與施行。我們或可說沒有「婦女運動決議案」，就沒有女子的平等繼承權，也就不會有日後如張愛玲姑姑張茂淵的司法訴訟。[26]民國的「女子繼承權」從舊律的「親女承受戶絕財產」到被動式的「得酌分遺產」（妝奩），再到主動式的「得請求酌給遺產歸其繼承」，再到僅限未出嫁女子才有遺產繼承權，最後到不分已嫁未嫁都與男子有同等繼承權，一路走來艱辛備至，既有傳統保守勢力的不斷反撲，也有北洋政府、廣州政府、武漢政府、南京政府之間的步調不一甚至相互否認，但終究還是走到了一九三〇年《民法》在男女繼承權上的平等保障。

也只有在民國女權運動對女性財產權與繼承權的伸張與堅持之中，我們才能理解前文已稍提及轟動全國、史無前例的盛愛頤遺產官司案，為何可以被稱為民國以來第一件女權官司。一九二八年八月二十九日《申報》在社會新聞版頭條刊登〈女子承繼遺產問題〉一文，稱清末洋務大臣、民初知名實業家盛宣懷的七女兒盛愛頤，以兄弟輩處理其父遺產時違反現行法律、背離男女平等原則，延請律師正式向法庭提起訴訟，以爭取維護自己應有的法定權利。[27]此則消息傳開後，引起社會極大的反響與討論。本章此節將延續前文對民初女子繼承權的修法討論，具體以盛家的多次爭產官司為例，再帶回本章的核心案例——

張愛玲姑姑張茂淵的侵占遺產官司，以進一步凸顯「姑姑的官司」可能的跨姓氏與跨時代意涵。

首先，一九二八年盛宣懷之女盛愛頤的析產官司，其核心關鍵在於五分之一與七分之一的差別。然而如同前文所言，張茂淵官司中的二分之一、三分之一與四分之一不是好玩的數字遊戲，而是宗祧繼承的通關密碼，就讓我們也來看看所謂盛家官司的五分之一與七分之一究竟是如何計算出來的。話說盛宣懷在一九一六年過世後留下龐大家產，引起世人矚目。「據復旦大學檔案館保存的盛氏遺產清理資料記載，盛氏遺產清理處前後召開了八次會議，詳細訂立《盛氏公訂保存遺產公約》、《估價清冊財產總表》、《五房分配清單》、《盛氏遺產分析辦法》等文件。根據這個清理結果，一九二〇年由盛氏親族會議議決，莊夫人和五房子孫（二六八子早夭不計）同意，所有遺產作為十成分派，五成捐入愚齋義莊，五成由五房分析，每房得遺產一一六萬兩」（鄺千明）。[28] 故盛宣懷死後所遺留的龐大遺產，乃是一半成立義莊，一半由五房均分。但為何是「五房」？盛宣懷有七個夫人（元配、繼室與側室），生有八子八女：大房盛昌頤由其長子盛毓常為代表、二房早夭不計、三房盛同頤由其嗣子盛毓郵為代表、四房盛恩頤、五房盛重頤、六房早夭不計、七房盛昇頤、八房早夭不計；故所謂的「五房」乃大房、三房、四房、五房與七房的五個兒子，八個女兒不論出嫁與否，完全不採計。

故盛宣懷死後所遺留龐大財產的處理方式，乃是介於「遺產」與「家產」的曖昧界定之間，同時展現「宗祧繼承」與「遺產繼承」的特點。處理方式一方面依照盛宣懷遺囑，指定恩師李鴻章長子李經方為遺囑執行監督人，將死後的「個人」財產一半捐出成立義莊，從事社會慈善事業，救苦濟貧，另一半則平分給直系血親卑親屬。但另一方面乃是經由盛宣懷繼室莊夫人與盛氏親族多次的家族會議所決定、認可與執行，更是依照「宗祧繼承」的「諸子（房）均分」原則，只分兒子，不分女兒，雖名為「遺產」，卻更似「家產」。然這樣縝密的安排，依舊有人不服。盛家遺產官司第一次鬧上法院，不是兄弟與姊妹鬩牆，而是繼祖母莊夫人與長孫的矛盾衝突。大房盛昌頤的長子盛毓常，以盛家長房長孫的名義反對此析產處理方式，希望取代繼祖母出面主持遺產的重新分配，反覆協商不果而告上法院。最後繼祖母莊夫人獲勝，法院駁回盛毓常等要求更改分產清冊之訴，愚齋義莊董事會遂正式立案成立。

然莊夫人於一九二七年過世後，盛家五房蠢蠢欲動，覬覦愚齋義莊的慈善基金，乃於同年年底向法院提出析產，要求將義莊財產之六成，計銀三五〇萬兩，由盛氏五房均分，也因此掀起盛家姊妹與兄弟、侄子對簿公堂的遺產大戰。一邊依舊是一九二〇年分家析產時的「五房」：盛家的三位公子盛恩頤（老四）、盛重頤（老五）、盛升頤（老七）和兩位侄子盛毓常（長房長孫）、盛毓郵（老四之子，過繼給三房）。另一邊乃新冒出來的盛家七小姐盛愛頤和後來加入戰局的八小姐盛方頤，以男女平等原則要求平分遺產。兩人皆尚未出嫁，而彼時其他已出嫁的姊姊並未加入戰局。[29]然此一九二八年析產官司的重點，同樣不在於重新回到一九二〇年析產時的不公平而要求重新分配，而是針對過去未分而新增加出來的部分（亦即愚齋義莊的財產）。故法律攻防的重點乃在於過去分家析產不在分關書上的女兒或在分關書上僅「酌分」的女兒（亦即前文張愛玲堂伯父張志潭信中所提及的「分關不打破」、「分關上原有人物」之說）是否可以來分，即便此時已強調男女在繼承權上的一律平等。

嚴格說來，民法在當時尚未正式頒布，但男女平等已是國民政府所貫徹的既定政策，當時最高法院的解釋例亦對此多有闡釋，但在精采的法律攻防戰中，依舊刀光劍影，傳統與現代觀念糾纏不清。被告盛家五房的律師團一再強調，在一九二〇年盛家第一次析產中訂有分析文書（分關書），確認五房的繼承權，當時亦無女子繼承權的相關法律條文，法律不溯既往，故原告盛愛頤不應具有分析遺產的權利，即便是一九二八年才出現可分析的財產。五房的律師團亦同時指出原告與妹妹盛方頤在確認五房繼承權的前提之下，已各自領取六萬銀兩的奩資，更不應再參與此次的分析家產。原告盛愛頤所請的律師團則援引民國後法律上關於男女平等的條款，以及國民黨第二次全國代表大會「婦女運動決議案」中的有關條款，強調未嫁女子應有與其胞兄弟同等繼承財產的權利，原告盛愛頤與其妹盛方頤均在有繼承權之列。最後乃是由盛家二女獲得勝訴，讓原先「諸子（房）均分」的均分五分，變成了加上盛愛頤與妹妹盛方頤也各算一分的均分七分（七分之一即五十萬兩白銀），成為史上首例打破中國千年女子無財產繼承權的女性維權官司。

然我們自無法迴避此女權官司所涉及的豪門內鬥與政經人脈。彼時北洋政府垮臺，南京政府新立，而盛愛頤背後更有宋家勢力（宋靄齡、宋慶齡、宋子文等）的撐腰。與盛愛頤的遺產官司相比，張愛玲姑姑張茂淵的官司顯然是小巫見大巫，不論是在媒體報導或遺產金額上完全不能與之相提並論，更何況前者風風光光大獲全勝，後者則淒淒慘慘以敗訴收尾。但此二官司之所以可以巧妙相互呼應，原因有二。就「私」而言，盛氏家族與張氏家族乃有非常緊密的親族連結。民國時期上海最出名的兩位「七小姐」，一位是盛宣懷的七小姐盛愛頤，另一位則是孫寶琦的七小姐孫用蕃（後成為張愛玲的繼母）。盛家七小姐與孫家七小姐不僅情感相篤，盛家與孫家更是雙份親家，盛宣懷的四子盛恩頤的夫人孫用慧正是孫用蕃的姐姐。而孫家與張家亦是雙份親家，孫寶琦的夫人與張佩綸的原配朱氏是姊妹，而女兒孫用蕃後來也嫁給張佩綸的兒子張志沂，成為張愛玲的繼母。第二個原因則是兩起官司都是民國時期女性爭取遺產繼承權的著名案例，兩起官司都明顯呈現「宗祧繼承」與「遺產繼承」的角力爭鬥，前者「諸子（房）均分」的制度嚴重排擠了女性，必須仰賴後者所楬櫫的「男女平等」，才有可能爭出女性在遺產繼承權上的一片天。

兩件官司的時間點更深具歷史敏感性。盛家第一次的分家析產發生在一九二〇年，彼時的法理依據主要為《中華民國暫行民律草案》（亦即原先的《大清民律草案》）與北洋政府的《現行律民事有效部分》（據《大清現行刑律》的民事部分改成），前者較為進步開放，後者相對保守反動；但不論是前者或後者，女子皆無合法繼承權。七小姐盛愛頤的官司發生在一九二八年，彼時北京北洋政府主導的「民國民律草案」已於一九二五年正式頒布，乃是以「復古」的方式，重新確立宗祧繼承，僅明訂父對女之嫁資與開放親女的嫁娶身分（在無宗祧繼承人之情況下，不論出嫁與否，皆可排在最後的第五順位），可謂極端保守反動。但與此同時，一九二六年國民黨第二次全國代表大會通過「婦女運動決議案」確立女子財產繼承權，南京政府亦於一九二七年成立，鑑於人心思變與盛愛頤的黨政關係，乃在保守的法律條文中闖出一片天。

反觀張愛玲姑姑張茂淵的官司，張家第一次的分家析產發生在一九二二年（恐非張子靜所言的一九二八年），彼時女子尚無法定繼承權。但張愛玲姑姑張茂淵纏訟多年的官司，最後卻在一九三四年宣判敗訴，雖然彼時除了一九二六年的「婦女運動決議案」、一九二九年的「已嫁女子追溯繼承財產實行細則」（女子不分已嫁未嫁，與男子有同等財產繼承權）外，更有一九三〇年底正式頒布的新《民法》，已完全用白紙黑字的法律條文保障女子的財產繼承權。盛愛頤官司發生在新《民法》頒布實施之前，卻能靠著「婦女運動決議案」的男女平等原則與絕佳的黨政關係而力挽狂瀾獲得勝訴；反觀張茂淵的官司發生在新《民法》頒布實施之後，卻在法律徹底保障女子繼承權的當頭敗下陣來。不論是政商關係的複雜、法律條文的不溯既往或親人的叛離、法院的收賄來攪局，這兩起官司都讓我們看到進步立法背後頑強抗拒的傳統，從觀念的固著到實踐的窒礙，反動保守勢力乃無所不在。

四．〈金鎖記〉與《怨女》的分家析產

看過盛家與張家兩起實際發生在一九二〇、一九三〇年代的析產官司，接下來就讓我們看看另外兩樁發生在張愛玲小說裡的「分家析產」，場景設定在一〇、二〇年代，卻以最慘烈最誇張的戲劇化方式，直接暴露宗祧繼承中女性為妻、為母的悲涼。兩篇小說分別為張愛玲發表於一九四三年的中篇〈金鎖記〉以及二十三年後經由英文再改寫回中文發表的長篇小說《怨女》。按照張子靜在《我的姊姊張愛玲》中的說法，「李鴻章的嫡長子李經述，『承襲一等肅毅侯爵』。但李鴻章去世次年二月他就『以哀毀』。一九〇四年八月，李經述的長子李國杰也承襲爵位。這一房的故事，後來被我姊姊寫成了〈金鎖記〉」（頁三六）。以此觀之，前文所述盛家與張家的分家析產爭議，與本節所要討論張愛玲小說中

姜家與姚家的分家析產爭議，彼此之間乃有甚多文本內外的盤根糾結。盛宣懷所指定的遺囑執行監督人李經方，正是李鴻章的「過繼」長子，而張愛玲乃是李鴻章的外曾孫女。若張愛玲〈金鎖記〉果真以李經述家族為本，那李經述正是李鴻章之「嫡長子」、李經方之弟、李國杰之父。[30]然而本章此節的探討重點，並不在深入考據大家族的親屬連帶，亦不在小說人物的一一對號入座，更不在將小說再現當成真實發生的事件或判例，而是希冀從虛構的小說文本切入，一探張愛玲對父系宗法最鞭辟入裡的思考動量與深入骨血的批判力道。本章先以張愛玲散文、小說、親族書寫與通信文本帶出姑姑張茂淵（盛楚娣）的官司，接著爬梳清末至一九三〇年代四部法典的修訂，此處之所以再次轉進張愛玲小說文本中的「分家析產」，重點自不在於小說如何「反映現實」，更不會將小說敘事當成實證研究資料；而是嘗試將散文文本、書信文本、法律文本、小說文本都放置在時代變動所交織出的「互文」之中對照，小說文本中隱然若現的「宗祧繼承」，或許會有比真實官司判決與法律條文變革更生動、更具文化潛意識的展現，得以更為成功地牽引出「姓／性別政治」的跨文化思考。

就讓我們先從被夏志清評為「中國從古以來最偉大的中篇小說」的〈金鎖記〉開始。話說七巧夫婿姜家二爺過世後，次年婆婆也過世，家族請出了「叔公九老太爺」來主持分家。七巧顯然對分家懷抱著滿心的期盼，「今天是她嫁到姜家來之後一切幻想的集中點。這些年了，她戴著黃金的枷鎖，可是連金子的邊都啃不到，這以後就不同了」（頁一五六）。然而投射了七巧所有幻想回報的分家場景，卻落得她一人孤軍奮戰，在眾人面前呼天搶地、顏面喪盡的下場，終究爭不到一個公平的對待。首先，叔公九老太爺是這分家場景最具權威的公親代表，「堂屋裏臨時佈置了一張鏡面烏木大餐檯，九老太爺獨當一面坐了」（頁一五七），堂屋內亦有其他特定邀請的「公親」在場。此處張愛玲用了一個非常現代的法律用語，「近於陪審員的性質」（頁一五七），巧妙地將此分家場景同時比擬為古時的官府升堂與現代的法院刑事審理。

從〈金鎖記〉的敘述中，我們可以清楚看出此分家析產的過程，乃是建立在以「房」作為基本的分派單位之上：「各房只派了一個男子做代表，大房是大爺，二房二爺沒了，是二奶奶，三房是三爺」（頁一五七）。換言之，分家析產沒有女人的份（姜家二小姐姜雲澤從頭到尾沒有出現，也沒有被提及），七巧的在場乃是作為二房的代表，已故二爺之「妻」與二爺之子長白之「母」。此姜家分家析產的場景，清楚明白乃一脈承襲傳統的「宗祧繼承」制，由姜氏家族尊親主持、姜氏公親見證，不以各子的家庭人數（*per capita*）為考量，而以承繼祖宗祭祀的各「房」（*per stirpes*）為單位，進行家產的重新分配。〈金鎖記〉將場景設定在清末民初，乃是用小說敘事具體展現了彼時「換朝代不換宗法」的因循。

然而我們還是可以發現小說在新舊交接、「宗祧繼承」與「遺產繼承」轉換過程中的曖昧矛盾。分家過程中九老太爺一一交代清楚姜家的經濟狀況，「又翻著賬簿子讀出重要的田地房產的所在與按年的收入」（頁一五七），當然其中最悽慘的是三爺姜季澤：「三爺在公帳上拖欠過鉅，他的一部分遺產被抵銷了之後，還淨欠六萬，然而大房二房也只得就此算了，因為他是一無所有的人」（頁一五七）。此處明白使用現代用語「遺產」，而非「家產」，但怪異的是建立在「個人財產制」與「死後繼承制」的「遺產」，為何會有「公帳」可言？「家產」作為家族的同居共財，才有「公帳」可言，才需要分析家產，而「遺產」不僅無「公帳」可言，更無所謂的「預支」之說；此處的混淆不僅是以文學再現的方式，呈現新舊法律語言交替過程中可能出現的混亂，更是直指傳統習俗與舊思維的積習難改。

當九老太爺處理到老太太陪嫁過來的首飾時，傳統意義的「家產」與近代意義的「遺產」又再次產生了混淆。九老太爺主張「兄弟三人均分」，依舊是宗祧繼承制中「諸子（房）均分」的原則（姜家二小姐姜雲澤與其出嫁的姊姊自是無份），但又強調「季澤的那一份也不便充公，因為是母親留下的一點紀念」（頁一五七—一五八）。這裡的混淆是老太太陪嫁過來的首飾，究竟算姜家的「家產」，還是老太太個人的「遺產」？若算姜家「家產」，那在「公帳」上還淨欠六萬的姜三爺，為何可以分？若算老太太個人「遺產」，那分了遺產的姜三爺為何可以不償還積欠的「公帳」？顯然九老太爺以「母親的紀念」為由要讓姜三爺分，又不要讓姜三爺還。小說正是在此節骨眼，讓再也按捺不住的七巧炸了起來，歇斯底里地哭天搶地。九老太爺眼見自己的「公親」權威竟被一「婦道人家」肆無忌憚地挑戰，立即拍桌走人，臨去前還踢翻了椅子。「不識大體」的二奶奶七巧，就成了破壞分家儀式的丑角與罪人，雖然最後「維持了幾天的僵局，到底還是無聲無息照原定計畫分了家。孤兒寡婦還是被欺負了」（頁一五九）。

《怨女》對分家場景的描寫與〈金鎖記〉大抵相同，只是增加了一些關鍵細節，更加凸顯「宗祧繼承」與「遺產繼承」的微妙差異與轉換。《怨女》中寫道：「老太太一死，大奶奶把老太太房裏東西全都鎖了起來，等『公親』分派」（頁九七）。前來分派的公親代表依舊是九老太爺，但更清楚說明「九」乃大排行，實為老太爺唯一的親弟弟。公親的分派依舊以「房」作為分家析產的基本單位：「今天提前請了公親來，每房只有男人列席，女人只有她一個。總算今天出頭露面了」（頁九八）。此次分家的時間點更為戲劇化：〈金鎖記〉姜家分家時，七巧穿著「白香雲紗衫、黑裙子」（頁一五六），而《怨女》姚家分家時銀娣則是白麻孝服，尚在七七之中。中國傳統的分家析產（分析家產）不像近代的「遺產繼承」（採死後繼承制，必須以過世的時間點為絕對依歸），可以「生分」、「死分」或尊長過世經年之後才分（盧靜儀，《清末民初家產制度的演變》，頁三〇—三一），忙著趕在尊長過世後立即分家者，難免招致非議，更何況是尚在七七之中。故《怨女》必須為身著喪服分家此更具戲劇張力的場景提供理由，亦即老太太死後家裡鬧鬼的情節，而以舅老爺一句「這房子陰氣太重」（頁九八）為由，讓後輩得以在老太太下葬前提早分家以搬出老宅。於是銀娣與她暗自心儀的小叔三爺，才能如此這般「白盔白甲，陣前相見」（頁一〇〇）。

另一個更重要的時間點，則是將分家場景的要角，清楚設定為「民國」之後的遺老與遺少。姚三爺是遺少的代表：「三爺自從民國剪辮子，剪了頭髮留得長長的，像女學生一樣，右耳朵底下兩寸長，倒正像哀毀逾恆，顧不得理髮」（頁九九）。主持大局的九老太爺則是遺老的代表，堂屋之中「滿房間的湖色官紗熟羅長衫，泥金洒金扇面」，而九老太爺「也像在座的許多遺老，還留著辮子，折衷地盤在瓜皮帽底下，免得引人注目」（頁九九）。這位在前清做過官的九老太爺，顯然在張愛玲筆下成為另一尊「酒精缸裏泡著的孩屍」（〈花凋〉，頁二〇三）：

他生得瘦小，一張白淨的孩兒面，沒有一點鬍子渣子，真看不出是五十多歲的人，偏著身子坐在太師椅上，就像是過年過節小輩來磕頭，他不得已，坐在那裡「受頭」的那副神氣。（《怨女》，頁九九）

此「小兒老頭」的圖像，當是凸顯以輩分、以官位所硬撐起來的尊位階序，不靠能力、不靠威嚴而靠宗祧承繼、靠爵位世襲。[31]二十三年後幾經波折將〈金鎖記〉重新改寫為《怨女》的張愛玲，顯然對父系宗法有了更深層的體悟與反思，遂能以更綿密入裡的敘事來進行顛覆，安排一個「小兒老頭」帶領一屋子黑壓壓的公親遺老來主持分家，將宗祧繼承與封建、陳腐、落伍、顢頇的遺老氣息相連結，不出惡聲卻已讓其更顯惡名昭彰。張愛玲在此的厲害之處，不是在語言上明裡來，而是在情感結構、美學感性上暗裡去。這段新增文字的力道，正是在宗法秩序的「感性分隔共享」（*le partage du sensible*; the distribution of the sensible）上去廝殺決鬥。[32]

姚家分產的另外一個小細節，亦可見張愛玲批判父系宗法時的綿裡藏針。《怨女》提供了比〈金鎖記〉更詳細的分家名目：「老朱先生報賬，喃喃唸著幾畝幾分幾釐，幾戶存摺，幾箱銀器，幾箱磁器，唸得飛快，簡直叫人跟不上」（頁九九）。而銀娣大鬧廳堂的理由，也似乎較七巧更合乎情理：她顯然是被分到較多北邊田產與外地房產，銀娣忍不住用尖薄的聲音哭喊著「現在這年頭，年年打仗，北邊的田收租難，房子也要在上海才值錢。是九老太爺說的，二房沒有男人。孩子又還小，將來的日子長着呢，孤兒寡婦，叫我們怎麼過？」（頁一〇一）。但在此之前還有一項分家名目，銀娣是沒有分到的。當九老太爺把比較好的田產房產給了大房三房時，也不忘叮囑銀娣「股票費事，二房沒有男人，少拿點股票，多分點房地產，省心」（頁一〇〇）。此處「股票」的出現，一方面讓讀者產生時空錯愕之感，彷彿在古老家族今夕不知何夕的昏暗場景中，突然乍現一個現代時髦的投資標的。「股票」的出現把讀者投擲回分家析產的二〇年代，成為最古老的析產方式中最新穎的分割項目。就第一個層次而言，讓銀娣用房產換股票，像是九老太爺對孤兒寡婦的體貼，當然也是預設女子不會理財，股票在銀娣手中怕成廢紙。但就第二個更形幽微的層次而言，作為「寡婦」、「寡母」的銀娣仍被當成「外來者」、「外姓者」來提防（「姓」別政治讓未出嫁的女子被當成潛在的「異姓」，也讓已出嫁的女子成為夫家的「外姓」）。股票不同於其他田契房產等「不動產」，其作為「動產」之容易流通、交割脫手的特性，若在銀娣手上，怕得不到姚氏家族的信任。銀娣若是要動田契房產的腦筋，不可能不驚動姚氏家族，而姚氏家族不可能不進場干預，但股票卻可以神不知鬼不覺地買進賣出。彼時的法律不承認配偶享有繼承權，而銀娣作為「寡婦」、「寡母」的身分地位，乃是讓她在分家場景中成為「二房」代表的關鍵，家產不是分給她的，家產是分給她兒子長白的，她的任務是對「二房」所分配到的家產暫時進行「保管」。姚家對銀娣的不信任，從小說對銀娣娘家兄嫂（舅老爺舅奶奶）手腳不乾淨的懷疑開始，從未停止過對此出身低下「外來者」、「異姓者」的提防。

《怨女》姚家分產最厲害的宗法家規，出現在銀娣當著滿屋子公親遺老的面，硬是僵著喉嚨喊出「太吃虧」，引來九老太爺那段冠冕堂皇的訓斥：

> 今天的事並不是我做主，是大家公定的，也還費了點斟酌。親兄弟明算賬，不過我們家向來適可而止，到底是自己骨肉，一隻筆寫不出兩個姚字來。（《怨女》，頁一〇一）

此處的一句「是大家公定的」，正展現了千年宗祧繼承在民國時期苟延殘喘的應變之道，亦即宗族會議的「民主化」假象，一方面淡化族中大老的仲裁權威（「今天的事並不是我做主」），一方面繼續將繼嗣與族產家產繼承相互捆綁，宗族作為一種以宗法原則所建構出來的社會組織才得以不被瓦解消滅（杜正貞，頁三二一）。小說中的九老太爺正是宗祧制「諸子（房）均分」的捍衛者與執行者，此處的「大家」當然不包括銀娣這名婦道人家，她的抗議反倒成了惡意破壞宗族會議的協商與共識，「民主」話語弔詭地成了民國宗法制度之中的另一個新威權。

接下來的問話更是精采。九老太爺先是問身旁的舅老太爺對銀娣的控訴有何意見：

> 「你是至親，他們自己母親的同胞兄弟。」
> 「到底差一層，差一層。今天當着姚家這些長輩，沒有我說話的份。」

「景懷你說怎麼樣？別讓我一個人說話，欺負孤兒寡婦，我担當不起。」（頁一〇一）

九老太爺前面已清楚說了「一隻筆寫不出兩個姚字來」，不姓姚的舅老太爺，就算在血緣或情感上更親，也沒有說話的份。我們不要忘了如前所述傳統舊律的親屬分類「宗親」、「外親」、「妻親」，直至一九三〇年才正式改為「配偶」、「血親」、「姻親」，一九二〇年代姚家「宗親」（同宗同姓的父系親屬）在分派祖產的會議之上，再假民主也不會讓「外親」（既不同姓更不可能同宗的母系親屬）有任何置喙的餘地。「直系尊屬家長」九老太爺問完了「旁系尊屬家長」舅老太爺沒意見後，接著便問「景懷」的意見。「景懷」是誰？「景懷」之名在整部小說中僅出現在此處，但其實根本不用問，按宗法家規九老太爺此時所問之人，毋庸置疑自是身為嫡長子的大爺。在父系宗法親族結構的尊卑遠近中，九老太爺毫無可能紆尊降貴去問上一問三爺的意見，即使他沒有虧空鉅額公款，更不會去問上一問寡婦的意見，銀娣就算喊冤喊得再大聲，姚家那些長輩們也不會有人願意聽、有人聽得見。

故若回到一九二〇年代的相關法律，不論是《大清民律草案》將宗祧繼承與遺產繼承並置，但以宗祧繼承人優先成為遺產繼承人，或是《民國民律草案》對宗祧繼承的復古回歸，張愛玲小說〈金鎖記〉與《怨女》的分家析產，清清楚楚都是宗祧制的一以貫之，看不到一丁點對宗祧制的挑戰（姜長安的姑姑姜雲澤沒打析產官司，姜長安自己也沒打析產官司）。[33]〈金鎖記〉與《怨女》的精采，不僅在於呈現宗祧制在分家析產上的強制，更把宗祧制如何滲透到家族人際關係的每一個細節表露無遺，從母子、母女、婆媳、妯娌到叔嫂，從地契、房產、股票到煙榻、床榻，無處不在，陰魂不散。雖然姜家或姚家的分家場景，在小說中所占的篇幅並不多，但其所強烈凸顯宗祧制立基的「房制度」，卻能提供我們一個重新閱讀〈金鎖記〉與《怨女》的新角度：「房事」的雙義曖昧，一是以「房」為單位的父系宗法，二是以房為空間想像，在閨房之中所進行的夫妻交媾，故「房事」乃可同時指涉「房嗣」與「性事」。所以我們談分家析產，不僅要凸顯民國時期宗祧繼承的死而不僵，更要由「房」打開「房事」的雙義曖昧，來質疑當前張學研究對女性情慾探討的方式何以過於單薄。例如耿德華（Edward M. Gunn）在對〈金鎖記〉的評論中指出：「雖然小說的背景是地地道道的中國式的，但所表現的思想卻是屬於佛洛依德的：壓抑與性的問題」（頁七五）。類似此以佛洛依德為依歸的「性壓抑」說，幾乎瀰漫在絕大多數對張愛玲女性角色身體情慾與幻想慾望的相關研究之中，七巧與銀娣乃首當其衝，但那「地地道道的中國式的」就僅僅只能是小說的背景嗎？為何一談到女性身體情慾，就只有佛洛依德精神分析的一條路可走呢？有所謂「地地道道的中國式的」性與壓抑嗎？雖然張愛玲自己也常有意無意提到佛洛依德（她的用法是「茀洛依德」），表示知曉其學說，但更多的時候是語帶嘲諷，嘲諷現代人只要一提到性，就只有佛洛依德那一套說法。

面對張愛玲筆下的新舊交接、中西摺曲，若我們只單用佛洛依德式的「性壓抑」來談七巧和銀娣，那可真是辜負了張愛玲文本對漢人父系宗法「房事情結」的細密鋪陳，看不到那悄悄埋在「性壓抑」之下的「姓壓抑」。首先，何謂「房事情結」？傳宗接代必須透過「房事」才能產生「房」（男系女不系、男嗣女不嗣），但傳統的「房事」只談「房」的產生，避談產生「房」的「性事」，故多以「敦倫」名之，敦睦夫妻之倫也；「周公之禮」乃是以傳宗接代、繁衍子孫為由，避去男女之間的性交親密行為。傳統「房事」的雙義曖昧，只能默會而不能言說，張愛玲卻在小說中透過七巧與銀娣沒有教養、不知輕重的村言粗語，硬是把「房事」中祕而不宣的「姓氏」和「性事」連結，扯開嗓子吆喝起來。一會說婆婆嚴厲，「我們回到房裏去吃飯，回來頭髮稍微毛了點都要罵，當你們夫妻倆吃了飯睡中覺。『什麼都肯，只顧討男人的喜歡』」（《怨女》，頁一八一）；一會犯傻說「連我也不知道這孩子是怎麼生出來的！越想越不明白！」（〈金鎖記〉，頁一四五）；一會慫恿老太太趕緊把女兒嫁出去，「您不知道現在的女子跟您從前做女孩子時候的女孩子，哪兒能夠打比呀？」（〈金鎖記〉，頁一四七），暗示小姑思春；一會又說姪女「定了親還不早點過門，貓兒叫瘦，魚兒掛臭」（《怨女》，頁一四五）；而輪到了自己媳婦的頭上，「一見了白哥兒，她就得去上馬桶！」（〈金鎖記〉，頁一七〇）。這些粗鄙不堪的語言，彷彿將七巧與銀娣變成了只剩一張嘴的色情狂，大剌剌以性事在清門淨戶的女性親族間撒野逞強，但也反倒揭露了傳統「房事」中祕而不宣的「性事」。

父系宗法「房事情結」的矛盾，正在於將「房事」直接扣連「姓氏」（確保本宗血緣）的同時，壓抑了「房事」與「性事」的扣連。此亦為何要談中國的「性壓抑」，必得同時談「姓壓抑」。何謂「姓壓抑」？千年以來漢人父系宗法之所以嚴密掌控女子的情慾性慾，最根本的出發點乃是要捍衛本宗姓氏血緣的純正性。女子性慾直接威脅到的（不論是否紅杏出牆），正是宗嗣血統的純正，整個父系宗法最深層的焦慮與夢魘，就是承繼宗祧的兒子或孫子其實不是我們家的。故「姓壓抑」的第一層乃關乎「宗嗣」的血統純正與否，為了確保「姓氏」的正宗而展開對女子性慾的嚴密控制，因「姓」而壓抑女人的「性」，「性壓抑」之下乃是更深層的「姓壓抑」。「姓壓抑」可以再擴展開來的第二層，則是嫁入夫家的「異姓女子」（傳統父系宗法採「族外婚」，並篤行同姓不婚，嫁娶必定為異姓），既因「異姓」而受壓抑（不能胳臂往「外親」翻、往娘家翻），更因此「異姓」同時也是將來生兒育女、傳宗接代的「異性」，必須在「姓壓抑」之上再加「性壓抑」。七巧身上黃金枷鎖的層層疊疊，乃是被「房制度」穿透的雙重房事，被「姓壓抑」穿透的雙重「性壓抑」」。

對佛洛依德來說，「姓氏」與「性事」乃八竿子打不到的事，但在漢人傳統宗法制度裡，不懂「房」就不懂「房事」，不懂「姓」就不懂「性事」。就拿〈金鎖記〉與《怨女》中最殘酷的「虐媳」情節來說，最常見的詮釋乃是「媳婦熬成婆」的邏輯，而兩篇小說給出的都是惡婆婆的終極版，極盡非人道、無人性的陰毒扭曲。而循此邏輯的推論便也相對簡單明瞭：婆婆七巧的慾望被掠奪，便去掠奪媳婦芝壽的慾望；銀娣做媳婦時的苦難，便雙倍加諸在媳婦身上。另一個常見的詮釋邏輯則是寡母的戀子情結，以七巧—長白、銀娣—玉熹之間扭曲的母子關係，透過語言的輕佻與煙榻間的互動帶出。但這兩個詮釋方向究竟和本章所凸顯父系宗法與宗祧繼承的構連有何關聯？我們如何有可能從這兩個詮釋方向再往下挖、直探漢人「房事情結」與「姓壓抑」更深的底層糾結呢？

林幸謙最早指出七巧與芝壽婆媳之間的共通點，乃在於兩人皆為「外來的異姓氏」（《張愛玲論述》，頁二五）。但在漢人父系宗法的架構之中，為何「婆」與「媳」是最多潛在衝突的兩個位置？若我們回到父系宗法的秩序架構，「婆」「媳」作為外來的異姓，其與宗法秩序的連結都在「宗子」身上：七巧靠二爺成為「姜門曹氏」，芝壽靠長白成為「姜門袁氏」。這兩位外來的異姓因「夫」而有了名分，但必須再經由房事來產生「房」才得以穩固名分。七巧順利生下了長白，若芝壽也能順利生下兒子，那芝壽的位置則完全複製七巧的位置，而產生了置換替代的可能。〈金鎖記〉中幾句稀疏平常的「娶了媳婦忘了娘」、「在兒子媳婦手裡吃口飯，可真不容易！」（頁一七〇），其實皆有深意。於是我們看到的是舊有的「外姓氏」血淋淋極盡欺凌新來的「外姓氏」，「但是家裏來了個外人，母子倆敵愾同仇，反而更親密起來，常在煙榻上唧唧噥噥，也幸而他們還笑得出」（《怨女》，頁一七七）。

而我們更不要忘記小說中七巧和銀娣的「寡婦」身分。誠如郭玉雯在〈〈金鎖記〉與《怨女》比較研究〉中所言，出身寒微的媳婦「唯有等待成為寡婦才有機會翻身，這是她的唯一生存之道。在父權社會裏，不論出身高低，女性唯有活得比丈夫長、生得出兒子、翁姑皆不在，才能真正治理家庭，獲得權力所帶來的尊嚴」（頁一五五），此乃對父系宗法秩序中「媳婦熬成婆」邏輯最精闢的註腳。然而傳統為子守志的「寡婦」消失了，小說中取而代之的是極度占有慾的變形版，七巧要把長白拴在煙榻，銀娣要用錢控制玉熹，「她不怕了，他跑不了，風箏的線抓在她手裏」（《怨女》，頁一七一）。她們對待獨子的方式，與其說是「具有對男權社會宗嗣主義報復的意涵」（高全之，〈張愛玲的女性本位〉，頁一〇一），不如說是寡母以獨子貴，各種欲擒故縱、慫恿挑撥、刺探收買的伎倆，無非是鞏固其在男權社會宗嗣主義的地位，畢竟自始至終她們都只是「家產」的代管者：「這些年來她的生命裏只有這一個男人，只有他，她不怕他想她的錢——橫豎錢都是他的。可是，因為他是她的兒子，他這一個人還抵不了半個……現在，就連這半個人她也保留不住——

他娶了親」（〈金鎖記〉，頁一七〇）。於是新來的「外姓氏」就成了舊有「外姓氏」的眼中釘、肉中刺。

張愛玲曾語帶譏誚地說：「女人當初之所以被征服，成為父系宗法社會的奴隸，是因為體力比不上男子。但是男子的體力也比不上豺狼虎豹，何以在物競天擇的過程中不曾為禽獸所屈伏呢？可見得單怪別人是不行的」（〈談女人〉，頁八五）。一生受盡父系宗法壓迫的七巧與銀娣，終究還是屈伏父系宗法所提供的名分與地位，只是將其扭曲到變形，逼死了媳婦，也親手毀了自己的兒女。[34] 她們的自甘為奴、自甘墮落，乃是不相信有誰能夠翻得出父系宗法的手掌心，她們早已在密密麻麻的佛寺香爐上看到了自己的名字：

> 院心有一座大鐵香爐，安在白石座子上。香爐上刻着一行行螞蟻大的字，都是捐造香爐的施主，「陳王氏，吳趙氏，許李氏，吳何氏，馮陳氏……」都是故意叫人記不得的名字，密密的排成大隊，看着使人透不過氣來。這都是做好事的女人，把希望寄託在來世的女人。要是仔細看，也許會發現她自己的名字，已經牢鑄在這裏，鐵打的。也許已經看見了，自己不認識。（《怨女》，頁八四）

「陳王氏，吳趙氏，許李氏，吳何氏，馮陳氏……」所形成的大隊，正是歷代婦女從父姓冠夫姓的命運，沒有名字、沒有個性，只有夫姓在前、父姓在後所象徵的所歸屬與所從出。許多批評家認為〈金鎖記〉與《怨女》的悲劇，主要來自七巧與銀娣的個人性格，但若從父系宗法的結構面去分析，「個性」悲劇中恐怕有更深層「姓」與「性」、「姓別」與「性別」的交纏構連，「已然牢鑄在那裡，鐵打的」。

五．蔡家姑姑的官司

過往的張愛玲研究，慣於採用人性或人道的角度，端詳張愛玲筆下所揭露的「人生本質」，而本章則嘗試以「姓別政治」即「性別政治」的角度切入，希冀直搗父系宗法的黃龍，而不輕易跳離到「去姓別化」、「去性別化」的「人生」或「人性」之論。從張愛玲姑姑張茂淵的析產官司、清末民初的民律民法變革，到盛宣懷女兒盛愛頤的析產官司、〈金鎖記〉與《怨女》的分家場景，歷歷在目的皆是「宗祧繼承」沒落式微卻陰魂不散的恐怖。不論是透過遺產訴訟的實際案例、女子繼承權的歷史變革，或是虛構小說的文本分析，本章念茲在茲的乃是顯影「宗祧繼承」從律法到親族、從姓氏到性事的盤根錯節。而本章最後則欲將「姑姑的官司」場景拉到二十一世紀的臺灣，探一探臺灣在女性遺產繼承權的平等保障，究竟有否落實？「姑姑」們還需要上法院打遺產訴訟官司嗎？宗祧繼承作為「古老的記憶」，是否依舊疊影在臺灣當下的現實呢？誠如本書第五章「祖母的時間」所言，張愛玲研究的「當代性」，端賴研究者能否給出一種對「朦朧」的「當下辨識」。若張愛玲姑姑張茂淵於一九三〇年代的遺產訴訟，開啟了對「過去」的歷史與法律考掘（從千年的宗祧制到清末民初四部民律法典的修訂與變革），那本章真正的企圖，乃是希冀藉由此投擲到「過去」的案例，得以重新啟動「現在」的陰影，而辨識出臺灣當下父系宗法的陰暗晦明，也同時辨識出當代「姓／性別政治」黑中有光、光中有黑的革命契機。

就臺灣繼承法歷史的演變而言，最早的清帝國法（《大清律例》）乃承續以「房」為單位、結合繼嗣與祭祀的「宗祧繼承」，以「諸子（房）均分」為準則。在日本殖民統治時期，因日本相關修法受到近代西方歐陸法的影響，臺灣繼承法也出現了「戶主繼承」與「財產繼承」的分殊、「限定繼承」與「拋棄繼承」等全面性的演變（王泰升，頁三五〇—三六五）。女性雖無法繼承「戶主」但可繼承私產，然在實際施行上仍多由其兄弟代為出面辦理拋棄繼承的手續。誠如女性主義法學學者陳昭如所言，此乃女性平等繼承所引發的權利弔詭：「女性的權利主體地位，竟是一把雙刃劍：她可以享有權利（主張繼承），但同時也可以放棄權利（拋棄繼承）」（〈法律東方主義陰影下的近代化〉，頁一一〇）。一九四五年後所施行的中華民國《民法》（亦即民國新《民法》），正如前所述，以「遺產繼承」取代「宗祧繼承」，不僅以個人財產取代家產，強調男女平等，更將祭祀徹底排除在法律的相關規範之外。然而就實際運作層面而言，依舊存在著男女不平等的現象。根據陳昭如的彙整，早自一九六〇年代司法院普查完成的《臺灣民事習慣報告書》中，就已指出女性普遍不繼承遺產；一九七〇年代由美國人類學家所做的田野研究，亦指出女性繼承權的法律被漠視；一九八〇年末由內政部所做的調查報告中，八成左右的女性不繼承財產；一九九〇年代的相關研究也指出遺產的分配依舊偏袒兒子（〈在棄權與爭產之間〉，頁一三七）。

依據行政院性別平等處最新公布《二〇二〇年性別圖像》的統計資料，二〇一八年國人遺產登記拋棄繼承者男性占百分之四十三．八，女性占百分之五十六．二，若與二〇一三年比較，女性拋棄繼承僅減少〇．六個百分點，拋棄繼承者仍以女性居多；而二〇一八年的受贈比例男性占百分之六十．四，女性占三十九．六，若與二〇一三年比較，女性僅緩增一．四個百分點。此外，根據財政部主計處的統計資料，二〇一七年民眾遺產實徵案件共八千兩百七十一件，男性被繼承人占百分之六十四．一，而遺產總額由男性繼承占百分之七十四，可見財產持有者與繼承者仍以男性為大宗（許雅綿）。這些最新的統計資料，不僅只是告訴我們法律平等與實質平等之間的落差調整依舊緩慢，更清楚點出女性繼承權的戰場不在法律而在文化。陰魂不散、死而不僵的宗法父權結構，依舊是排除女性繼承權的主導文化機制，即便法律早已保障了男女在繼承權上的「形式平等」。在臺灣我們早已習見各種剝奪或排擠女性合法繼承權的方式，如被迫拋棄繼承（若有不主動拋棄「娘家」財產繼承權的女性，往往會被冠上「爭產」的社會污名），或收受部分現金補償，或以各種生前分產或遺囑處分的方式偏袒兒子，甚至民間更常以男系「長孫額」來稀釋姊妹的應繼分。「傳男不傳女」、「家產不落外姓」的古老觀念，至今仍舊時不時讓女性的財產繼承權危顫顫處於邊緣被排擠的處境。

證諸臺灣女性歷史與婦女運動的集體努力，以反抗「宗祧繼承」幽靈為出發的現代女性平等繼承權行動，至少出現了三個戮力以赴的方向可供討論：一是「從母姓運動」的修法與文化實踐，二是「姑不入廟」習俗的破解，三是女性擔任「主祭人」的爭取。然此三方向雖各有所突破，但影響所及仍屬有限。以下分別簡述其作為文化抗爭的重點所在，並說明其為何在具體有助於女性平等權利落實之同時，亦可能陷入活化而非徹底摧毀「宗祧繼承」的盲點。首先就「從母姓運動」而言，「從父姓」乃是「父系傳承」的關鍵，如前所述「從父姓」不僅鞏固了父權宰制、強化了男性中心的親屬結構與男尊女卑的社會文化位階，更讓女性經由婚姻成為「異姓」，既是「父姓」亦是「夫姓」的「外人」。臺灣過去「嚴格從父姓」（一九四五—一九八五年），後經婦女團體的爭取而「放寬從母姓限制」（一九八五—二〇〇七年），但更重要的關鍵則在於二〇〇七年對民法親屬編第一〇五九條之修正，讓最初的「子女從父姓」得以修訂為「父母於子女出生登記前，應以書面約定子女從父姓或母姓。未約定或約定不成者，於戶政事務所抽籤決定之」，亦即從「法定從父姓」轉變到「約定從父姓」。然而在漫長的遊說動員歷史中，除了早期的人口政策考量、後期的男女性別平等訴求外，最常出現的行政遊說案件皆是以維護女性（母方）宗祧傳承為由，亦即「外家」無子嗣以傳「外家」祖祀，即便法律早已不承認任何宗祧繼承的習俗與規範，即便法院的判決也多不給予支持（陳昭如，〈父姓的常規，母姓的權利〉，頁二九八）。故不論是早期「從母姓」所凸顯或暗藏的宗祧傳承（招贅婚從母姓、非婚生從母姓、母無兄弟可約定從母姓等），或後期以性別平等為由所推動的母親平等姓氏權利，都無從迴避「從母姓」本身作為雙面刃的弔詭：母姓亦是「母之父姓」，依舊是在「父之父姓」與「母之父姓」所凸顯的「父姓邏輯」中打轉，即便從母姓的訴求足以挑戰或鬆動從父姓的天經地義。正如同陳昭如所犀利坦言，臺灣婦運改造父權婚姻家庭的法律改革，乃是以「中性化」（以中性待遇取代男女差別）與「私化」（以私人的自由協商取代國家強制）來建構出表面上的「形式平等」，迴避了歷史與社會文化基於性別差異所長期積累的權力和權利不平等（〈還是不平等〉，頁一一九）。具體而言，「相同的約定姓氏權利未能撼動父姓常規的事實，也說明了相同待遇不等於平等」（陳昭如，〈父姓的常規，母姓的權利〉，頁三五一）。根據內政部〈一〇八年第四七週內政統計通報〉，以二〇一九年一至十月出生的嬰兒為例，同期從父姓者占百分之九十四．九，從母姓者卻只有百分之五；由父母雙方共同約定從父姓者占百分之九十七．六，從母姓者卻只有百分之二．四。雖然百分之五與百分之二．四都已是自二〇〇七年修法以來的歷史新高，但仍可見「從母姓」所可能帶來的「姓別平等」，依舊長路漫漫。

其次，讓我們也看看在破解「姑不入廟」習俗上所做的努力。漢人社會的「姑不入廟」，乃是建立在「女必有歸」的傳統思想之上。女子必須出嫁為人妻母，列於夫家祖宗牌位，而未能出嫁的女子不得奉祀於本宗祠堂，只能淪為「無嗣孤魂」。[35]誠如陳其南在《家族與社會》中所言，「只有經由婚姻，一個女人才得以獲得其男性子孫的祭拜，而保障自己的來世。在婚前，女子沒有家族和房的身分。倘若未婚即死，她的牌位不得進入其父親家族之公廳，接受正式的祭拜。她的靈魂成了漂泊不定的孤魂野鬼」（頁一七〇）。在此「姑」與「孤」的滑動連結，當是最能暴露父系宗法由古至今對女人的箝制與分派，更可同時與本章所欲凸顯「姑」的「異譯」再次產生批判連結：死後不能入宗祠的「姑」，有可能就是生前不能分遺產或被迫拋棄繼承權的「姑」，其背後乃是相同的「宗祧」邏輯。然而這看似封建落伍早該消失滅亡的陋俗舊規，卻依然以最反諷又最貌似開明的方式，頻頻出現在二十一世紀的臺灣。以二〇〇九年臺灣媒體大幅報導的「張六和祖塔打破傳統准許未嫁 女族人入祀」為例，報導中指出張家族長曾於一九九七年提案准許未出嫁的女性族人身後進入祖塔，但卻遭部分高齡族人以「狗肉永遠上不了神桌」為由堅拒；直到老一代逐漸凋零，這項主張才在二〇〇一年召開的祭祀公業大會上被接受。[36]此例多被視為當代性別平權的最佳示範，一舉打破千年傳統的「姑不入廟」。[37]然此做法固然讓人欣見其在性別平權上所展現的開明現代性（即便未嫁女族人的骨灰罈配額極其稀少，還要經過特殊審核），但讓人不得不驚恐與錯亂的，乃是其所反證出直至二十一世紀絕大多數的姓氏宗親會依舊堅守「姑不入廟」的習俗。莫怪乎臺灣在一九八五年進行民法親屬與繼承編修訂時，仍有省議員提議，希望修法排除出嫁女兒的繼承權，即便彼次民法修訂的重點，乃是再次重申「貫徹男女平等原則」、「消除宗祧繼承的遺緒」（陳昭如，〈在棄權與爭產之間〉，頁一六〇）。

但如果張六和家族的未嫁女族人死後可以有機會接受審核入祖塔，那其他姓氏未嫁或已嫁的女族人有可能入族譜嗎？我們可以再舉另一個號稱臺灣當代在宗祧制上破格創新的案例。這個例子之所以轟轟烈烈、舉足輕重，因為牽涉到的乃是號稱世界傳承時間最長的《孔子世家譜》。據統計在臺灣的孔子後裔約三千人，正式錄入家譜的有一千零九十六人。而二〇〇〇年耗時十年大修完成的孔家家譜，打破了「不納女性」的千年傳統：負責修訂的孔子七十五孫孔祥琪將自己的女兒孔令宜錄入家譜，正式認定為七十六代孫，讓孔令宜成為史上第一位錄入孔子族譜的女性（胡清暉）。但不論是湖口張六和家族未婚女族人的可入祖塔，或將未婚女兒錄入《孔子世家譜》，雖為罕例，但依舊可以是某種「認祖歸宗」的行動，即便鬆動了千年「姑不入廟」亦不入族譜的傳統。

爭取「女性主祭權」的行動策略，亦有同樣顛覆與強化「宗祧繼承」的雙面刃弔詭。「女性主祭權」的爭取，凸顯了「承繼」在華人文化中的歷史特殊性，單純強調男女平等意識，並不足以斬斷千年以來「宗祧繼承」在繼嗣—承祀—承業上的三位一體，而「女性主祭權」的爭取正是要挑戰「嗣」與「祀」的男性中心預設，若一旦女性也可承擔「承祀」的工作，那自然就不能被排除在「承業」（繼承財產家業）之外。換言之，「女性主祭權」的爭取乃是在「宗祧繼承」的邏輯之中而非之外，以其人之道還治其人之身，因為可以「承祀」就自然可以「承業」，而非積極且基進去質疑為何「承業」必須綁在「承祀」（祖宗崇拜）之上。其中最著名的案例，乃是二〇〇七年東華大學教授蕭昭君爭取到在彰化縣社頭鄉斗山祠舉行的蕭家春季祖祭中擔任「主祭官」一職，達成蕭家祖祭「百年首位女主祭」的創舉，讓原本「女人止步」的祖祭現場，出現了女人（女博士）擔任主祭官的翻轉。但此舉在被視為「崩解宗祠廟宇的威權傳統」、「父權文化的銅牆鐵壁」的同時，卻亦無從迴避對「認祖歸宗」的肯定與其所可能持續帶來的「遺」患無窮。[38]與此頗有異曲同工之效的，則是二〇〇九年臺灣婦運團體「婦女新知基金會」在教師節前夕於臺北孔廟前所發動的集會抗議，抗議焦點乃是世襲傳承的「大成至聖先師奉祀官」之繼任人選所涉及的性

（姓）別歧視。孔子第七十七代「嫡長孫」孔德成於二〇〇八年過世，二〇〇九年祭孔大典必須要有新任的「大成至聖先師奉祀官」，孔德成之次子孔維寧（長子孔維益已過世）與長孫孔垂長成為唯二考量人選，而最後乃由嫡長孫出線。婦女團體抗議的重點正是「重男輕女」：孔德成的長女孔維鄂、次女孔維崍或長子孔維益（已逝）的長女孔垂梅，完全不被列入考量人選；而婦女團體所要求的，乃是性別平等的奉祀官制度。但顯然當代男女平權的思想，絲毫無法撼動千年傳承的孔門禮教與宗祧制度。孔維鄂、孔維崍作為孔垂長、孔垂梅的姑媽與姑姑，就如同孔德齊、孔德懋（孔德成姐）作為孔維鄂、孔維益、孔維崍、孔維寧的「姑媽」，也如孔垂梅作為孔佑仁（孔垂長之長子）、孔佑心（孔垂長之長女）的姑姑，過去、現在與可見的未來（孔佑仁已立為第八十代傳人）都不曾也決計不會列入孔子嫡系傳人的考量人選。由此觀之，即便在臺灣已有孔姓未婚女兒錄入《孔子世家譜》，少數未婚女性的骨灰可經由審核入湖口張家祖塔，或已有女教授擔任祖祭大典的主祭官，甚至已有百分之二・二的新生兒約定從母姓，但「姑姑的官司」何曾結束過？

本章的最後，就讓我們再以一樁「姑姑的官司」作為總結，看一看號稱民主進步的臺灣究竟是否真的做到了「去宗國化」。「去中國化」是臺灣本土運動經常使用的政治激化術語，強調脫離中華文化源頭，以凸顯臺灣自身的國族認同。此處以「宗」置換「中」，乃是企圖以諧音方式創造「中」與「宗」之間的滑動，質疑臺灣在「去中國化」的同時，是否也能以同樣的力道「去宗國化」，而不至於反覆落入以宗法父權作為家族到國族的運作潛規則。本章最後的這樁官司牽涉到的乃是臺灣第一位民選女總統蔡英文的家族，此官司的舉足輕重，不僅在於可以讓我們重新思考在公領域「女」總統的位高權重，從中樞到各地廟宇毋庸置疑的「主祭官」、「主獻官」位置，是否在家族宗祠祖墳的事務上也能扮演關鍵的決策角色呢？我們更想問的是，學法律出身並順利當選與連任總統的蔡英文，在遺產繼承上是否受到公平的對待呢？蔡英文的父親蔡潔生於二〇〇六年過世，生前有四位妻子（過世時身分證配偶欄為空白），共生育十一位子女（五男六女），蔡英文為么女。蔡家遺產官司由蔡英文的侄子蔡元立首先發難，先後狀告大伯蔡瀛南與張柏年（蔡英文同母異父的兄長），要求「返還不當得利」，一勝訴一敗訴，但已清楚帶出蔡潔生在處理家族財產上慣於操作的「借名登記」（將資產登記於子女名下，但完全掌握資產的處分與移轉）。[39]更為關鍵的不是蔡元立而是蔡元立的「姑姑」蔡瀛君，亦即蔡英文同父異母的姊姊。蔡瀛君於二〇一二年提出分割遺產官司，要求將父親蔡潔生遺留的六千兩百多萬元存款、股票及債權，平均分給十一名子女；官司和平落幕，所有人皆同意均分。

然此「姑姑的官司」在表面上似乎印證了臺灣女性財產繼承權從法律條文到實際運作上的落實，不分男女，不論兒子女兒，一律均分，沒有人被迫拋棄繼承，也沒有人分多分少。但其中卻不乏蹊蹺之處：首先，為何遺產分割官司在蔡父過世後六年才提出？為何蔡瀛君事前協調未獲共識而必須走上法院訴訟一途？又為何一鬧上法院，大家就全體同意遺產均分？第二個蹊蹺處則是以經營土地不動產致富的蔡潔生，生前隨便一筆土地買賣便動輒數億（可參見蔡元立狀告張柏年的不當獲利三．六億元），為何去世後只留下六千兩百多萬元存款（多為個別帳戶之餘額或定存，甚至包括外幣餘額，如日幣一千九百九十三．五二元及其所生之利息等零頭）？換言之，「姑姑」蔡瀛君上法院要求分割的「遺產」，恐怕早已是分割完成的「遺產」餘額或零頭，亦或某種較類似於公積金（或古代「祭田」、現代「祭祀公業」）的安排。蔡父生前曾召開家族財產會議，由蔡家兄弟四人蔡瀛南、蔡瀛陽、蔡瀛明、蔡瀛政出席（蔡元立之父蔡瀛任已逝），希望四人能各自拿出部分財產集中管理投資而未果；此「遺產」的「遺」產難道是蔡父企圖以此「共財」用以照顧家族、凝聚家族之用嗎？[40]

若二〇一二年「姑姑」蔡瀛君所打的遺產分割官司，男女均分的乃是「遺產」的「遺產」、「遺產」的零頭，那真正龐大的「遺產」究竟是在何時分割？如何分割？如果沒有「侄子」蔡元立的狀告法院，我們不可能從法院判決書中得見蔡潔生的財產操作與借名登記；如果沒有「姑姑」蔡瀛君的遺產官司訴訟，我們亦不可能得見蔡潔生死後遺留在各帳戶資料的明細；如果蔡英文沒有競選總統，我們更不可能一窺蔡家遺產分配的狀況。在蔡英文第二次競選總統期間，攻訐者指控她主導家族投資，蔡英文的四位兄長蔡瀛南、蔡瀛陽、蔡瀛明、蔡瀛政乃於二〇一六年三月委託連元龍律師發表共同聲明，表示「蔡家財產在先父蔡潔生生前早就各人持有部分安排妥當，其管理雖由先父主導，但每年先父與四兄弟仍會開會研商，並無女眷參與」。[41]四位兄長的聯合聲明，乃是要為被指控為會議主席的妹妹蔡英文解套，說明她是以法律專業身分而非「女兒」身分列席會議、提供意見，絕無可能進而主導家族投資。與此同時卻也順道帶出蔡家財產投資、管理與分配上的「男性（男丁、男房）中心」，蔡父的「重男輕女」與生前分產的早做安排。

就蔡英文家族的遺產官司而言，我們在追究分給兒子與分給女兒的差別待遇時，無意咎責於個別家族或個人的作為，更非循藍綠惡鬥邏輯火上加油或選邊站，而是嘗試如何從一樁又一樁「姑姑的官司」中看到「姓／性別政治」的弔詭，以及此弔詭又何以強烈散發著「宗祧繼承」的陰魂不散。以蔡英文家族在屏東的祖墳為例，其堂號（郡望）原為「濟陽」（亦即中國的濟陽郡），但蔡潔生過世後選擇下葬於新店占地甚廣的家族私人墓園，墓碑上的堂號卻從「濟陽」改為屏東「楓港」，以凸顯家族對臺灣的認同，一如蔡英文在訪談中所強調「因為我們這裡（指臺灣民俗）墓碑會寫上中國地名，但子孫看到，搞不清楚跟這裡有什麼關連？」（顏振凱）。總統大選皆以「祖厝」所在地「楓港」為出發的蔡英文，顯然是在認同「祖厝」、「祖墳」、「祖廟」的前提之下，以「去濟陽化」來達到「去中國化」。但就如同前述，所有從母姓、姑可入廟、入族譜、入宗祠擔任主祭的努力一樣，皆有除惡未盡的雙面刃弔詭，乃是在凸顯性別平等的當下「認祖歸宗」。

更反諷的是，與「去中國化」的屏東「楓港」共同出現在墓碑之上的，除了蔡父的名姓外，落款部分乃是「男五大房立石」：此處所謂的「男五大房」，顯然依舊包括蔡英文同父異母卻早已在美國車禍過世的兄長，卻不包括連同蔡英文在內的六名女兒。總統蔡英文的家族從父執輩的生前分產、重男輕女，到家族墓園的舊俗「房」思維，讓我們再一次清楚看見女性即便有可能在「性別政治」上徹底翻轉（女人也可以當總統），卻依舊在「姓別政治」上邊緣弱勢，就算可以在所有重大公開場合，擔任最高身分的「主祭人」，卻無法突破或不欲置喙家族之內繼嗣──承祭──承業的男系中心潛規則。為何在二十一世紀的臺灣，依舊無法徹底逃脫「宗祧繼承」的幽靈纏繞，依舊無法奢言女性遺產繼承權的真正平等？八十多年前的張家姑姑不能，八十多年後的蔡家姑姑也不能。「去中國化」的同時若無法「去宗國化」，恐怕只會讓以臺灣認同對峙中國威脅的女總統，也無法解決、無法面對「一邊一國，都是宗國」的窘境。

誠如本章標題中「姑」所展現的多義與多譯（轉換變動），既標示著「父系世系群」最早的出現與「宗法父權」逐漸繁複化的親屬結構和稱謂，也可同時跳脫血緣與親屬關係的框架，泛稱所有的婦女，那「姑姑的官司」就不只是張家姑姑（張茂淵）的官司、盛家姑姑（盛愛頤、盛方頤）的官司或蔡家姑姑（蔡瀛君）的官司，而是父系宗法社會所有女人的官司。我們不必因為盛家姑姑遺產官司的勝訴而欣喜雀躍，也不必因為張家姑姑遺產官司的敗訴而垂頭喪氣，更不必因為蔡家姑姑遺產官司收場的一團和氣，就誤以為歷史文化終於從「諸子（房）均分」走到了二十一世紀民主進步的「男女均分」、「兄弟姊妹均分」、「兒子女兒均分」。就法律的演進過程而言，雖慣以「從」宗祧繼承「到」遺產繼承的線性進步時間觀來表達，然早已被法律終止的「宗祧繼承」，顯然根本從未真正消失過，其所牽帶的不僅只是法律規定與實際運作的落差，更是「宗祧繼承」藏身在「父姓」、「祭祀」、「宗祠」、「祖墳」、「祖厝」、「族譜」的無所不在。套一句〈金鎖記〉的名言，「三十年前的月亮早已沉下去，三十年前的人也死了，然而三十年前的故事還沒完——完不了」（頁一八六）。八十多年前張愛玲姑姑張茂淵的官司顯然不是「過去式」，而八十多年後各家姑姑的官司還正以「現在進行式」的方式前仆後繼。本章從一九三〇年代張愛玲姑姑張茂淵在上海的遺產官司，一路談到當代臺灣女總統蔡英文家族的遺產訴訟，最終要凸顯的乃是臺灣當下「去中國化」卻不「去宗國化」的內在弔詭與危機，而這也正是我們須以女性主義的批判行動，積極介入的論述戰場。裂變宗法父權的行動無他，只要宗祧陰魂一日不散，「姑姑的官司」所啟動的「姓別—性別政治」抗爭，勢必永不停歇。

注釋

1 有關李經璹的卒年，目前有一九一二年與一九一六年的兩種說法。本書暫採一九一六年，主要參考馮祖貽，頁八三；南方朔，頁三四。

2 此處將「姑」在親屬稱謂上的流動性，放置於古代「母方交表婚」或「雙方交表婚」的關係架構下推演，因而有「夫之母」與「父之姊妹」合一或同屬一類的現象，故形成了「姑」既有婆婆的意義，也有父之姊妹的新義。可參見黃銘崇，〈殷周金文中的親屬稱謂「姑」及其相關問題〉。有關殷周的婚姻制度，學者雖皆就卜辭與金文的各種線索推論，但從亞血緣群婚到父系專一婚制，各有不同主張。此處論點主要援引黃銘崇〈殷周金文中的親屬稱謂「姑」及其相關問題〉、〈商人祭祀用的親屬稱謂體系及其意義〉等文的論點，乃是企圖接合本章對宗法父權的批判立場。

3 張愛玲曾在〈表姨細姨及其他〉一文中，提及自己父親與母親家族之間重複交疊的親屬關係，「我有許多表姑，表姨一個都沒有。我母親的表姊妹也是我父親的遠房表姊妹，就也算表姑。我直到現在才想起來是忌諱『姨』字」（頁二八）。張愛玲父親與母親的「盲婚」或正是此種遠房親戚之間的「親上加親」。宗法父權的「族外婚」以「本宗姓氏」為核心禁忌，在「同姓不婚」（不可在同一姓氏的父系世系群內嫁娶）的大原則下，卻大量鼓勵「異姓」親屬之間結為親家，顯示其考量的要點在宗法不在血緣，故「表」可「堂」不可，雖然「表」與「堂」在實際血緣親等計算的遠近上乃屬相同。

4 《我的姊姊張愛玲》出版於一九九六年，而《小團圓》正式出版於二〇〇九年，顯然前書並未參考後書有關張愛玲父親張志沂陣前倒戈一事（出書於一九九四年的《對照記》則無），可見兩人對此細節的描述相當一致。但顯然張愛玲在十多年後改寫散文版《小團圓》的過程中，決定不將此父親背叛親妹妹的難堪細節放入《對照記》。

5 「結一廬藏書」的相關史料，可參見沈津，《老蠹魚讀書隨筆》。

6 有關「結一廬藏書」捐贈上海圖書館的經過，可參見王世偉〈朱氏結一廬藏書入藏上海圖書館記〉一文。

7 本章有關張志潭信札底稿的討論，主要參考雅昌拍賣網站拍賣編號二七五八〈張志潭信札底稿（張愛玲家族民國史料孤本）〉一文所提供的相關文字資訊。此出現在拍賣網站的信札底稿，真偽並無法完全判定，但鑑於底稿皆以毛筆字書寫而成，而張志潭作為民國要人，其筆墨字跡亦多流傳，易於比對，且信件內容不僅與張愛玲、張子靜筆下對官司的描繪無有出入，更提供了新的線索與材料，故本章乃嘗試對其做進一步的文本分析。

8 張志潭乃張佩綸六弟張佩緒之子，清末舉人，歷任綏遠道尹、內務部次長、國務院祕書長、段祺瑞督辦參戰事務處機要處處長、陸軍次長、內務總長、交通總長，財政整理會會長等職務，皖系軍閥失敗後隱居天津。

9 就現有資料而言，張愛玲與張子靜的文字都提到，早先已經分過家，但因「急著要搬出來」而被不公對待。若就一九二二年張志沂遷家天津、一九二四年張茂淵赴歐留學的時間點與經濟能力看來，一九二二年當比張子靜書中所寫的一九二八年（張茂淵已從歐洲返滬）更可靠。若張家兄妹在一九二〇年代確已分家，則此次官司乃「再次」要求析產，表示有上次析產未能處理清楚或上次析產後所新產生的家產需要分析，例如張志潭信中所提及「寧屋」主權的復歸，亦不排除張子靜書中所提的珍貴「宋版書」。雖然我們無法完全掌握此官司確切的「家產」或「財產」的分割訴訟內容，但無傷於我們從此官司爭議中所能掌握到「宗祧繼承」與「遺產繼承」的巨大矛盾衝突。

10 此乃根據司法院院字第一七四號解釋（解釋日期一九二九年十一月十九日），「女子之有財產繼承權，係根據於第二次全國代表大會婦女運動決議案而發生，該案於民國十五年十月始通令隸屬國民政府各省施行，自應由該通令到達該省之日始能生效，若各省之隸屬國民政府在通令以後者，應由其隸屬之日始生效力，而財產繼承之開始，應始於被繼承人死亡之日，倘被繼承人於該決議案發生效力以前已經死亡，其遺產已由其男子繼承取得，則其女子於該案生效之後雖尚未出嫁，亦不能對其兄弟所已承受之財產，而欲享有繼承權」（司法院解釋編輯委員會，冊二：頁一四九）。此解釋文的背景乃是一九二九年四月二十七日司法院召集最高法院院長及各庭庭長會議，決議女子不論已嫁未嫁，皆與男子有同等財產繼承權，國民政府遂於同年八月十九日公布實施「已嫁女子追溯繼承財產施行細則」，並在隨後決議已嫁女子的分析財產，必須在施行細則公布後六個月內請求（梁惠錦，頁二八二—二八三）。第一七四號解釋則除了再次確定追溯的效力期限（亦即一九二六年十月或通令到達該省之日），更清楚將此不溯既往的期限限制從已嫁女子延伸到未嫁女子。詳細有關民國「女子繼承權」的歷史發展與演變，將在本章的第二節處理。

11 張愛玲曾在《對照記》中提及祖父母「在南京蓋了大花園偕隱，詩酒風流」，「後來國民政府的立法院就是那房子」

（頁四〇）。「寧屋主權」的復歸，當指已成功拿回此被租用或佔用的房屋。

12 有關盛家遺產官司的細節與其中所涉的「性別」與「姓別」政治，將在本章第三節詳述之。

13 此處所指陳寶琛為張佩綸所寫的「表德銘幽之作」，應為〈清故通議大夫四五品京堂張君墓誌銘〉。

14 「子立先生」的實際姓名與身分，暫不可考。雖然其名字中的「子」，可對應到張志潛之子張子美、張子閒與張志沂之子張子靜的可能「子」字排行，但就張志潭與其通信中所用之口吻，又或像是經張志潭委請出面調停的友人，而非子姪之輩。然此封寄與堂兄張志潛的信札底稿中，直呼「子立所擬辦法三分」，並無先生等敬稱，似乎又可能是家族中人，且與張志潛相識故無須特別介紹。

15 婚嫁不僅只是實際發生的行為，亦是宗法所派定給女人的秩序與位階：已婚女兒入夫家族譜、死後入夫家家廟享祭，而未出嫁的女兒「姑不入廟」，既不入自家祖譜、死後也不可進自家家廟享祭。

16 有關傳統分家析產的「家產」，究竟是同宗或同家族的「共財」，或是亡故尊長的「私財」，曾引起熱烈的討論。本章此處較偏向以西方「個人財產制」的觀念引進後，談宗族的「共財」如何被「私有化」、「家產」如何變「財產」。正如學者白凱（Kathryn Bernhardt）指出，國民黨立法者所列舉的「女子繼承權」三大障礙，除了「承祧」和「父系家庭」外，便是「財產即家產」（頁一〇六）。有關臺灣歷史與法律脈絡中如何由傳統同居共財的「家產」轉化為現代個人的「財產」，可參見曾文亮；黃詩淳；沈靜萍，頁五二—五七；游婷婷，頁四五—五一。

17 此處「父家長型」的用語援引自滋賀秀三。他將中國傳統家庭形態分為兩種，一種是直系親（父子）同居共財的「父家長型」，另一種為旁系親（兄弟）同居共財的「複合型」，而家庭形態的變化便是從「父家長型」承繼到「複合型」、從「複合型」通過家產分割到「父家長型」的持續轉換。可參見滋賀秀三，頁一二二。此外近代西方「遺產繼承」採「死後繼承制」，乃是將「遺產」在被繼承人死後立即進行分配，其差異比較在於「據 *Oxford English Dictionary*，inheritance 是指一所有者去世時，在法律上將財產轉移到其繼承者的過程」（陳其南，頁一五五），而漢人家族的財產從一家族轉移到所屬各房的過程，與家父長的死亡時間無絕對關係，可以發生在家父長去世之前的任何時間，或是去世之後相當長的時間。

18 在前文所述的張家「析產」文本中，我們可以看見「家產」與「遺產」的混用，一會是「析產」官司（凸顯張氏家族的分家析產），一會是「遺產」官司（凸顯祖母的財產與祖母的遺囑），具體反映出彼時對「家產」與「遺產」的混淆。而本章在引述相關資料上的忠實援引，正在保持此時期混用「家產」與「遺產」的普遍狀況，以及此兩個不同概念之間的歷史轉換。即使到了今日，明明已徹徹底底是「遺產繼承」的年代，父系宗法「分家析產」的遺緒仍不時蠢動，女性被迫主動或非主動放棄遺產繼承權的事例依舊層出不窮。本章將在最後的第五節深入討論之，以凸顯「姑姑的官司」在當代社會的處境。

19 若以「人格主義」（強化自然人的人格權，明定人的權力能力、行為能力和自由不得拋棄）的角度切入清末民初的民律修訂，往往會將此解讀成「個人主義」與「家屬主義」的衝突張力，可參見黃金麟《歷史．身體．國家》第三章的相關討論。

20 中國傳統分割財產乃男人的事，不論嫡庶、諸房均分，女人只有在極端的情境之中，才有分配到財產的可能：戶絕之家且無同宗應繼者，始由親女承受財產（盧靜儀，《清末民初家產制度的演變》，頁四一）。

21 以下有關民律、民法的相關修訂，主要參考由司法行政部民法研究修正委員會主編的《中華民國民法制定史料彙編》以及正文中所引用的相關法學文章。

22 在宗祧繼承的傳統思想中，親子或嗣子「承繼」與親女「承受」仍有所不同，前者包含人格的延續與祭祀義務的承當，後者則只是遺產的分得。親女作為「戶絕」情況下的「承受人」，僅是取得遺產，而不須也無法完成繼嗣—承祭—承業的三合一。換言之，只有男系直系血親卑親屬才有「承繼」資格，親女只能在極端的情境之下「承受」遺產。

23 潘震亞，〈女子繼承權的起源和經過〉，《法規》創刊號（一九三三年七月），轉引自李長莉，頁一〇七。

24 有關婦女爭取財產權歷史所涉及的相關婦女團體之訴求、請願與行動，可參見梁惠錦的論文，該文亦帶入胡適〈李超傳〉與陳獨秀〈男系制與遺產制〉等文的討論，說明彼時進步男性知識菁英對婦女爭取財產權的支持態度。

25 在此之前，一九二三年六月中國共產黨第三次全國代表大會，已先通過「婦女運動決議案」，具體規定「女子應有遺產繼承權」；一九二五年一月的第四次全國代表大會，通過「關於婦女運動決議案」，再次強調「女子應有財產權與繼承權」，造成國民黨在「女子繼承權」上表態與立法上的迫切壓力（盧靜儀，《清末民初家產制度的演變》，頁一九八）。有關一九一九至一九二九年期間女子爭取財產繼承權的歷史與運動過程，亦可參見梁惠錦論文。

26 最初的「婦女運動決議案」施行僅限於未婚女子，已婚女子繼承權的部分要到一九二九年八月十九日公布施行的「已嫁女子追溯繼承財產施行細則」。此施行細則一方面成功將女子繼承權從未嫁擴展到已嫁，另一方面卻訂下落日條款，以「雙重時效限制」，封閉了已婚或未婚女子回溯伸張繼承權的可能（白凱，頁一二六）。此施行細則給出了兩個效力期限，一是一九二六年十月司法行政委員會通令「婦女運動決議案」到達各省之日（或其後才隸屬國民政府的各省，以隸屬之日開始生效），乃女子財產繼承權的生效日且不溯及既往。另一則是規定已嫁女子請求重新析產，必須在細則施行後六個月內為之，逾期未請求者，其繼承權即已消滅。

27 因媒體的大肆報導，使得這樁民國豪門爭產案變得家喻戶曉，如前文所述連張志潭在調解張家兄妹析產官司時，亦不忘託人提醒張茂淵「盛氏鷸蚌之爭，利為漁翁所得」，所指的正是這樁盛愛頤爭取遺產繼承權的官司。

28 但若按照一九二八年九月六日《申報》的記載，乃是保存六成給愚齋義莊作為慈善事業基金，分析四成歸五房分配。而一九二八年五房乃要求解散義莊，將此六成遺產分析為五份，由五房承繼。

29 盛愛頤的析產官司於一九二八年四月向法院遞案，盛方頤的析產官司則在同年十月。盛家已出嫁的兩個女兒盛關頤與盛靜頤則於一九三〇年也向法院遞案，要求將義莊財產從七份重新分析為九份，後亦勝訴，其所依據的不僅只是一九二九年七月正式頒布的「已婚女子追溯繼承財產實行細則」，也是隨後頒布與施行的新《民法》繼承篇（一九三〇年十二月二十六日公布，一九三一年五月五日施行）。而盛家「女兒」輩的析產官司，後更延伸到「孫女」輩，盛家「過繼」的已嫁孫女盛蓉、盛毓橘等亦先後提起析產訴訟。詳盡的敘述與史料，可參見宋路霞的《盛宣懷家族》一書。

30 李經述雖行二，但卻是李鴻章的「嫡長子」。李鴻章元配周氏生子李經毓早夭，膝下無子，乃過繼弟弟之子李經方為嗣，但後來繼室趙氏生下李經述，乃為「嫡生」長子。故李鴻章故去後，其爵位乃是由李經述與李經述嫡長子李國杰一系繼承，而非李經方一系。張子靜在《我的姊姊張愛玲》中亦提及此家族「過繼」之事（頁三五）。

31 《怨女》對九老太爺作為宗族長的反諷批判，更細膩鋪陳在九老太爺捧戲子的男色傾向，甚至讓其男傭與妻子行房從而傳宗接代，此事弄得幾乎人盡皆知，卻無人敢置喙。小說中描寫到銀娣初聞此事時納悶道：「太太倒也肯」（《怨女》，頁一二二）。然後「她不由得笑了。想想真是，她自己為了她那點心虛的事，差點送了命，跟這比起來算得了什麼？當然叔嫂之間，照他們家的看法是不得了。要叫她說，姘傭人也不見得好多少。這要是她，又要說她下賤」（頁一二二）。《怨女》對宗法父權的批判力道，正在於讓最能表徵宗法威權的宗族長本身，成為亂倫背德的頭號代表。

32 此為當代法國理論家洪席耶所提出的分析概念，主要以感知模式的可見／不可見、可聽／不可聽、可說／不可說、可思／不可思為決戰場域，目前中文翻譯多為「感性共享」、「感性分配」、「可感配置」。此處「感性分隔共享」的翻譯，主要的企圖乃是重新帶出法文 *partage* 作為「分離區隔」與「共同享有」的雙義，一個在英文 distribution 已然失落、既分且合的內在張力。

33 〈金鎖記〉有一個十分曖昧的結尾，收在另一個一筆帶過的「分家」交代：「七巧過世以後，長安和長白分了家搬出去住」（頁一八六），但小說並未交代兄妹究竟如何分的家，或是否做到男女公平對待。

34 當然我們也可以說〈金鎖記〉與《怨女》不是直接透過七巧或銀娣去反抗父系宗法的壓迫，而是讓她們在屈服父系宗法壓迫的同時，如何讓母子、母女、婆媳、叔嫂等倫常關係扭曲變形；而對此扭曲變形倫常關係的細密描繪，便也是對父系宗法最大的控訴。

35 臺灣漢人社會亦禁止「附姑於廟」，有「厝內不奉祀姑婆」或「尪架桌頂（神明桌上）不奉祀姑婆」的風俗，強調女兒必須出嫁，死後才能享有香火祭祀，否則將淪為無嗣孤魂。沒有香火祭祀的「孤娘」或「孤娘仔」，正指這些早夭或未婚即棄世的女子，亦即未嫁先亡的女鬼，而民間則提供如「冥婚」或「姑（孤）娘廟」等方式，來安置此類在傳統父系宗法架構中沒有地位與名分的未婚女，可參見阮昌銳；謝聰輝；黃萍瑛。

36 此處所言的祭祀公業，古代「祭田」的當代名稱，乃家族以祭祖目的所設立之獨立財產。傳統祀產的成立有許多方式，最普遍的乃是「在分家產時留存一部分土地，以其收入來支付祭祀祖先的費用，即稱為『祭祀公業』」（陳其南，頁一九三）。在高度現代化的臺灣，祭祀公業仍保留十分傳統的宗族色彩，而以男系繼承為主的派下員（共同承擔祭祀的繼承人）更可被視為當代的宗祧復辟。故在婦女團體多次抗議其違反《民法》所保障繼承權的男女平等，內政部終於在二〇〇七年新修訂的《祭祀公業條例》第五條規定，派下員不能因男女有差異。但對於立法前存在的家族祭祀公業，條例規定仍允許這些祭祀公業依照其規約，直接明定男系子孫為派下員，女性通常必須招贅婚才能順利成為派下員（何欣潔）。相關討論亦可見陳昭如，〈有拜有保佑？〉。

37 以下內容主要參照〈湖口張六和家族千人掃墓凝聚宗族向心力〉，《大紀元》網站，二〇〇九年三月二十五日。

38 詳情可參看由蔡靜茹執導的紀錄片《女生正步走：牽手催生女主祭》（二〇〇九），由臺灣性別平等教育協會策畫與發行。

39 蔡元立案的原由乃是其父蔡瀛任車禍意外過世，原本登記於其名下的資產由長子蔡元立繼承，卻在日後由祖父蔡潔生主導的相關資產處分、移轉和買賣上被排除在外。有關蔡家官司訴訟的細節，主要參考「臺灣高等法院民事判決一〇〇年度重上字第四七六號」和「臺灣士林地方法院一〇一年度家訴字一二一號」判決書。

40 此「蔡家男丁會議」可見於「臺灣高等法院民事判決一〇〇年度重上字第四七六號」判決書。

41 可參見二〇一六年三月十四日的各大媒體報導，如《自由時報》的〈家族分產遭議論 蔡英文四兄長發聲明澄清〉等。

第七章

誰怕弱理論

二十一世紀的女性主義有何不同？而什麼又是張愛玲文學文本的「當代性」呢？

相較於十九、二十世紀對投票權、參政權、教育權、墮胎權等權利的爭取，二十一世紀最新一波的女性主義運動正聚焦於男權社會長期對女性身體之侵犯。以二〇一七年在美國所引爆的 #MeToo 運動為例，先是白人好萊塢女星在推特社交網站上公開自身曾遭知名製片人性侵，呼籲其他曾遭受性騷擾或性侵害之女性，勇敢以 #MeToo 標示，讓世界看到此問題之嚴重性，一時間造成數百萬人的響應與轉貼，爾後更擴及宗教界、教育界、體育界、音樂界等，並成功帶動世界各地對性侵犯、性騷擾議題的重視與聲討。雖然此聲勢浩蕩的運動讓世人再次看到女性身體從古至今屢受侵犯的嚴重性與普遍性，我們亦不可忽視此運動所招致的部分質疑聲浪，如好萊塢影劇名人效應、白人中心主義、美帝國中心主義下「運動」訴求模式的全球擴散、網路公開譴責的法律問題、獵巫效應、政治挪用等，但此運動所展現的理論化潛力卻不容小覷。

首先，#MeToo 作為最新一波反性侵害、反性騷擾運動的主訴求，乃同時凸顯了「#」（hashtag）作為當代社交網路的「主題標籤」，乃是以網路社群為最初的集結與擴散方式，而「too」更啟動了經驗回應與感同身受的結盟可能。然其中或許最為弔詭也最具理論潛力的卻是「me」，一個作為「受格」而非「主格」的「me」。原本只是順應英文文法規範而出現的第一人稱受格 me（必須是 me too 而不可能是 I too），其之所以能提供進一步理論化的可能，正在於過往的女性主義身體論述，不論是針對情慾身體或遭受侵犯的身體，皆嘗試以第一人稱 I 去展現（或重新修復）主詞—主格—主動的「主體」論述，而 me 作為受詞—受格—受動的「受體」論述，如何有可能將重點從個人 me 與集體 we 的單複數之別，轉換到受格 me 與主格 I 之差異化？此差異化如何有可能為女性主義重新翻轉出不一樣的「詩想」（poetics）與行動呢？而此「受體」論述又如何有可能開啟「受害女性主義」（victim feminism）與「力量女性主義」（power feminism）之外的逃逸路徑呢？然對許多人而言，#MeToo 的運動命名若有不妥，恐正在 me 所可能蘊含的個人中心主義預設，以及美國社會普遍存在的虛假個人自由主義。誠如酷兒理論家巴特勒（Judith Butler）在訪談中言道，「在 me too 之中的 me，不同於集體的 we，集體並非僅是一系列的個人故事而已」（Yancy）。然本章的主要企圖，卻是嘗試將此作為受格的 me，一個被巴特勒嫌棄為「個人故事」的 me，轉過頭來與巴特勒所談論的「受弱」（vulnerability）理論相連結，尤其是「受弱」所預設的「情動」（affect）之為施受力量關係的變化。

故本章的重點不在專注探討目前影響深遠、毀譽參半的 #MeToo 運動，而是想先從一篇怪異的短文與一本怪異的小說，來開展 #MeToo 運動擦邊觸及卻完全未能處理的 me 之為「受格」的理論化潛力；再連結「受弱」理論所涉及的美學政治，希冀能為當代女性主義閱讀批判創造出新的可能契機。怪異的短文將作為本章的簡短開場，藉此鋪陳「受弱」在性別、知識、權力、經驗、慾望上的複雜弔詭；怪異的小說則將作為本章主要的分析文本，看「受弱」如何跳脫主動／被動的分野，而得以成為一種向世界、向關係開放的能力（vulner-ability）。[2] 在此被我們選做開場的怪異短文，乃是當代理論家齊澤克（Slavoj Žižek）發表於二〇一八年一月的〈性、契約與風度〉（"Sex, Contracts and Manners"）。此不足兩千字的網路文章之所以怪異，不僅在於部分文字直接剪貼自齊澤克出版於二〇一七年的書《絕望的勇氣》（*The Courage of Hopelessness*），在於字裡行間揮之不去的自戀、自憐、焦慮、憤怒與毫不掩飾的上級指導員態勢，更在於徹底顛倒了權力慾望的性別配置，故文中只見女人的顢頇無理與男人的受弱無助。首先，這篇短文直接視 #MeToo 為當代「政治正確」（politically correct, PC）運動的最佳（亦最惡）代表，劈頭便控訴 #MeToo 讓（西方）調情作為誘惑遊戲不再可能，藉此徹底排除了 #MeToo 可能創造改變調情遊戲規則的潛力與努力（顯然 *Flirting in the Era of #MeToo: Negotiating Intimacy* 等書的精采發揮是難入齊澤克之法眼）。齊澤克先是此地無銀三百兩，表明他不是要去背書由百位法國女性連署抗議 #MeToo 的太超過（包括名演員卡薩琳・丹妮芙〔Catherine Deneuve〕），此連署抗議中直指美國的 #MeToo 乃超級保守的清教主義復辟。他認為問題也不在於 #MeToo 所引發的獵巫效應太可怕，讓他真正念茲在茲的問題所在，乃是 #MeToo 過度低估性互動之中的複雜幽微，將色情下流的不當行為，直接等同於具有犯罪企圖的暴力行為，而與此同時卻又弔詭地遮蔽了「禮貌與尊敬」作為另一種「極度心理暴力的不可見形式」。

文中他具體以兩個男人的「受弱」場景為例，來說明此種由 #MeToo 所創造出的「心理暴力」與情感暴力，是如何經由女人打倒父權的重新復權與賦權，而粗暴地施加於男人身上。第一個例子提及當代女人汲汲爭取的「退場權利」，乃是一種最新形式的暴力，而此暴力加諸於男性身上的，則是無能迴避的莫大羞辱：躺在床上赤身裸體的男人，在性器勃起的當下，女人卻突然喊停，還對著他冷嘲熱諷，命其立即起身滾蛋。第二個例子則取自《慾望城市》（*Sex and the City*）影集中的段落，影集中女主角之一的米蘭達在某段性關係中，被男伴要求飆髒話助興，爾後漸入佳境、熟能生巧，但卻在一次失言中關係告吹（不小心或不以為意說出男伴的特殊性癖好）。於是一邊是可做不可說、深恐己身性癖好有損陽剛認同的男人，一邊則是玩髒話玩過頭、口無遮攔的女人；於是一邊是心理受傷而選擇離開的男人，一邊是不懂禮貌、不懂性關係中默會不言的女人，還兀自傻愣在一旁不明就裡。在齊澤克眼中，此中的弔詭便在於「政治正確」風潮下的性關係，女人一味要求風度與尊重，結果最沒風度、最不懂得尊重就是女人自身。

這篇短文雖然不足兩千字，但卻展現了齊澤克一慣敢言敢批、挑戰主流價值的大砲性格，而 #MeToo 運動顯然被他毫不留情地放置在主流價值與政治正確（甚至右翼民粹）的那一邊，遂不惜發動極盡嘲諷與攻擊之能事。他認為當代西方的調情原本便強調男女雙方的主動性（甚至女性的性解放乃是讚頌女人將自身「性客體化」所能給出的能動性），但「政治正確」掛帥的 #MeToo，卻一心妄想要將複雜幽微的性關係互動「法律化」、「契約化」，徹底無視於性所必然涉及的權力關係、粗野猥褻，甚至「說與未說之間的微妙平衡」（a delicate balance between what is said and what is not said）作為所謂的默會之知。[3] 但該文真正有趣的部分，恐在於字裡行間若隱若現的第三個「受弱」男人，亦即作者齊澤克本身。但這第三個「受弱」男人卻和前兩個性場景中的「受弱」男人不同，因其進一步展現了更複雜幽微的「對受弱的抗拒」：看不到或不願看到性關係中的「受弱」與「受弱的不平等分配」（性別差異），看不到或不願看到性關係中對「默會」的「默會」作為父權宰制、男性中心的權力慾望配置，而逕自將任何挑戰或重置此「默會」配置的努力，都迅速打成政治正確奪權的粗野顛頇。

我們當然知道不談 #MeToo 運動所凸顯的性騷擾與性侵害，而將論述只聚焦在男女合意性交的論述策略本身的可議性；我們當然也知道「性契約」根本解決不了性關係的幽微複雜（更常在 #MeToo 被提及的乃是積極同意〔only yes means yes〕，而非此處被齊澤克刻意放大的法律契約）；我們當然也知道傳統的父權結構正在式微，而如何連結男性的焦慮乃是擴大戰線之舉（但絕不是全然以「受弱」的男人來置換取代「受弱」的女人）；我們當然更知道將好萊塢大亨溫斯坦（Harvey Weinstein）的權勢性侵，與喜劇演員路易 C. K.（Louis C. K.）的強迫女人觀看其自慰相提並論的「齊平化」（leveling）所可能帶來的問題（早有甚多女性主義者指出 #MeToo 運動「齊平化」的危機，不須齊澤克如此這般氣急敗壞、義憤填膺）。但齊澤克短文所展現對男性特權的存而不論、對知識操演的大言不慚，不免引發我們對「受弱」作為理論化潛力的高度興趣。為何世界知名的男性理論家一碰到性別議題就顯得如此氣急敗壞？如此「無知」（或作為另一種知識的部署）？「受弱」與「受害」有何不同嗎？「受弱」是一種內在狀態，還是一種外部化的關係呢？「受弱」與「對受弱的拒認」究竟指向何種主體的建構與解構？「受弱」是一種力量的匱缺，還是一種力量的蘊蓄？

在簡短帶過齊澤克〈性、契約與風度〉短文並嘗試初步提出一連串疑問後，我們將進入本章主要聚焦探討的文本：張愛玲的《小團圓》。完稿於一九七六年的《小團圓》在二○○九年正式出版，引動了二十一世紀張愛玲研究新一波的高潮迭起。此小說作為本章主要分析文本的怪異，不僅在於當代「受弱」理論鮮少觸及親密或性愛關係、更少論及小說文本，也不僅在於過往對此華文小說的討論焦點鮮少觸及當代批判理論、亦未見任何小說與當代運動之間可能被創造出來的連結，更在於《小團圓》給出了從社會、家族到性愛至為繁複幽微的「受弱關係性」，有時乃非常「政治不正確」，而也由於其「政治不正確」，反倒更為深刻敏感化了「受弱」的普遍存在與性別差異（兩者並不相斥）。例如小說中描寫到女主角盛九莉在電車上遭到男性友人的性騷擾，「荀樺乘著擁擠，忽然用膝蓋夾緊了她兩隻腿」（頁二四六），然後續的處理卻不在性別控訴或權力批判，而是帶到大時代戰爭陰影下的惘惘威脅。[4] 除了電車性騷擾外，《小團圓》裡還有課堂性騷擾、辦公室性侵害，以及各種關於女性身體的規訓、管教與暴力傷害。然《小團圓》的政治不正確，似乎是在表面上放棄了義正詞嚴、直接控訴父權社會對女性身體的暴力，但卻因而給出了一個如何將女性身體的易受侵害轉進到理論思考的空間，給出了如何改寫當前「主體」論述與「集體」政治動員的潛力（女性主義的理論思考必然包含集體運動實踐的可能）。換言之，《小團圓》怪異的創造潛力，不在於我們可以「跨越」時空，以「當代」的 #MeToo 運動來讀《小團圓》；而在於《小團圓》如何可以「摺曲」時空（不僵止停頓在過去，而隨著歷史的流變，總已來到了現在）來讀 #MeToo 運動，或許可以讀出 #MeToo 運動中沒有被讀出的某種基進革命性，亦即 me 與「受弱」理論之間的創造連結性。我們不擬用傳統性騷擾、性侵害論述所預設的女性作為受害者來讀《小團圓》，亦不擬將我們對《小團圓》的文本分析，僅僅縮限在性騷擾與性侵害場景，而是用《小團圓》來讀出「受弱」（而非受害）與「主體」建構的另類可能模式，以開展《小團圓》的「當代」閱讀，亦是《小團圓》對「當代」的閱讀。[5]

但在進入理論架構與文本分析之前，在此我們可以先對「受弱」作為中文翻譯的理論概念化潛力做出說明。英文 vulnerable 的拉丁字源為 *vulnus*（wound；傷口），*vulnerare*（to wound；傷害），故在過往多被翻譯為「易受傷害的」、「易受攻擊的」、「易受影響的」、「脆弱的」、「有弱點的」，其中重複出現的乃是「受」與「弱」二字。而若回到中文「受」與「弱」的造字，則顯然遠較 vulnerable 與傷口、受傷的連結豐富生動甚多。先從「受」字說起，既有象形上兩手之間有舟相聯繫（或以舟形聲），也有會意上有物在兩手之間傳遞與授受，此亦《說文》中所謂的「受，相付也」（卷四下，八四）。而「受」、「授」古同字，乃受中有授、授中有受、授即是受、受亦是授，此間的可能理論化潛力，便在於「授」作為主動與「受」作為被動之間的無法徹底二元對立，也在於「授」與「受」之間所可能啟動的能動性或主體翻轉。[6]例如「男女授受不親」便與「男女受授不親」不同，後者翻轉了前者「男—授」與「女—受」之性別與主被動的宰制配置關係。而從「受」到「授」的翻轉，更可以是單一性別之內的差異於自身，由被動接受到主動創造轉化的逃逸路線，例如從「逆來順受」的規訓教誨到「順來逆授」的翻轉抵抗，不像英文 vulnerable 在字源上僅能作為被動接受、被施予、被影響、被傷害的單向意涵。故中文的相關系列詞語──受屈、受辱、受挫、受制、受害、受傷、受罰、受苦、受累──都有由「受」轉「授」、化被動為主動的翻轉潛力，不是受害者變為加害者、受辱者變為施辱者，而是看到「受」如何長出了手、長出了能動性，而得以翻轉原本「受」的無助被動，或重新啟動「受」之中原有的兩隻手（「受，相付也」），而得以有可能從「受」去重新建構非宰制性、非強制性、相付相與的連結關係。

至於中文「弱」的造字，更是在視覺上強化了「受授相親」的可能動態關係。《說文》謂「弱，橈也。上象橈曲，彡象毛氂橈弱也」（卷九上，頁一八五），既象形亦會意，象兩把彎曲的弓，倚靠而並立；而彡又象毛羽之形，被後世解作弓蔽而膠解筋散，狀如毛氂。但不管「弱」字是否指向「弓」之頹蔽散解，許慎《說文》所強調的乃是「橈」、「橈曲」、「橈弱」。故「弓」在作為繃著絲弦之彎「弓」的象形之前，早已象形摺曲、彎曲的視覺動態，亦即「橈曲」作為物體或身體形態的受力變化（「橈」象曲木，「曲」象「器區受物」），而「弓」「弓」相倚相曲而並立，更強化了力道之穿透傳遞強度。與此相應，雙「弓」下方的毛氂，不論是否蔽弓解散之膠筋，總已是弱柳帶風垂、受風受力之下的「橈弱」之狀。

此從力道傳遞、動態視覺所帶出「弱」之象形，當是企圖重新詮釋中文方塊字「弱」與「彊」的反向對應。以此觀之，「弱」與「彊」之對反，至少可以有兩個相當不同的詮釋面向。一個是強調兩者之間相同的「弓」字部首，凸顯的乃是主體本身的力量強弱，如強弓（射程長）與弱弓（射程短）之分，亦即《說文》所言「彊，弓有力也。从弓畺聲」（卷十二下，頁二七〇）。另一個面向則是凸顯主體本身對力量承受的能力，可受力而產生變化者為「弱」，不可受力且無有變化者為「彊」。此面向的不同切入點，乃是從古字「疆」「彊」（強）相通出發，「疆」不僅從弓，亦從土，從畺（田界），指向三道橫槓所區隔出田與田之間疆界劃分的明確與堅實，堅壁清野、無所屈撓。

故從弓、從畺而少了土的「彊」，便可出現造字在視覺形象的內在雙重與分裂，左邊乃弓身而屈，右邊則是井水不犯河水的三道橫槓區隔，故「彊」之為「強」便是捨左從右，捨象形從指事，在彊—強—疆—僵的可能串聯中，形構了「弱」之受力變形與「彊」之屹立堅直的差異「曲」分。故其關鍵不在於本身力量的強大或弱小，而在於可否受力改變、凹摺彎曲。若再加上老子所謂「弱者道之用」、「人之生也柔弱，其死也堅強」等中國古代哲學的思想脈絡，當是可為「直者多強，曲者多弱」（《說文解字注》，頁四二九），帶出徹底有別於一般將強弱視為己身力量高低多寡的詮釋模式。[7] 故「受弱」作為英文 vulnerable 的中文翻譯，乃是積極帶入中文方塊字在象形、會意、指事上的靈活轉化，帶入「受」與「授」主動與被動之「間」的無分、有別與轉換變化的各種可能，帶入「殭」與「弱」在直與曲、剛與柔、受力與不受力之間微妙且細膩的區分。然而本章用「受弱」而不用「弱受」，乃是希冀透過中文翻譯字詞的先後順序，在理論概念上去做「因受而弱」的凸顯，而非較帶有本質化、實質化色彩的「因弱而受」。在傳統的語言與文化想像中，不論是英文的 vulnerable 或中文的「受」與「弱」，都帶有相對被動與負面的聯想，總是易於導向尋求保護或需要他人捍衛的修辭與行動，而不會嘗試在其中找到任何能動性的資源。「受弱」這個新奇又陌生的跨語際翻譯，正是希冀帶出一種有別於「剛殭主體」的僵直閉鎖以及此僵直閉鎖所強化而具宰制性的權力慾望關係，帶出一種從性別身體出發、不是因弱而受、而是因受而弱的書寫與生命實踐之可能。

故本章想要積極思考的，正是透過 vulnerable 的跨語際「遺—移—迻譯」，連結中文方塊字的多義性，展開當前女性主義對「受弱」的跨文化基進思考。第一部分將先針對當代理論如何重訪「受弱」，將其與複述性（iterability）、複塑性（plasticity）與踐履性（performativity）等理論概念相連結，而得以翻轉出「受弱」在主體建構與集體連結上的美學政治潛力。第二部分則將進入張愛玲文本中的「性騷擾」場景，看其中的性別身體如何與時代變動、戰爭烽火相互構連，如何有別於傳統加害者與受害者的簡單二元邏輯。第三部分則將聚焦於《小團圓》中的「受弱」形構，除了時代動盪、生理無助、情感纖細等面向外，更欲凸顯的乃是「受弱」作為性別的養成規訓以及「受弱」在親密關係中可能的「破壞式複塑」。若女人不是生而為女人而是變成女人，那女人也不是生而為弱者，而是變成弱者，而此變成弱者更充滿了不確定性中的各種「複數—複述—複塑」力量。《小團圓》作為「成長小說」（*Bildungsroman*）之閱讀可能與不可能，正可帶出女性主體的「受弱」建構與以「重複變易」作為抵抗的逃逸路徑。第四部分則進入《小團圓》中情慾身體的分析，將針對小說出版後最受爭議的「洞口倒掛的蝙蝠」場景，提出有別於當前過於低估或過於高估的女性情慾閱讀策略。《小團圓》作為書寫本身的「受弱」，不僅在於從英文到中文的不斷改寫、出版過程的阻擾，更在於《小團圓》作為「受弱」身體集結與經驗傳遞的「受授相親」，讓書寫得以跳出個人精神創傷的重複衝動，而得以成為女人彼此之間的相互看見，得以創造出「受弱諸體」的基進連結可能。故本章不是要將當代的 #MeToo 運動或「受弱」理論，直接套用於張愛玲文學文本的閱讀，而是嘗試在其中創造「當代」作為「異質時間的摺合」、作為「不合時宜」（untimely）的虛擬配置，如何有可能同時改變我們對於受格 me，對於 vulnerable 逐譯為「受弱」，以及對於張愛玲身體文本的閱讀實踐。換言之，本章所謂的「受弱理論」，並不是一整套已經拍板定案的論述模式，也沒有一個既定的理論框架，而是努力嘗試在三股可能的形構力量之間進行重新部署，亦即如何在（1）#MeToo 運動所凸顯的 me 之為受格、（2）巴特勒、馬拉布（Catherine Malabou）等人從政治抗爭或腦神經醫學所開展出的「複塑受弱力」（plastic vulner-ability）、(3)張愛玲《小團圓》文學文本之「間」去展開差異論述與基進閱讀的可能。

一・情動、危命與複塑

在當前女性主義有關「受弱」的相關論述中，最具理論創發性與行動實踐可能的，乃以美國學者巴特勒與法國學者馬拉布的相關論述為首。本章在此將先分別針對兩人有關「受弱」的理論發想與思考脈絡，進行扼要的爬梳與可能的比較分析，再帶到當代女性主義對「受弱」論述的遲疑、保留與焦慮，以及如何重新思考而得以基進而非反動的方式，從「受弱」來積極挑戰父權社會「感性分隔共享」的不平等配置模式。首先就讓我們從巴特勒的批判論述開始談起，端看其為何以及如何將充滿負面無助被動、眾人棄之唯恐不及的「受弱」，當成當代美學政治的理論化起點。自二〇〇四年出版《危命》（*Precarious Life*）一書後，「危命」（precarity）乃成為巴特勒繼九〇年代「踐履性」概念之後的核心理論概念，而「受弱」也幾乎成為「危命」理論概念的同義字。[8] 以美國九一一事件為政治思考切入點的《危命》一書，乃積極凸顯人之生而危命，生死不由己，故政治能動性的思考，就必須來自身體的受弱性：

> 身體意味著人皆有死、人的受弱、人的能動：皮肉之軀將我們暴露在他者的凝視之中，也暴露給觸碰，暴露給暴力；身體讓我們甘冒風險危機而流變為能動力以及所有一切的工具。（頁二六）

而在凸顯「受弱」作為共通人類生存處境的同時，巴特勒亦特別強調「危命的不平等分隔共享」（the unequal distribution of precarity），人乃「有所差異地暴露在傷害、暴力與死亡之中」（*Frames of War 25*）。各種基於不同區域、性別、階級、種族、宗教、性取向等而來的差別待遇，讓共通的「危命」存有經驗之中，又再分化出社會生存處境更邊緣、更弱勢、更不堪的「危命」者。[9] 換言之，巴特勒以「危命」作為理論概念的發想，面對的乃是來自九一一事件後美國高張的愛國主義與導向軍事武力作為復仇手段的悼亡模式。九一一事件讓美國看到了作為第一世界超級強國已身受弱性的同時，卻不願也不能對「受弱」展開基進思考，而是再次強化軍事的以暴制暴，想要重新拿回不可能的「全面掌控」，一個已由九一一死難傷亡與長久以往美國單邊主義軍事占領與暴力所一再凸顯的不可能。

在理解「危命」作為世界政治局勢與理論概念化的接合後，我們便可進一步來看與「危命」幾為同義字的「受弱」，是如何得以相同的方式達到美學政治的概念化。「受弱」的雙重性，一如「危命」的雙重性，一方面是「存有層次」人類共通的經驗，人生而危弱，自嬰兒出生起，便必須在依賴與關係網絡中才得以存活，而此存活也無法逃避身體暴露於意外、疾病、攻擊等各種無法掌控力量的突如其來。另一方面則是「社會層次」不平等的分隔共享，邊緣弱勢者甚且連基本存活所需遮風避雨的庇護、食物、醫療都闕如。而此兩種不同層次的「受弱」乃相互纏繞，無法徹底分割。然面對「受弱」最常被啟動的，卻是另外兩種「拒認」模式。一種是對「存有受弱」的拒認，妄想以主宰、掌控、侵略、攻擊作為「存有受弱」的拒認，妄想建構一個擁有主權宰制的自主主體，來當家（家庭、國家）做主（霸主、神主、共主）；另一種則是對「社會受弱」的拒認，視而不見社會的不公不義，或視而只見邊緣弱勢者本質化了的孱弱無助而亟需施以人道救援或人權關懷。此拒認機制乃是在他人的受弱中絕對無法也斷不可能看到己身的受弱，或己身的受弱必須投射在他人身上，或侵略攻擊之，或關懷保護之，或徹底與己無關之、視而不見之。

故對巴特勒而言，所有以「受弱」之名所啟動的政治抗爭，必須同時肯認而非否認存有層次與社會層次的相互交纏，才有可能在相互依賴性與關係性中去開展主體的倫理建構。在《危命》一書中，巴特勒主要是經由列維納斯（Emmanuel Levinas）「他者的臉」之倫理召喚，將主體的「自律」（autonomy）翻轉為「他律」（heteronomy），以凸顯存有乃是朝向他者的開放。[10] 爾後巴特勒「危命」與「受弱」概念的發展，則主要依循德勒茲對史賓諾莎的詮釋脈絡。德勒茲強調史賓諾莎最初所使用的兩個拉丁字 *affectus*（affect）

與 *affectio*（affection），其間的差異不可輕忽。前者指向身體的能力乃在於去影響與被影響（to affect and to be affected），乃在於身體行動能力的增強或減弱；後者則指向身體在去影響與被影響、增強或減弱持續變化的過程之中、從前一個變化而來的暫時狀態。因兩者皆不指向個體內在化的感情或情感樣態，而是前個體的施受強度變化，故在此嘗試將 affect 譯為「情動」，affection 譯為「情態」。

巴特勒透過德勒茲對史賓諾莎哲學所給出的當代構連，乃是再次凸顯身體的「情動開放」（affective openness）：「如果我們觸、動、體、觀、嗅或聽之能力讓我們身處自身之外，那身體便不會待在自身之地」（*Notes Toward a Performative Theory of Assembly* 149）。巴特勒更循此往下推出「美學（感受）關係性」（aesthetic relationality）、「出離關係性」（ec-static relationality）、「無所有」（dispossession）等相關理論概念。故此「受弱主體」之建構，徹底有別於當前政治經濟存有論所奠基的「主權個人主義」（sovereign individualism），一個只能對應到哲學傳統中無感受能力、無感官觸發、獨立封閉的「我思」主體。而巴特勒對「身體受弱性」（bodily vulnerability）的強調，正是想要透過史賓諾莎—德勒茲式被影響與去影響的身體開放狀態，給出「能動性的及物接力」（the transitive relay of agency）（*Senses of the Subject* 14）。受弱主體乃是將主體置放於施受的力量關係網絡之中，身體乃**關係**而非**實體**：「身體即便有其清楚的邊界，亦或許正由於這些邊界，身體乃是由這些使其生命與行動成為可能的關係所定義。……我們無法在社會與物質關係的概念之外，去理解身體受弱性」（Butler, "Rethinking Vulnerability and Resistance" 16）。

故對巴特勒而言，「受弱」無法從傳統主動／被動的二元對立去理解，受弱既非全然被動，也非全然主動，而是介於其間的觸動與感受；而中文的受授同源，似乎更能表達此介於其間的曖昧不確定，以及此曖昧不確定所帶出「能動性的及物接力」之可能。然弔詭的是當「反抗」與「受弱」一如主動與被動不再二元對立時，卻同時出現了兩種「反抗」與「受弱」的連結方式。一種是「對受弱的反抗」（a resistance to vulnerability），亦即以抗拒形式對受弱宣戰。因而此否認機制乃是拒絕看到主權主控主體（subject of sovereign mastery）本身的受弱，拒絕看見規範宰制機制本身的可被挑戰與可被改變（在重複中產生變易的可能），而徹底拒認受弱性與規範性之間的相互建構。另一種連結「受弱」與「反抗」的方式，則是「反抗對受弱的反抗」（to resist the resistance to vulnerability），從肯認而非拒認「受弱」的方式，思考「受弱」作為政治抗爭行動的可能。故巴特勒重新政治化的「受弱」，乃是一種「對權力思慮周延的暴露」（a deliberate exposure to power），其中最關鍵也最弔詭的，正是 deliberate 一詞以及其所指向的蓄意或深思熟慮：決計以肉身去對抗拒馬、對抗催淚瓦斯、對抗警棍或國家暴力甚至死亡威脅，而非毫無來由的一時衝動或情勢使然。故對巴特勒而言，以「受弱」集體動員、以「受弱」集體現身的政治反抗或街頭集會遊行，乃是一種以受弱去反抗對受弱的反抗之「即身行動」（embodied action）、一種對於當代生命危急、絕望與不安的「危命集結」、一種疊合「語言踐履」與「身體踐履」、以「身體受弱性」來開展共居（cohabitation）、團結（solidarity）與結盟（alliance）的行動實踐。

相較於巴特勒直接以「身體受弱性」切入當代政治抗爭與政治哲學的方式，馬拉布則婉轉迂迴甚多。雖並不常直接論及「受弱」，但其核心理論概念「複塑性」（plasticité; plasticity），卻可提供當代受弱主體最具破壞再生力的重構思考。「複塑性」此一概念的開展，最早來自馬拉布博士論文改寫而成的《黑格爾的到臨》（*L'Avenir de Hegel: plasticité, temporalité, dialectique*）一書，該書企圖以黑格爾「形式的可變易性」來連結當代腦神經醫學，尤其是「神經可塑性」（neuroplasticity）的相關科學研究。對馬拉布而言，來自希臘字源 *plassein*（塑形、模鑄）的「複塑性」，至少包含三個不同層次的交疊：一指材質本身的可塑性以及可能造成的形式改變，二是賦形能力的施予，例如整型手術（plastic surgery）或造型藝術（plastic arts），三是硝酸甘油、硝化棉等炸藥材質的連結，亦即其所蘊含的徹底爆破能力（Butler and Malabou 623）。換言之，「複塑性」不僅包含了被形塑與去形塑的能力，甚至也包含了形式本身的徹底破壞與徹底重構。形式不再是先驗或超驗，形式的本質即是變化，即是「形式─形構─形變」（form-formation-transformation）的各種可能。

馬拉布「複塑性」第一個挑戰的，正是德希達解構主義的「書寫」、「文本」、「補遺」等概念。她在《複塑於書寫的黃昏》（*La plasticité au soir de l'écriture*）一書中，主張以「複塑性」取代「複述性」，以便能凸顯邊界的危弱（暴露於他者）以及形式的承受與賦予，拒絕將書寫限縮於語言、將差異限縮於文本，以便能展開從書寫到非書寫的補遺與斷裂（由斷裂打開轉換與自由的可能）。她曾以鳳凰、蜘蛛、蠑螈為例來輔助說明：鳳凰乃黑格爾辯證哲學的譬喻，浴火重生而讓原本的形式得以揚升；蜘蛛乃是德希達解構主義的譬喻，語言的意符表意鏈有如蛛網，不斷延異，無有斷續；而蠑螈則與前二者截然不同，乃是在巨大破壞與毀滅中，重新長出與原先不同的身體殘肢。被破壞之力所重塑出的再生之力，當是最能展示「複塑」之為斷裂、爆破、退化的破壞之力以及死裡逃生的重新創造可能（"The Phoenix, the Spider, and the Salamander" 67-89）。[11]

而馬拉布的「後解構」也進一步發展出「後創傷」，主要仍是以當代腦神經醫學（尤其是腦損研究）去改寫精神分析理論的創傷主體。她所汲於打破的，正是貫穿解構主義與精神分析的「總已」（always already）結構：對前者而言，一切皆在意符表意鏈的網絡之中「延異」；對後者而言，一切皆由原初創傷場景或所謂的「真實」（the Real）所限定（原初創傷總已發生）。故唯有透過「機遇」、「意外」或「事件」的闖入，才得以打破

「總已」結構的重複衝動，才得以打開一個溢出「書寫」或「性無意識」之外的「神經（醫學）無意識」，才得以給出在「象徵界」、「想像界」、「真實界」之外的「物質界」（Malabou, "Post-Trauma" 228）。故對馬拉布而言，「重複即複塑，將被其摧毀的給予形式。我們必須思考一種由毀滅所創造出的形式，一個新人而非超驗主體的形式，一個能以爆破威脅去破壞超驗主體的形式。意外偶然的複塑授與了被其所驚嚇主體其自身形式的力量」（"Post-trauma" 235），此亦即馬拉布在《意外的本體論》（*The Ontology of the Accident*）與《新傷者》（*The New Wounded*）等書所一再強調的「破壞式複塑」（*plasticité destructrice*; destructive plasticity），主體的爆破、毀形與重新創形。

故馬拉布所強調的「破壞式複塑」，乃是同時具有無處可逃的強大破壞力與絕地逢生的變形重塑力。在此我們可用馬拉布所舉奧維德（Ovid）《變形記》（*Metamorphoses*）中深具性別向度的女精靈達芙妮（Daphne）的故事為例。達芙妮在太陽神阿波羅（Apollo）充滿性占有威脅的猛烈追求之中狂奔逃離，千鈞一髮的最後一刻變身為樹，給出的乃是主體逃無可逃、躲無可躲時所爆發的基進變形。「藉由破壞而變形不等於逃逸，而是以一種形式體現了其無法逃逸。當逃逸成為不可能，逃逸仍然是我們的唯一出路。於是我們應該在這種以極度張力、痛苦以及不安朝向一個不存在的外部推進的處境之中，思考逃逸的不可能性」（Malabou, *The Ontology of the Accident* 17-18）。但在此強大破壞力的逼近或侵入中，馬拉布所要強調的乃是一個更為「開放」的主體結構，亦即一個生命體自身具有的內在裂解與變形、一個具有形式可變易性與生物可重塑性的未來一直來之向度。無來由、無意義、不可預期的意外或事件，成為馬拉布打破解構主義與精神分析「總已」結構的關鍵，而意外或事件所造成的摧毀與爆破，卻是在切斷主體歷史、打散主體統一性的最受弱處，有了重塑變形的再生契機。

若將巴特勒的「危命」與馬拉布的「複塑」並置而論，雖說都有來自史賓諾莎「情動」與「情態」之哲學概念，但顯然前者乃是透過德勒茲對史賓諾莎的重新閱讀，後者則主要透過神經科學家達馬希歐（Antonio Damasio）對史賓諾莎「情感大腦」（the feeling brain）的重構。但兩者又皆將「情動開放」與「受弱」相互連結，只是巴特勒較為強調由「受弱」所發展出的政治主體，必須有別於築基於自主、獨立、封閉具反思性的「我思」主體，而馬拉布則專注凸顯生物重塑力之柔韌，在受弱的催毀破壞中變化出新的生命形式。兩者也都將「受弱」與「反抗」相連結，政治不再是單純解放主體或讓主體由弱轉強、由剝而復而已，「受弱」乃是對規範正制（the police）的反抗，不僅是反抗規範正制對「受弱」的反抗（拒認正制體制本身的受弱，或以受弱為名進行反擊、或啟動強化受弱的保護機制），更是在規範正制的重複運作之中，讓「受弱」有了得以抗拒權力規範、偏離正規常模的反抗可能，曲而不屈，在「受弱」中保有對規範正制分派的不屈從潛能，讓「情動開放」成為反抗與能動的創造場域。12

故巴特勒與馬拉布以「受弱」重新去界定主體的建構與解構，以「受弱」去連結「反抗」來翻轉原本二者在規範正制中所分派的二元對立位置（受弱就無法反抗，反抗就不是受弱），皆是以「受弱轉向」重新啟動新一波的女性主義政治與行動實踐。過往的女性主義論述對「受弱」一詞始終小心翼翼，唯恐落入莎士比亞名句「弱者，你的名字是女人」（"Frailty, thy name is woman!"）的父權文化偏見與性別指派，深恐女性主義一談「受弱」便是自斷一臂，讓「受弱」成為女人的本質式認同，陷女人於「受弱」的社會位置分派而萬劫不復。而來自當代理論「受弱轉向」的挑戰，乃是迫使女性主義重整其倫理與政治論述，基進解構過往受弱與能動（agency）、受弱與反抗之間簡化的二元對立（Butler, "Rethinking Vulnerability and Resistance" 25）。對巴特勒而言，「受弱」不是女人的內在性格或性情，而是一種施加在我們身上的力量配置與情感場域關係，一種關乎不屬於自己、無法完全掌控的一個曖昧區塊，一個在時間系列中感受與回應尚未分離而無法清楚劃分的時刻。故所謂的政治反抗，乃是要從此曖昧交織的感受與回應中去動員、去集結，而非拒認「受弱」。對馬拉布而言，「一個過度暴露於某種特定暴力的主體」（a subject overexposed to a specific type of violence）（"Woman's Possibility" 93）乃成為「女人」的最低限界定，一個反本質論所重新界定的本質論。女人無本質，女人的本質便在於對特定暴力的過度暴露，以及此過度暴露所啟動的反抗與變形，才得以讓所有暴力與剝削陰影下的「餘留」（remains），不再是殘骸或灰燼，而可以成為一個開啟新生命形式的抵抗核心（"Woman's Possibility" 93）。父權機制所反抗的，正是「受弱」與「反抗」之間的可能連結，而一切對規範正制的重複變易與能動可能，就在於身體的易感與易受、危機與生機之中。[13]

雖然巴特勒對「受弱」的理論發想，最初乃源自美國九一一事件所帶來的批判思考，而其對「身體受弱性」的探討，也多聚焦於政治抗爭行動與街頭集會遊行，然本章除了將其「身體受弱性」的論述，再次放回性別政治化的存有受弱與社會受弱之外，更積極擴展延伸到親情、愛情、性等「親密—出離關係性」所可能帶來的「情動開放」。如前所述，巴特勒曾對 #MeToo 的運動命名有所質疑，認為 me 乃太過圈限於個人，而建議改用 we 來凸顯集體抗爭性。那本章在此所欲展開的連結，則是暫時跳開 me 與 we 可能的單數與複數、個人與集體之別，而聚焦於 me 作為「受」格所可能帶出的另類主體建構或重構，並以巴特勒的「受弱」、「危命」理論開展之，將場景從政治抗爭與街頭遊行，轉換到私密關係的親情與性愛，或可成為另一種「個人的即政治的」（the personal is the political）之創造連結。而本章對馬拉布「複塑力」的挪用，亦擬跳開其原本的神經醫學脈絡，將其所論述的「情動開放」，同時放置在主體的「開放」結構，以及結構本身的「開放」（亦即巴特勒所言結構本身的受弱、本身的可變易性），以便能夠化「複述」為「複塑」，或在「重複衝動」中看到「重複變易」的可能。而巴特勒與馬拉布所共同給出的「複塑受弱力」，乃是將 vulnerability 一字拆分為 vulner- 與 -ability，以便在概念上凸顯「受弱」本身所可能蘊藏的「力量」，將成為本章接下來對張愛玲《小團圓》文本閱讀的核心關懷，一探「受弱」在生理樣態、時代戰爭、社會性別與親密關係上的複雜糾葛。

二・亂世性騷擾

本章第一部分之所以鋪陳當代的「受弱轉向」以及其與女性主義倫理政治思考的糾結，正是希冀為接下來所將展開的《小團圓》文本閱讀，能事先排除傳統一看到「受弱」就立即浮現的負面障礙或立即反彈出的道德控訴。如果「受弱」可以有別於自我中心、自給自足、自規自律、獨立封閉的「陽性堅彊主體」，那《小團圓》究竟可以給出如何不一樣的「陰性受弱主體」、一個因受而弱、因弱而集結的受弱主體或諸體（multitude）呢？本部分將先聚焦於張愛玲文本中所呈現的「性騷擾」事件，看其中所牽涉到性別、身體與時代動亂的施受關係與情感配置。在《小團圓》中有情節較輕的「課堂言語性騷擾」，話說某日女主角九莉聽到同校讀醫學院的馬來亞女僑生說雷克助教壞，連九莉的好友比比也說他壞，但九莉問不出所以然，就直接推斷「他教病理學，想必總是解剖屍體的時候輕嘴薄舌的，讓女生不好意思，尤其是比比這樣有曲線的」（頁四八）。[14]或是來自親族長輩的曖昧語言與身體狎暱，如小說中九莉的伯父五爺，「常常摩挲著她的光胳膊，戀戀的叫『小人！』」（頁一一〇），九莉也曾看見他摩挲姑姑楚娣的手臂；而這位在滿洲國不得志的伯父五爺，後來「娶了個十六歲的班子裏姑娘帶回來」（頁一二五）。《小團圓》中也有情節重大卻一語帶過的「辦公室性侵害」：九莉姑姑楚娣是在洋行工作的職業婦女，對辦公室裡的打情罵俏原本並不介意，但說起某日在辦公室與男同事混血兒焦利一起待到深夜時，「她笑容未斂，末句突然聲音一低，滯重起來，顯然是說強姦」（頁一六〇）。楚娣作為見多識廣的職業婦女，懂得在晚間上下班時用「防身服」、「夜行衣」——「旗袍上罩一件藏青嗶嘰大棉袍代替大衣」（頁一五三）——來保護自己，但也沒能逃過平日與她說說鬧鬧的辦公室男同事之性侵。

而不論是課堂上助教的輕嘴薄舌或辦公室擦槍走火的調情變強暴，皆非《小團圓》深入著墨者。即便是最受眾人矚目的「電車性騷擾」，小說中也只是以平緩的口吻簡略帶過。話說女主角九莉買了一大盒奶油蛋糕，要去日本人荒木家答謝其一路對丈夫邵之雍的照顧。但就在前去的電車上，遇見了熟人荀樺。他「在人叢中擠了過來，弔在藤圈上站在她跟前」（頁二四五）。荀樺先是與她攀談，提及昔日曾好意提醒九莉要留心邵之雍的事。而就在九莉正擔心「真擠。這家西點店出名的，蛋糕上奶油特別多，照這樣要擠成漿糊了」的同時，「荀樺趁著擁擠，忽然用膝蓋夾緊了她兩隻腿」（頁二四六）。然九莉並沒有當場翻臉或動口動手回擊，反倒是在心中揣度著「她向來反對女人打人嘴巴子，因為引人注目，跡近招搖，尤其像這樣是熟人，總要稍微隔一會才側身坐著挪開，就像是不覺得」（頁二四六）。《小團圓》在讓我們看到女人身體易受侵犯之同時——即便是大庭廣眾的電車之內，即便是熟識之人——也看到性別教養中委曲求全的客氣與禮貌，還要假裝像是什麼事都不曾發生，「稍微隔一會」才挪開被夾住的雙腿。

然眾評者對荀樺是否真有其人的興趣，顯然遠高於此場景在創作過程中的細心處理：如何用九莉買來回禮日本人家的奶油蛋糕、用荀樺被抓到憲兵隊裡所受酷刑的老虎櫈，來細膩鋪陳、前後呼應所欲凸顯的「漢奸妻，人人可戲」（頁二四六）。評者多是迫不及待跳出來指認荀樺就是當時上海著名文人柯靈，《萬象》雜誌的主編，與張愛玲、胡蘭成相識，也確曾被抓進日本憲兵隊拷問，後經人搭救才得以釋放。此真人實事的對號入座本無傷大雅，即便無法最終考證出搭救之人是否為胡蘭成，或柯靈是否真正曾在電車上性騷擾過張愛玲。[15]然在真人實事之外，我們更關心小說文本的場景營造，更關心此場景與《小團圓》中的眾多類似場景所給出女性身體的易受侵犯。《小團圓》對此電車性騷擾事件的處理，乃是嘗試以此帶出戰爭所造成的亂世亂象。此並不是說性騷擾只有亂世才有，而是說以亂世來「框架」的性騷擾，乃是將性別的「受弱」與時代的「受弱」交織並置而談，並不迴避性騷擾的性別權力關係，但也不刻意單向凸顯性騷擾的窮凶惡極。就在九莉假裝不覺得，「稍微隔一會」靜靜側身挪開雙腳的一剎那間，「她震了一震，從他膝蓋上嚐到坐老虎櫈的滋味」（頁二四六）。此指涉當是呼應小說前處提及荀樺被抓到日本憲兵隊所遭受老虎櫈酷刑的情節，也是責其忘恩負義（乃是邵之雍的搭救才倖免於難）。此處用酷刑「老虎櫈」所造成動彈不得的雙腿，來平行帶出電車性騷擾場景中動彈不得的雙腿，乃是雙重凸顯身體被外在強力所束縛與侵犯的無助苦楚：戰爭之中遭受酷刑拷打的男體，電車之中遭受熟人性騷擾的女體，無有輕重，一樣動彈不得；我們何以能只見戰爭暴力的殘酷，而不見性別暴力的猙獰。更有甚者，坐過老虎櫈的荀樺，將老虎櫈的恐怖透過膝蓋施加於九莉身上，彷彿是要在「己身受弱」之中以「侵犯他人」來妄想翻身做強者，將己身的「受弱」與「危命」施加在他人身上，以強來凌弱，以己所不欲來強施於人。

然而準備起身下車的九莉，並未因荀樺的惡劣行徑而歇斯底里，反倒是在維持表面客套的同時，滿心盤算如何不讓對日本人深惡痛絕的荀樺，發現她將前往的日本人家地址，以及藏匿在日本人家中的「漢奸」邵之雍。幸好荀樺並未跟著她下車，只是笑著點了點頭，「不過是再點醒她一下：漢奸妻，人人可戲」（頁二四六）。九莉的「受弱」並不只是因為她是女性而易於遭受身體侵犯，更是因為她是「漢奸妻」而成為任何人皆可理直氣壯侮辱冒犯的對象。就第一個層次而言，「漢奸妻」所帶出的乃是社會罵名所蘊含的「語言受弱」（linguistic vulnerability），一種由語言行動（speech act）的語言即行動所加諸的暴力。就第二個層次而言，「漢奸妻，人人可戲」乃是戰爭暴力的複製：戰爭暴力視生命如草芥，但戰後的戰爭暴力卻更常以復仇、報復的方式持續剝奪生命。「漢奸妻」因夫之為漢奸，而不被給予任何基本的人身尊嚴，成為可欺、可戲、可侮、可辱的「裸命」、「賤命」、「危命」。《小團圓》並不對性騷擾特感大驚小怪，卻想經由性騷擾多重拉出戰爭亂世中的身體危命感，尤其是被視為「漢奸妻」的女性性別身體危命感，以及此身體危命感所承受的各種轉嫁、報復與暴力。

相較於《小團圓》輕描淡寫的「電車性騷擾」，張愛玲的短篇小說〈浮花浪蕊〉乃是對性騷擾著墨較深者。只是小說中的性騷擾已離開電車、教室或辦公室，而放在了亂世街頭的「盯梢」場景，但仍可以此為例來比照說明。小說女主角洛貞單身一人從上海赴廣州、再到香港、日本，沿路小心提防各種可能的劫色劫財，就連在前往廣州的火車上，「照蘇俄制度，臥鋪男女不分。……和衣而臥，她只要手一碰到衣鈕，狹窄的過道對面鋪位上男子的眼光就直射過來」（〈浮花浪蕊〉，頁四〇）。但最誇張的，卻是到了廣州後走在大街上，專門輕薄女人的「蚊蚋」大隊成群撲面而來，叫人完全無法閃躲：

人行道上，迎面來的人撞了她一下。她先還不在意，上海近來也是這樣，青天白日，熱鬧的通衢大道上，有解放軍站崗的，都有人敢輕薄女人。……老遠晃著膀子來了個人，白汗衫，唐裝白布袴。她早有戒心，饒躲著讓著，還是給撞上了，正中要害。這些人像傍晚半空中成羣撲面的蚊蚋，她還捨不得錯過最後的一個機會看看廣州，橫了心還往前走。只聽一聲呼哨，大有舉族來侵之勢，才把她嚇退了，匆匆折回旅館。（頁四一）

雖說在路上趁機向女人揩油的無聊男子四處可見，但像這般成群結隊、舉族來侵的場面，確實誇張。洛貞揣度此恐非單純廣東人欺生、歧視外省人之舉那般簡單，因為上海的情況也不遑多讓、一樣嚴重。她憶起前不久在上海為了替孩子補課出門，便常碰見「盯梢」。印象最深刻的一次，乃是「一個四五十歲瘦長身材穿長衫的」（頁四一），連跟了幾條街，口中還念念有詞說「你像我認識的一個人」，並從口袋中摸出一張小照片要她看。起先還保持著謹慎的距離，「不會一不小心碰到她胸部」（頁四一）。這人接著又心虛地說要邀她去吃飯，「走得急了，漸漸踉踉蹌蹌往她這邊倒過來，把她往牆上擠」（頁四二）。洛貞眼見甩不掉，便順勢躲進了前方的電影院，散場的時候赫然發現那盯梢的人也混進了電影院，正轉身向她望過來，她「陡然變色」，所幸出了電影院後那人便沒再在人叢中出現。

在整個盯梢過程的描繪中，洛貞保持著適度的鎮定，沒有表現出過度的驚恐或倉皇，也顯然沒有受到過度的驚嚇，反倒是出其不意地一直保持著好奇心，不僅好奇小照片上的人物是否真像自己（即便知道這是街頭搭訕的老套手法），更好奇這些盯梢之人何以落魄至此而毫無忌憚。面對此已然蔚為一時風氣的街頭盯梢，洛貞更嘗試提出解釋：「她想是世界末日前夕的感覺。共產黨剛來的時候，小市民不知厲害，兩三年下來，有點數了。這是自己的命運交到了別人手裏之後，給在腦後掐住了脖子，一種蠢動蠕動，趁還可以這樣，就這樣」（頁四三）。街頭盯梢日日有之、處處有之，但〈浮花浪蕊〉卻嘗試將盯梢之「蔚為風氣」，當成特定時空的特有徵候，亦即解放後的「亂世」或「末日」徵候，無聊男子（失業、落魄、不知所終）乃以向女子下手揩油，當成最後踰矩越軌的蠢動蠕動。故而洛貞猜測，盯她梢之人乃是個「失業的舊式寧波商店的夥計，高鼻子濃眉，一個半老小白臉」（頁四二），而更多的時候「恐懼的面容也沒有定型的，可以是千面人」（頁四三）。此句的弔詭乃在於此處「恐懼的面容」並非指向被盯梢、被騷擾的女人，而是指向在時代惘惘的威脅中只能猥瑣輕薄女人的男人。而「恐懼的面容」無法定型，乃是說各式各樣的男人，皆可換上這副因恐懼受弱而以輕薄女人來做末世蠢動蠕動的無品男人。所以「千面人」可以是廣州街頭的「蚊蚋」大隊，可以是上海大街上緊盯著洛貞不放的失業中年夥計，也可以是九莉在電車上巧遇的文人雅士、雜誌編輯。在張愛玲的文本中，性騷擾固然令人不悅，但卻也不是一個令人髮指、喪心病狂的惡行，更多的時候乃是亂世亂象的性別分殊：受弱的男人以欺侮女人、以輕薄女人身體來拒認己身的受弱。因而張愛玲的文本並未展現過多過激的控訴與反擊，反倒是用心映照出時代動盪、危命旦夕中弱勢男人的無能與卑鄙。

三・「痛苦之浴」的破壞式複塑

前節處理了戰爭如何造成大時代的受弱無助，而大時代中男人的受弱無助（加上對受弱無助的拒認），又如何透過性騷擾、吃豆腐等行為舉止而得以暫時轉嫁於女人之身。本節則將聚焦於《小團圓》女主角九莉，端看其從小到大展現在生理、性別、親情、愛情等面向上的「受弱關係性」（受弱不在己身而在關係之中，乃由關係所帶出），以求更進一步展開「受弱」的多面向交織。《小團圓》先是生動呈現了九莉在嬰兒時期的受弱無助，某次與負責帶她的韓媽發脾氣，硬是將帶有鐵腥氣的白銅湯匙丟得老遠，但站在朱漆描金站桶上的她卻「忽然嘩嘩嘩一陣巨響，腿上一陣熱。……她知道自己理虧，反勝為敗了」（頁二一八）。生理的無助，讓站在小臺子上無理取鬧的小女娃尿溼了褲子，頓時失去了來自階級與性格的強勢上風；而人類自嬰兒出生以來的生理無助，也注定讓「受弱」成為一種存有層次的共通經驗，爾後更擴大到各種突如其來、無法掌控的力量匯集，各種生老病死，天災人禍與戰爭暴力。

而《小團圓》在展現「存有受弱」的同時，更著力於凸顯「受弱」在性別養成上的「不平等分配」。在九莉成長的過程中，「受弱」成為女性性別養成中的重要一環。童年時的九莉在家中順口說出「沒有鴨子就吃雞吧」（頁二〇六），當下便被韓媽喝斥不得說「雞」，顯見即便彼時九莉尚且只是不解人事的孩童，社會總已先行一步施予語言上的性禁忌，讓「性」得以小心謹慎地被封存、被壓抑。而九莉的成長過程，更是充滿各種語言禁忌與身體禁忌的監控：

> 她母親這樣新派，她不懂為什麼不許說「碰」字，一定要說「遇見」某某人，不能說「碰見」。「快活」也不能說。為了新聞報副刊「快活林」，不知道有過多少麻煩。……稍後看了《水滸傳》，才知道「快活」是性的代名詞。「幹」字當然也忌。此外還有「壞」字，有時候也忌……也是多年後才猜到大概與處女「壞了身體」有關。（頁九七）

去國多年歸來（後又反覆離去與歸來）的新派母親，有意無意間灌輸了女兒在語言使用上的禁忌，一個個隱隱連結了性—性別—身體的語言禁忌，後來還假借無意中的「窺浴」，來觀察女兒身體是否已產生變化（頁二八四—二八五），好以此確認其生活中是否存在著男女關係；甚至還透過語言恫嚇，拿身邊熟人來強化父權文化用以規訓女性身體的「處女情結」：「其實我可以嫁掉你，年紀青的女孩子不會沒人要。反正我們中國人就知道『少女』。只要是個處女，就連碧桃，那時候雲志都跟我要！」（頁一三七—一三八）。九莉母親蕊秋乃是以彼時身邊的陪嫁丫頭碧桃為例，連早已成婚生女的九莉舅舅雲志都還垂涎。九莉成長的分裂，既有來自母親從小要她自立自強的期許，也有來自新派母親不自覺強化的舊思想，更有此刻母親規訓語氣中暗含的穢褻感。

類似的成長分裂也出現在另一個矛盾曖昧的「性別受弱」場景。童年的九莉歸韓媽帶養，九莉體弱多病的弟弟九林則歸母親陪房、在傭僕間地位相對較高的余媽帶養，而好勝心強的余媽又每每不服輸，無時無刻想要壓壓九莉的鋒頭、挫挫九莉的銳氣：

余媽因為是陪房，所以男孩子歸她帶。打平太平天國的將領都在南京住了下來，所以卞家的傭僕清一色是南京人。

「你姓碰，碰到哪家是哪家，」她半帶微笑向九莉說。

「我姓盛我姓盛我姓盛！」

「毛哥才姓盛。將來毛哥娶了少奶奶，不要你這尖嘴姑子回來。」

蕊秋沒走的時候說過：「現在不講這些了，現在男女平等了，都一樣。」（頁二〇余媽此處所言，乃指父權文化中女子之為「異姓」（出嫁後從夫姓），九莉不是本宗自家人，終究要外嫁成為外姓人。此處用來置換九莉原本姓氏「盛」的姓氏，更是充滿了性意涵的「碰」（既是「碰」所帶出的隨意性，更是「碰」所暗示的性交，如前一段引言所示）。余媽之言的攻擊性，不僅是以傳統宗法父權「男婚女嫁」、「出嫁從夫」的規範來排擠九莉，也是用「碰」的雙關語來進行語言暴力。而母親蕊秋的回答，乃是幫女兒也是幫自己回擊，以新派女主人的身分強調「男女平等」，但證諸蕊秋自己對女兒的語言規訓與前後矛盾的性教育（或禁慾教育），女性在性別上的「受弱」養成，當是充滿著跨世代的焦慮與矛盾。

此段引文最幽微之處，乃在於「蕊秋沒走的時候說過」之淡淡過場。九莉四歲時母親與姑姑一同出洋，可見日後她乃是獨自一人面對日復一日最保守、最傳統的「姓／性別」養成教育，不論是滿懷愛意與歉意的韓媽，或是充滿妒意與恨意的余媽，都成為母親蕊秋不在場時的規訓代理人。九莉的「受弱」乃是多重關係的賦予，自嬰兒時期起，她便進入必須在依賴與關係網絡中才得以存活的「存有受弱」，而此依賴與關係網絡的裂縫（母親與姑姑的出洋），更強化了她獨自面對「受弱」在性別位置上的不平等分配。但與此同時，強調「男女平等」的母親蕊秋，也是同樣受此「姓／性別」養成教育長大的，可見「受弱」養成教育的本身亦具有複塑性，具有「曲而不屈」的改變空間，在「受弱」中保有對性別規範「區隔共享」的不屈從與重塑潛能，此亦即巴特勒所一再強調規範本身可能的「受弱」——「受弱讓規範運作成為可能，規範讓我們變得受弱，只有在此相互建構的關係中，規範也『受弱』，能透過重複引述而產生鬆動與改變」（Frames of War 35）——以至於不會在批判「受弱」性別養成的「不平等分配」之同時，陷女性於不得動彈、無從逃逸的單向形塑與宗法父權的絕對宰制（此乃潛藏在「受弱」論述裡的「剛彊」論述，將規範絕對化成一個屹立不曲、封閉所有受弱重塑力可能的霸權）。但與此同時，《小團圓》的深刻動人，乃是讓我們充分感知母親蕊秋的矛盾不一致，讓我們看到「受弱」複塑性本身的可能與不可能，看到「姓／性別」規訓的殘存與重複。

小說中對「受弱關係性」鋪陳最深刻入骨、最痛徹心扉的，乃是蕊秋—九莉的母女親情關係（相較於九莉與父親、繼母、弟弟、姑姑等的親情關係）與之雍—九莉的男女婚戀關係（相較於九莉與燕山的親密關係、九莉與汝迪在美國的婚姻關係）。讓我們先以《小團圓》中母女牽手過馬路的場景，來看蕊秋—九莉之間的受弱糾葛。小說中寫到母親蕊秋帶著九歲的九莉去完百貨公司後，兩人站在街邊等著過馬路：

蕊秋正說「跟著我走；要當心，兩頭都看了沒車子——」忽然來了個空隙，正要走，又躊躇了一下，彷彿覺得有牽著她手的必要，一咬牙，方才抓住了她的手，抓得太緊了點，九莉沒想到她手指這麼瘦，像一把細竹管橫七豎八夾在自己手上，心裏也很亂。在車縫裏匆匆穿過南京路，一到人行道上蕊秋立刻放了手。九莉感到她剛才那一剎那的內心的掙扎，很震動。這是她這次回來唯一的一次形體上的接觸。顯然她也有點噁心。（頁九一—九二）

原本打算再次耳提面命女兒過馬路要小心的母親，忽然發現了南京路上的空隙，正欲往前走去之時突然躊躇，是否該牽著身邊九歲女兒的手，帶著她、保護她一起過街，而這突如其來的一牽手，卻牽出了彼此身體的隔閡與陌生。引文段落中寫出了九莉從母親手中感受到的掙扎，而這掙扎恐怕是比九莉對母親手指細瘦之驚訝更具殺傷力。「瘦」不是重點，「受」與「授」才是最細緻的難堪與傷害，而「顯然她也有點噁心」中的「也」，更是婉轉巧妙帶出「授受」之間觸碰當下的相同反應，母親牽女兒的手感到噁心，女兒牽母親的手也感到噁心。[16]

《小團圓》較少正面鋪陳女兒對母親的依戀與愛慕，而是透過迂迴婉轉的方式，帶出女兒的不捨與心痛。有次母親蕊秋幫九莉「把額前的頭髮梳成卻爾斯王子的橫雲度嶺式」

（頁一二四），後來即便回到學校時頭髮早已塌平，「她捨不得去碰它，由它在眼前披拂，微風一樣輕柔」（頁一二五）。而某次母親蕊秋以中文夾英文字的方式向九莉說道，「我知道你二叔傷了你的心——」（頁一三八）（《小團圓》中的九莉如同張愛玲一般，小時在名義上過繼給他房，故從小叫自己的父親二叔，自己的母親二嬸），而九莉的劇烈反應也只停留在臉部表情：

九莉猝然把一張憤怒的臉掉過來對著她，就像她是個陌生人插嘴講別人的家事，想道：「她又知道二叔傷了我的心！」又在心裏叫喊著：「二叔怎麼會傷我的心？我從來沒愛過他。」（頁一三八）

九莉臉上的表情像是指責已離婚的母親不該再插嘴盛家的事，用像看「陌生人」的眼光將母親拋擲在外，而內心的獨白卻是吶喊著對母親的愛，一個拼死命也無法拉近那個比最遙遠處還遙遠的母親，一個她愛得最深卻也傷她最重的母親。從小與母親疏離，覺得自己在母親面前永遠像個「小客人」，而長大後一心自責「帶累二嬸」的不安與愧疚，更讓她準備了一大筆錢要來償還母親的付出。《小團圓》甚至讓這種親情受弱，直接轉化為身體上灌膿不消退的傷口：「九莉儘量的使自己麻木。也許太澈底了，不光是對她母親，整個的進入冬眠狀態。腿上給湯婆子燙了個泡都不知道，次日醒來，發現近腳踝起了個雞蛋大的泡」（頁二九二）。若「存有受弱」乃是朝向他者的開放，那九莉的「他律」而非「自律」不僅來自童年時期的生理無助，來自求學過程的戰爭陰影（一九三九年歐戰的爆發，讓張愛玲失去了英國倫敦大學的入學機會，即便考了遠東地區第一名；一九四一年底太平洋戰爭的爆發，則打斷了她在香港大學文學院文科的學習，被迫輟學回到上海，《小團圓》中的九莉遭遇若合符節），也來自宗法父權的性別規訓，更來自母女親情的疏離與不堪。受弱的「主體性」（或「受體性」）不存在於自身，而總已被置放在施受的力量關係網絡，九莉的身體受弱性便無法在她與母親的親情糾葛與物質金錢關係之外被理解。

與母女關係一樣具有毀滅性力量的，則是小說中九莉與邵之雍的婚戀，而此婚戀關係更給出了《小團圓》最具震撼力的「破壞式複塑」。兩人在祕密舉行結婚儀式後不久，邵之雍開始逃亡，兩人分隔兩地。「自從他那次承認『愛兩個人』，她就沒再問候過小康小姐。十分違心的事她也不做」（頁二四六）。逃亡期間的邵之雍，還先後和不同接濟他的女人發生關係，終於讓九莉領悟到她所嚮往的「歲月靜好，現世安穩」，終究不過是一場改頭換面的南京俗諺「糟哚哚，一鍋粥」（頁二三〇、二七一），「等有一天他能出頭露面了，等他回來三美團圓？」（頁二七四）。然決心斬斷情緣的九莉，卻無能迴避那分手所不斷帶來的巨大痛苦。但《小團圓》在反覆「書寫」那種痛苦的同時，也給出了在「書寫」中浮現的「破壞式複塑」：

有句英文俗諺：「靈魂過了鐵」，她這才知道是說什麼。一直因為沒嘗過那滋味，甚至於不確定作何解釋，也許應當譯作「鐵進入了靈魂」，是說靈魂堅強了起來。還有「靈魂的黑夜」，這些套語忽然都震心起來。

那痛苦像火車一樣轟隆轟隆一天到晚開著，日夜之間沒有一點空隙。一醒過來它就在枕邊，是隻手錶，走了一夜。（頁二七四）

在這段文字中，即便是「靈魂的黑夜」英翻中的套語字面，都讓九莉觸目驚心。但「靈魂過了鐵」的痛苦，也能經由翻譯的主受詞、主被動對調，而立即轉成「鐵進入了靈魂」所可能帶來的堅強。而當痛苦被「明喻」化為日夜轟隆不息的火車之時，卻又在收尾處一迴旋，轉而將枕邊滴答不息的手錶視為始作俑者。

換言之，九莉的「愛情受弱」由書寫帶出，也由書寫轉化；書寫帶出夢中紛擾的無邊無盡痛苦，也化痛苦為明喻、為自嘲、為文字所拉出的距離。分手的傷痛讓九莉不能寫，「自從『失落的一年』以來，早就寫得既少又極壞。這兩年不過翻譯舊著」（頁二七二）；而對多年以後又能寫且不斷寫的九莉而言，這段前塵往事便也有了得以拉開距離的思索與敘事安排，即便筆下巨大的痛苦依舊滅頂而來、無從抵抗：

她從來不想起之雍，不過有時候無緣無故的那痛苦又來了。威爾斯有篇科學小說《摩若醫生的島》，寫一個外科醫生能把牛馬野獸改造成人，但是隔些時又會長回來，露出原形，要再浸在硫酸裏，牲畜們稱為「痛苦之浴」，她總想起這四個字來。（頁三二四）

就像《小團圓》中大多數的強烈情感都是透過「迂迴」（透過電影或文學的引述）的方式加以表達，此段亦不例外。英國科幻小說中的「痛苦之浴」，便成了九莉此時唯一可以援引的文本：「這時候也都不想起之雍的名字，只認識那感覺，五中如沸，渾身火燒火辣燙傷了一樣，潮水一樣的淹上來，總要淹個兩三次才退」（頁三二四）。但緊接在此水火交煎的痛苦之後的，卻是沒來由的時空跳接到威尼斯的空氣污染讓石像都罹患石癌，並由此帶出「現在海枯石爛也很快」的自嘲，一個在譬喻與字義不斷滑動中所展開的自嘲，而此自嘲更在接下來的段落中成為九莉對之雍著作的「駭笑」，以及對海外大陸雜耍團在自行車上倒立、用腳頂球畫面的傷感，「到底我們中國人聰明，比海獅強」（頁三二四）。

就如同張愛玲在一九七六年四月二十二日寫給宋淇、鄺文美的信中所言，「這是一個熱情故事，我想表達出愛情的萬轉千迴，完全幻滅了之後也還有點甚麼東西在」（宋以朗，〈《小團圓》前言〉，頁一〇），而這個留下來的東西，恐怕就如書中九莉與之雍的過去，「他們的過去像長城一樣，在地平線上綿延起伏。但是長城在現代沒有用了」（《小團圓》，頁三〇六）。《小團圓》沒有低估愛情的毀滅力量，但九莉的「破壞式複塑」，不只是在情節發展上得到修復或無法修復（後來與男演員燕山交好，後又在美國與汝迪相戀結婚），更在於回到書寫之為逃逸與無法逃逸，以書寫的受弱來回應愛情的受弱，如前所述回到一種關乎不屬於自己、無法完全掌控的一個曖昧區塊，一個在時間系列中感受與回應尚未分離而無法清楚劃分的時刻，一個經由書寫而不斷展現的「情動開放」。

四・性的受弱、羞恥與恐懼

本章在處理完性騷擾作為亂世中「受弱的不平等分配」（弱勢男性以輕薄弱勢女性的身體來逃避其無能），也處理完「受弱」在性別規訓上的差異階序與愛戀親密關係上的「破壞式複塑」之後，本章最後將進入《小團圓》中最複雜幽微的男女性關係，一探「受弱」如何得以翻轉當前對性愛—權力—身體慾望的解讀方式。若「受弱」乃與生俱來（人生而受弱）、乃時不我予（時代動盪、戰爭威脅）、乃性別規訓（如何變成女人），皆指向主體主權主導的最初空無，自給自足自主的無有可能，那究竟該如何從「受弱」談「性關係」的強度變化、談「情慾主體」的解構與建構呢？就讓我們從《小團圓》出版後引起最多爭議的性愛場景「洞口倒掛的蝙蝠」段落談起：

他眼睛裏閃著興奮的光，像魚擺尾一樣在她裡面蕩漾了一下，望著她一笑。

他忽然退出，爬到腳頭去。

「噯，你在做什麼？」她恐懼的笑著問。他的頭髮拂在她大腿上，毛毿毿的不知道什麼野獸的頭。

獸在幽暗的巖洞裏的一線黃泉就飲，汩汩的用舌頭捲起來。她是洞口倒掛著的蝙蝠，深山中藏匿的遺民，被侵犯了，被發現了，無助，無告的，有隻動物在小口小口的啜著她的核心。暴露的恐怖揉合在難忍的願望裏：要他回來，馬上回來——回到她的懷抱裏，回到她眼底——

快睡著了的時候，雖然有蚊帳，秋後的蚊子咬得很厲害。（頁二四〇）

此長段引文之所以引發爭議，不僅因其讓眾人跌破眼鏡，訝異於張愛玲居然連口交場景都大膽著墨，更在於此段落所引發南轅北轍的兩極詮釋。有些批評家援引「『性』（sex）

本身是男尊女卑階層化的——性意識由男性建構、性活動由男性掌控、性感覺及滿足是男性視野的」為前提，強調「此處展露了九莉內在難忍的被侵犯感……九莉仍畏懼於那種暴露的恐怖」（石曉楓，頁二一〇、二〇九）。或是以此擴大來談張愛玲（盛九莉）與胡蘭成（邵之雍）之間受虐與施虐的特殊癖好，「在精神上無法征服張愛玲的胡蘭成，藉著性暴力來滿足他的權力欲」（韓良露），甚至也有評者直接點名張愛玲筆下展露了「性的暴力本質」、「女性的無奈被動和身體承受的疼痛和傷害」（章緣，頁六六）。[17]但同時也有另外一些批評家將此段落讀為女性歡愉的大膽情慾描繪，強調其中「被侵犯了，被發現了，無助、無告的」的心理表述，不是受到男性的暴力傷害，而是「純粹體現出一個剛開始有性愛體驗的新婚少女，在面對口交性愛時候的害羞恐慌心理」，「充分表現了浪漫愛情與肉慾的合一理念」（林幸謙，《身體與符號建構》，頁一四三），並由此高度肯定張愛玲的「自覺性情慾書寫」，乃女性主義的先鋒思想，「早在七十年代她已經敢於書寫較大膽而露骨的男女關係及其情／慾身體」（頁一八六），展現「在女性情慾上的自信心，擺脫舊時女性敘事在情慾方面所受到的壓迫苦境」（頁一四四）；或擴大言之「《小團圓》刻意細描之雍與九莉性愛：吐舌接吻、性器官、性交、口交等等」，給出張愛玲小說女體書寫的最大極限，其乃是「從女人的感覺與反應去寫兩性肉體接觸」，並得以正面肯定女性生理的需求（高全之，〈懺悔與虛實〉，頁一八六—一八七）。

在此簡略回顧的兩極化立場，一邊凸顯性的暴力，另一邊凸顯性的歡愉；一邊導向父權的壓迫，另一邊導向對父權壓迫的強力反擊；一邊強調靈與肉、性與愛的齟齬分離，另一邊讚頌浪漫愛情與肉慾的合而為一。而這兩極化的詮釋立場，都是以同樣的「洞口倒掛的蝙蝠」段落為出發、為前提。然而我們在此並非要選邊站或論斷孰是孰非，也不是一逕宣告「性暴力」乃「性歡愉」的本質，更不是要再次掉落靈／肉、性／愛、男主動／女被動、男施虐／女受虐的簡化二元與分析套式，而是想要以「受弱」以及「受弱」所可能啟動主體位置與身體邊界的不確定性，重新切入「洞口倒掛的蝙蝠」作為性愛場景的「情動」（affect）配置而非僅是「情感」（emotion, feeling）的特殊樣態，或可開展出另一種女性主義「性愛受弱」的閱讀可能，也或可避免過於迅速掉入「受害」（明確的權力宰制關係）或「受虐」（二元化的慾望啟動模式）之拍板定案。

然此性愛場景的描繪，究竟有何特異之處？最常見的分析模式乃是凸顯「魚擺尾」作為正常體位（插入性交）與「洞口倒掛的蝙蝠」作為特殊體位（口交）的差異，兩者雖然都是動物意象的性事表達，但前者老套陳舊（「魚水之歡」），後者卻充滿身體姿勢上的生動聯想。雖然也有批評家將此別出心裁的表達，黏貼回「蝙蝠」作為「中國式的符號意象」之傳統，以諧音帶出「福」的象徵性——「向世人宣告：我的幸『福』『到』了」（林幸謙，《身體與符號建構》，頁一四二）。然「洞口倒掛的蝙蝠」性愛場景的關鍵，或許不在「魚」、「蝙蝠」或「野獸」等動物意象，而在於一個幾乎從未被用來描寫性愛的字眼：遺民。[18]從小說〈花凋〉中「泡在酒精缸裡的孩屍」鄭先生到張愛玲自己的父親張志沂，「遺老遺少」原本便是張愛玲文學書寫中典型的人物刻劃，而當前的「（後）遺民」研究更以張愛玲為核心關鍵人物，如王德威的《後遺民寫作》，或將張愛玲視為「遺二代」最佳代表的高全之（〈《雷鋒塔》與《易經》的遺民態度〉，頁九八）。但不論是「遺民」作為廣義「改朝換代之後遺留下來的前朝人民」，或狹義「仍然懷念或效忠前朝的人」，卻都不曾出現在任何文學性愛場景的描繪之中。以張愛玲英文小說《易經》（*The Book of Change*）為例，小說第二章追述到幼年時期塾師講述武王伐紂的歷史，商朝宗室伯夷叔齊兄弟不事新朝，隱居山中，不食周粟，最終餓死在首陽山。小說女主角琵琶聞之號啕大哭，「她為伯夷叔齊兩兄弟傷心，看見他們孤零零在蒼黃的山上採野菜」（《易經》，頁四四）。爾後接著便引用「胡適博士的論文」，強調「文中闡述老子是商亡後遺民之後」，「老子顯然相信陰是女性，多數時候弱能勝強」（頁四四）。琵琶的過度反應與事後體悟，當是圍繞在「凡是不願隨波逐流的人都要耐得住那份寂寞」（頁四四）之上，至於老子哲學的弱能勝強、柔能克剛，則被視為亂世中的求生之道。

那《小團圓》此性愛場景中「遺民」之用法究竟有何基進之處？顯然不在國族宗室身分認同的錯亂（時間與世系的座標軸），也不必然在「她的核心」與女性性器官的直接生理對應，而是給出了一種身體親密互動中「藏匿／暴露」之間的細膩掙扎——「被侵犯了，被發現了，無助，無告的」——以及此掙扎所帶出的「羞恥」與「恐懼」。當前「情動理論」或「情動轉向」（the affective turn）的重要貢獻之一，便是將「情動」放在關係之中的強度變化，而非將其內在化為個人獨有的情感或感情。因而「羞恥」與「恐懼」就可以不再是傳統道德規範之下或特殊情境之中所激發出的內在情感樣態，而開放出各種與主體建構攸關的複雜牽繫。例如當代酷兒情動理論家賽菊克（Eve K. Sedgwick）所談的「羞恥踐履性」（shame perfomativity）或蒙特（Sally Munt）所談的「酷兒依戀」（queer attachment），皆是以羞恥作為主體建構的重複操作實踐，以凸顯其不適、不安、受弱、未可知的「閾限性」（liminality）：「受弱乃是經由羞恥與興奮的文化架構，以情動的方式被感知」（Munt 203）。女性主義與酷兒理論的「情動轉向」所嘗試給出的，乃是受弱—恥辱—性—身體之間非常不同的連結可能。傳統談論羞恥的方式有二，一是循父權文化規訓的社會脈絡，強調在聖母／妓女的二分之下，羞恥乃是監管掌控女性性慾的最佳（自我）規訓，越雷池一步便萬劫不復。二是循精神分析將性羞恥放在焦慮與罪惡感的心理脈絡，凸顯羞恥來自「超我」對暴露慾望的壓制，但從人類的站立姿勢起，就無法避免性器的暴露，而如何對性器進行必要的遮掩藏匿，便成為一種自我保護的防衛機制，而女性更因性器先天上的匱缺，而讓羞恥或性嫌惡成為女性特質的最佳表徵。但羞恥作為一種「情動」，卻不導向第一種內化的傳統性別道德價值，也不導向第二種精神分析對性羞恥的不平等分配（女性對性與身體暴露更感羞恥、更需自我隱藏、自我壓抑），而導向身體「外部化」於關係之中，導向「藏匿／暴露」所帶出的「情動開放」（亦即巴特勒與馬拉布所一再強調的「身體受弱性」），以及此危弱身體邊界的恐懼不安。

在此我們可以進一步差異區分此性愛場景所可能帶出的「空間性的受弱」（the vulnerability of the space）與「受弱的空間性」（the space of vulnerability）。「洞口倒掛的蝙蝠」空間場景之獨特，乃在於此乃發生在邵之雍的住家三樓，而家中的一二樓仍住著邵之雍的一家老小，包括妻子與兒女。只見夜半兩人手牽手走到「相當大的衖堂房子」，女傭、姪女秀男先後前來招呼，之後之雍將九莉帶到「三樓一間很雜亂的房間裏，帶上門又出去了」（頁二三八），爾後房門突然打開，一個高個子的女人探頭進來看了看又離去，「猜著一定是他有神經病的第二個太太，想起簡愛的故事，不禁有點毛骨悚然起來」（頁二三九）。此處的描繪顯然融合了中國住家空間擁擠無隱私與閣樓瘋女人的古堡小說式鋪陳，而此「空間性的受弱」更讓九莉的恐懼油然而起，「到了這裏像做了俘虜一樣」（頁二三九）。但就在最局促不安、尷尬難堪的空間裡，兩人一反往常地關了燈做愛（蝙蝠之譬喻與「幽暗的巖洞」）、一反往常地九莉不再喊疼、更一反往常地出現了「洞口倒掛的蝙蝠」的口交場景。雖然評家已成功考證出《小團圓》此處的空間場景，當是胡蘭成在上海的故居美麗園二十八號（李黎，頁一六七），但真正讓我們感興趣的，卻不只是此場景「受弱的空間性」之能否對號入座，更是此場景「空間性的受弱」，亦即「受弱」所涉及身體空間閾限的高度敏感與危險，「情動開放」所必然牽動的不適、不安、恥辱、恐懼與不可知。[19]此危顫顫的「情動開放」，指向的恐非女性情慾主體自身的「性歡愉」或加諸在其身的「性暴力」，而是一種透過觸、動、體、觀、嗅或聽之能力，將自身置於自身之外的強度，亦即「受弱」作為「出離關係性」的可能，作為身體空間的力量配置與施受極限的可能。

除了「遺民」修辭所帶出的「藏匿／暴露」與雙重空間性的「受弱」外，此獨特性愛場景尚有一相當微妙之處，不出現在語言文字的部分，而出現在與語言文字表辭達意息息相關的標點符號之中。引文段落中兩度出現了破折號，「暴露的恐怖揉合在難忍的願望裡：要他出來，馬上回來——回到她的懷抱裡，回到她眼底——」（頁二四〇）。作為歐式標點符號的破折號在張愛玲文本中的運用並不少見，學者曾統計其散文〈洋人看京戲及其他〉裡用了十三個，〈更衣記〉及〈中國人的宗教〉各用了十二個，〈談女人〉用了二十四個，中篇小說〈金鎖記〉用了六十個，而其主要的功能乃在於中斷話語、切換話題或增加話語的節奏（王璟，頁四九－五二）。但用於此處的破折號，與話語的停頓或轉折無關，與任何同位格的補述說明無關，卻彷彿是以一種無聲勝有聲的視覺方式，傳達出一種語言的「閾限性」（liminality）：身體邊界的強度呼應著語言邊界的強度，雜揉在「暴露的恐懼」與「難忍的願望」之間進退不得，終止與延續之間的殘喘與纏綿，於是破折號成為一種慾望的視覺延宕，一種時間延滯與語言行動（「要他出來，馬上回來」）之間的掙扎，生動地帶出身體「情動開放」的危顫顫。[20]

本章之所以在此展開「洞口倒掛的蝙蝠」之細讀，不只是避免落入「性暴力」與「性歡愉」的簡化二元對立，也不只是要想將分析焦點從動物意象轉到「遺民」修辭與「破折號」運用，以開展新的解讀可能，更是希冀由此帶出《小團圓》在情慾政治與受弱理論上的基進性，一種「以弱示弱」的基進性，而非「以強凌弱」、「以弱抗強」、「由弱轉強」或「以暴制暴」。然此「以弱示弱」的基進性，顯然並沒有在最初便得到創作者與閱讀者毫無懷疑的全然肯定。此性愛場景段落不只在二〇〇九年《小團圓》出版後引發強烈的爭議，更可往前回溯到一九七六年《小團圓》完稿時就已發生的「抽換」事件。話說當年張愛玲在寄出書稿（先後共兩份，一份謄寫手稿，一份謄寫手稿的影印本）給香港摯友宋淇、鄺文美夫婦後，馬上去信寫道「昨天剛寄出《小團圓》，當晚就想起來兩處需要添改」，故一九七六年三月十八日又趕忙隨信附寄了兩頁（每頁兩份）給鄺文美，煩請代為抽換（宋以朗，〈《小團圓》前言〉，頁七）。而其中最主要的一個「抽換」處，就是《小團圓》出版後引發最大爭議、亦是本章此處細讀分析的「洞口倒掛的蝙蝠」段落。與此同時我們亦不可輕忽的，乃是這「重新」出現的性愛段落，也扮演著一九七六年《小團圓》之所以無法順利出書的部分關鍵原因。誠如張學研究者林幸謙所言，「張愛玲信中所附上的這兩頁《小團圓》新修訂稿的內容，相信是最令宋鄺夫婦感到驚訝與震動的風月筆墨」（《身體與符號建構》，頁一九七）。張愛玲早在一九七五年九月十八日的信中，就已先預警宋淇道「這篇小說有些地方會使你與Mae替我窘笑」，而第一個讀完《小團圓》手稿的鄺文美（Mae）也立即回信說道，「你早已預料有一些地方會使我們覺得震動——不過沒關係，連我都不像以前那麼保守和閉塞。我相信沒有別一個讀者會像我那樣徹底瞭解你為什麼寫這本書」（宋以朗，〈《小團圓》前言〉，頁五、七—八）。但顯然不再「保守與閉塞」的宋淇夫婦也未必能不過於擔心《小團圓》對張愛玲可能造成的身敗名裂。放在表面上最顯著的理由，當然是「無賴人」胡蘭成正在臺灣，怕其藉此自抬身價、興風作浪，但檯面下未曾直接表明的，恐怕也包括摯友對這本「thinly veiled，甚至patent的自傳體小說」（宋以朗，〈《小團圓》前言〉，頁一一）中此露骨性愛描寫段落的多所顧慮。

但不論此段落是張愛玲後來的添寫，或是原先已寫就但在謄稿時因自我審查而刪去的段落，此段落之（重新）出現讓《小團圓》中的身體親密關係再現變得更為幽微複雜，因而有著不可任意刪去的關鍵性。首先，此段落的（重新）出現，讓女主角九莉的性愛經驗有了主動／被動、靈／肉、暴力／歡愉之外的曖昧不確定性，而不至於逕自落入對性的嫌惡與厭煩、甚至「性冷感」的評斷。而此段落所展現的「受弱」（來自身體空間閾限不確定性的羞恥與恐懼），也重新賦予我們閱讀小說中其他性愛場景時所需的敏感度。像最常被批評家引為《小團圓》小說中「性嫌惡」甚至「性暴力」的代表性段落：「泥罈子機械性的一下一下撞上來，沒完。綁在刑具上把她往兩邊拉，兩邊有人很耐心的死命拖拉著，想硬把一個人活活扯成兩半」；「還在撞，還在拉，沒完。突然一口氣往上堵著，她差點嘔吐出來」（頁二五七）。這段有如酷刑般的描繪，再加上小說後半部提到的「子宮頸折斷」，幾乎就坐實了部分評者最常論及性別對立下的靈／肉、性／愛分離、愛的歡愉／性的穢褻、男人對性的索求無度／女人對性的嫌惡排斥。

但若以「受弱」角度觀之，此「酷刑」段落顯非直截了當的性／別控訴，尤其是帶入此段落的上下文脈絡之後，其中的多重「受弱」甚至溢出原本的性別編碼。我們首先看到的是此性愛場景明確的時空交代：逃難前夕之雍與九莉在公寓房間（與三姑楚娣合住）的單人榻床上度過的最後一夜。九莉心中的埋怨不悅，來自之雍與小康小姐曖昧性愛關係的昭然若揭。於是就在做愛的當下，「在黯淡的燈光裏，她忽然看見有五六個女人連頭裹在回教或是古希臘服裝裏，只是個昏黑的剪影，一個跟著一個，走在他們前面。她知道是他從前的女人，但是恐怖中也有點什麼地方使她比較安心，彷彿加入了人群的行列」（頁二五六）。此段類似的描繪最早出現於張愛玲未完稿的英文小說《少帥》（*The Young*

Marshal）（英文原文頁一四四；中文翻譯頁五一），也被評者成功解讀為「刻畫的決不是什麼魚水之歡，而是性愛過程中女人自我異化的荒謬感和悲哀」（馮晞乾，頁二四七）。然《小團圓》卻接著往下繼續發展，還不惜引經據典，以帶出性姿勢的滑稽，「她終於大笑起來，笑得他洩了氣」（頁二五六）。此時的「受弱」不僅指向從古至今父權文化妻妾制傳統中女人的弱勢（但又矛盾地且暗含嘲諷地凸顯加入群體所可能帶來的安全感），也指向男性在性表現上的焦慮、恐懼與逞強，「今天無論如何要搞好它」（頁二五七）。此性愛場景之幽微複雜，乃在於沒有「受害」或「受虐」的單向控訴，只有來自親密互動中的無助、憤怒、恐懼與焦慮，而場景的最終乃是以死亡意象雙雙做結：「他注意的看了看她的臉，彷彿看她斷了氣沒有」（頁二五七），她則是想像著「對準了那狹窄的金色背脊一刀」（頁二五七）。故「洞口倒掛的蝙蝠」段落的（重新）出現，乃是讓《小團圓》的性愛描寫有了「起死回生」的可能，讓「受弱」不再只是落入男人對自身性無能的焦慮，或女人對自身終將加入妻妾行列的恐懼，而是讓身體有了自身差異於自身的可能，在關係變化中給出了一個不再屬於自身所擁有、所掌握的曖昧場域。

誠如張愛玲在一九五九年八月九日寫給摯友鄺文美的信中所言，「病後的世界像水洗過了似的，看事情也特別清楚，有許多必要的事物也都還是不太要緊。任何深的關係都使人 vulnerable，在命運之前感到自己完全渺小無助。我覺得沒有宗教或其他 system 的憑藉而能夠禁受這個，才是人的偉大」（張愛玲、宋淇、宋鄺文美，頁一七四）。當張愛玲信中的 vulnerable 被我們翻譯成為「受弱」，並以此展開對《小團圓》的女性主義閱讀之同時，或許也正是一種甘冒「政治不正確」的大不韙之舉。但此「情動開放」的閱讀方式，卻又可以同時展開一場對內的批評對話，其對象正是當代張愛玲研究對情慾主體的簡化思考（「受弱」乃是去挑戰「受害」、「受虐」的既有論述模式），對「創傷」的過分執著（「破壞式複塑」乃是去改寫「重複衝動」），以及當代女性主義文學與文化研究在批判理論上已然出現的疲態與可能的劃地自限。本章以 #MeToo 運動中作為「受格」的 me 開場，來連結當代的「受弱」理論，但卻不斷譯—異—易—溢—佚出 #MeToo 運動所限定的性騷擾與性侵害議題及其可能的談論方式，也不斷譯—異—易—溢—佚出當代「受弱」理論的論述框架與政治場域。「受弱」不再是內在化、本質化、自身化的性格或情感樣態，「受弱」被逼顯為身體關係性中的受力變化、去影響與被影響的「情動開放」，從存有受弱到社會受弱、從親情、愛情到性的無所不在。而主體的「受格—受詞—受體」化，凸顯的乃是性別身體向世界、向關係開放的「破壞式複塑」。《小團圓》所給出的「身體受弱性」，不再僅僅只是因為有身體，所以會受屈、受辱、受挫、受制、受害、受傷、受罰、受苦、受累，而是回到「身體能做什麼」的哲學探問與文學實踐，回到 vulnerability 被拆為 vulner- 與 -ability 的可能，回到中文方塊字從象形、會意、指示之間的「受授相親」，回到身體即受弱、即受力變化、即情動開放的力量配置。而正是此「身體受弱性」得以讓《小團圓》的書寫成為可能，讓《小團圓》的閱讀成為可能，讓張愛玲華麗而蒼涼、強悍而美麗的文學與生命實踐成為可能。

注釋

1 在此需先說明有關 #MeToo 的中文翻譯問題：在臺灣多翻譯成「我也是」或更進一步複數化為「我們也是」，在中國則多被翻譯為「米兔」，一個相當別出心裁的「音譯」。相較於臺灣婦女運動的蓬勃，尤其是在身體意識覺醒與打擊性暴力上的經年努力，此波的「米兔在中國」顯然更具爆發力與影響力（相對於過去在中國對性騷擾與性侵害的無法發聲），但其也不斷被指責或打壓成「外國勢力」的操縱與教唆。本章的主要意圖乃是從 me 之為受格出發，而中文第一人稱代名詞單數的「我」或複數的「我們」，都無主格與受格之分，而「米兔」更無法凸顯主受格之差異，故在正文中 #MeToo 將維持原英文形式出現。

2 然晚近的「受弱」理論正是企圖翻轉 vulnerable 所蘊含的被動性，其中最有趣的嘗試之一，乃是直接在 vulnerability 一字中加入一短槓，而成為 vulner-ability，讓「受弱」本身成為力量蘊蓄轉化的潛能，讓「受弱」亦是一種「受弱力」。

3 他更嘲諷地援引他人所言，指出最保守反動的「政治正確」所召喚出的，卻是 S/M 的悅虐性契約。只因在過去的各種性關係中，只有 S/M 有過以性契約作為安全防護的保障，而此被主流社會邊緣化甚至妖魔化的性實踐，現在卻弔詭地成為最保守反動、最政治正確的性交所要仿效與回歸的對象。

4 當代「性騷擾」一詞乃英文 sexual harassment 之中文翻譯，在張愛玲文本中雖並無此特定詞語的出現，但描繪陌生或熟識男性以言語或行動輕薄女性身體的行為卻不曾少過，故暫以當代用語「性騷擾」來統稱。而《小團圓》完稿的七〇年代，亦是「性騷擾」一詞在美國開始流通的年代。

5 有關「當代」作為「朦朧」時間感性與性別政治的探討，可見本書第五章〈祖母的時間〉。

6 「受」、「授」古同字，授人者曰受，被授者亦曰受，都可寫為「受」；而後世加邊旁從手，始分為主動的「授」與被動的「受」兩詞，可參閱鄒曉麗，頁六六。

7 類似的引文在《道德經》中亦所多見，如第七十六章：「人之生也柔弱，其死也堅強。草木之生也柔脆，其死也枯槁。故堅強者死之徒，柔弱者生之徒。是以兵強則不滅，木強則折。強大處下，柔弱處上」（陳鼓應，頁三七）。然本章並不擬就有限篇幅去進行老子或老莊較無性別向度的「弱理論」或「弱哲學」之開展。

8 巴特勒在《危命》與《戰爭的框架》（*Frames of War*）等書中，嘗試區分 precariousness 與 precarity，視前者為人類必須依賴他者而活的共通處境，而後者則更近「身體存有論與左派政治」（*Frames of War* 3），亦即本章正文中所處理的「危命」雙重性。然巴特勒並未特別堅持 precariousness 與 precarity 在理論概念上的差異區分，許多時候也是加以混用。

9 巴特勒有關「不平等分隔共享」的概念，主要來自洪席耶「感性分隔共享」的啟發。

10 《危命》一書中最具體而微的相關舉例，便是如何在反恐情緒所高舉「賓拉登的臉」（the face of bin Laden）作為「邪惡之臉」之外，也能看到列維納斯式、作為倫理召喚的穆斯林他者的臉。

11 然對馬拉布而言，鳳凰的浴火重生與蠑螈的死裡求生並不相同，前者乃是既有形式的淬鍊升級，而後者則長出徹底有別於原有形式的變形肢體。然相較於蠑螈，人類似乎早已喪失了此復原能力，但當代針對「幹細胞」的相關醫學研究，對馬拉布而言，正是生物潛能的重塑之力，同時具有修復過去與開向未來的向度（"One Life Only" 437-438）。馬拉布更進一步嘗試將此生物重塑力推向一個同時結合生物與象徵的新物質論，並以此展開對傅柯「生命權力」（biopolitics）與阿岡本「裸命」（bare life）的「生物抗拒」（跳脫自然生命與政治生命的二分），亦即凸顯生物重塑潛能所蘊含的轉錄、轉碼、變形與再生產，以及其將造成（基因）程式、遺傳、家庭、親子關係、認同、一體化政治主體程度不一的破壞解構。

12 此處借用洪席耶對 *la politique*（the politics）和 *la police*（the police）的區別，並嘗試將此二者以「同音異義」的方式翻譯為「政治」與「正制」（也有學者翻譯為「治安」或「警制」）。然就洪席耶的論述脈絡而言，*la police* 與警察或警政並無相關，而較偏向「社會的象徵建構」與「感性的分隔共享」，而兩者的主要區別在於：「正制」沒有空無或補遺的可能，而「政治」則是對「正制」所部署「可視性」與「可述性」的介入與裂變（Rancière, *Dissensus* 44-45）。

13 在此我們也無須避諱巴特勒與馬拉布在身體論述上的差異，前者偏語言行動理論，而後者偏生物醫學的神經重塑，雖都可導向對「常模」、「規範」的改寫創造。而馬拉布對巴特勒「反本質化」的酷兒理論亦多有批評（Malabou, "Woman's Possibility, Philosophy's Impossibility" 126-135）。巴特勒與馬拉布對黑格爾在各自理論體系的不同詮釋與挪用，可參見兩人合著的論文 "You Be My Body for Me"。

14 《小團圓》中亦簡略提及九莉母親蕊秋與這位短小俊秀愛喝酒的雷克病理學助教之曖昧關係。她曾叫九莉有急事時可去找他（但要說蕊秋為其阿姨），而戰後再次返家的蕊秋，還向九莉的姑姑楚娣提及雷克曾在她的箱子裡塞了二百叨幣。「叨幣——想必蕊秋是上次從巴黎回來，順便去爪哇的時候遇見他的。雷克從香港到東南亞去度假。他是醫科女生說他『最壞』的那病理學助教，那矮小蒼白的青年」（頁二九二）。

15 與此糾纏的一連串可能提問，當然還包括張愛玲是否無中生有、含血噴人？還是以書寫來挾怨報復？抑或以書寫做自我療癒？柯靈是否品行不端、伺機佔便宜？抑或被嚴重誤解而啞口莫辯？這些揣測並不是本章所關心或所欲處理的對象，但這些揣測卻也相當程度「重複」了真實世界「性騷擾」案件的社會潛意識：過度懷疑女性的控訴（沉默受害者豈能滔滔不絕講述受害經過），過度相信男人可能的無辜（堅持勿枉勿縱、不可錯殺一人）。故而「性騷擾」案件的爆發，最常見的模式乃一開始群情激憤，加害者千夫所指，但往往在後續的發展中，卻無法避免墜入如「羅生門」般撲朔迷離、各說各話的結局。

16 類似母女身體碰觸的嫌惡感，早已出現在張愛玲的小說〈心經〉之中。只是《小團圓》聚焦於瘦「骨」嶙峋的手，而〈心經〉凸顯的則是腿上的「肉」，但兩者皆是對「骨肉親情」從「字義」到「譬喻」的滑動：「她的腿緊緊壓在她母親的腿上——自己的骨肉！她突然感到一陣強烈的厭惡與恐怖。怕誰？恨誰？她母親？她自己？她們只是愛著同一個男子的兩個女人。她憎嫌她自己的肌肉與那緊緊擠著她的，溫暖的，他人的肌肉。呵，她自己的母親！」（頁一七九）。

17 評者在做出類似的「受虐」論述時，多潛藏著並不願進一步處理的內在矛盾：性暴力的加害與受害，如何或是否需要與 S/M 施虐受虐性交（當前更常用的翻譯乃是「悅虐」）加以區分。例如張學研究者楊曼芬弔詭指出，盛九莉作為被動的性受虐者，甚至受虐到子宮頸折斷（如小說情節所示），或又可同時是一種「痛苦中的愉悅結構」（頁三〇三）。

18 類似的口交場景也出現在張愛玲未完稿的英文小說《少帥》之中，兩者之間的相似度甚高。《小團圓》本就是對英文小說《雷峯塔》、《易經》與未完稿《少帥》的中文改寫，故也不足為奇。但在《少帥》中的段落，並未出現「遺民」的表達，而是較為傳統的"the fallen prey"（《少帥》，頁一八〇）、「俘獵物」（《少帥》，頁八三）。「一隻獸在吃她。她從自己豎起的大腿間看見他低俯的頭，比例放大了，他的頭髮摩擦著她，使她毛骨悚然。他一輪急吻像花瓣似的向她內裏的蓓蕾及其周邊收攏，很難受。俘獵物的無奈與某種模糊的慾望在她內心輪流交替：要設法離開，不然就輪到她去吞噬他，拿他填滿自己。她好幾次試著起來。終究又還是他在上頭向她微笑，臉泛微紅」（《少帥》，頁八三）。原英文為"An animal was feeding on her. She saw his bent head enlarged by perspective between her reared thighs and felt his hair brushing against her with a frenzy of terror. The flicks of his kisses furled petal-like in and around the bud of her inner self, intolerably. The resignation of the fallen prey alternated in her with some unformed yearning to get away somehow or devour in turn, be packed full of him. She tried to get up several times. At last it was him again smiling down at her, a little flushed."（《少帥》，頁一八〇）。

19 除了空間的考證外，學者亦指出此晚乃一九四四年張愛玲的生日（該年陰曆八月十九日所對應到的陽曆十月五日），可參見林幸謙，《身體與符號建構》，頁一九四。

20 此段落之精采，不僅在於修辭與標點符號，更在於破折號之後有如電影手法般的蒙太奇剪接：「快睡著了的時候，雖然有蚊帳，秋後的蚊子咬得很厲害」（《小團圓》，頁二四〇），一切彷彿風平浪靜，歸於日常，唯一擾人的只有秋後的蚊子。而接下來則是從之雍用唾沫塗抹九莉被叮的包，聯想到閨密比比用唾沫測試土布是否掉色，再帶到前晚做愛前之雍找給她看的埃及童話與故事中像比比一樣沒心肝的小女孩，再帶到清晨返家時怕吵醒三姑楚娣的擔憂。這一連串的東想西想、瑣事掛心，當是強烈對比於「洞口倒掛的蝙蝠」段落得以截斷時空、截斷主體主觀意識的強度。

引用書目

一・張愛玲著作

張愛玲目前有三套繁體中文字版全集，皆由皇冠文化出版社出版。

（1）《張愛玲全集》（臺北：皇冠文化，一九九一—二〇〇九），共二十冊。

（2）精裝《張愛玲典藏全集》（臺北：皇冠文化，二〇〇一），共十四冊。

（3）平裝《張愛玲典藏》（臺北：皇冠文化，二〇一〇），共十八冊。

本書的引用以一九九一年的《張愛玲全集》為主，未及涵括在此全集的著作，則參考二〇〇一年的《張愛玲典藏全集》與二〇一〇年的《張愛玲典藏》，皆在引用書目處標示其全集系列編號。《對照記：看老照相簿》後來的版本增加了一張「近照」與「後記」，為求齊備乃採用二〇一〇年《張愛玲典藏》13《對照記：散文集三・一九九〇年代》的版本。引用書目中的《張愛玲全集》，在其全集出版年代後方，以括弧放入其在皇冠文化出版社的原始出版年代。

張愛玲。〈小艾〉。《餘韻》，頁一一三—二一八。

——。《小團圓》。張愛玲典藏8。臺北：皇冠文化，二〇〇九。

——。〈天才夢〉。《張看》，頁二三九—二四二。

——。〈天才夢〉。《華麗緣：散文集一・一九四〇年代》。張愛玲典藏11。臺北：皇冠文化，二〇一〇。頁八—一〇。

——。《少帥》。宋以朗主編。張看・看張2。臺北：皇冠文化，二〇一四。

——。〈心經〉。《第一爐香》，頁一四三—一八一。

——。〈同學少年都不賤〉。《同學少年都不賤》。張愛玲全集17。臺北：皇冠文化，二〇〇四。頁七—六〇。

——。〈有幾句話同讀者說〉。《沉香》，頁六—七。

——。〈自己的文章〉。《流言》，頁一七—二四。

——。〈把我包括在外〉。《惘然記：散文集二・一九五〇—八〇年代》。張愛玲典藏12。臺北：皇冠文化，二〇一〇。頁一二三—一二四。

——。〈更衣記〉。《流言》，頁六七—七六。

——。《沉香》。張愛玲全集18。陳子善編。臺北：皇冠文化，二〇〇五。

——。〈私語〉。《流言》，一五三—一六八。

——。〈「卷首玉照」及其他〉。《餘韻》，頁四一—四八。

——。〈姑姑語錄〉。《張看》，頁一三五—一三九。

——。《易經》。趙丕慧譯。張愛玲典藏10。臺北：皇冠文化，二〇一〇。

——。〈花凋〉。《第一爐香》，頁二〇一—二二二。

——。〈表姨細姨及其他〉。《續集》，頁二五—三二。

——。〈金鎖記〉。《傾城之戀》，頁一三九—一八六。

——。《怨女》。張愛玲全集4。臺北：皇冠文化，一九九一（一九六六）。

——。〈洋人看京戲及其他〉。《流言》，頁一〇七—一一六。

——。《流言》。張愛玲全集3。臺北：皇冠文化，一九九一（一九六八）。

——。〈紅玫瑰與白玫瑰〉。《傾城之戀》，頁五一—九七。

——。〈浮花浪蕊〉。《惘然記》。張愛玲全集12。臺北：皇冠文化，一九九一（一九八三）。三七—六六。

——。《秧歌》。張愛玲全集1。臺北：皇冠文化，一九九一（一九六八）。
——。《張看》。張愛玲全集8。臺北：皇冠文化，一九九一（一九七六）
——。《第一爐香：張愛玲短篇小說集之二》。張愛玲全集6。臺北：皇冠文化，一九九一（一九六八）。
——。〈第一爐香〉。《第一爐香》，頁三一—八五。
——。《散文卷二：一九五二年以後作品》。張愛玲典藏全集9。臺北：皇冠文化，二〇〇一。
——。〈童言無忌〉。《流言》，頁五一—一六。
——。〈華麗緣〉。《餘韻》，頁九七—一一一。
——。《傾城之戀：張愛玲短篇小說集之一》。張愛玲全集5。臺北：皇冠文化，一九九一（一九六八）。
——。〈愛憎表〉。林幸謙，《千迴萬轉》，頁五一—九二。
——。《雷峯塔》。趙丕慧譯。張愛玲典藏9。臺北：皇冠文化，二〇一〇。
——。〈對現代中文的一點小意見〉。《沉香》，頁一七—二六。
——。〈對照記：看老照相簿〉。《對照記：散文集三．一九九〇年代》，頁六—八〇。
——。《對照記：散文集三．一九九〇年代》。張愛玲典藏13。臺北：皇冠文化，二〇一〇。
——。〈談女人〉。《流言》，頁七九—九一。
——。〈談看書〉。《張看》，頁一五五—一九七。
——。〈談畫〉。《流言》，頁一九九—二一〇。
——。《餘韻》。張愛玲全集14。臺北：皇冠文化，一九九一（一九八七）。
——。〈憶「西風」：第十七屆時報文學獎特別成就獎得獎感言〉。《沉香》，頁二七—二九。
——。〈憶胡適之〉。《張看》，頁一四一—一五四。
——。〈關於《笑聲淚痕》〉。《續集》，頁一一—一六。

——。《續集》。張愛玲全集13。臺北：皇冠文化，一九九三（一九八八）。

——。〈《續集》自序〉。《續集》，頁三—七。

——。〈鬱金香〉。《色，戒：短篇小說集三・一九四七年以後》。張愛玲典藏3。臺北：皇冠文化，二〇一〇。頁六—二一。

張愛玲、宋淇、宋鄺文美。《張愛玲私語錄》。宋以朗編。張看・看張1。臺北：皇冠文化，二〇一〇。

Chang, Eileen. *The Book of Change*. Hong Kong: Hong Kong UP, 2010.

——. *The Fall of the Pagoda*. Hong Kong: Hong Kong UP, 2010

二・傳統文獻

〔漢〕許慎。《說文解字：附檢字》。校定：〔宋〕徐鉉。北京：中華書局，一九六三。

〔漢〕許慎。《新添古音說文解字注》。注：〔清〕段玉裁。臺北：洪葉文化，一九九九。

〔唐〕杜甫。仇兆鰲詳註。《杜詩詳註》。上海：上海古籍出版社，一九九二。

〔宋〕陳彭年、丘雍等。《重修廣韻》。《文津閣四庫全書》經部第二三一冊。據中國國家圖書館藏本影印本。北京：商務印書館，二〇〇六。

〔清〕張佩綸。《澗于日記》。中華歷史人物別傳集70。北京：線裝書局，二〇〇三。

〔清〕嚴復。王栻編。《嚴復集》卷二。北京：中華書局，一九八六。

〔清〕秋瑾。《秋瑾集》。上海：上海古籍出版社，一九七九。

三・近人論著

〈一〇八年第四七週內政統計通報〉。《中華民國內政部全球資訊網》，二〇一九年十一月二十三日。網路。二〇二〇年一月十五日。
〈家族分產遺議論 蔡英文四兄長發聲明澄清〉。《自由時報》，二〇一六年三月十四日。
〈湖口張六和家族千人掃墓凝聚宗族向心力〉。《大紀元》，二〇〇九年三月二十五日。網路。二〇一八年八月五日。
中華全國婦女聯合會婦女運動歷史研究室編。《中國婦女運動歷史資料（一九二一—一九二七）》。北京：人民出版社，一九八六。
中新社。〈臺北書展再現張愛玲文學風采〉。《香港文匯報》，二〇一六年二月十八日，A17版。
方太初。〈她們的假髮〉。《號外》四七四期（二〇一六）：頁一二七。
毛文芳。《卷中小立亦百年：明清女性畫像文本探論》。臺北：臺灣學生書局，二〇一三。
水晶。〈潛望鏡下一男性：我讀「紅玫瑰與白玫瑰」〉。《張愛玲的小說藝術》。臺北：大地出版社，一九七三。頁一〇九—一四二。
——。〈張愛玲的創作生涯〉。蔡鳳儀，頁一八七—一九五。
——。《替張愛玲補妝》。濟南：山東畫報出版社，二〇〇四。
——。〈殺風景：張愛玲巧扮「死神」〉。《替張愛玲補妝》，頁一三五—一三八。
——。〈張愛玲病了！〉。《替張愛玲補妝》，頁二六六—二六八。
——。〈蟬：夜訪張愛玲〉。《替張愛玲補妝》，頁一三—二四。
王世偉。〈朱氏結一廬藏書入藏上海圖書館記〉。《歷史文獻》五期（二〇〇二）：頁一三六—一三八。
王泰升。《臺灣日治時期的法律改革》。臺北：聯經出版，一九九九。
王德威。《後遺民寫作》。臺北：麥田出版，二〇〇七。
——。〈「信」的倫理學〉。夏志清，《張愛玲給我的信件》，頁三九二—四〇〇。
——。〈「把我包括在外」：張愛玲與「治外法權」〉。林幸謙，《千迴萬轉》，頁三七—五〇。

王璟。《譯者的介入：張愛玲文學翻譯研究》。杭州：浙江大學出版社，二〇一四。

司法行政部民法研究修正委員會編。《中華民國民法制定史料彙編》（上、下冊）。臺北：司法行政部，一九七六。

司法院解釋編輯委員會。《司法院解釋彙編》（共五冊）。臺北：司法院，一九七二。

司馬新。《張愛玲與賴雅》，臺北：大地出版社，一九九六。

田威寧。《臺灣「張愛玲現象」中文化場域的互動》。碩士論文。國立政治大學，二〇〇八。

白凱（Kathryn Bernhardt）。《中國的婦女與財產：九六〇—一九四九年》。上海：上海書店，二〇〇三。

石曉楓。〈隔絕的身體／性／愛：從《小團圓》中的九莉談起〉。《成大中文學報》三七期（二〇一二年六月）：頁一八七—二二四。

印卡。〈櫥窗中的張愛玲：評二〇一六台北國際書展【愛玲進行式】特展〉。*BIOS monthly*，二〇一六年四月三日。網路。二〇二〇年三月二日。

安意如。《看張．愛玲畫語》。昆明：雲南美術出版社，二〇〇五。

朱一玄、劉毓忱編。《水滸傳資料匯編》。天津：南開大學出版社，二〇〇二。

朱宥勳。〈張愛玲又出遺作？明星作家作為產業鏈的發動機〉。《端傳媒》，二〇一一年三月一日。網路。二〇二〇年三月二日。

朱謎。〈張愛玲故居瑣記〉。蔡鳳儀，頁八九—一〇一。

行政院性別平等處。《二〇二〇年性別圖像》。網路。二〇二〇年三月二日。

衣若芬。《觀看．敘事．審美：唐宋題畫文學論集》。臺北：中央研究院中國文哲研究所，二〇〇四。

何定照、曾桂香。〈爭議！張愛玲特展展了不該展的東西？〉。《聯合報 Focus》，二〇一六年二月二十五日。網路。二〇二〇年三月二日。

何欣潔。〈同性婚合法後，傳統的財產繼承制該怎麼跟上時代？〉。《端傳媒》，二〇一七年一月十日。網路。二〇一七年九月三十日。

余雲。〈「不到位」的畫家黃逸梵〉。《聯合早報》，二〇一九年三月七日。網路。二〇一九年六月一日。

吳佳璇。〈張愛玲滿是跳蚤的晚年華服〉。《聯合文學》二六卷一一期（二〇一〇年九月）：頁三六—四一。

吳尚昆。〈從著作權角度看張愛玲手稿爭議〉。《學知群議：吳尚昆律師》，二〇一六年二月二十二日。網路。二〇一八年二月十八日。

吳盛青。〈相思之影：清末民初照相文化中的情感地圖〉。《旅行的圖像與文本：現代華語語境中的媒介互動》。吳盛青編。上海：復旦大學出版社，二〇一六。頁一二七—一五八。

——。〈重層的自我影像：抒情傳統與現代媒介〉。《政大中文學報》二六期（二〇一六年十二月）：頁三一—七四。

宋以朗。〈《小團圓》前言〉。張愛玲，《小團圓》，頁三—一七。

——。《宋淇傳奇：從宋春舫到張愛玲》。香港：牛津大學出版社，二〇一四。

宋以朗撰，廖偉棠翻攝。〈張愛玲美國長者卡 公民入籍證照片曝光（圖）〉。《南方網—南方都市報》，二〇一〇年九月二十六日。網路。二〇二〇年四月二十日。

宋路霞。《盛宣懷家族》。上海：上海科學技術文獻出版社，二〇〇九。

李長莉。〈五四的社會後果：婦女財產權的確立〉。《史學月刊》一期（二〇一〇）：頁一〇一—一〇九。

李蓉。《中國現代文學的身體闡釋》。臺北：秀威資訊，二〇一〇。

李歐梵。《蒼涼與世故：張愛玲的啟示》。香港：牛津大學出版社，二〇〇六。

李黎。《浮花飛絮張愛玲》。新北：印刻文學，二〇〇六。

杜正貞。〈龍泉司法檔案中的季氏修譜案研究〉。《浙江大學學報（人文社會科學版）》四四卷一期（二〇一四）：頁二一一—二三三。

沈津。《老蠹魚讀書隨筆》。桂林：廣西師範大學出版社，二〇〇九。

沈靜萍。《多元鑲嵌的臺灣日治時期家族法》。臺北：元照出版，二〇一五。

阮昌銳。〈臺灣冥婚與過房之原始意義及社會功能〉。《中央研究院民族所集刊》三三期（一九七二年三月）：頁一五—三八。

周芬伶。《豔異：張愛玲與中國文學》。臺北：元尊文化，一九九九。

——。《孔雀藍調：張愛玲評傳》。臺北：麥田出版，二〇〇五。

周國偉。《魯迅與日本友人》。上海：上海書店，二〇〇六。

孤鴻。〈蚤蝨辨〉。《論語》一六期（一九三三）：頁五四五—五四六。

林式同。〈有緣得識張愛玲〉。蔡鳳儀，頁九—八八。

林幸謙。〈重歸「荒涼」：張愛玲海葬與遺囑閱讀的隱喻〉。《明報月刊》三二卷一二期（一九九七年十二月）：頁八四—八八。

——。《張愛玲論述：女性主體與去勢模擬書寫》。臺北：洪葉文化，二〇〇〇。

——。《身體與符號建構：重讀中國現代女性文學》。香港：中華書局，二〇一四。

——。〈張愛玲（未公開）書信中的蚤患書寫：一個初步的考察報告〉。「不死的靈魂：張愛玲學重探：張愛玲誕辰九十五週年紀念國際學術研討會」，二〇一六年七月一—二日，臺北市。中央研究院中國文哲研究所主辦。

——。〈張愛玲（未公開）書信的檔案考察與蚤患病痛〉。《千迴萬轉》，頁一四三—一七〇。

——。〈病痛與蚤患書寫與張愛玲已出版書信探微〉。《南方文壇》一期（二〇一八）：頁一五九—一六六。

——編。《千迴萬轉：張愛玲學重探》。臺北：聯經出版，二〇一八。

邱貴芬。〈從張愛玲談台灣女性文學傳統的建構〉。楊澤，《閱讀張愛玲》，頁四三五—四五一。

南方朔。〈導讀：在時光隧道裡相遇〉。張愛玲。《半生緣》。張愛玲典藏全集1。臺北：皇冠文化，一九九一。頁三—六五。

姚玳玫。〈從吳友如到張愛玲：十九世紀九〇年代到二十世紀四〇年代海派媒體「仕女」插圖的文化演繹〉。《張愛玲：文學．電影．舞台》。林幸謙編。香港：牛津大學出版社，二〇〇七。頁一八三—二〇三。

胡清暉。〈超級任務 尋找孔子在台後代〉。《自由時報》，二〇〇七年九月十日。

胡適。〈老章又反叛了！〉。《國語周刊》十二期（一九二五）：頁一—三。
胡適著，曹伯言整理。《胡適日記全集．第七冊（一九三四—一九三九）》。臺北：聯經出版，二〇〇四。
胡蘭成。《中國文學史話》。上海：上海社會科學院出版社，二〇〇四。
——。〈民國女子〉。《今生今世》。臺北：遠景出版，一九七六。頁一六七—一九九。
夏志清編註。《張愛玲給我的信件》。臺北：聯合文學，二〇一三。
徐禎苓。〈試論張愛玲「畫筆」對報刊仕女畫的容受與衍異〉。《中央大學人文學報》六二期（二〇一六年十月）：頁一一七—一五九。
耿德華（Edward M. Gunn）著，王宏志譯。〈抗戰時期的張愛玲小說〉（"Unwelcome Muse"）。《張愛玲的世界》。鄭樹森編。臺北：允晨文化，一九九〇。頁四九—八七。
高全之。〈張愛玲的女性本位〉。《從張愛玲到林懷民》。臺北：三民書局，一九九八。
——。〈同物無慮：張愛玲海葬的質疑與辯正〉。《張愛玲學：批評．考證．鉤沉》。臺北：麥田出版，二〇一一。頁四五一—四六二。
——。《張愛玲學續篇》。臺北：麥田出版，二〇一四。
——。〈《雷鋒塔》與《易經》的遺民態度〉。《張愛玲學續篇》，頁九七—一一七。
——。〈懺悔與虛實：《小團圓》的一種讀法〉。《張愛玲學續篇》，頁一七五—二〇三。
柴萼。《梵天廬叢錄卷七》。筆記小說大觀十七編7。台北：新興出版社，一九九七。
張子靜。《我的姊姊張愛玲》。臺北：時報文化，一九九六。
張小虹。〈即逝現代性：肖像照．明信片．博物館〉，《英美文學評論》二一期（二〇一二年十二月）：頁一—二六。
——。《時尚現代性》。臺北：聯經出版，二〇一六。
——。〈蝨子與跳蚤〉。《穿衣與不穿衣的城市》。臺北：聯合文學，二〇〇七。頁一二四—一三四。

——。〈戀物張愛玲〉。《慾望新地圖：性別／同志學》。臺北：聯合文學，一九九六。頁八—四九。

張志潭。〈張志潭信札底稿（張愛玲家族民國史料孤本）〉。《雅昌藝術品拍賣網》，二〇一四年十月二十五日。網路。二〇一七年十一月二日。

張英進。〈張愛玲的「超文典」表演書寫〉。林幸謙，《千迴萬轉》，頁一一九—一四一。

張錯。《山居地圖》。臺北：書林出版，二〇一四。

——。〈水般亮麗自然：張愛玲海葬始末〉。《聯合報．聯合副刊》，二〇〇三年八月二十五—二十六日。網路。二〇二〇年三月二日。

——。〈如水一般華麗自然〉。《山居地圖》，頁一一九—一二一。

——。〈張愛玲母親的四張照片：敬呈邢廣生女士〉。《傷心菩薩》，頁一七六—一八八。

——。〈張愛玲《海上花列傳》英譯稿——及南加大「張愛玲特藏」始末〉。《傷心菩薩》，頁一八九—二〇一。

——。〈張愛玲與荒涼〉。《山居地圖》，頁一一六—一一八。

——。《尋找張愛玲及其他》。臺北：時報文化，二〇〇四。

——。《傷心菩薩》。臺北：允晨文化，二〇一六。

張鳳。〈張愛玲繡荷包的緣份：古典小說史家韓南教授之寶物珍藏〉。《哈佛問學三〇年》。臺北：秀威資訊，二〇一八。頁二九三—三〇〇。

梁惠錦。〈婦女爭取財產繼承權的經過〉。《中國婦女史論文集六集》。鮑家麟編。臺北：稻鄉出版社，二〇〇四。頁二六七—二八五。

章忠信。〈張愛玲作品的著作權爭議〉。《著作權筆記》，二〇〇七年十二月三十日。網路。二〇一八年二月二十日。

——。〈誰幫張愛玲說一些公道話？〉。《著作權筆記》，二〇一六年二月十八日。網路。二〇一八年二月二十日。

章緣。〈張愛玲：情與欲，兩碼事〉。《聯合文學》二六卷一一期（二〇一〇年九月）：頁六五—六六。

莊信正。《張愛玲來信箋註》。新北：印刻文學，二〇〇八。

許雅綿。〈家產都給兒子？七成四台灣人繼承權傳子不傳女〉。《今周刊》，二〇一九年一月十八日。網路。二〇二〇年三月二日。

許壽裳（上遂）。〈懷舊〉。《新苗》一三期（一九三七）：頁七—九。

唐文標等編。《張愛玲資料大全集》。臺北：時報文化，一九八四。

郭玉雯。〈〈金鎖記〉與《怨女》比較研究〉。《臺大文史哲學報》六五期（二〇〇六十一月）：頁一五一—一八二。

郭延禮。《秋瑾年譜》。濟南：齊魯書社，一九八三。

——。《秋瑾文學論稿》。西安：陝西人民出版社，一九八七。

陳子善。〈《傳奇》初版簽名本箋證〉。《沈香譚屑：張愛玲生平和創作考釋》。香港：牛津大學出版社，二〇一二。頁三—九。

——。〈遙遠的思念：關於張愛玲的兩通家書〉。《張愛玲叢考（下）》。北京：海豚出版社，二〇一五。頁二九九—三〇一。

——編。《作別張愛玲》。上海：文匯出版社，一九九六。

陳同。〈從民法的制訂看清末民國時期男女平等地位的法律建構〉。《史林》五期（二〇一〇）：頁一〇八—一二〇。

陳克華。《哈佛．雷特》。臺北：九歌出版社，二〇〇三。

陳定山。《春申舊聞》。臺北：世界文物出版社，一九七八。

陳其南。《家族與社會》。臺北：聯經出版，二〇〇四。

陳宛茜。〈四頂假髮曝光張愛玲不能說的祕密〉。《聯合報 Focus》，二〇一六年二月十六日。網路。二〇二〇年三月二日。

陳昭如。〈有拜有保佑？：從最高法院九十二年度台上字第一二八〇號判決論女性的祭祀公業派下資格〉。《月旦法學雜誌》一一五期（二〇〇四年十二月）：頁二四九—二六二。

——。〈法律東方主義陰影下的近代化：試論臺灣繼承法史的性別政治〉。《臺灣社會研究季刊》七二期（二〇〇八年十二月）：頁九三—一三五。

——。〈在棄權與爭產之間：超越被害者與行動者二元對立的女兒繼承權實踐〉。《臺大法學論叢》三八卷四期（二〇〇九年十二月）：頁一三三—二二八。

——。〈還是不平等—婦運修法改造父權家庭的困境與未竟之業〉。《女學學誌：婦女與性別研究》三三（二〇一三年十二月）：頁一一九—一七〇。

——。〈父姓的常規，母姓的權利：子女姓氏修法改革的法社會學考察〉。《臺大法學論叢》四三卷二期（二〇一四年六月）：頁二七一—三八〇。

陳鼓應註譯。《老子今註今譯及評介》。臺北：臺灣商務印書館，二〇〇〇。

陳麗芬。〈超經典・女性・張愛玲〉。《現代文學與文化想像：從台灣到香港》。臺北：書林出版，二〇〇〇。頁一五五—一七四。

曾文亮。〈全新的「舊慣」：總督府法院對臺灣人家族習慣的改造（一八九八—一九四三）〉。《臺灣史研究》一七卷一期（二〇一〇年三月）：頁一二五—一七四。

游婷婷。《從同居共財到撫養義務》。臺北：元照出版，二〇二〇。

滋賀秀三。《中國家族法原理》。張建國、李力譯。北京：法律出版社，二〇〇三。

馮祖貽。《百年家族：張愛玲》。臺北縣新店市：立緒文化，一九九九。

馮晞乾。〈《少帥》考據與評析〉。張愛玲，《少帥》，頁二〇一—二九一。

黃心村。《亂世書寫：張愛玲與淪陷時期上海文學及通俗文化》。上海：上海三聯書店，二〇一〇。

黃金麟。《歷史・身體・國家》。臺北：聯經出版，二〇〇一。

黃萍瑛。《臺灣的民間信仰「孤娘」的奉祀：一個社會史的考察》。臺北：國立編譯館，二〇〇八。

黃惲。〈張愛玲一九四四初夏斷章〉。《INK印刻文學生活誌》十六卷四期（二〇一九年十二月）：頁一三〇—一三四。

黃詩淳。〈遺產繼承之圖像與原理分析〉。《臺大法學論叢》四〇卷四期（二〇一一年十一月）：頁二一八五—二二四七。

黃璿璋。〈對照記：從《明室》的攝影現象學看張愛玲對老照相簿的視覺感知與想像〉。《中外文學》四五卷一期（二〇一六年三月）：頁一六七—一九四。
黃銘崇。〈殷周金文中的親屬稱謂「姑」及其相關問題〉。《中央研究院歷史語言研究所集刊》七五卷一期（二〇〇四年三月）：頁一—九八。
——。〈商人祭祀用的親屬稱謂體系及其意義〉。《古文字與古代史》一期（二〇〇七年九月）：頁一三九—一七九。
黃麗蓉、陳仁萱。〈張愛玲未曝光書信 爆師生戀原型竟是名人父親〉。《中時電子報》，二〇一六年二月十八日。網路。二〇二〇年二月二十七日。
楊曼芬。《矛盾的愉悅：張愛玲上海關鍵十年揭秘》。臺北：秀威資訊，二〇一五。
楊榮華。〈在張愛玲沒有書櫃的客廳裡〉。陳子善，《作別張愛玲》，頁一〇八—一一一。
楊澤編。《閱讀張愛玲：張愛玲國際研討會論文集》。臺北：麥田出版，一九九九。
萬燕。〈生命有它的圖案：評張愛玲的漫畫〉。《張愛玲：傳奇．性別．系譜》。林幸謙編。臺北：聯經出版，二〇一二。頁七五三—八三四。
賈德江主編。《徐渭》。石家莊：河北美術出版社，二〇〇二。
鄒曉麗。《基礎漢字形義釋源：『說文』部首今讀本義》。北京：中華書局，二〇〇七。
廖咸浩。〈迷蝶：張愛玲傳奇在台灣〉。楊澤，《閱讀張愛玲》，頁四八五—五〇四。
廖偉棠。〈張愛玲生前最害怕的事，又發生了〉。《騰訊大家》，二〇一六年二月二十三日。網路。二〇二〇年三月二日。
遠堂。〈揮不去的蚤子：也談張愛玲的「皮膚病」〉。*ESWN Culture Blog*。網路。二〇一八年二月二十日。
蔡靜茹。《女生正步走：牽手催生女主祭》（紀錄片）。臺北：臺灣性別平等教育協會，二〇〇九。
蔡鳳儀編。《華麗與蒼涼：張愛玲紀念文集》。臺北：皇冠文化，一九九六。
鄭明仁。〈張愛玲遺在英皇道的密碼〉。*am730*，二〇一八年二月八日。網路。二〇二〇年二月十五日。
鄭周明。〈張愛玲特展惹爭議：該如何紀念一位作家？〉。《今天》，二〇一六年三月十一日。網路。二〇二〇年二月二十七日。
魯迅。《集外集拾遺》。《魯迅全集》卷七。北京：人民文學出版社，一九八一。
盧靜儀。《民初立嗣問題的法律與裁判》。臺北：五南圖書，二〇〇六。
——。《清末民初家產制度的演變：從分家析產到遺產繼承》。臺北：元照出版，二〇一二。
戴文采。〈玫瑰園裡的獅子〉。陳子善，《作別張愛玲》，頁五五—五八。
——。〈華麗緣：我的鄰居張愛玲〉。*ESWN: Culture Blog*。網路。二〇二〇年三月二日。
戴東雄。〈女孩所流父母的血緣難道與男孩有所不同？—評釋字第七二八號解釋意旨排除女性子孫繼承祭祀公業財產不違憲〉。《月旦裁判時報》四一期（二〇一五年十一月）：頁六〇—八〇。
戴炎輝。《中國法治史》。臺北：三民書局，二〇〇〇。
謝其章。《蠹魚篇》。臺北：秀威資訊，二〇〇九。
——。《都門讀書記往》。臺北：秀威資訊，二〇一〇。
謝聰輝。〈女有所歸—臺灣冥婚儀式的文化意義〉。《臺灣人文》二期（一九九八年七月）：頁一三一—一五〇。
邁克。〈沒有笑聲只有淚痕〉。《蘋果日報》，二〇一六年二月二十五日。網路。二〇二〇年三月二日。
——。〈假髮又如何〉。《蘋果日報》，二〇一六年二月二十六日。網路。二〇二〇年三月二日。
鍾正道。《佛洛伊德讀張愛玲》。臺北：萬卷樓圖書，二〇一二。
韓良露。〈夢中小團圓〉。《中時電子報．人間副刊》，二〇〇九年四月九日。網路。二〇一九年二月二十日。
鄺文美。〈我所認識的張愛玲〉。張愛玲、宋淇、宋鄺文美，頁一一—一六。
顏振凱。〈談馬父骨灰罈 批馬親中〉。《蘋果日報》，二〇一一年三月十七日。網路。二〇一七年十一月二十日。
譚志明。〈華麗的色彩：張愛玲《傳奇》顏色詞探研〉。《東海中文學報》二四期（二〇一二年七月）：頁二四一—二五八。

蘇偉貞。〈自誇與自鄙：張愛玲的書信演出〉。《魚往雁返：張愛玲的書信因緣》。蘇偉貞編。臺北：允晨文化，二〇〇七。頁七一二九。

酈千明。〈盛宣懷愚齋義莊遺產風波〉。《檢察風雲》二四期（二〇一二）。網路。二〇一七年十二月十日。

Agamben, Giorgio. "What Is the Contemporary?" *"What Is an Apparatus?" and Other Essays.* Trans. David Kishik and Stefan Pedatella. Stanford: Stanford UP, 2009. 39-54.

Anderson, Jerry L., and Daniel B. Bogart. *Property Law: Practice, Problems and Perspectives*. New York: Wolters Kluwer, 2019.

Barthes, Roland. *A Lover's Discourse: Fragments*. Trans. Richard Howard. New York: Hill and Wang, 1978.

——. *Camera Lucida: Reflections on Photography*. Trans. Richard Howard. New York: Hill and Wang, 1981.

——. "From Work to Text." *Image-Music-Text*. Trans. Stephen Heath. New York: Hill and Wang, 1977. 155-164.

Beaulieu, Alain. "The Status of Animality in Deleuze's Though." *Journal for Critical Animal Studies* IX.1/2 (2011): 69-88.

Benjamin, Walter. "A Small History of Photography." *One-Way Street and Other Writings*. Trans. Edmund Jephcott and Kingsley Shorter. London: Verso, 1979. 240-257.

——. "Theses on the Philosophy of History." *Illuminations: Essays and Reflections*. Trans. Harry Zohn. Ed. Hannah Arendt. New York: Schocken Books, 1969. 253-264.

Butler, Judith. *Frames of War*. London: Verso, 2009.

——. *Notes Toward a Performative Theory of Assembly*. Cambridge, Mass.: Harvard UP, 2015.

——. *Precarious Life*. New York: Verso, 2004.

——. "Rethinking Vulnerability and Resistance." *Vulnerability in Resistance*. Ed. Judith Butler, Zeynep Gambetti, and Leticia Sabsay. Durham and London: Duke UP, 2016. 12-27.

——. *Senses of the Subject*. New York: Fordham UP, 2015.

Butler, Judith and Catherine Malabou. "You Be My Body For Me: Body, Shape and Plasticity in Hegel's Phenomenology of Spirit." *A Companion to Hegel*. Ed. Stephen Houlgate and Michael Baur. Oxford: Blackwell, 2011. 611-40.

Cixous, Hélène, and Catherine Clément. *The Newly Born Woman*. Trans. Betsy Wing. Minneapolis: U of Minnesota P, 1986.

Deleuze, Gilles. "Literature and Life." *Essays Critical and Clinical.* Trans. Michael A. Greco and Daniel W. Smith. Minneapolis: U of Minnesota P, 1997. 1-6.

——. "Mysticism and Masochism (Interview with Madeleine Chapsal)." *Desert Islands and Other Text (1953-1974)*. Trans. Michael Taormina. New York: Semiotext(e), 2004. 131-134.

——. *Proust and Signs*. Trans. Richard Howard. Minneapolis: U of Minnesota P, 2000.

Deleuze, Gilles, and Claire Parnet. *Dialogues*. New York: Columbia UP, 1987.

Deleuze, Gilles, and Félix Guattari. *A Thousand Plateaus: Capitalism and Schizophrenia*. Trans. Brian Massumi. Minneapolis: U of Minnesota P, 1987.

——. *Kafka: Toward a Minor Literature*. Trans. Dana Polan. Minneapolis: U of Minnesota P, 1986.

Derrida, Jacques. *Aporias*. Trans. Thomas Dutoit. Stanford: Stanford UP, 1993.

——. *The Beast and the Sovereign, Volume* II. Trans. Geoffrey Bennington. Ed. Michel Lisse, Marie-Louise Mallet, and Ginette Michaud. Chicago: U of Chicago P, 2009.

——. *Copy, Archive, Signature: A Conversation on Photography*. Trans. Jeff Fort. Ed. Gerhard Richter. Stanford: Stanford UP, 2010.

——. "The Deaths of Roland Barthes." Trans. Pascale-Anne Brault and Michael Naas. *Philosophy and Non-philosophy since Merleau-Ponty*. Ed. Hugh J. Silverman. New York: Routledge, 1988. 259-296.

——. *Learning to Live Finally: The Last Interview*. Trans. Pascale-Anne Brault and Michael Naas. New York: Palgrave Macmillan, 2007.

——. *Of Grammatology*. Trans. G. C. Spivak. Baltimore: Johns Hopkins UP, 1976.

——. *Right of Inspection*. Trans. David Wills. New York: Monacelli Press, 1998.

——. "Signature Event Context." Trans. Samuel Weber and Jeffrey Mehlman. *Limited Inc*. Evanston: Northwestern UP, 1988. 1-23.

Garber, Marjorie B. *Symptoms of Culture*. New York: Routledge, 2000.

Green, Cynthia. "Silver Wigs, Floppy Hair and Rey Bans: Andy Warhol's Self-Image." *The Voice of Fashion*. Web. 16 Feb. 2020.

Hannavy, John, ed. *Encyclopedia of Nineteenth-Century Photography*. New York: Routledge, 2008.

Harvey, Sara M. "Wigs and Hairpieces." *The American Beauty Industry Encyclopedia*. Ed. Julie A. Willett. Oxford: Greenwood, 2010. 308-309.

Huang, Shih-shan Susan. "Early Buddhist Illustrated Prints in Hangzhou." *Knowledge and Text Production in An Age of Print: China, 900-1400*. Ed. Lucille Chia and Hilde De Weerdt. Boston: Brill, 2011. 135-168.

Hudgins, Nicole. *The Gender of Photography: How Masculine and Feminine Values Shaped the History of Nineteenth-Century Photography*. New York: Bloomsbury Academic, 2020.

Jackson, Mark. *Allergy: The History of a Modern Malady*. London: Reaktion Books, 2006.

Kamuf, Peggy. *To Follow: The Wake of Jacques Derrida*. Edinburgh: Edinburgh UP, 2010.

Kwass, Micheal. "Big Hair: A Wig History of Consumption in Eighteenth Century France." *The American Historical Review* 111.3 (2006): 631-659.

Lutz, Deborah. *Relics of Death in Victorian Literature and Culture*. New York: Cambridge UP, 2015.

Malabou, Catherine. *Changing Difference: The Feminine and the Question of Philosophy*. Trans. Carolyn Shread. Cambridge: Polity Press, 2011.

——. "One Life Only: Biological Resistance, Political Resistance." *Critical Inquiry* 42 (2016): 429-38.

——. *The Ontology of the Accident: An Essay on Destructive Plasticity*. Cambridge: Polity Press, 2010.

——. "The Phoenix, the Spider, and the Salamander." *Changing Difference* 67-89.

——. "Post-Trauma: Towards a New Definition?" *Telemorphosis: Theory in the Era of Climate Change*, Vol. 1. Ed. Tom Cohen. Ann Arbor: Open Humanities Press, 2012. 226-38.

——. "Woman's Possibility, Philosophy's Impossibility." *Changing Difference* 90-141.

Mole, Tom. *What the Victorians Made of Romanticism: Material Artifacts, Cultural Practices, and Reception History*. Princeton: Princeton UP, 2017.

The Multigraph Collective. *Interacting with Print: Elements of Reading in the Era of Print Saturation*. Chicago: U of Chicago P, 2018.

Munt, Sally. *Queer Attachment: The Cultural Politics of Shame*. Farnham: Ashgate, 2008.

Ofek, Galia. *Representations of Hair in Victorian Literature and Culture*. Aldershot: Ashgate, 2009.

Pietz, William. "The Problem of the Fetish, II: The Origin of the Fetish." *RES: Anthropology and Aesthetics* 13 (1987): 23-45.

Pointon, Marcia. "Materializing Mourning: Hair, Jewellery and the Body." *Material Memories*. Ed. Marius Kwint, Christopher Breward, and Jeremy Aynsley. New York: Berg, 1999. 39-71.

Rancière, Jacques. *Dissensus: On Politics and Aesthetics*. Ed. and Trans. Steven Corcoran. London: Bloomsbury, 2015.

——. *The Flesh of Words: The Politics of Writing*. Trans. Charlotte Mandell. Stanford: Stanford UP, 2004.

Richardson, Elizabeth. P. *A Bloomsbury Iconography*. Winchester: St. Paul's Bibliographies, 1989.

Rojas, Carlos. *The Naked Gaze: Reflections on Chinese Modernity*. Cambridge: Harvard UP, 2008.

Sherrow, Victoria. *Encyclopedia of Hair*. Westport Conn.: Greenwood, 2006.

Sontag, Susan. *On Photography*. 1977. New York: Anchor Books, 1990.

Sorensen, Jennifer J. *Modernist Experiments in Genre, Media, and Transatlantic Print Culture*. New York: Routledge, 2017.

Stewart, Susan. *On Longing: Narratives of the Miniature, the Gigantic, the Souvenir, the Collection*. Baltimore: John Hopkins UP, 1984.

Watson, Nicola. *The Author's Effects: On Writer's House Museums*. Oxford: Oxford UP, 2020.

Yancy, George. "Judith Butler: When Killing Women Isn't a Crime." *The New York Times*, 10 July 2019

Žižek, Slavoj. "Sex, Contracts and Manners." *The Philosophical Salon*, 22 Jan. 2018. Web. 10 Aug. 2019.

知識叢書88

張愛玲的假髮（The Wigs of Eileen Chang）

作　者—張小虹（Hsiao-hung Chang）
副主編—石瑷寧
資深編輯—張擎
校　對—胡金倫・陳定甫
美術設計—雅堂設計工作室
行銷企劃—林進韋

總編輯—胡金倫
董事長—趙政岷
出版者—時報文化出版企業股份有限公司
一〇八〇一九台北市萬華區和平西路三段二四〇號七樓
發行專線—（〇二）二三〇六六八四二
讀者服務專線—〇八〇〇二三一七〇五
（〇二）二三〇四七一〇三
讀者服務傳真—（〇二）二三〇四六八五八
郵撥—一九三四四七二四時報文化出版公司
信箱—一〇八九九臺北華江橋郵局第九九信箱

時報悅讀網—www.readingtimes.com.tw
電子郵件信箱—ctliving@readingtimes.com.tw
人文科學線臉書—http://www.facebook.com/jinbunkagaku
法律顧問—理律法律事務所 陳長文律師、李念祖律師
印　刷—紘億印刷有限公司
初版一刷—二〇二〇年九月四日
初版二刷—二〇二〇年十月三十日
定　價—新台幣五〇〇元

張愛玲的假髮 = The Wigs of Eileen Chang / 張小虹作 . -- 初版 . -- 臺北市 : 時報文化 , 2020.09
面 ;　公分 . -- (知識叢書 ; 88)
ISBN 978-957-13-8316-3(平裝)

1. 張愛玲 2. 傳記

782.886　　109011139

ISBN 978-957-13-8316-3 (平裝)
Printed in Taiwan